# 产业经济纵横

## CHANYE JINGJI ZONGHENG

王科健 著

兰州大学出版社

**图书在版编目（CIP）数据**

产业经济纵横／王科健著. —兰州:兰州大学出
版社,2013.11

ISBN 978-7-311-04293-6

Ⅰ.①产… Ⅱ.①王… Ⅲ.①产业经济学—研究
Ⅳ.①F062.9

中国版本图书馆 CIP 数据核字（2013）第 270807 号

责任编辑　李　丽
封面设计　李鹏远

书　　名　**产业经济纵横**
作　　者　王科健　著
出版发行　兰州大学出版社　（地址:兰州市天水南路 222 号　730000）
电　　话　0931－8912613（总编办公室）　0931－8617156（营销中心）
　　　　　0931－8914298（读者服务部）
网　　址　http://www.onbook.com.cn
电子信箱　press@lzu.edu.cn
印　　刷　兰州人民印刷厂
开　　本　710 mm×1020 mm　1/16
印　　张　21.75
字　　数　353 千
版　　次　2013 年 12 月第 1 版
印　　次　2013 年 12 月第 1 次印刷
书　　号　ISBN 978-7-311-04293-6
定　　价　50.00 元

（图书若有破损、缺页、掉页可随时与本社联系）

# 前　言

　　人类社会文明的演进，是与产业不可分割的。所谓文明，就是人类通过劳动——包括体力劳动与脑力劳动——所创造的一切物质与精神文明。具体形态如：粮食、服装、建筑、数学、物理学、天文学等文化科学。从原始社会开始，就应该有产业存在，只不过最初主要以农业的形态为特征。应该说，是原始农业开启了人类文明之门。

　　原始社会农业，是相对于畜牧业、采撷业、捕鱼业等原始劳动形态来说的，不涉及工业、商业、信息产业之类。在原始社会，农业的产生相对于畜牧业较晚，更落后于狩猎业与捕鱼业。农业来源于采撷业，但是远比采撷业更能体现人类的主观能动性，做出的贡献也远大于其他种类的劳动。为了发展农业，先民们不得不丈量大河，从此产生了几何学，发展了早期数学。为了控制播种与收割，发展了天文学。农业的收成，成为人类当时最为稳定的食物来源。农业的所得可以预计人口的数量，人口的数量决定了当时文明的发展。由于农业的产生，使得人类有可能在一个固定的地方长期居住，也正因为如此，建筑业得到了长足发展，今天仍以畜牧业为主的民族仍没有太好的住宅。农业，为人类提供了持续的纤维素，为服装业提供了原材料。因此，农业是人类文明之母。

　　从距今一万年左右农业发明开始，至距今四千年前阶级社会形成为止，相当于中国原始社会后期，这一时期的人们，农业工具以石器为主，并广泛使用木竹器、骨角器和蚌器。石斧、石锛一类砍伐工具的应用是原始农业的特点之一，与之并存的是播种用的竹木棒和收获用的石刀、石镰。锄、铲一类翻土工具是稍后出现的，在我国尤以耒耜的使用最具特色，完全靠手工操作。耕地开始可能在山地，以后向江河两岸比较平缓的地区发展。实行撂荒耕作制，最初是生荒耕作制，继之是熟荒耕作制。这一时期，耕作技术的特点是刀耕火种，以后产生了与播种直接相结合的原始的封耕作,生产技术的重点逐步由林木砍烧转移到土地加工。出现了用以掌握农时的原始物候历。牲畜野放,后来产生了简单的栏圈。把野生植物和动物培养、驯化、实验是这一时期农业生产的最大成就。人类现今用的主要作物和家畜,全部是在原始农业时代栽培和驯化成功的。这一时代,人们栽培和利用的植物比后世多而杂,有所谓"百谷百蔬"之称,后世所谓"五谷"(粟、黍、稻、麦、菽)也包括在内。在各种栽培作物中,北方以粟(稷)为主,南方以稻为主,麻葛和蚕桑则是主要的衣着原料。这种作物构成延续到唐宋以前仍未根本改变。牲畜则以猪为主,猪、牛、羊、犬、马、鸡等"六畜"在这一时代的后期已经齐全。绝大多数农业遗址呈现以种植业为主的产业形态,是农、牧、采(采集)、猎(渔猎)相结合的经济面貌。在长城以北和南方沿江、河、湖、海的某些地方,狩猎或捕捞长期保持着重要地位。畜牧业随着种植业的发展而发展,在北方的某些地区逐步出现以畜牧为主的趋势。原始农业以砍烧林木获得可耕地和灰烬为其存在前提,它的积极意义在于开始了人类通过自己的活动增殖天然产品的过程,开拓人类新的活动领域和空间;但它在进行生产的同时,破坏了自身再生产的条件,随着人口的增加和耕地的相对不足,这种对自然界掠夺式的生产必然要被新的农业生产方式所代替。

原始社会过渡到奴隶社会,随着生产力的发展,产业经济规模也得到新的发展。但是,奴隶社会衡量财富的标准是奴隶的多少,因而产业发展是缓慢的。到了封建社会才有了较快发展,特别是封建社会的农业产业。

中国封建社会的特点,决定了农业产业发展在特定阶段达到新的水平。在经济上,封建土地所有制占主导地位;在政治上,实行高度中央集权的封建君主专制制度;在文化上,以儒家思想为核心;在社会结构上,是族权和政权相结合的封建宗法等级制度。在这种情况下,生产力加快发展,土地私有制的存在,农业人口的大量增加,封建统治者的重视,促进了封建社会精耕细作农业的出现。

从历代统治者的生产制度看,春秋时期,齐国管仲改革内政,发展生产。战国时期,秦国商鞅变法,奖励耕战,生产粮帛多者,免除徭役;限制工商业者活动,禁止弃农经商。这些做法,为秦的统一奠定了基础。西汉时期,汉高祖、文帝、景帝实行休养生息政策,减轻农民的徭役、兵役和赋税负担,注重发展农业生产;文帝、景帝奖励努力耕作的农民,劝诫百官关心农桑,提倡节俭。于是,出现了"文景之治"。三国时期,统治者重视农业和兴修水利。唐朝,唐太宗重视发展生产,减轻农民的赋税劳役,于是,出现了"贞观之治";武则天继续推行唐太宗发展农业生产的措施,史称"政启开元,治宏贞观";唐玄宗统治前期,重视农业发展,唐朝进入全盛时期,史称"开元盛世"。北宋时期,为了提高粮食产量,从越南引进占城稻在江南地区推广。元朝,元世祖重视发展农业,多次下令禁止蒙古贵族圈占农田做牧场,还治理黄河,推广棉花的种植。明朝,太祖采取鼓励垦荒,减免赋役,实行屯田,推广植棉等措施;从国外引进农作物品种推广种植。清朝,从康熙统治中期起,农业生产逐步恢复和发展起来。

从历代农业生产工具和技术的发展看,春秋时期,在春秋末年开始使用牛耕,开始出现铁农具。战国时期,在春秋开始使用铁器的基础上,战国时期铁农具的使用更为普遍,铁器时代到来;牛耕得到推广;各国兴修水利,最著名的是秦国的都江堰。秦朝,中原铁器和先进的生产技术传到珠江流域,逐渐为越族人民所掌握。西汉时期,铁农具向边疆传播,西域开始使用铁器;发明和使用了播种工具耧车;张骞通西域后,西域各族得到了铁器,还学会内地铸造铁器的技术;西汉从西域传入的作物品种有葡萄、苜蓿、核桃、胡萝卜等。三国时期,大批北方农民为避战乱迁居江南,带去了先进的生产工具和耕作技术。南北朝时期,贾思勰总结北方人民长期生产经验,写出《齐民要术》这部我国历史上最早、最完整的农书。隋唐时期,为加强南北经济交流,隋朝开凿大运河;唐朝农民改进犁的构造,制造了曲辕犁,至今农民仍在使用;唐政府很重视农田水利灌溉,据史载,在唐前期130多年中,兴修的水利工程达160多项,分布于全国广大地区,创制了新型灌溉工具筒车。宋朝,农作物单位面积产量相当惊人,中国的农业和食物最后成型,食物生产更为合理化和科学化;宋朝大兴水利,尤其是南方农业发展飞快;北宋时期,从越南引进的占城稻在福建普遍种植,政府把它推广到江浙和淮河流域;南宋时期,棉花种植从广东、福建向北扩展到长江流域和淮河流域。元朝,由于元朝前期重农措施的推行,使得农业更为发展,成为农业科技发展最好的年代,元朝官方刊刻的《农桑辑要》一书就以先进的技术引领生产,特别是棉花种植区域进一步推广到全国。明朝,人口耕地大幅增长,商品农业空前发展;明朝政府推广植棉,棉花种植遍及南北各地,棉布成为人民的主要衣料;原产美洲的玉米、甘薯、马铃薯、花生、向日葵、烟草等作物传入我国。清朝,兴修水利,康熙多次减租,农业稳步发展。总之,农业发展是顺应历史潮流的,越来越先进。

中国封建社会的产业发展具有自身特点。马克思指出:"从直接生产者身上榨取无酬的剩余劳动的独特经济形式,决定着统治和从属的关系,这种关系是直接从生产本身产生的,而又对生产发生有决定性的反作用。但是,这种生产关系本身产生的经济制度的全部结构,以及它的独特的政治结构,都是建立在上述的经济形式上的。任何时候,我们总是要在生产条件的所有者同直接生产者的直接关系——这种关系的任何形式总是自然地同劳动方式和劳动社会生产力的一定的发展阶段相适应——当中,为整个社会结构,从而也为主权和依附关系的政治形式,总之,为任何当时的独特的国家形式,找出最深的秘密,找出隐蔽的基础。"(《资本论》第 3 卷,第 891–892 页)中国封建社会产业经济的发展大致可以分为两个阶段。第一个阶段是领主制经济阶段,约从西周至春秋末期;第二个阶段是地主制经济阶段,自战国时期至清代,这一阶段以唐代中叶为界又可分为两个时期,前期贵族地主经济占统治地位,带有较多的农奴制残余,后期才是比较典型的成熟形态的地主制经济。中国这一阶段延续了两千多年,由于没有新的生产方式的排斥而得到充分的发展,取得了典型的独立的形态。

在封建经济形态下,农业是社会主要生产部门,这样土地制度当然就是社会经济结构的基本要素。在地主制经济阶段,土地私有制和土地国有制并存,土地私有制占统治地位;地主土地所有制和自耕农小块土地所有制并存,地主土地所有制占统治地位;由于土地制度的多样性,地权的分散和流动具备了条件,在相当范围内土地可以自由买卖,另一方面,中国封建土地所有制缺乏严格的等级结构,社会各阶级和各阶层的经济地位和经济身份可以变动不居,以土地作为社会财富和阶级身份的主要标志;国家和地主一般不直接经营农业,而是将土地租予小佃农分散经营。土地制度多样性和土地经营分散性的必然结果就是,中国封建地主所有制不可能形成领主经济制下那种完整的庄园经济体系,一家一户进行个体生产的小农不仅生产自己所需的农产品,而且也生产日常所需的一部分工业品,这种自给自足的小农业和家庭手工业相结合的生产结构成为中国封建经济的细胞组织,成为中国封建社会自然经济的特殊表现形式。作为封建地主制自然经济的必要补充,城乡小商品生产得到存在和高度发展,与此同时,以分散狭小但基数极大的小农经济和小商品生产为基础的商业,特别是转运贸易,也得到了繁荣与发展。商品经济的发展,终究是社会生产力作用的结果,是社会分工扩大和交换扩大的产物,说到底是产业经济发展的结果。中国封建社会中央集权国家制度,正是在这样的基础上建立和发展起来的。

中国中央集权国家制度是建立在发达的地主经济和与此相联系的商品经济较高程度发展的基础上的，它正是封建社会文明高度发展的产物。马克思指出，"全国性的分工和国内交换的多样性"，"正是建立统一的管理体系和统一的法律的唯一可能的基础"。(《革命的西班牙》，《马克思恩格斯全集》第10卷，第462页)中国中央集权封建国家的经济职能表现在三个方面：第一，从事水利、交通、国防等公共工程的建设和管理；第二，通过赋税和各项经济政策干预社会的再生产；第三，直接经营手工业和商业。社会分工的扩大和商品经济的不断发展，促进了地主经济的繁荣，但作为封建地主经济补充的小商品生产和商业的发展在客观上又是对自然经济的否定，它的过度发展必然会危及租佃制地主经济的基础，动摇中央集权封建国家的根本，这是地主阶级所不能容忍的。因此，地主阶级的国家政权通过赋税和各项经济政策干预社会再生产，力图抑制商品经济的发展，以求巩固地主阶级统治的根本。历代王朝都以"重农抑商""强本抑末"作为其经济政策的中心，力言奖励农桑耕织，并以重征商税、限制商人经营活动、贬低商人社会地位等手段抑制商业资本的发展和它对小农经济的瓦解作用。但商品经济的发展是社会生产力的体现，这种经济力不是封建国家的某种经济政策就可以任意抑制其发展的，所谓"今法律贱商人，商人已富贵矣；尊农夫，农夫已贫贱矣"(《汉书·食货志》)，便是历史发展的真实写照。正是在自然经济和商品经济的这一矛盾运动中，中央集权封建国家的第三种经济职能——官营手工业得到了高度发展。

官营手工业早在领主制的周代就已经以与农奴制相对应的工奴制形式而存在，其时主要生产封建贵族需用品和军用品，是自然经济的典型形态。及至汉代，官营手工业出现了重要的变化，生产活动不再限于非营利性的自用工业品和军用品的生产，逐渐扩展到了赢利性的关系到国计民生的重要产品的生产，如制盐、冶铁及其他矿业、货币铸造、造船等，经营规模越来越大，生产组织也越来越严密。中央集权封建国家垄断重要工业品的生产，一是为了增加财政收入，扩大集权国家的经济力量；第二，更为重要的在于，抑制商品生产的发展，巩固租佃制的地主经济。正如《盐铁论》所载："今意总一盐铁，非独为利入也，将以建本抑末，离朋党、禁淫侈、绝并兼之路也。……往者豪强大家得管山海之利，采铁面、鼓铸、煮盐，一家聚众或至千余人，大抵尽收放流人民也。远去乡里，弃坟墓，依倚大家，聚深山穷泽之中，成奸伪之业，遂朋党之权，其轻为非亦大矣。"与此同时，封建国家的经济活动也扩展到商业领域,国家设立了均输、平准、常平仓等商业机构,凭借其强大的经济力量以及超经济的政治力量建立起以京师为中心的全国性商业网,对一些重要商品实行专卖制度,在相当程度上保持了对流通和市场的控制,并获得巨额赢利。由此可见,封建国家"重农抑商""强本抑末"的政策在实际执行过程中是有区别的,它们抑制的只是民间工商业,而官营工商业的发展是完全符合地主阶级利益的,扬此抑彼,彼消此长,总之,还是为了巩固地主经济的统治地位。

封建政权直接从事工商活动这一经济职能在唐宋及以后各代不断得到发展和完善,工商业活动的范围和规模进一步扩大,内部分工和生产技术都达到很高的程度,构成了中国封建经济繁荣的一个重要方面,对于近代产业经济发展具有重要意义。官营工商业从本质上说不是一种商品经济,类似于现代的计划经济,但它在某些方面具有商品经济的外在特征。可以说,官营工商业是中国封建社会特定阶段经济结构演变的产物,是一种变态的自然经济,或者说是一种特殊的混合型经济。官营工业的发展,限制了民间手工业特别是城市手工业的市场,阻断了商业资本向加工产业的转化;同时官营商业的发展也进一步加强了封建地主经济对城乡手工业的控制,抑制商业资本的发展,削弱其对小农经济的瓦解作用,使其不得不依附于地主经济。官营工商业作为中国封建社会经济结构的一个组成部分,作为自然经济和商品经济之间的缓冲结构,作为一种经济力,进一步强化了地主经济制的经济基础,也巩固了中央集权的封建国家制度。因此,官营工商业在中国封建社会经济结构中的地位和作用是绝不可以忽视的。

尽管如此,脱离于封建官营工商业之外的自给自足的小农经济,仍然是中国封建社会产业结构的最基本最主要特征。由于生产力的提高,农业过渡到自给自足的小农经济,是由于交换不便而产生的,换不到自己需要的生活用品只能自己解决,男耕女织则基本上解决了生活问题,完全独立于市场经济之外。它的社会意义在于,满足了人们的需求,维护了社会的稳定;经济独立,不过分依赖市场;长期从事有利于人们积累经验,进而提高生产力,促进科技的发展。但这也导致了中国封闭的历史状态,自大自满,使中国与世界工业文明和产业经济发展形成了非常大的差距。

从18世纪开始,席卷全球的工业文明浪潮一浪高过一浪。一般概念上讲,世界工业革命是指第一次工业革命。其基本涵义是,从18世纪60年代开始,英国的棉纺织业中出现了一系列重要发明,机器生产逐步取代手工劳动,后来又扩展到其他行业。这一演变过程叫作工业革命,主要标志是蒸汽机的发明与应用。工业革命首先在英国兴起是有特殊原因的,一是新航路开辟后,世界市场的拓展,扩大了商品生产的需要,特别是纺织品的生产。二是英国较早进行了资产阶级革命,扫除了束缚生产力发展的障碍。三是英国较早通过海外殖民掠夺,积累起了进一步发展生产的资本。工业革命的代表人物及发明主要是:1782年,瓦特制造出世界上第一台具有真正实用价值的蒸汽机,并于1785年正式在工厂投入使用;哈格里夫斯发明珍妮纺纱机,揭开工业革命的序幕;阿克莱特发明水力纺纱机;1814年,史蒂芬孙发明了蒸汽机车,进一步推动了工业革命的发展。工业革命在18世纪60年代从英国开始,到19世纪40年代在英国率先完成,并从19世纪初开始,由英国扩展到美国、法国、德国等国家。工业革命的意义在于,蒸汽机的发明和使用将人类带入蒸汽时代,这是人类认识和利用自然力的巨大进步;工业革命极大地提高了生产力,市场的商品越来越丰富,同时工业革命也改变了人们的生活观念。工业革命期间,西欧各国认识到了科学技术的重要性,大力鼓励科学研究;大学成为科学研究的重地,增设了自然科学方面的课程,出现了专门培养理工科人才的大学,形成了专门从事科学研究的科学家群体;科学研究取得重大突破,达尔文的《物种起源》问世,提出生物进化学说;同时,完善了通过燃烧煤气、汽油和柴油等产生的热转化为机械动力的理论,为内燃机的发明奠定了基础。

19世纪后半期,工业革命进入到新阶段。一般概念上,是指第二次工业革命,以德国和美国为代表,电力在生产和生活中得到了广泛的应用。第二次工业革命的代表人物及重要发明主要是:1831年英国法拉第的磁铁产生电的实验;1866年德国西门子发明的发电机;1870年比利时格拉姆发明的电动机,功效高,污染小,应用范围大,使用便利,在工业生产中逐步推广开来;1879年美国爱迪生发明了电灯,在人们的日常生活中日益重要;1882年法国建成了电力铁路;美国爱迪生研究成功小型发电厂,远距离的输电网络建立起来;1888年德国卡尔·本茨研发出汽车;1903年美国莱特兄弟研发出飞机;1876年美国贝尔研发出电话。

比较两次工业革命,第一次工业革命发生在18世纪60年代,工业发展领先国家是英国,主要特点是蒸汽机的发明,使人类社会和产业经济进入蒸汽时代,出现了珍妮纺纱机、水力纺纱机、蒸汽机车等主要技术发明成果,主要工业门类涉及纺织业、机械制造业、冶金业、采矿业、建筑业、交通运输业。第二次工业革命发生在 19 世纪后半期,工业发展领先国家是美国、德国,主要特点是电力的广泛应用,使人类社会和产业经济进入电气时代,出现了电动机、电灯、汽车、飞机、电话等主要技术发明成果,主要工业门类涉及电力工业、钢铁工业、化学工业、石油工业、汽车工业。两次工业革命都产生了深远影响,极大地提高了生产力水平,促进了经济迅速发展,改变了人类社会面貌。由此可见,科学技术是第一生产力,科技进步是推动社会发展的重要因素,是产业经济发展的决定因素。

在世界工业革命的浪潮推动下,中国逐渐汇入了工业文明大潮,但这一过程是十分艰难的。

从 18 世纪后期开始,中国进入鸦片战争时代。英国为了打开中国市场,获取高额利润,向中国贩卖鸦片,此举不但严重损害了中国人的身体,而且使中国的白银大量外流,国库空虚,严重威胁到了清王朝的统治。为了维护民族利益和清王朝的统治,以林则徐为代表,中国开展了大规模的禁烟活动,特别是 1839 年的虎门销烟,打击了英国鸦片贩子的利益,维护了中国各族人民的根本利益和民族尊严。结果,英国发动了第一次鸦片战争,1842 年中国战败,被迫与英国在南京签订了中国近代史上的第一个不平等条约——中英《南京条约》,中国把香港岛割让给英国,赔款 2100 万银元,开放广州、厦门、福州、宁波和上海五处为通商口岸,英商进出口货物应缴纳的关税必须和英国协商。从此,中国开始丧失独立自主的地位,一步步沦为半殖民地半封建社会。1856 年 10 月至 1860 年,为了进一步打开中国市场,扩大侵略权益,英法联军发动第二次鸦片战争。1860 年 10 月,英法联军火烧圆明园,中国战败,被迫与英法等国签订了《北京条约》,将香港的九龙半岛南部割让给英国,开天津为商埠,赔偿英、法军费各 800 万两,准许英、法招募华工出国,使中国的半殖民地半封建化程度加深了。此后,又发生了甲午中日战争,中国战败,被迫与日本签订《马关条约》,中国把辽东半岛、台湾及其附属岛屿、澎湖列岛割让给日本,赔偿日本军费白银 2 亿两,增辟杭州、苏州、沙市、重庆为通商口岸,允许日本在中国开设工厂。随后到 19 世纪末,列强掀起了瓜分中国的狂潮。德国侵占山东胶州湾,俄国侵占长城以北和旅顺、大连,法国势力范围达到广东、广西、云南和广州湾,英国势力达到长江流域和新界、威海卫,日本的势力范围达到整个福建,使中国面临空前严重的民族危机。1900 至 1901 年,英、美、法、俄、德、日、意、奥等八国联军发动侵华战争,中国战败,签订《辛丑条约》,清政府赔偿白银4.5亿两,保证严禁人民参加反对列强的活动,拆毁大沽炮台并允许列强派兵驻扎北京到山海关铁路沿线要地,在北京划定使馆界,允许各国驻兵保护,不许中国人居住。这些事件,不仅给中国带来沉重的经济负担,还严重损害了国家主权。从此,清政府完全成为帝国主义统治中国的工具,中国完全陷入半殖民地半封建社会的深渊。鸦片战争失败的原因主要是清朝自大无知,仍沉浸在以往的辉煌中;清政府政治腐败,国家经济实力贫弱,特别是工业落后,科技落后,产业经济发展严重滞后于欧洲列强;而资本主义国家,制度先进,国力强盛,科技发达。

　　在列强瓜分中国的狂潮中,中国开明知识分子开始觉醒,林则徐开创了研究学习西方的先河,是近代中国"开眼看世界的第一人";魏源编著了《海国图志》,提出"师夷长技以制夷",主张学习西方的长处,以抵抗西方的侵略。19世纪60年代至90年代,中国开始了以奕䜣、李鸿章、曾国藩、左宗棠等为代表人物的洋务运动,提出了"自强""求富"的口号。主要内容,一是以"自强"为口号,创办新式军事工业,训练新式军队。从70年代中期到80年代中期,洋务派筹建了南洋、北洋和福建三支海军。甲午海战中北洋海军全军覆没,标志着洋务运动的破产。二是以"求富"为口号,创办各种新式民用企业。1872年,在上海成立的轮船招商局是洋务派创办的最大的民用企业,也是中国近代第一家新式航运企业。三是兴办新式学堂,派遣留学生,培养洋务人才。1862年在北京设立的同文馆,是中国最早的新式学堂。四是1861年设立总理各国事务衙门,称总理衙门,是中国近代最早的正式外交机构。洋务运动没有使中国富强起来,但它使中国的社会面貌发生了许多变化:大量引进西方科技和机器,促进了中国近代工业的产生和发展,对外国的经济侵略也起到了一定的抵制作用;培养了一批对西方事务认识较为深刻的人才。1898年6月11至9月21日,发生了戊戌变法,历时103天,史称"百日维新"。变法的主要措施是,在政治上,裁并机构,精简人员,任用维新人士,准许百姓向朝廷上书;在经济上,设立农工商总局和铁路、矿产总局,鼓励私人兴办工矿企业;在军事上,训练新式海陆军,裁减旧军队;在文化教育上,改革科举制度,开办京师大学堂等。戊戌变法是一场资产阶级性质的改良运动,虽然失败,但仍然促进了中国向西方的学习,对工业革命传播和产业经济发展起到了一定的推动作用。1905年开始,中国进入辛亥革命时期,孙中山建立中国第一个统一的资产阶级革命政党中国同盟会,提出了"驱除鞑虏,恢复中华,创立民国,平均地权"的革命纲领,并以"民族、民权、民生"为主要内容的"三民主义"为指导思想,极大地推动了中国革命形势的发展。1911 年 10 月 10 日,革命党人在武昌发动起义,各地纷纷响应,成立革命政府,清朝统治迅速瓦解。辛亥革命是一场反帝反封建的资产阶级民主革命,推翻了统治中国几千年的君主专制制度,使民主共和思想深入人心,促进了思想解放,为产业经济发展奠定了思想基础。

从鸦片战争开始,中国向西方学习屡受挫折,主要原因是西方列强并不希望中国真正富强,而是希望中国成为他们的殖民地;封建专制制度对社会经济和人民思想的严重束缚;中国资产阶级力量相对薄弱;中国国民的整体文化素质较低等。但由此可以看出,中国对西方的学习,对工业文明的接受,对产业经济的发展,仍然在艰难进行。中国在明末出现资本主义萌芽,到第一次工业革命的短暂发展,随着第二次工业革命的发生,中国民族资本主义再一次得到发展,实业救国的口号开始出现,后来在辛亥革命和第一次世界大战期间经历短暂的春天。这是世界历史发展潮流所产生的必然结果。第二次工业革命发生后,中国也深受影响,在清政府督促下的洋务运动从第一次工业革命开始到第二次工业革命,从西方引进了一系列先进的技术,创办了中国第一批近代化企业,这也间接加快了中国近代化的进程,推动了产业经济发展,为后来资本主义发展提供了条件。工业革命带来生产力的突飞猛进,也影响到部分进步的中国人,他们不但学习欧洲先进的技术,也开始接受先进的思想,这为后来中国资本主义发展提供了必要的思想基础。

工业文明时代,社会生活的方方面面都在不断发生重大变迁。三大产业形成,第一产业是农业、手工业;第二产业是工业;第三产业是商业、交通运输业、银行业、服务业等。工业化和城市化加速推进。工业化的标志是,在国民收入比例中,工业逐渐超过农业,占据主要地位,农业所占的比重则不断下降;在人口结构中,工人的数量逐渐超过农民;工业城市不断兴起。城市化的主要标志是,随着工业的发展,城市人口在全国人口中所占的比例不断上升,城市的生活方式取代了原来农村的生活方式,城市成为工业文明的中心和象征。工业化和城市化带来了劳动生产率的提高,产品更加丰富,人民生活水平逐渐提高,人类文明不断进步。工业社会是从农业社会发展来的。从农业社会进入工业社会,是人类历史上一个重大的进步,它体现在我们生活的方方面面。在农业社会,人们出行很不方便,主要的交通方式是步行、骑马、坐船、乘轿和马车等。在工业革命时期,交通方式有了巨大的改进, 先后出现了蒸汽机驱动的火车、汽轮和内燃机驱动的汽车和飞机,人们的出行越来越方便。铁路的出现,使人类开始向内陆的城市和农村地区迁移,人类征服了时间和空间,从而使"地球变小了"。工业革命给人类带来了巨大的财富,也给社会造成了前所未有的两极分化。

继以蒸汽技术为标志的第一次工业革命和以电力技术为标志的第二次工业革命之后,人类文明史出现了第三次工业革命。一般概念上,又称为第三次科技革命。这是工业领域、科技领域和产业经济的又一次重大飞跃,它是以原子能、电子计算机、空间技术和生物工程的发明和应用为主要标志,涉及信息技术、新能源技术、新材料技术、生物技术、空间技术和海洋技术等诸多领域的一场信息控制技术革命。这次科技革命不仅极大地推动了人类社会经济、政治、文化领域的变革,而且也影响了人类生活方式和思维方式,使人类社会生活和人的现代化向更高境界发展。第三次科技革命的特点,一是科学技术在推动生产力的发展方面起着越来越重要的作用,科学技术转化为直接生产力的速度加快。如过去从发明到大规模地运用,照相用了 122 年,电话用了 56 年,而现代的电视只用了 5 年,激光用了 2 年,从原子能的发现到世界上第一座核电站投入使用,用了 15 年。二是科学和技术密切结合,相互促进。随着科学实验手段不断进步,科研探索领域也不断开阔。以往的技术革命,科学和技术是相对分离的,这就造成研究成果要经历相当长的时间才能导致生产过程的深刻变化, 或者是在技术革新后的相当一段时间才能有科学理论的概括。第三次科技革命中,科学与技术之间的相互关系发生了巨大变化,科学与技术相互渗透,科学、技术、生产形成了统一的革命过程。一般来说,二战后的重大技术突破,都是在自然科学理论的指导下实现的,而重大的技术革命的成果,又进一步丰富、充实了自然科学的理论,二者相辅相成。三是科学技术各个领域之间相互渗透。在现代科学技术发展的情况下,出现了两种趋势:一方面学科越来越多,分工越来越细,研究越来越深入;另一方面学科间的联系越来越密切,科学研究朝着综合性方向发展。在第三次科技革命中,科学、技术、生产三者之间的联系大为加强。科学提供物化的可能,技术提供物化的现实,生产则成为物化的具体实现过程。对于科学来说,技术是科学的延伸;对技术而言,科学是技术的升华;对生产来说,科学技术是其实践活动的必要前提。三者之间相互渗透、相互影响以致出现了密不可分的趋势。这次科技革命不仅涌现了大量的科学成果,而且大大加快了科技转化为生产力的速度,缩短了知识变为财富的过程。同时,一种技术的发展引起好几种技术的革命。新技术成为社会生产力中最活跃的因素,在促进经济增长的各种因素中,科技进步所占比例不断上升。

第三次科技革命对世界的影响是空前的。从经济发展看,引起生产力各要素的变革,使劳动生产率有了显著提高;使整个经济结构发生了重大变化,不仅加强了产业结构非物质化和生产过程智能化的趋势,而且引起了各国经济布局和世界经济结构的变化;此外,以其丰富的内容使管理发展为一本正经的科学,并实现了现代化。从社会生活看,不仅带来了物的现代化,引起劳动方式和生活方式的变革,而且也造就了一代新人与之相适应,使人的思想观念、思维方式、行为方式、生活方式逐步走向现代化。科技革命极大地推动了社会生产力的发展——提高劳动生产率的手段改变;促进了社会经济结构和社会生活结构的变化——第三产业比重上升,人们的衣食住行等日常生活发生变革;推动了国际经济格局的调整——各地联系更紧密;强化了国家资本主义和科技竞争;扩大了发达国家同发展中国家的经济差距。对发展中国家来说,既是机遇,又是挑战。从社会进步看,电子计算机的发明和广泛使用,以及各种"人—机控制系统"的形成,使生产的自动化、办公的自动化和家庭生活的自动化有了实现的可能,预示着人类社会将从机械化、电气化的时代进入到另一个更高级的自动化时代;空间技术和海洋技术的发展标志着人类社会已从被束缚于地球表面的"地球居民"时代进入一个远为辽阔的陆海空立体新时期;基因重组技术、结构化学和分子工程学的进展使人类获得了主动创造新生物和新生命的创造力,标志着人类正在由"必然王国"一步步走向"自由王国"。

第三次科技革命使人类由工业社会进入信息社会。这一信息社会到来的时代,又称为"知识经济时代"。20世纪晚期计算机技术的迅猛发展和软件产业的兴起,是知识经济开始形成的标志。第三次科技革命进一步扩大了国家之间的经济差距,国际经济格局得到调整;许多国家把发展科学技术,作为增强综合国力和提高民族竞争力的重要战略决策;随着科技的进步,大批新型产业兴起,人类的衣、食、住、行、用等日常生活得到改善。更为鲜明的是,社会经济结构和社会生活结构的变化。它造成第一产业、第二产业在国民经济中的比重下降,而第三产业的比重大幅度上升;作为直接物质生产部门的第一产业和第二产业的产值和就业人数在整个国民经济中所占比重相对下降，而非物质生产领域的第三产业的产值和就业人数急剧上升。第三产业不仅仅是传统意义上的服务业、商业、运输业、通讯业以及文化教育事业等，而且还包括大多数与信息工业相关的部门。

1980年3月，美国著名未来学家阿尔温·托夫勒出版了《第三次浪潮》(The Third Wave)，阐述了由科学技术发展所引起的社会各方面的变化与趋势。作者认为，人类社会正进入一个崭新的时期。这个时期名之曰"第三次浪潮文明"。并认为，人类迄今已经历了两次浪潮文明：第一次是"农业革命"，即人类从原始野蛮的渔猎时代进入以农业为基础的社会，历时几千年；第二次是"工业革命"，历时300年，它摧毁了古老的文明社会。工业革命在第二次世界大战后10年达到顶峰。在第二次浪潮时期，以使用不能再生产的化石燃料，作为能源基础；技术突飞猛进；出现大规模的销售系统；家庭不再是共同劳动的经济单位，小家庭、工厂式的学校加上大公司，三者形成第二次浪潮时期的社会结构。到了第三次浪潮时期，以电子工业、宇航工业、海洋工业、遗传工程组成工业群；社会进步不再以技术和物质生活标准来衡量，而以丰富多彩的文化来衡量。这个时代，鼓励个人人性发展，但不是创造某个理想的超人，而是培养一种新的社会性格。在第三次浪潮条件下发展新的民主，摈弃谬误和吓人的观念。"第三次浪潮文明"，是对未来社会设计的一种蓝图，其立足点是现代科技的发展，所阐述的内容反映了当代西方社会思潮的一些重要观点。

无论是第三次工业革命、第三次科技革命，还是第三次浪潮文明，都在向我们昭示：知识经济时代的到来，经济全球化的到来，世界经济一体化的到来。世界已经进入知识经济时代，世界经济正在经历着重大转变。面对知识经济时代的挑战，世界各国都相应地调整了产业结构，尤其是经济发达国家，已经步入了以信息为基础的新经济时代。知识经济时代对中国既是机遇，也是挑战，顺应这一潮流，迅速调整产业结构，大力发展知识型产业，加速知识化进程，实现产业结构的高级化，显得特别迫切和重要。

所谓知识经济，是指建立在知识和信息的生产、分配和使用之上的经济。所谓知识经济时代，是指我们正在进入的一个崭新的经济时代，它以知识为基础。知识是科学技术之源，科学技术成为推动经济发展的重要动力，知识是决定经济发展最重要的、甚至是决定性的因素。知识经济时代具有新的产业结构特征：一是三次产业结构比重发生了显著的变化，第三产业成为经济的主导。与农业经济时代和工业经济时代相比，知识经济时代的产业结构特征是第一产业的比重已显微弱，一般低于 10%；第二产业的比重下降明显，一般为 20% 左右；第三产业的比重明显上升，其在 GDP 中的比重高于第一产业和第二产业之和。二是产业结构"软化"，知识服务性和经济咨询性特征明显。主要表现为两个方面：一方面表现在产业结构的发展过程中，第三产业的比重不断提高，生产的进步和生活质量的提高很大程度上取决于第三产业的服务，出现了"经济服务化"趋势。另一方面则表现在所有产业结构中，伴随着知识技术密集程度的提高，经济发展对科学技术，人才，尤其是高技术人才的依赖大大增强。三是高科技成为经济增长的第一生产力。知识经济的产生是与世界科技，尤其是以信息技术为代表的高科技的发展分不开的，高科技成果的大量涌现及其产业化，使高科技产业成为 1990 年以来所有产业中产出和就业增长最快的产业。

中国产业经济的发展，在第一次工业革命和第二次工业革命中落后于世界；在第三次科技革命的浪潮中，中国处在十年内乱之中，又没有与世界产业经济和科技进步相同步。所幸的是，新中国成立后，中央政府确立以重工业、资源型工业、国防工业为主导的产业发展模式，初步建立了较为完备的工业体系，成为产业经济的重要基础。1978 年改革开放以来，积极引进、吸收和借鉴发达国家的科学技术，大规模应用人类先进的文明成果，建设社会主义市场经济，走中国特色产业经济发展的道路，使经济社会得到快速发展，科学技术得到快速发展，产业经济得到快速发展，成为 20 世纪中后期以来，全世界发展最快的国家之一。

根据国家统计局发布的国民经济和社会发展公报：2012 年，我国国内生产总值 519322 亿元，比上年增长 7.8%。其中，第一产业增加值 52377 亿元，增长 4.5%；第二产业增加值 235319 亿元，增长 8.1%；第三产业增加值 231626 亿元，增长 8.1%。公共财政收入 117210 亿元，比上年增加 13335 亿元，增长 12.8%。全社会固定资产投资 374676 亿元，比上年增长 20.3%，扣除价格因素，实际增长 19.0%。全年社会消费品零售总额 210307 亿元，比上年增长 14.3%，扣除价格因素，实际增长 12.1%。货物进出口总额 38668 亿美元，比上年增长 6.2%。其中，出口 20489 亿美元，增长 7.9%；进口 18178 亿美元，增长 4.3%。进出口差额（出口减进口）2311 亿美元，比上年增加 762 亿美元。年末全国大陆总人口为 135404 万人，比上年末增加 669 万人；其中城镇人口为 71182 万人，占总人口比重为 52.6%，比上年末提高 1.3 个百分点。全年出生人口 1635 万人，出生率为

12.10‰;死亡人口 966 万人,死亡率为 7.15‰;自然增长率为 4.95‰。农村居民人均纯收入 7917 元,比上年增长 13.5%,扣除价格因素,实际增长 10.7%;农村居民人均纯收入中位数为 7019 元,增长 13.3%。城镇居民人均可支配收入 24565 元,比上年增长 12.6%,扣除价格因素,实际增长 9.6%;城镇居民人均可支配收入中位数为 21986 元,增长 15.0%。农村居民食品消费支出占消费总支出的比重为 39.3%,城镇为 36.2%。

从产业构成看,2012 年第一产业增加值占国内生产总值的比重为 10.1%。在固定资产投资(不含农户)中,第一产业投资 9004 亿元,比上年增长 32.2%。全年粮食种植面积 11127 万公顷,比上年增加 69 万公顷。粮食产量 58957 万吨,比上年增加 1836 万吨,增产 3.2%。肉类总产量 8384 万吨,比上年增长 5.4%。第二产业增加值比重为 45.3%。在固定资产投资(不含农户)中,第二产业投资 158672 亿元,增长 20.2%。全部工业增加值 199860 亿元,比上年增长 7.9%。规模以上工业增加值增长 10.0%。在规模以上工业中,国有及国有控股企业增长 6.4%,集体企业增长 7.1%,股份制企业增长 11.8%,外商及港澳台商投资企业增长 6.3%,私营企业增长 14.6%。轻工业增长 10.1%,重工业增长 9.9%。全年规模以上工业中,农副食品加工业增加值比上年增长 13.6%,纺织业增长 12.2%,通用设备制造业增长 8.4%,专用设备制造业增长 8.9%,汽车制造业增长 8.4%,计算机、通信和其他电子设备制造业增长 12.1%,电气机械和器材制造业增长 9.7%。六大高耗能行业增加值比上年增长 9.5%,其中,非金属矿物制品业增长 11.2%,化学原料和化学制品制造业增长 11.7%,有色金属冶炼和压延加工业增长 13.2%,黑色金属冶炼和压延加工业增长 9.5%,电力、热力生产和供应业增长 5.0%,石油加工、炼焦和核燃料加工业增长 6.3%。高技术制造业增加值比上年增长 12.2%。全社会建筑业增加值 35459 亿元,比上年增长 9.3%。第三产业增加值比重为 44.6%。在固定资产投资(不含农户)中,第三产业投资 197159 亿元,增长 20.6%。全年货物运输总量增长 11.5%,货物运输周转量增长 8.7%,规模以上港口完成货物吞吐量增长 6.8%。旅客运输总量增长 7.6%,旅客运输周转量增长 7.7%。邮电业务总量增长 13.0%,电信业务总量增长 11.1%。电话普及率达到 103.2 部/百人;互联网上网人数 5.64 亿人,其中宽带上网人数 5.30 亿人,互联网普及率达到 42.1%。国内出游人数增长 12.1%,国内旅游收入增长 17.6%。全国文化系统共有艺术表演团体 2089 个,博物馆 2838 个,全国共有公共图书馆 2975

个,文化馆 3286 个。各类广播电视播出机构共有 2579 座。有线电视用户 2.14 亿户,有线数字电视用户 1.43 亿户。年末广播节目综合人口覆盖率为 97.5%;电视节目综合人口覆盖率为 98.2%。全年生产电视剧 506 部 17703 集,电视动画片 222838 分钟。全年生产故事影片 745 部,科教、纪录、动画和特种影片 148 部。出版各类报纸 476 亿份,各类期刊 34 亿册,图书 81 亿册(张)。年末全国共有各类提供住宿的社会服务机构 4.7 万个,床位 429.8 万张。

2012 年,我国 GDP 达到 51.9 万亿人民币,比 1978 年增长了 24 倍,34 年年均增长 9.8%。GDP 总量折合美元计算,相当于 8 万亿美元,占全球的 10% 多一点,排世界第二位。全国按照 13.5 亿人计算,人均 GDP 为 3.9 万亿人民币,较 1978 年提高 17 倍,34 年来年均增长 8.7% 左右;按照近三年的平均汇率计算,折合 5800 美元。这些数字说明,我国正处在从中等收入国家向高收入国家的过渡阶段。当前,从宏观经济形势看,国民经济中失业率持续攀升,经济增长速度放慢,经济不活跃;大量的企业停产、破产导致国民经济当中的就业岗位受到严重削弱,然后伴随着劳动力的增加,社会的就业压力越来越大。除此之外,伴随着中国经济进入工业化的中后期,劳动密集型产业逐渐开始让位于资本密集和技术密集的产业。

从总的发展趋势来讲,未来 10~20 年非常有利于中国发展。按照目前的 GDP 水平,只要解决好发展过程中的问题,特别是经济问题,中国按照上中等发展国家,用 10 年多时间实现一个较大的跨越,是完全有可能的。中共十八大确定的发展时间表是,建党 100 周年建成全面小康社会,到新中国成立 100 周年建成现代化国家。到 2020 年,按照不变价,GDP 比 2010 年翻一番,达到 14 万亿美元,相当于美国 2010 年的水平。实现这个条件,GDP 年均增长要保持在 7.2% 以上。实际情况是,2012 年增长 7.8%,2013 年预期为 7.5%,未来 10 年潜在的增长速度为 7.5%~7.8%。到 2020 年,人均 GDP 比 2010 年翻一番,达到 6 万元人民币,折合 1 万美元左右,逼进国际公认的 12475 美元的高收入国家水平,基本实现由上中等收入国家向高收入国家的跨越。面临的问题中,最为重要的仍然是发展方式转变和经济结构问题。历史地看,经济结构和经济质量尤为重要。1820 年,中国经济占全世界 GDP 的 34% 左右,为世界第一,但质量不高,以谷物、麻布等农产品为主;同期的英国,GDP 占世界的 15% 左右,但以蒸汽机等大工业为主的结构,使它用了不到 20 年时间成为全球第一。美国 2001 年 GDP 占全世界的

30%，2011年占23%，比重虽然下降，但结构和质量仍然是世界国家中最优化的。由此可见，结构与质量决定着产业经济的未来。

中共十八大报告在第四部分《加快完善社会主义市场经济体制和加快转变经济发展方式》中强调："要适应国内外经济形势新变化，加快形成新的经济发展方式，把推动发展的立足点转到提高质量和效益上来，着力激发各类市场主体发展新活力，着力增强创新驱动发展新动力，着力构建现代产业发展新体系，着力培育开放型经济发展新优势，使经济发展更多依靠内需特别是消费需求拉动，更多依靠现代服务业和战略性新兴产业带动，更多依靠科技进步、劳动者素质提高、管理创新驱动，更多依靠节约资源和循环经济推动，更多依靠城乡区域发展协调互动，不断增强长期发展后劲。"这一部分讲了五个问题，一是全面深化经济体制改革；二是实施创新驱动发展战略；三是推进经济结构战略性调整；四是推动城乡发展一体化；五是全面提高开放型经济水平。核心内容就是产业经济发展，特别鲜明地提出把经济结构调整作为加快转变经济发展方式的主攻方向。强调"必须以改善需求结构、优化产业结构、促进区域协调发展、推进城镇化为重点，着力解决制约经济持续健康发展的重大结构性问题""牢牢把握发展实体经济这一坚实基础，实行更加有利于实体经济发展的政策措施，强化需求导向，推动战略性新兴产业、先进制造业健康发展，加快传统产业转型升级，推动服务业特别是现代服务业发展壮大，合理布局建设基础设施和基础产业"。中央政府在宏观政策上，更加重视产业经济发展，更加重视产业结构问题。

中国地域广大，发展条件差别很大，发展水平差距很大，面对世界新一轮经济结构调整，机遇大于挑战。在东部率先发展、中部迅速崛起、西部加快开发的区域发展战略背景下，西部欠发达地区的发展形势更为严峻。总体上，必须紧跟时代步伐，对接世界产业结构变化的大趋势，积极承接国内外产业转移，把经济结构调整、发展方式转变，特别是产业经济培育壮大作为重中之重。

一是建立产业体系。在经济全球化更加深入发展的新世纪，世界经济进入产业体系支配的经济时代，一切发展都必须依附在产业上，一切发展都必须是产业引领下的发展。产业既是发展的本身，又是发展的载体。大产业、大发展，小产业、小发展，新产业、新发展，无产业、难发展。壮大县域经济，培育产业是基础，振兴产业是必然，提升产业是根本。从西部县域经济发展的阶段性特征看，产业体系对县域经济发展具有引领性，与当地的资源、文化相结合，能够起到发挥比较优势、完成资本积累、提高竞争力的重要作用。必须紧紧围绕增加人民群众收入和培植地方支柱财源,加快推进产业体系建设,形成一批覆盖面广、带动力强、支撑力大的支柱产业和骨干企业,优化经济结构,提升经济质量,引领县域经济更快更好地科学发展。

二是发展工业经济。由农业社会进入工业社会是人类社会历史发展的必然。加快工业化进程,是促进农业产业化发展的重要途径,是推动城镇化进程的重要保障,是培植骨干财源的重要支撑。说到底,没有工业的发展,县域产业经济的发展就没有出路。从西部地区产业经济发展的态势看,思想认识已经突破,生产要素已经具备,政策环境已经到位,市场发育逐步成熟,工业经济的爆发期已经来临。在推动工业经济发展上必须实现由抓企业到抓产业的战略升级,这样才能跟上经济发展的大趋势。必须坚持近求突破、远打基础的发展目标,围绕培育工业发展载体、培育核心工业企业、培育地方特色品牌、培育科技型上市企业、培育多元化融资平台、培育规模化民营企业等"六个培育",努力开创工业经济发展的新局面。

三是壮大城市经济。城市经济是以城市为载体和发展空间,二、三产业繁荣发展,经济结构不断优化,资本、技术、劳动力、信息等生产要素高度聚集,规模效应、聚集效应和扩散效应十分突出的地区经济。现代经济是工业化、城市化加快推进的过程,也是城市经济和城市核心竞争力提升的过程。西部地区城市经济总体发展滞后,但目前已经开始起步,加快发展壮大,对扩大县域经济总量,增强县域经济活力,提高城市核心竞争力,都至关重要。必须以金融工作为龙头,以城市建设为推动,以产业配套为支撑,促进一、二、三产业加速融合,以城市承载经济,以经济繁荣城市。通过进一步强化农产品与城市市场对接,提高加工转化能力;进一步强化工业品对城市经济的拉动,培育新的消费热点;进一步强化现代服务业对城市经济的繁荣,放手发展第三产业。重点培育服务外包、现代物流、电子商务、文化创意等一批新型业态,发展技术研发、工艺设计、时尚饰品、网络教育等一批新兴行业,建设孵化基地、研发中心、星级宾馆、会展博览等一批现代设施,形成城市经济新的增量优势。

四是培育市场主体。市场主体是市场经济的微观基础,是经济发展的活力所在。市场主体数量多少、规模大小、结构优劣,是衡量一个地方经济发展水平的重要标志。财政收入增长、重大项目建设、就业岗位增加、社会福利保障、群众生活水平提高,都依赖于市场主体发展。我们所说的全民创业,核心就是培育市场主体。一个主体是一业,主体众多兴百业。成功培育一个市场主体,就可以说创成了一份家业,创立了一户企业,创建了一个产业,成就了一番事业。产业发展路千条,市场主体第一条。必须坚定不移地树立市场主体第一的新理念,通过培育市场主体、完善市场体系,加快形成市场主体众多、市场体系健全、市场机制灵敏、市场经济活跃的新格局,让产业经济在世界经济循环中显现出新的活力。大力发展个体工商户、精心培育核心企业、发展壮大农民专业合作经济组织,把市场主体培育和构建现代市场网络体系、推动全民创业有机结合起来,加快推进县域经济市场化进程,加强就业引导和扶持,形成人人参与创业、各业竞相发展的新格局。

五是强化金融服务。经济决定金融,金融服务经济。金融是经济运行最基本的战略资源、最重要的特殊资源、最稀有的紧缺资源。金融是经济的血液,加快产业经济发展,就是要强壮主动脉,疏通毛血管,增加供血量,促进血循环。必须强化"金融是现代经济的核心"意识,牢固树立"经济催生金融、金融繁荣经济"思想,主动地更多地为金融发展创造条件、提供支持。发挥好众多金融机构的职能作用,建立立体模式融资平台,优化金融生态,协调银企关系,培育金融资源,发展地方金融,破解融资瓶颈。努力拓宽企业上市融资渠道,大力发展小额贷款公司,增加对信用担保公司的支持,大力吸引战略投资者、外来银行和各类金融机构设立延伸机构、投放信贷资金,营造金融支持县域经济发展的优质环境,努力创造一个西部欠发达地区金融业繁荣发展的神话,用金融业大发展支撑产业经济的新发展。

王科健

2013 年 5 月 19 日

# 目　录

着科技革命的发展而不断推陈出新的历史。产业结构的优化和升级，能够使社会再生产各个环节相互适应,近期增长与长远发展相互衔接,有效地利用各种资源和生产要素,实现国民经济的良性循环

协调是产业结构合理化的中心内容。产业结构的协调不是指产业之间的绝对均衡，而是指产业之间有较强的互补和谐关系和相互转换能力。只有强化产业之间的协调，才能提高其结构的聚合质量,从而提高产业结构的整体效果

技术创新是产业结构高级化的根本动因。实现产业结构高度化,必须大力发展高新技术产业,并用高新技术改造提升传统产业,实现产业结构优化升级

产业分工是一种市场制度,通过分工,可以提高产业效率,增进产业效益,优化区域经济构成

区域内产业空间不均匀分布以及产业扩散等现象,为区域产业分工动态变化问题的研究提供了借鉴的思路

在内生比较优势、交易成本、生产要素禀赋、基础设施以及政府政策等要素影响作用下,区域内的经济主体根据自身产业分工状况和经济发展情况,选择不同的产业分工形式,产业间分工、产业内分工和产品内分工

建立区域合作共赢机制,发挥中心城市带动作用,建设区域产业集群,提高区域技术创新能力

的高科技企业集群，初级加工发展形成的中小企业集群，外资带来多个配套企业发展起来的集群，改制公有企业经过繁衍和集聚形成的集群准、筱原二基准、赫希曼的关联强度基准、日本产业结构审议会二基准、周振华三基准、其他选择基准；主导产业选择的评价方法有主观赋权法和客观赋权法两大类，从适用性分析上讲主要是层次分析法、主成分分析法、因子分析法、数据包络分析法、模糊评价法

主导产业的形成和发展，必须有利于化解或缓解经济运行和发展中的基本矛盾，有利于调整生产力布局和促进各地区经济协调发展，有利于提高经济发展水平和增强国际竞争力；主导产业选择应坚持市场需求、技术进步、带动性强、比较优势、资源节约环境友好、现有优势利用等原则；主导产业选择基准包括市场潜力基准、生产率上升基准、产业关联基准、区域比较优势基准、环境保护基准及社会进步基准等方面

不同区域有不同区域的产业发展模式，与我国经济整体布局和产业分布有关，基本呈现出从东部到西部的阶梯式产业格局

相对于东南部沿海地区而言，我国的欠发达省份主要分布在东北、中部和西部地区，东北和中部欠发达省区主要指黑龙江、吉林、山西、河南、安徽、湖北、湖南和江西等省；西部欠发达地区指的是国务院公布的内蒙古西部、陕西、甘肃、宁夏、青海、新疆、西藏、四川、重庆、云南、贵州、广西等12个省区。总体上，中西部地区市场发育程度低，经济总量小，产业结构不合理，产业层次较低，部分省区"十一五"和"十二五"以来有了较快较大发展，与东南沿海发达省份相比差距在缩小，但大部分省份的差距还在拉大

# 第一章

## 产业演变不断推动经济社会发展

- 产业的形成
- 产业的分类
- 产业发展与产业生命周期理论

# 第一章　产业演变不断推动
## 经济社会发展

　　产业是同类企业、事业的总和。在人类生产发展的历史上,产业不是一开始就存在的,而是在生产发展的过程中,在社会分工发展的基础上,逐步形成和发展起来的,是分工协作发展的结果。因此,研究产业的形成,应当首先从研究社会分工开始。

　　产业是社会分工的产物,它随着社会分工的产生而产生,并随着社会分工的发展而发展。在人类社会的原始时期,是不存在分工的。最早的社会生产是猎取自然界的天然物资,其基本项目是采集和渔猎。当时,不同的劳动还没划分成互相独立的部分,人们在从事某种劳动时,一般都采取集体行动,对于不同项目的劳动,则按需要的迫切程度和劳动的客观条件顺次进行。劳动者本身没有职业划分,每个人既是猎人又是渔夫又是战士,人与人处于自然等同状态。

### 一、产业的形成

　　＊社会分工增加了各产业部门之间的相互联系和相互依存关系

　　人类社会的发展,社会生产力水平的不断提高,导致了社会分工的发展。总的来看,人类社会历史上出现了三次大规模的社会分工:第一次社会大分工大约发生在公元前4000年,农业从畜牧业中分离出来成为独立的农业产业部门;第二次社会大分工大约出现在原始社会瓦解时期,工业和农业相互分离,形成了专业工匠阶层,工业成为一个独立的产业部门;第三次社会大分工开始于奴隶社会初期,商业从农业、牧业和手工业中分离出来,并成为一个独立的产业部门。

　　从世界产业经济演变的过程看,世界各国进程参差不同,有快有慢、有大有小,这与世界各国政治统治和社会稳定程度密切相关。但总体上,自18世纪工业革命以来,产业分工明显加快,不断有新的产业从原有产业中分离出来,推动世界产业经济发展。

在农业内部,通过资本原始积累,一部分农民的土地被剥夺,一方面形成了资本主义的土地所有制,建立了资本主义经营的集约化农业;另一方面农村家庭手工业的生产资料和劳动力游离出来,形成了资本主义纺织工业,纺织工业的出现使农业和工业彻底分离。同时,农业内部的特殊分工使种植业、牧业、渔业、林业等产业部门都先后形成。

在工业内部,机器的大量使用扩大了社会分工,增加了特殊生产部门和独立生产领域的数量。首先,机器提高了生产力,使同量劳动所加工的材料数量日益增大。与此相适应,对这些原材料和半成品的加工越分越细,社会生产部门也就越来越多样化。如纺织工业中分离出服装加工业,钢铁工业中分离出机械工业等等。其次,使用机器使得产品的各个部分可以大批量生产,从而形成独立的产业。由于以上两个原因,纺织、钢铁、冶金、机械等众多产业部门相继形成了。

马克思在考察社会分工时,曾把它分为三种形式。他指出:"单就劳动本身来说,可以把社会生产分为农业、工业等大类,叫做一般的分工;把这些生产大类分为种和亚种,叫做特殊分工;把工厂内部的分工,叫做个别的分工。"[①]马克思在这里深刻地揭示了产业部门的形成过程。可见,产业是一般分工和特殊分工的表现形式,一般分工是特殊分工的基础。

事实上,社会大分工仍然还在继续,它随着社会生产力的发展、商品经济的发展和科学技术的不断进步而进一步深化细化。有的学者研究认为,人类社会已经发生了第四次的社会分工,即在物质生产过程内部的脑力劳动阶段和实物生产阶段的分工,也就是对物质的创造性构思与把这种构思变成物质(即实现物质)的分工。在19世纪,社会分工使石油化工、电子工业等一系列崭新部门发展起来;在20世纪,社会分工使原子核工业、信息业、宇航业相继形成。随着科学技术的飞速发展及其在社会生产中的运用,社会分工范围将进一步扩大并细化,许多全新的产业部门将不断产生。而且,社会分工不但没有割裂各产业部门的联系,反而增加了各产业部门之间的相互联系和相互依存关系,使社会各产业部门

---

①马克思.相对剩余价值的生产[M].//马克思恩格斯全集:第23卷.北京:人民出版社,1972.

形成一个相互联系、相互依存的有机整体。

从产业的形成来看,产业具有以下特点:首先,产业是历史范畴,是伴随生产力和社会分工的深化而产生和不断扩展的,产业是一般分工和特殊分工的表现形式;其次,在生产力的不同发展阶段,社会分工不断向深层发展,形成了具有多层次的产业;再次,产业作为一个经济单位,不是孤立存在的,产业与产业之间存在着直接或间接的经济联系,整个产业构成一个具有函数关系的经济系统;最后,产业是具有投入和产出效益的活动单位。

## 二、产业的分类

＊基于研究目的与视角的不同,产业分类有许多不同的方法

产业分类是为了制定国民经济发展战略和产业政策,探讨在工业化为中心的经济发展过程中产业之间的关系结构、产业内部的企业组织结构变化规律,分析经济发展中内在的各种均衡问题,而对国民经济产业部门所进行的各种分类法。[①]

基于研究目的与视角的不同,产业分类有许多不同的方法,比较常见的分类方法有:两大部类分类法、农轻重分类法、三次产业分类法、标准产业分类法、生产要素集约分类法、霍夫曼产业分类法、钱纳里-泰勒分类法、生产结构产业分类法、战略关联分类法等。这里对几种具有代表性的分类方法进行介绍。

### (一)两大部类分类法

两大部类分类法是马克思创立的产业分类法。马克思在对社会再生产过程进行分析时,按照物质产品的最终经济用途,将社会总产品区分为生产资料和消费资料两大类,揭示了资本主义生产的本质和剩余价值产生的秘密。马克思在实物形成上将社会总产品分为两大部类,即生产生产资料的部门划归第 I 部类,主要产品是各种生产工具、设备、原料、材料等,其产品用于生产性消费。将生产消费资料的部门归为第 II 部类,其产品主要用于个人消费;在价值形成上将社会总产品分为不变资本 C、可变资本 V 和剩余价值 M 三大部分。马克思的两大部类产业分类法揭示了社会在进行生产时两大部类产业间的实物和价值构成比例关系。它不仅是马克思研究资本主义社会再生产过程的理论基础,也对研究资本主义再生产关系和指导社会主义经济实践有重大的理论意义。马克思关于两大部

---

①丁宝山,任建平.产业经济辞典[M].北京:中国财政经济出版社,1991.

类产业的分类方法，对于研究现代市场经济条件下如何通过政府宏观调控来正确处理两大部类之间的关系，如何实现社会再生产的总量平衡和结构平衡，以保持国民经济持续、快速、健康发展，具有重要的现实意义。

(二)农轻重分类法

农轻重分类法是以两大部类分类法的原理为依据的，是两大部类分类法的改进和提高。为了具体研究农业、轻工业和重工业这三个实际部门之间的相互联系和数量比例关系，出现了农轻重分类。农轻重分类法是将社会经济活动中的物质生产分为农、轻、重三个部门。这里的"农"，指的是广义的农业中的各个部门，包括种植业、畜牧业、渔业、林业等；"轻"是指轻工业，生产的产品主要为消费资料，主要的轻工业部门有纺织业、食品业等；"重"是指重工业，产品主要是生产资料，典型的重工业部门有钢铁工业、石油工业、煤炭工业、电力工业、化工工业等。

农轻重是三个具有不同地位作用的主要的物质生产部门，是整个物质生产的基础。农业是国民经济的主导，轻工业的发展要以农业为基础，重工业的发展要以农业和轻工业为基础。所以，农轻重的分类不仅具有一定的理论意义，而且有很大的实践意义。它的应用实践证明，该方法具有比较直观和简便易行的特点，可以大致反映出社会再生产过程中两大部类之间的关系，对宏观上进行国民经济的计划和控制有相当的实用价值。因此，这种分类法不仅在社会主义国家被采用，而且也被一些其他制度的国家以及一些世界性组织所采用。如联合国工业发展组织(简称"工发组织")认为"按轻、重工业来考察制造业产值，有助于说明制造业各部门的发展情况"[①]，并在其研究报告中采用过农、轻、重产业分类法。

(三)三次产业分类法

三次产业分类法是以产业发展的层次顺序及其与自然界的关系作为标准的分类方法。三次产业分类法就是把全部的经济活动划分为第一产业、第二产业和第三产业。它是西方产业结构理论中关于产业分类的最重要的分类方法之一。

三次产业分类法是由英国经济学家、新西兰突塔哥大学教授费希尔 (A. S. Fischer)首先创立的。他在 1935 年所著的《安全与进步的冲突》一书中，在前人提出的第一、第二产业的基础上，提出了"第三产业"这一术语，并系统地提出了三

---

[①]联合国工业发展组织.世界各国工业化概况和趋向[M].北京:中国对外翻译出版公司,1980.

次产业的分类方法及其分类依据。费希尔的划分以社会生产发展阶段为依据，以资本流向为主要标准，从世界经济史的角度对三次产业分类方法进行了理论分析。他指出，人类的经济活动可以分为三个产业，即所谓的第一产业(Primary Industry)、第二产业(Secondary Industry)和第三产业(Tertiary Industry)。第一产业是人类初级生产阶段，主要生产活动是农业和畜牧业，产业活动包括种植业、畜牧业、狩猎业、渔业和林业；第二产业的形成开始于英国18世纪60年代开始的第一次产业革命，以机器大工业的迅速发展为标志，包括采掘业、制造业、建筑业、运输业、通讯业、电力业和煤气业等；到20世纪初，随着大量的资本和劳动力进入非物质生产部门，第三产业开始形成，包括商业、金融业、饮食业以及科学、卫生、文化教育、政府等公共行政事务。

　　费希尔虽然提出了三次产业分类法，但他并没有做规律性总结。在费希尔三次产业分类的基础上，英国经济学家、统计学家科林·克拉克在其1940年发表的著名经济学著作《经济进步的条件》第一版中，证明经济进步是与产业结构中第一产业和第三产业的相对壮大同时发生的。1957年，他在该书的第三版中，把产业分为三个大部门。他把除第一、第二部门以外的其他经济活动归为第三门类，并改称"服务产业"。他认为，这一门类(第三产业)主要是由服务性活动组成的。而1971年的诺贝尔经济学奖获得者库兹涅茨运用这一方法系统研究和揭示三次产业在国民经济中的变化规律之后，三次产业分类法逐渐为各国所接受，并成为世界通行的统计方法。三次产业分类法从深层次反映了社会分工深化与产业结构演进的关系，成为目前研究产业结构理论的一个最主要的分类方法，并得到广泛应用和普及。由于费希尔和科林·克拉克在研究三次产业分类法中所做的贡献，两人一起被公认为三次产业分类法的创始人。

　　随着科学技术的迅猛发展和人类经济活动的日益复杂化，人们发现三次产业分类法也存在着诸多缺陷。例如第三产业中包含的行业差异显著，可以包括从最简单的修鞋、理发到最复杂的航天、生化，也可以包括对技术要求最简单的劳动密集型产业(如餐饮业)到技术要求很高的知识密集型产业(如信息业、生物技术等)，还可以包括公共行政事业单位和国防部门。因此，这种传统的产业分类法已经难以适应当代经济发展的需要。探讨一种新的产业分类方法来更科学地进行产业分类已成为产业理论界的一项迫切任务。

　　在前人理论的基础上，经济合作与发展组织(OECD)提出了自己的划分方法:以经济活动与自然界的关系为标准将全部经济活动划分为三大类,即第一产业是指直接从自然界获取产品的物质生产部门, 第二产业是指加工取自自然界资源的物质生产部门,而将从第一、第二产业的物质生产活动中衍生出来的非物质生产部门划分为第三产业。根据这一划分标准,第一产业是指广义上的农业,主要包括种植业、畜牧业、渔业、狩猎业和林业;第二产业是指广义上的工业,主要包括制造业、建筑业、采掘业和矿业以及公共事业(煤气、电力、供水等);第三产业是指广义上的服务业, 其活动是为了满足人们生活中不同于物质需要的需要,主要包括运输业、通讯业、商业贸易、金融业、房地产业、餐饮业、旅游业、娱乐、生活服务、文化教育、科学、新闻传播、公共行政、国防等。目前,欧美大多数国家都采用这种划分方法。

(四)标准产业分类法

为科学地制定产业政策和对国民经济进行宏观管理,根据一个国家(或一个地区)的实际而编制和颁布的划分产业的一种标准,被称为标准产业分类法。标准产业分类的优点在于对全部经济活动进行分类,并且使其规范化,具有很强的可比性,有利于分析各国各地的产业结构,而且与三次产业分类法联系密切。标准产业分类法在划分产业时主要考虑以下三个因素:第一,社会产业和服务的种类;第二,生产工艺与技术的相似性;第三,统计上的需要和方便。标准产业分类法又可以分为国际标准分类法和国家标准分类法。

1.国际标准分类法。联合国为了统一世界各国的产业分类,于1971年编制和颁布了《全部经济活动的国际标准产业分类索引》。现在通行的是1988年第三次修订本。其目的是为使不同国家的统计数据具有可比性。国际标准分类法把全部经济活动首先分解为10个大项,然后将各个大项分为若干个中项,再将各个中项细分为若干个小项,最后将各个小项细分为若干个细项,从而把全部经济活动分为大、中、小、细四个层次,并规定了相应的统计编码。其10个大项是:

A.农业、狩猎业、林业和渔业;

B.矿业和采石业;

C.制造业;

D.电力、煤气、供水业;

E.建筑业;

F.批发与零售业、餐馆和旅店业;

G.运输业、仓储业和邮电业；

H.金融业、不动产业、保险业和商业性服务业；

I.社会团体、社会及个人的服务业；

J.不能分类的其他活动。

这种产业分类将全部经济活动不遗漏地分割，并使之规范化。国际标准分类法实际上同三次产业分类法是一致的，且比后者更细致。它同三次产业分类法有着密切的相关联系，其分类的 10 个大项可以分成三个部分，从而同三次产业分类法的三次产业相对应：第一大项为第一产业，第二至第五大项为第二产业，第六至第十大项为第三产业。因此，根据国际标准分类法所做的统计具有很强的可比性，为产业经济问题的研究提供了很大的方便，从而被广泛运用。

2.国家标准分类法。国家标准分类法是指一个国家(或一个地区)政府为了统一该国(或该地区)产业经济研究的统计和分析口径，以便科学地制定产业政策和对国民经济进行宏观管理，根据该国(或该地区)的实际而编制和颁布的划分产业的一种国家标准。

该分类法具有以下特征：①权威性。它是由一国(或一地区)的政府或其技术标准管理部门编制和颁布，而不是由个人或产业研究机构自己编制的，因而具有权威性。②强制性。它是一国(或一地区)的国家标准，是为了统一统计口径和分析口径以便科学地制定产业政策并对国民经济进行宏观管理，因此在运用上具有强制性，不能随意更改。③科学性。该分类法比较能反映该国(或该地区)的产业发展和变化情况，也能适应其产业发展和变化的需要。④广泛的适应性。即这种产业分类法能便于进行比较分析。

世界上许多国家都有各自的国家标准分类法。美国于 1972 年编制和颁布了它的国家标准分类法。美国的分类法设有 7 位数字的编码，第一位数字代表产业部门，第二、三位数字代表产品类，共 99 种主要类，然后再层层细分，一直细分到 7 位数字，共分为 7500 余种产品类型。英国编制的国家标准分类法有 27 个主要产业种类，181 个产业分类。

我国也有自己对产业进行科学分类的国家标准，《国民经济行业分类与代码》(GB/T4754—2002)是我国的产业分类国家标准。该标准采用经济活动的同质性原则划分国民经济行业，即每一个行业类别都按照同一种经济活动的性质划分，而不是依据会计制度或部门管理等划分。与《国民经济行业分类与代码》

(GB/T4754—1994)相比,它有以下显著特点:①按照国际通行的经济活动同质性原则划分行业,进一步打破了部门管理界限,对原标准中不符合这一原则的分类进行了调整;②根据我国社会经济活动的发展状况,重点加强了第三产业的分类,新增了大量服务业方面的活动类别;③对每一个行业小类全部与国际标准产业分类的最细一层分类建立了对应关系,即通过软件可使我国的新标准直接转换到国际标准,实现了与国际标准的兼容,改变了我国统计资料与国际难以直接对比的状况;④2003年版《三次产业划分规定》与《国民经济行业分类与代码》(GB/T4754—2002)又做了对接。

### (五)生产要素集约分类法

生产要素集约分类法是根据不同的产业在生产过程中对资源的需求种类和依赖程度的差异,即以生产要素的集约程度的不同作为标准划分产业的一种方法。它可将国民经济各产业划分为劳动密集型产业、资本密集型产业、技术密集型产业三种。

劳动密集型产业,是指在其生产过程中对劳动力需求的依赖程度较高的产业。这里的"劳动",通常是指体力劳动。在劳动密集型产业中,资本的有机构成较低,在生产过程中消耗的主要是活劳动,如服装工业、食品工业、餐饮业等都属于劳动密集型产业。

资本密集型产业,是指在其生产过程中对资本需求的依赖程度较高的产业。这类产业的资本有机构成较高,如钢铁工业、石化工业等就是典型的资本密集型产业。

技术密集型产业(也称为知识密集型产业),是指在其生产过程中对技术需求的依赖程度较高的产业。这类产业的产品表现出低物耗而高附加值的特点,一些新兴的产业,如计算机工业、网络产业、新材料新能源工业、航天工业等就属于技术密集型产业。

生产要素集约程度分类法能比较客观地反映一国的经济发展水平。例如,劳动密集型产业的比重越大,表明该国的经济发展水平越低;技术密集型产业的比重越大,表明该国的经济发展水平越高。此外,生产要素集约程度分类法还反映了产业结构优化的趋势,即劳动密集型产业占主导地位的产业结构向资本密集型产业占主导地位的产业结构过渡,最后过渡到技术密集型产业占主导地位的产业结构。这有利于一国根据产业结构变化的趋势制定相应的产业政策。但该分类法对产业的划分是一种相对的划分,不存在绝对的划分基础,划分界限比较模糊,容易受主观因素影响。由于各种生产要素在生产过程中具有一定的可替代性,同一产业在不同地区对各生产要素的需求程度就会有差异,其结果是同一产业在不同的地区可能会被划分为不同的类型。因此,从这一点来说,该分类法也存在着局限性。

### (六)霍夫曼产业分类法

霍夫曼产业分类法是德国经济学家霍夫曼(W. G. Hoffmann)在对工业化过程进行分析和考察时运用的一种分类方法。他出于研究工业化发展阶段的需要把产业分成三类,即消费资料工业、资本资料工业和其他工业。其中,消费资料工业包括食品工业、纺织工业、服装工业、皮革工业、家具制造业等;资本资料工业包括冶金及金属制品业、一般机械工业、运输机械工业、化学工业等;其他工业包括木材加工业、造纸工业、橡胶工业、印刷工业等。霍夫曼运用这种划分方法的目的是为了分析消费资料工业净产值与资本资料工业净产值的比例(霍夫曼比例)问题。他按照霍夫曼比例大小来划分工业化的发展阶段。为了避免某些产品既可以作为消费资料又可以作为资本资料,他就将产品用途有75%以上用于消费品的产业归于消费资料工业,产品用途75%以上用于资本资料的产业划分为资本资料工业,介于两者之间的划分为其他工业。这一划分法的缺点是确定的75%的划分界线在实际工作中是难以划分和量度的,因而这一分类方法在特定条件下才具有实际应用价值。

### (七)钱纳里-泰勒分类法

钱纳里-泰勒分类法是指美国经济学家钱纳里和泰勒在考察生产规模较大和经济比较发达的国家的制造业内部结构的转换和其原因时,为了研究的需要,将不同经济发展时期对经济发展起主要作用的制造业部门划分为初期产业、中期产业和后期产业的一种分类方法。

根据这一分类法,初期产业是指在经济发展初期对经济发展起着主要作用的制造业部门,包括食品业、纺织业、皮革业等。初期产业一般具有如下共同特征:其产品主要用于满足基本生活需要;具有较强的最终需求性质,后向关联系数较小;具有较小的需求收入弹性;生产技术和工艺比较简单。

中期产业是指在经济发展中期对经济发展起主要作用的制造业部门,包括非金属矿工业、橡胶工业、木材与木材加工业、石油工业、化学工业、煤炭工业等。

中期产业一般具有如下共同特征:它包括中间产品和部分最终产品;有明显的最终需求性质,前向关联系数较大;具有较高的需求收入弹性。

后期产业是指在经济发展后期对经济发展起主要作用的制造业部门,包括服装和日用品、印刷出版、纸制品、金属制品和机械制品等。后期产业一般具有如下共同特征:包含服装等很多最终产品,是前向关联系数较大的制造业部门;具有很强的中间需求性质,也是后向关联系数较大的部门;具有较高的收入需求弹性。

这种分类法一方面有利于在经济发展的长期过程中深入考察制造业内部各产业部门地位和作用的变化,进而揭示制造业内部结构转换的原因,即产业间存在着的关联效应;另一方面,有利于相关政府部门根据不同经济发展时期产业的不同特征制定产业政策,促进制造业内部结构优化,从而推动经济的快速发展。

(八)产业发展阶段分类法

产业发展阶段分类法是指按照产业发展所处的不同阶段进行产业分类的一种方法。按照这种分类划分的常见产业有幼小产业、新兴产业、朝阳产业、夕阳产业、衰退产业、淘汰产业等。由于划分产业发展阶段的标准很多,所以处于不同发展阶段的产业的界限并不是很明确,只能大概地进行划分。

幼小产业是指在开发初期因生产规模过小、成本过高、技术不成熟而不能享受规模经济的好处并缺乏国际竞争力的产业。有些幼小产业经过一定时期的政府保护能够安全度过幼年生命危险期而成为前途无量的新兴产业,进而成为一国先导产业或主导产业;有些幼小产业因技术、成本、需求、原料等方面的缺陷或其他原因,即使经过政府一定时期的保护和扶持也不能安全度过其幼年生命危险期而成为夭折产业。

新兴产业是指由于科技的发展和生产力水平的提高,已经度过幼年生命危险期的新的细分产业,这些新的细分产业的产品在技术水平、用途、生产方式、用料或其他方面与原有产业的产品有较大的不同。新兴产业的进一步发展使其进入技术不断成熟、平均成本不断下降、产业规模不断扩大、市场需求不断增加的时期,处在这一发展时期的产业称为朝阳产业。朝阳产业常常与夕阳产业相对应。夕阳产业是指衰退产业继续衰退下去,得不到政府的有关扶持,也没有某些技术上的重大突破来改革原有的技术条件而即将退出市场的产业或产业群。夕阳产业也可以在出现重大技术突破的条件下重新焕发青春,进入另一个产业生命周期。否则,政府往往会采取产业转移政策,将此类产业转移到更有成本等竞争优势的地方去,或是在适当时期引导该产业的人、财、物等资源向其他产业转移。

衰退产业是指一个地区或一个国家的产业结构中不适应市场需求变化、不具备区位优势、缺乏竞争力的产业群,在产业结构中陷入停滞甚至萎缩的产业。在一个区域的产业结构系统中,衰退产业一般具有以下几个方面的特征:

1.全行业生产能力明显过剩,或生产成本过高,产品销售困难,开工严重不足。

2.全行业效益很低甚至全行业亏损。由于生产能力严重过剩,企业之间竞争激烈。企业为了生存下去,不惜采取低价竞争手段,致使在相当一部分企业停产半停产的同时,产品有销路、能够维持正常生产的企业也因产品价格低而处在收益率很低的境地,使全行业长期处在微利甚至亏损状况。

3.生产的产品是传统产品,产品需求增长率下降较快,其产业所提供的产值在 GDP 中的比重呈下降或者加速下降的趋势,因而新进入企业不断减少,原有厂商不断退出。

4.资金投入减少,优秀人才流失,产品技术含量低。低收益率使这些行业难以吸收新的投资,但是要进行结构调整,却需要大量的投资。

5.受到新兴产业替代的威胁。

6.退出行为困难,长期处在"过度竞争"状况。"过度竞争"使许多企业处于低利润率甚至负利润率的状态,但由于存在各种困难,这些企业并不从这个行业中退出,使全行业低利润率或负利润率的状态持续下去。这类产业往往是由壮年时期的产业发展而来的,继续衰退下去就成为夕阳产业,最后成为淘汰产业。这类产业如果出现某些技术的重大突破也会获得新生,进入另一产业生命周期。

淘汰产业是指产业发展到一定时期,由于技术老化、需求萎缩、成本上升、长期亏损,不能适应市场的需要而退出市场的产业。为加快淘汰落后生产能力,促进工业结构优化升级,我国工信部按照《国务院关于进一步加强淘汰落后产能工作的通知》(国发〔2010〕7 号)要求,依据国家有关法律、法规,专门制定了《部分工业行业淘汰落后生产工艺装备和产品指导目录(2010 年本)》。目录所列淘汰落后生产工艺装备和产品主要是不符合有关法律法规规定,严重浪费资源、污染环境、不具备安全生产条件,需要淘汰的落后生产工艺装备和产品。例如在医药产业中,列明的淘汰工艺和产品包括:手工胶囊填充工艺;软木塞烫蜡包装药品工艺;不符合 GMP 要求的安瓿拉丝灌封机;塔式重蒸馏水器;无净化设施的热风干燥箱;劳动保护、三废治理不能达到国家标准的原料药生产工艺和装置;使用含苯油墨和添加剂进行表面印刷药包材产品的工艺;铁粉还原法对乙酰氨基酚(扑热息痛)、咖啡因装置;使用氯氟烃(CFCs)作为气雾剂、推进剂、抛射剂或分散剂的医药用品生产工艺;安瓿灌装注射用无菌粉末;铅锡软膏管、单层聚烯烃软膏管;药用天然胶塞;非易折安瓿;输液用聚氯乙烯(PVC)软袋(不包括腹膜透析液、冲洗液用);单层聚烯烃软膏管(肛肠、腔道给药除外)。

(九)战略关联分类法

战略关联分类法是以产业在一国经济中的地位和作用的不同为标准进行产业分类的一种方法。按照战略地位的不同,划分的产业主要有主导产业、先导产业、支柱产业、先行产业、重点产业等。

根据罗斯托(W. Rostow)的阐述,主导产业是指能够依靠科技进步或创新获得新的生产函数,能够通过快于其他产品的"不合比例增长"的作用有效地带动其他相关产业快速发展的产业或产业群。罗斯托认为,主导产业应同时具备如下三个特征:第一,能够依靠科技进步或创新,引入新的生产函数;第二,能够形成持续高速的增长率;第三,具有较强的扩散效应,对其他产业乃至所有产业的增长有着决定性的影响。主导产业的这三个特征是有机整体,缺一不可。主导产业往往既对其他产业起着引导作用,又对国民经济起着支撑作用。先导产业是指在国民经济体系中具有重要的战略地位,并在国民经济规划中先行发展以引导其他产业向某一战略目标方向发展的产业或产业群。这类产业对其他产业的发展往往起着引导作用,但未必对国民经济起支撑作用。

支柱产业是指在国民经济体系中占有重要的战略地位,其产业规模在国民经济中占有较大份额,并起着支撑作用的产业或产业群。这类产业往往在国民经济中起着支撑作用,但不一定能起到引导作用;同时,往往由先导产业发展壮大,达到较大产业规模以后就成为了支柱产业,或先成为对其他产业的发展既起引导作用,又对国民经济起支撑作用的主导产业,然后再发展成为对其他产业的发展不再起引导作用而只对整个国民经济起支撑作用的支柱产业。

先行产业的内涵有狭义和广义之分。狭义的先行产业是指根据产业结构发展的内在规律或自然规律,必须先行发展以免阻碍其他产业发展的产业,这类先行产业包括瓶颈产业和基础产业。另一类先行产业是指根据国民经济战略规划的需要,人为地确定的必须先行发展以带动和引导其他产业发展的产业,即先导产业。广义的先行产业包括狭义的先行产业和先导产业。

重点产业是指在国民经济体系中占有重要的战略地位并在国民经济规划中需要重点发展的产业。重点产业的概念比较模糊,缺乏科学性,它包括主导产业、先导产业、支柱产业、先行产业等。

### 三、产业发展与产业生命周期理论

✳产业发展本质上是一个从弱到强的过程,具有无止境的生命周期特性

产业发展是指产业的成长和演进过程。产业发展的过程既包括某个具体产业的成长、繁荣、转化和衰亡的过程,也包括产业总体的成长、壮大和不断现代化的过程,即产业总体结构不断由不合理走向合理、由不成熟走向成熟、由不协调走向协调、由低级走向高级的过程,具体说就是产业结构优化、主导产业分阶段转化、产业布局合理化、产业组织合理化的过程。产业发展本质上是一个从弱到强的过程。因此,产业发展的主要任务是产业规模扩大、产业组织合理、产业发展水平和经济效益提高。

产业发展与经济增长、经济发展之间既有联系,又有区别。经济增长是经济发展的基础,是社会进步首要的、必要的物质条件;经济发展是经济增长的结果。经济增长是手段,经济发展是目的。一般来说,没有经济增长就不可能有经济发展;有发展而无增长的情况一般是不可能出现的,在个别情况下即使出现也只能是短期的、局部的,而不可能是持续的、全面的。但经济增长过程并不一定意味着经济发展。一种情况是经济增长与结构失调相伴随,表现为:产出增长的结果并没有使广大人民受益,而是造成了长期的两极分化日趋严重;产出有快速增长,但产出中相当大一部分无补于国计民生,是国民经济的虚耗;片面追求快速的产出增长,不顾及广大人民的福利,不考虑所付出的社会代价等等。其结果只是图虚名得实祸而已,不能视为发展。另一种情况是经济增长与经济依附相伴随。最为著名的例子是罗伯特·克劳尔在《没有发展的增长》一书中对利比亚经济的分析。利比亚当时的经济增长主要依赖于由外国技术人员组成的外国公司的力量,他们的市场也基本依赖于美国和西欧国家。由于没有结构变革,其他部门没有出现相应的增长;又由于缺少制度变革,因此出现

了没有发展的增长。

（一）产业生命周期的涵义

只要存在社会分工，只要是社会化大生产，就会存在由多种不同的产业构成的产业总体。因此，从总体上来讲，产业将永远存在，产业总体也就不存在由产生直至消亡的生命周期。如果产业总体也有生命周期，也会走向消亡，那就意味着国民经济也要消亡，人类社会也就不存在了。产业总体的发展过程就是不断由不完善、不成熟的低水平向更完善、更成熟的高水平演进的过程，而且只要人类社会存在，这个过程就是无止境的，这是产业总体发展的一条最基本的规律。

作为生物学概念，生命周期是指具有生命现象的有机体从出生、成长到成熟、衰老直至死亡的整个过程。这一概念引入到经济学、管理学理论中首先应用于产品，以后又扩展到企业和产业。我们知道，一种产品在市场上的销售情况和获利能力会随着时间的推移发生变化。这种变化和生物的生命历程一样，也经历了投入、成长、成熟和衰亡的过程。产品生命周期就是反映了一个特定市场对某一特定产品的需求随时间变化的规律。这里的产品生命指的是产品的市场生命，而不是产品的物质生命。产业通常指生产同类产品的企业的组合。就单个具体产业而言，从产生到成长再到衰落的发展过程就是产业生命周期的基本概念。产品市场生命周期也反映了相关产业兴衰的演变过程。比如，程控电话取代手摇电话、收录机取代手摇留声机、电子计算机淘汰手动计算机等，导致了老产业的衰落和消亡，新产业的形成与发展。这里所讲的产业发展生命周期是指单个具体产业发展的生命周期。

（二）产业生命周期的一般形态

一般认为，产业生命周期显现了发展历史中的不同阶段，可以分为形成期、成长期、成熟期和衰退期（或蜕变期）。形成期是指某个产业产生以后要素投入、产出规模和市场需求缓慢增长的时期；成长期是指某个产业的要素投入、产出规模和市场需求迅速增长的时期；成熟期是指某个产业的市场饱和，要素投入、产出规模进入缓慢增长的时期；衰退期是指某个产业的要素开始趋于退出，产出规模和市场需求下降趋势日益增强的时期。在衰退期如果出现了重大技术变革，该产业就可能结束衰退期，开始新的产业生命运动周期。一般形态的生命周期要依次经历这四个阶段。产业生命周期各个阶段的时间长短依产业的不同性质和功能而不同,在不同的国家也会有所不同。

产业生命周期的一般形态可以描述为 S 型曲线,如图 1-1 所示。

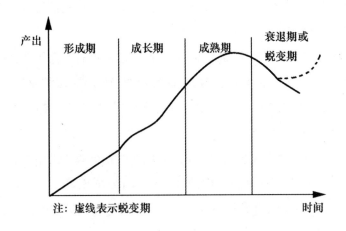

图 1-1 产业生命周期的一般形态

产业生命周期各阶段呈现出以下不同的特点:

1.处于形成期和成长期的产业,一般是新兴产业、朝阳产业、先导产业。这些产业的特点是,市场潜在需求巨大,生产新产品,技术先进,代表产业发展的方向,发展速度快,增长率高,有的还具有很强的带动其他产业发展的能力,能够引起产业结构的变动,可能发展成为主导产业。

2.处于成熟期的产业,一般是市场需求达到最大,具有较为长期和稳定的产出和收入的产业。处于成熟期的产业虽然并不都是主导产业、支柱产业,但只要是主导产业、支柱产业,必然是处于成熟期的产业。只有处于成熟期的产业,才有可能在产业结构和国民经济中占较大的比重,才能发挥主导作用和支柱作用,对其他产业发展产生较大影响,支撑整个国民经济的发展。

3.处于衰退期的产业,一般都是传统产业、夕阳产业、衰退产业。这些产业的特点是,市场需求逐渐萎缩,发展速度开始变为负数,同时在整个产业结构中的地位和作用持续下降。发达国家对这些产业一般采取两种措施:一是进行产业转移,将其转移到广大发展中国家去,通过开辟新市场使其重新焕发生机;二是对其进行高新技术改造,通过提升其技术含量来创造新的需求,使其"焕发青春",再次走向发展。

(三)产业生命周期的特点

产品的市场生命周期决定产业的生命周期，产品的市场生命周期可以说就是产业生命周期。与其他事物有生必有亡的生命周期相比较而言，产业生命周期又具有如下一些特点。

1.不是所有的产业都有生命周期。不仅产业总体没有生命周期，大多数大类产业如工业、农业、服务业以及更细层次的种植业、轻工业、旅游业等也不存在生命周期，而且单个具体产业也不一定都存在生命周期，不一定都会走向衰亡，比如理发业、清洁水供应业等。

2.产业生命周期存在缩短的趋势。随着新的科技革命的迅猛发展，人类社会向知识经济时代迈进，知识更新速度加快，技术开发周期缩短，产品升级换代步伐加速，这使得产业很快由成熟期进入衰退期，有的产品的市场生命周期只有几年甚至几个月，因而产业生命周期大大缩短。

3.许多产业可能"衰而不亡"。世界各国产业结构演进的历史表明，虽然进入衰退期的许多传统产业在国民经济中所占的比重在不断下降，但对这些产业产品的需求不会完全消失，因而这些产业的比重也不会下降到零，它们具有明显的"衰而不亡"的特征。真正完全"消失"或"死亡"的产业并不多见。

4.衰退产业可能"起死回生"。由于科学技术进步和消费结构的变化，有些进入衰退期的产业可能用高新技术进行改造和武装，降低成本，提高质量，改进性能，增加花色品种，重新"焕发青春"，增强生命力，再次显示出产业成长期甚至成熟期的特征。

产业经济

纵横

# 第二章

## 产业经济与区域经济
## 共同支撑产业发展

- 区域的概念
- 经济区域
- 区域经济的意义
- 区域的经济因素和区域经济的属性
- 区域产业的概念
- 区域产业核心竞争力与竞争战略理论
- 区域产业核心竞争力理论
- 区域产业核心竞争力和竞争战略理论

# 第二章　产业经济与区域经济共同支撑产业发展

## 一、区域的概念

*按一定标准划分的连续的有限空间范围，是具有自然、经济和社会特征的某一方面或几方面的同质性的地域单位

区域(Region)是一个多侧面、多层次而且相对性极强的概念。但区域首先是一个地理概念，有着一定的地理边界。综合中外学者的研究，对区域概念的理解有以下几方面。

（一）区域是指由于人的经济活动所造就的、具有特定的地域构成要素的、不可分割的经济社会综合体

区域一般都是指一国范围内的经济区域，它可以从不同的角度分成多种类型。如按空间覆盖范围划分，经济区相对行政区来说，有错位区和重合区两大类型；按自然特征来划分，流域区是最主要的经济区域类型。

（二）认为区域是根据一定标准划分出来的连续的不可分离的空间

区域是由内部的均质性和内聚性决定的，归纳起来有以下类型：一是内部具有均质性的区域，这种均质性可在区域核心部位具有一定的共性而区域边缘具有模糊过渡性，如人口密度区，也可是区域内部具有结构的一致性，如气候区等；二是具有一定吸引辐射范围的区域，如经济区、贸易区等；三是内部有着共同职能作用的功能区，如城市中的居住区等；四是人为决定的管理区，如行政区等。

（三）认为区域是地区的泛称或抽象

区域和地区分别用于泛指和特指。由于经济活动是区域中最原始、最基本的活动，所以人们十分重视区内、区际的经济关系和经济行为，因此区域的抽象更

多地强调了经济特性。

概括来说,区域就是按一定标准划分的连续的有限空间范围,是具有自然、经济和社会特征的某一方面或几方面的同质性的地域单位。

## 二、经济区域

＊经济活动所必需的,一个开放而又模糊的概念

经济区域是人的经济活动所造就的、围绕经济中心而客观存在的、具有特定地域构成要素并且不可无限分割的经济社会综合体。经济区域是劳动地域分工的必然结果。与地理学中的区域相比,经济区域具有如下特点:

(1)经济区域是人的经济活动的产物;

(2)经济区域不能无限划分;

(3)经济区域不是固定不变的;

(4)经济区域是开放的,其界限是模糊的。

经济区域系统是一个非平衡、非线性的开放系统。非平衡性是指组成经济区域系统的子系统及其单元的功能、作用不是同等的、均匀的,这就导致经济单元之间及各子系统之间互补、重组的协作及势差的动态作用。非线性是指经济区域系统中各子系统的增长不成比例、系统的整体功能不可加性和与之相关的放大作用。开放性一方面指经济区域系统从外部环境获得物质、能量和信息,同时又向外界耗散物质、能量,并传递信息;另一方面指各子系统是相互联系的,而不是孤立、封闭的。

## 三、区域经济的意义

＊历史的与国际的经验都清楚地表明,必须充分认识和妥善解决一个国家内部的区域发展问题

我们从经济发展的角度来分析区域经济的含义。经济发展,通常是指一个国家或地区按人口平均的实际福利增长过程,它不仅是一种财富和经济机体的量的增加和扩张,而且还意味着其质的方面的变化,即经济结构、社会结构的创新,社会生活质量和投入产出效益的提高。历史上,西方经济理论界曾长期认为经济发展就是经济增长,即国民生产总值的增加。20 世纪 70 年代以后,在经济理论中开始严格区分这两个概念。新古典经济学派的代表人物迈耶认为,经济发展可这样定义:在处于"贫困线"以下的居民人数不增加、收入分配不变的条件下,一

个国家按人口平均的实际收入在一个长期(至少20年至30年)时间内增长的过程。这一定义虽然比较深刻,但有两点不足之处:一是对经济发展的目的和质的方面描述不够突出和准确;二是没有具体指出导致发展的力量是什么。另一位美国经济学家金德尔伯格对经济发展做了更为全面深刻的解释,他认为,经济发展的目标是多重的,既包括物质福利的改进,也包括经济结构及其机能的变化,由此决定反映经济发展的尺度也必须是多样的,其中包括:总产出的增加、收入分配的合理、就业状况的改善、人口素质的提高、文化与技术的进步,以及政治、生活、经济与政策决策结构的相应变化等。

借用发展经济学理论,我们认为区域经济及其发展的含义至少应包括以下几个方面:

(1)按人口平均的国民生产总值和居民人均实际收入在一个长时期内持续而稳定地增长;

(2)居民生活环境包括全面的公共福利设施、自然生态环境、社会政治环境等不断得到改善,人们有相当程度的安全感;

(3)生产要素包括人力资本、社会资本、物力资本及自然资源等,其数量不断增加,足以满足生产投入的客观需要,从而保证社会总产出的长期持续和稳定增长。

(4)经济结构包括生产的组织制度结构、生产关系结构、国民经济的产业结构、产品结构、技术结构、空间布局结构等发生重大的转变,形成持续的高级化变化过程;

(5)社会结构不断完善,收入分配不断趋向公平与合理,居民间的收入及实际生活水平差距日益缩小,社会不再产生新的贫、富阶级;

(6)社会事业和社会保障发展与经济的增长相适应,在"经济-社会-自然环境"之间建立起一个良性的循环系统及运行机制;

(7)文化发展、观念习俗与经济发展相协调,不适合或不利于经济发展的传统陋习、陈旧观念能够得以及时、彻底地更新或废除,新的文化或新的观念能够迅速地成长、发育起来;

(8)经济运行及其调控的机制趋于完善和健全,经济系统、社会系统和与经济发展相关联的自然生态系统的自我调控、自我调节、自我平衡及自我发展能力以及相互间的反应能力、变化适应能力不断增强等。

20 世纪 80 年代末 90 年代初以来,区域经济发展差距问题已成为我国经济研究中讨论得最热烈的话题之一。我国是一个幅员辽阔的大国,各地自然条件、社会发展程度、历史背景和社会人文条件的差异很大,区域经济发展存在一定程度上的差距是正常的,也是必然的。我国区域经济发展的差异主要是发展水平和发展速度的差异,具体表现在:一是东部和中西部的产业结构及工业化、城市化进程处于不同的发展阶段;二是这两大区域的市场发育程度和对外开放程度不同,经济体制的转换速度和程度也不同;三是东部和中西部之间存在两个相反又互补的梯度差,即东部地区的经济技术远远高于中西部,而中西部地区的自然资源又要比东部地区丰富得多;四是由于经济发展速度不同造成的人均产出和人均生活水平的差距日益扩大,并呈上升趋势。区域之间经济发展适度的差距能保证经济发展的效率,但目前我国这种地区之间不断扩大的经济发展差距不利于我国国民经济的整体素质,也不利于国民经济的协调发展。国家提出实施西部大开发战略,明确指出:"实施西部地区大开发是全国发展的一个大战略、大思想";"加快中西部发展的条件已经基本具备,时机已经成熟";"从现在起这要作为党和国家的一项大战略,摆在更加突出的位置"。历史的与国际的经验都清楚地表明,必须妥善地解决一个国家内部的区域发展问题,区域问题解决得好坏将直接影响我国迈入世界性经济增长的进程和国家的实力。因此,对区域经济及其产业竞争力进行系统的分析,无论是在理论上还是在现实问题的对策研究上都具有重大意义。

### 四、区域的经济因素和区域经济的属性

＊了解一个国家的国民经济,只有把它分解成区域经济才是现实的

(一) 区域中的经济要素

1.经济中心。即必须拥有一定规模和水平的经济中心作为全区经济的核心。

2.紧密的经济联系。这有两方面的涵义:一方面是指经济区内组成区域经济整体的各个主要产业部门之间,要建立起彼此有机联系、相互协调促进的结构关系;另一方面则指的是组成这个经济区的各个地区之间,要在扬长避短、发挥地区优势的基础上建立起分工协作,加强横向联合的地域结构关系。

3.明显的全国劳动地域分工—地区生产专业化。即每个经济区都必须在全国劳动地域分工体系中,承担起能充分发挥地区优势的任务,建立和发展自己的

地区生产专业化,以利于明确它与其他经济区之间的劳动地域分工,与其他经济区建立取长补短、互通有无的区际关系。

4.相当幅员的连片地域和必要的物质要素。前者指的是每个经济区都必须具有由若干行政区连片组合而成、具有一定地理界限、有相当幅员的地域作为其发育、成长的必要场所、空间;后者则指应当拥有形成一定规模经济区的各项必要物质要素,包括自然资源、劳动力与技术资源、生产性社会性基础设施,以及第一、二、三各产业部门等。

(二)区域经济的主要属性

1.系统整体性,即区域经济实质上是由一定区域内各种经济活动相互联系、相互制约而形成的具有明确的结构和功能的经济系统;

2.空间差异性,即各个区域之间的经济活动表现出空间差异性;

3.区域间经济活动关联性,即区域经济的空间差异性导致的区域之间要素和商品的供求关系或发展上的互补性;

4.利益的相对独立性,即在国民经济系统中,区域是相对独立的经济利益主体,每个区域都有自己的经济利益,由此决定了区域之间在经济发展上存在竞争。

了解一个国家的国民经济,只有把它分解成区域经济才是现实的。观察和分析像我们中国这样一个大国的经济,尤需这样。以区域为主要对象,研究区域的经济活动、经济实力、经济和社会发展的运行机制与基本规律,以及区域之间的经济关系,促进区域经济和全国经济的良性发展,是区域经济研究的基本任务。

**五、区域产业的概念**

＊市场空间越广泛,区域产业的扩张潜力就越大

(一)区域产业是指一定区域内生产同类商品或提供同种服务的所有企业的集合

区域产业概念可以从两方面来理解:

1.从区域经济发展来看,某种产业在某一地区经济总量中占有一定的比重,或是该区域经济发展的主导产业,或是支柱产业,或是具有一定潜力的产业。

2.从产业供给能力的形成来看,某种产业供给能力相对集中于某一地区,该地区成为该产业总供给的主要来源地。区域产业主要是反映产业的空间布局状

况以及由此所决定的区域间横向经济关系，这也说明区域产业的概念主要是从供给的角度来反映产业的空间组合状况；而从需求方面来看，即使是区域产业，其市场需求也是非区域性的。市场空间越广泛，区域产业的扩张潜力就越大。

(二)区域产业的形成因素

区域产业的形成主要有三个方面的原因：

1.资源禀赋因素。不同地区由于地理位置的不同，其资源供给能力和资源供给结构存在一定的差异，即资源禀赋差异。资源禀赋不同，决定了不同地区生产结构也将形成一定的差异。在社会经济发展的初级阶段，资源禀赋是决定地区经济状况的主要因素。

2.规模经济因素，即产业布局的疏密状况。在其他条件一定的情况下，产业布局的过密或过疏，都将导致资源配置效率的下降，不利于规模经济收益。为克服外部不经济的缺陷，市场总是倾向于均衡配置产业的地区布局，从而形成区域产业。

3.区域间分工协作的深化。社会经济的不断发展，必然导致区域间社会分工体系的进一步完善。这种分工体系发展的一个重要方面就在于充分发挥区域间比较经济优势，从而促使各地区逐步形成各不相同的具有比较优势的产业。

由此可见，尽管现代科学技术的发展在一定程度上改变了区域经济布局的架构方式，如替代资源的出现和交通运输条件的改善等，使得资源禀赋对区域产业成长的约束有所弱化，但从社会分工以及规模经济原则出发，产业区域化现象在经济现代化过程中被不断强化，区域产业促进经济增长也成为大多数国家消除地区经济差距的基本途径。而从我国当前经济发展来看，培育区域产业竞争力对于缩小东西部地区经济发展差距具有极其重要的现实意义。

**六、区域产业核心竞争力与竞争战略理论**

＊在市场经济条件下，区域竞争是获取区域利益的主要途径

(一)竞争概念

竞争(Competition)是市场运行的普遍规律，是市场经济的基本制度原则。可以说，竞争是伴随人类的产生而产生的。在经济学中，竞争是个核心概念，一般而言，竞争是指利益主体为了自身利益而展开的与其他主体的争夺行为。《新帕尔格雷夫经济学大辞典》对竞争给出了一个一般定义："竞争系个人（或集团或国

家)间的角逐:凡两方或多方力图取得并非各方均能获得的某些东西时,就会有竞争。"陈秀山教授从经济学的角度给竞争下了一个规范定义:"竞争是指经济主体在市场上为实现自身的经济利益和既定目标而不断进行的角逐过程……竞争表现为参与者之间内有动力、外有压力的持续不断的市场较量过程。"显然,竞争是将利益这一基本内在动力外在化于经济活动的过程,它贯穿于社会经济活动的始终。在市场经济条件下,区域竞争是获取区域利益的主要途径。

竞争作为一种有目的的行为,起源于人类的需要,但并不是所有的需要都能产生竞争。竞争的存在必须满足两个必要条件:其一是共需性,即竞争者有共同的需求。在市场经济环境中争得自己的需要,是竞争持续存在的动力源。其二是稀缺性,即不能使所有人的需求同时得到满足。由于社会生产力的发展还不能满足所有人的共同需要,就会使需要与满足之间发生矛盾,从而产生竞争。而且随着众多的竞争对手的参与,导致资源和市场不断地缩减,这样,"稀缺"和"共需"的差异就会不断增大。为实现期望的利益,竞争者争先恐后参与到市场竞争中,使竞争不但激烈而且残酷。此外,"机会均等""自由选择"和"优胜劣汰"是竞争存在的充分条件,竞争者可以根据自身实力选择进入到不同的市场参与市场竞争。而只有实力不断增强的企业才能在竞争中取胜,并在竞争中不断地完善自己。由此推动着竞争格局由小到大,由局部到整体的演变,广泛地活跃在社会经济活动当中,竞争就成为市场经济活动的主旋律。

1.竞争是由竞争者、竞争目标、竞争场三个要素构成的

(1)竞争者。竞争者就是竞争的主体,也就是定义中所说的"两个或两个以上的个人或集团"。任何一种竞争都是在竞争者之间进行的,竞争的展开和终结、竞争的胜败和文明程度都取决于竞争者。

(2)竞争目标。竞争目标就是参加竞争的各方所要达到的目的,是竞争各方所要争夺的对象,也就是定义中的"共同需要的对象"。

(3)竞争场。竞争场是指竞争者展开较量的舞台,也就是竞争者活动的空间和范围,如经济竞争的市场。任何一个想参加竞争的个人或集团,只有进入竞争场,才是竞争者,才能参与竞争。

竞争者、竞争目标、竞争场是构成竞争的三大要素,缺少任何一个都不是现实的竞争。在这三者中,核心是竞争者。因为竞争目标源于竞争者的需要,竞争场源于竞争者的活动,离开了竞争者就无所谓竞争目标、竞争场。当然,没有后两

者,竞争就不会产生,竞争者就没有竞争的目的和场所。因此,这三者是相互依存、相互制约的整体。竞争的过程就是通过竞争者、竞争目标、竞争场三要素体现出来的。

2.竞争在经济生活中有着极其重要的作用

(1)激励作用。竞争能产生一种非合同式的"隐含激励"。这种"隐含激励"来自于三个方面的动力:第一是信息动力。竞争可以让竞争者的能力与努力程度的信息更加充分公开,从而做到对竞争者更有效的监督和激励。第二是生存动力。竞争者为了生存,在竞争面前只能发奋努力,提高自身实力。第三是信誉动力。竞争者的能力只有在竞争中才能体现出来,竞争为竞争者的能力提供了信誉认可。

(2)发展作用。一方面,竞争将高效率的、实力强大的竞争者筛选出来,让其发展;同时又把低效率的、实力弱小的竞争者筛选出去,使其倒闭。这样使得社会成员不断进取,进而推动社会不断进步。另一方面,竞争加强了利益对竞争者的直接影响,这种影响使得已获得一定利益的竞争者不断扩大自己在竞争场中的份额,增强在竞争场中的影响力。如果没有竞争,高效的竞争者不会发展,低效的竞争者也不会被淘汰,结果竞争者就没有动机去提高效率。

(二) 区域竞争的本质与特点

区域竞争是一种特殊的竞争形式,它是指一个区域内一个或多个利益主体代表通过区域经济活动与其他区域为获取非任何区域都能获得的、影响区域共同利益的对象而展开的角逐与较量。区域竞争在形式、功能、手段、目标等多方面与其他形式的竞争有类似之处,但由于将空间因素正式纳入到了竞争之中,区域竞争比一般的经济竞争要复杂得多。国内外许多学者在分析区域竞争时存在两种片面的理解:一种是将区域竞争仅视为区域间企业为原料供给或市场划分而展开的竞争;另一种是将区域竞争完全看成是地方政府为在区域综合实力的较量过程中占先而在收入再分配、优惠政策方面展开的角逐。为了全面理解区域竞争行为,有必要对其特点做一归纳。区域竞争不同于一般竞争之处在于:

1.区域利益主体的复杂性决定了区域间竞争主体的非单一性。区域间企业、区域间集团、区域间产业、区域间地方政府竞争都属区域竞争。此外,一个区域的企业与其他区域的集团之间、地方政府与中央政府之间的竞争也是区域竞争。

2.区域竞争的不完全性。早在 20 世纪初期,一些经济学家便发现了考虑空间因素的市场是不完全竞争市场。例如,早在 1926 年,皮埃罗·斯拉法在一篇著名论文中就讨论过一种受忽视的事实,即市场通常分为多个区域,在每个区域一个卖方处于准垄断地位,产品差异是产生垄断的重要原因,而地理位置经常被作为产品差异的基础。因此,新古典完全竞争理论不完全适于分析区域竞争。不完全竞争情况十分复杂,这决定了对区域竞争的研究是十分复杂的。

3.区域竞争既包括市场竞争,又包括非市场竞争。在市场竞争条件下,区域竞争所谋取的利益具有明确的排他性,而在非市场竞争条件下,区域竞争所追逐的利益可能具有排他性,也可能具有相容性。因此,不同条件下的区域竞争需要用不同的模型来描述。

4.区域竞争是动态的跨区域竞争。随着区域竞争所处的客观经济环境的变化、参与竞争的区域发展水平的变化、参与竞争的区域的主导产业与骨干企业产品所处的生命周期阶段的不同,区域竞争的范围、程度、手段、目标等都会有所不同。

5.区域竞争是区内竞争的延伸与扩展。区域主导产业和骨干企业之所以能代表区域参与区际竞争,是由于其在区域内竞争中取得了优势地位,并将相关资源统归于为其服务的子系统之中。

(三) 竞争力概念

竞争力的概念具有多角度、多层次的含义,竞争力内涵在本质上是随着社会经济的发展及其要求而不断发展、修正、完善的。因此,在研究区域产业核心竞争力的过程中,既要吸取国内外关于竞争力、产业竞争力、核心竞争力的一般理论贡献,更要从中国的具体国情出发,有针对性地分析我国的区域产业竞争力。竞争力的概念主要有以下的大致归类。

1.市场性竞争力优势理论。在以实物生产为主的经济发展阶段,市场中的主要竞争是产品竞争。因此,早期的竞争力分析的焦点集中在这一方面,其代表是亚当·斯密基于资源禀赋而建立起来的绝对成本优势与李嘉图的相对成本优势,以及马歇尔的集聚优势理论。在这些理论分析中,以市场竞争主要是相同产品的竞争为依据,提出产品成本是竞争占优的决定性因素。时至今日,这一理论观点仍是建立市场竞争力优势的主要基础。当然,斯密和李嘉图的成本优势主要是基于资源禀赋,因此导致他们认为竞争力的强弱取决于是否占有和控制世界上的资源产地,是否具有生产上的高效率技术和组织方式等。在这方面,马歇尔认为当企业集聚时,由于大量生产要素的集聚所产生的相互间积极影响,可以大大降低生产成本,从而提高竞争力。今天的成本优势被认为是多方面因素综合作用的结果,如科技创新能力、管理水平、制度因素、人力资源素质等。但在同类型产品的竞争中,成本高低仍是一个综合性的竞争力优势表现。

2.体制性竞争力优势理论。在资源禀赋意义逐渐下降的情况下,竞争力优势的研究转向更深层的体制性层面,主要是以世界经济论坛和瑞士洛桑国际管理开发学院的观点为代表。这一观点认为竞争力是指一国的企业或企业家目前和未来在各自的环境中以比他们国内和国外的竞争者更具吸引力的价格和质量来进行设计、生产和销售产品与劳务的能力,或认为竞争力是指一个国家或一个公司在世界市场上均衡地生产出比其竞争对手更多财富的能力。这些观点主要是从现代市场竞争的基本体制性因素(国际化、政府管理、金融体制、公共设施、企业管理、科学技术、国民素质、服务水平等)进行综合评判。

3.竞争力优势的其他理论。以熊彼特理论为基础的技术创新理论认为,竞争力优势主要是以技术及组织的不断创新为依托;以波特为代表的系统性竞争力优势理论创立者认为,竞争力在于技术创新,更在于国内各方面经济资源和要素分工协作的体系化;以道格拉斯·诺思为代表的制度创新竞争力优势理论创立者认为,竞争力在于通过制度创新营造促进技术进步和经济潜能发挥的环境,强调竞争力优势是制度安排的产物。

上述各种关于竞争力优势的理论和阐述,具有明显的社会经济发展演变的印记,从各个方面丰富了竞争力优势理论,为我们提供了很好的借鉴。比较而言,竞争力是指一个行为主体与其他行为主体竞争某种(些)相同资源的能力。竞争力的概念作为一个专业术语,最初是以国际竞争力的形式进入学术研究领域的,由总部设在日内瓦的世界经济论坛与洛桑国际管理学院从 1980 年开始联合倡导并率先进行研究。而且最初的国际竞争力研究是定位于国家竞争力这一个层次意义上的。随着研究的深入,竞争力的理论层出不穷,由于研究者深入的角度不同,竞争力有了不同层次意义上的定义。从竞争的行为主体来看,可将竞争力分为四个层次上的竞争:国家与国家的竞争,即国家竞争力;地区与地区之间的竞争,即区域竞争力;产业与产业的竞争,即产业竞争力;企业与企业的竞争,即企业竞争力。

根据竞争力的概念,可以将区域竞争力定义为一个地区与其他地区竞争某种相同资源的能力。和竞争概念一样,竞争力也可以看作是两个或两个以上行为主体在追求一个或多个竞争对象的过程中所表现出来的力量，即竞争力就是竞争主体在竞争过程中所表现出来的力量。这一定义有四个层次的含义：第一，竞争力是竞争主体之间相互比较、较量才有可能存在的一个概念，没有竞争主体之间的相互较量、竞争，也就不存在竞争主体的竞争力问题；第二，竞争力是指某个竞争主体的竞争力量，从单个竞争主体自身的角度来讲，竞争过程中其所表现出来的竞争力量是他的能力或素质的表现；第三，从竞争主体争夺的竞争对象来看，竞争主体的竞争力是对竞争对象的吸引力或获取力；第四，从竞争的结果来看，竞争力是竞争主体最终取得某种收益或某种利益的能力。

因此，从相互比较角度看，竞争力就是某一竞争主体相对于另一竞争主体所具有的优势。就竞争主体来说，竞争力是其拥有的一种能力。从竞争对象来看，竞争力是竞争主体所表现出来的对竞争对象的吸引力。从竞争结果来看，竞争力是竞争主体获得所追求的收益的能力。将四个角度的分析综合起来，便形成一个关于竞争力的完整概念，即竞争力就是竞争主体的竞争优势与其能力和吸引力的综合，也即竞争主体的收益能力。

比较来看，竞争力是竞争主体的某种优势，这种优势可能是投入要素方面的优势，可能是竞争过程中的行为优势，也可能是投入产出的效率（生产率）优势，还有可能是竞争主体所处的环境方面的优势；从竞争主体自身来看，竞争力是他的某种能力的表现，这种能力可能是盈利能力，也可能是组织能力，还有可能是销售能力等；从竞争过程来看，竞争力是竞争主体发挥自己能力，将自己的能力变成实际收益的一个过程，也是对竞争对象的吸引力；从竞争结果来看，竞争力最终是要反映在其获得的收益的大小上，是一种获取收益的能力或收益水平。

从本质上来讲，竞争力是竞争双方竞争力量之间的某种差距的表现，也即竞争力来源于竞争主体之间的某种差距。根据我们对竞争力的定义，可以认为，从静态来看，竞争力来源于竞争主体之间能力的差距；从动态来看，竞争力来源于竞争主体在竞争过程中的行为的差距；从竞争对象角度来看，竞争力来源于对竞争对象的吸引力的差距。决定竞争主体之间能力或行为差距的因素，也就是决定竞争力来源的因素。我国于 1994 年加入转型国家的国际竞争力的比较，1995 年正式加入全球 44 个国家和地区国际竞争力的比较。目前将竞争力的研究引入国内各地区之间，研究各地区之间产业的竞争力，即研究我国的区域产业竞争力。

中国作为一个大国,不少省区的面积和人口都相当于世界上一些国家,同时各地区之间的经济发展很不平衡,研究各地区产业竞争力,可以把握地区经济增长的前景,寻求解决地区间经济差距的有效途径。区域产业竞争力的研究对确立区域发展战略具有重要意义。

(四)产业竞争力概念

理论界对产业竞争力概念存在着众多不同的定义。根据不同时期的文献资料,不同学者的产业竞争力定义可归纳为以下几种。

1.产业竞争力即比较优势。这是从国际贸易角度观察、分析问题定义的。按照亚当·斯密的绝对优势理论、大卫·李嘉图的相对优势理论、赫克歇尔-俄林的资源禀赋理论、邓宁的内部化优势理论,一国或一个企业之所以比其他国家或企业有竞争优势,主要是因为其在生产率、生产要素或所有权方面有比较优势。

2.产业竞争力即出口额及其增长。这也是从国际贸易角度出发定义的。马卡森(Markusen,1992)提出,在一个自由贸易的环境中,一个国家通过贸易使实际收入的增长速度高与其他贸易伙伴,则说明其有竞争力。阿基米(Riad Ajami,1992)等则直接将国际竞争力定义为该国出口占世界出口的份额及其增长。

3.竞争力即企业的一种能力。这是从企业角度理解产业竞争力定义的。科恩等(Cohenand Zyman,1989)认为,竞争力是指企业能够在建立和保持市场地位的同时获得利润的能力。卡米舍尔( E. A. Carmiehael,1978)认为,国际竞争力即一个国家的企业或产业在国际市场上销售其产品的能力。钱德勒在研究了美国、英国、德国发展的原动力后认为,现代企业在各个国家发展的不同道路说明各个国家企业在规模经济和范围经济上的差异,是一种组织能力和管理模式上的差异。

4.产业竞争力即提高居民收入和生活水平的能力。这是从国家角度定义产业竞争力的。美国总统产业竞争力委员会(the President's Commission on Industrial Competitiveness,1985)提出,国家竞争力即在自由和公平的市场环境下,生产经得住国际市场检验的产品和服务的同时,保持和扩大其国民实际收入的能力。思克特和布鲁斯(Scott and Bruce,1989)认为,竞争力就是比竞争对手更快地提高收入并通过必要的投资将这种优势保持下去的能力。

5.产业竞争力即创新能力。这是从经济过程角度研究产业竞争力的。温特认为,竞争力的不同是创新能力的不同,所有竞争优势的来源都可以用创新来解释,所有竞争力的差异都可以通过创新的历史或现在的差异来说明。

6.产业竞争力即生产率(生产力)。这是从效率角度研究产业竞争力的。米克和罗宾逊(Mckee and Robinson)认为,生产率高的企业,国家或产业有竞争力。波特(1990)认为,国家竞争力的唯一有意义的概念就是国家的生产率。克鲁格曼(Paul Krugman,1996)认为,竞争力概念如果有意义的话,也只能是生产率的代名词。

7.产业竞争力是经济主体形成优势的一个过程。这是从动态角度把握产业竞争力概念的。玻克雷(Peter J. Buckley,1988)认为,最好把竞争力看作是一个过程,一个将潜力转化为业绩的过程,一个竞争潜力、竞争过程和竞争业绩相互作用的过程。埃瑟登(Klaus Esserdeng,1996)等将竞争力定义为经济主体发挥自己的潜力并形成其优势的一个系统过程。

8.产业竞争力即对要素的吸引力。这是从生产要素角度研究产业竞争力的。闵兹(Mintz,1993)认为,在全球经济中,对劳动、资本、技术等生产要素的吸引力大说明要素在该国的投资回报高,投资回报高自然是以生产效率高、创新能力强为基础的,因此应把国家竞争力定义为对要素的吸引力。

9.产业竞争力是一种综合能力。这是从整体上来把握产业竞争力的。金碚(1997)认为,产业国际竞争力的实质可以这样定义:在国际间自由贸易的条件下,一国特定产业相对于他国的更高生产力,向国际市场提供符合消费者或购买者需求的更多产品,并持续地获得赢利的能力。

10.产业竞争力即资源的组合。周海炜在其所著《核心竞争力——知识管理战略与实践》(2002)中认为,在经济学分析中,一般将企业能力视为企业资源的组合。胡泳(2002)也在总结海尔的竞争战略和核心能力时指出,企业最重要的是利用多少科技资源,而不是拥有多少科技资源;企业要具备整合各种科技资源为自己所用的能力,整合即竞争力。根据刚才对竞争力的定义,可以认为产业竞争力就是一定区域内产业内部企业整体在其他区域产业竞争过程中所表现出来的力量。它是产业内企业能力的差异,是产业发展所需的资源条件的差异和产业发展环境的差异,更重要的,它是产业组织结构、产业的市场竞争结构、产业的整体素质和国家产业政策的反映。

(五)产业竞争力和企业竞争力、国家(区域)竞争力的关系

产业竞争力的研究离不开企业层次和国家层次,也就是说国家(区域)竞争

力、企业竞争力和产业竞争力问题是交织在一起的。企业竞争力是产业竞争力的基础和表现；产业竞争力是企业竞争力的提升和保证，又是国家(区域)竞争力的重要内容，同时对国家(区域)竞争力起着最终的决定性的作用；而国家竞争力是宏观意义上的竞争力，它以企业竞争力和产业竞争力为基础，又为企业竞争力和产业竞争力提供宏观环境。这就出现一个需要认真探索的问题，即区域产业竞争力的主体地位问题。一国之内的区域，区域的代表——政府作为区域内人民利益的代表，都有着自己的独立的利益，而且地区之间在投资、人才等方面进行着争夺，区域之间存在着明显的竞争关系。

区域应该是一个相对独立的为自己区域利益而努力的利益竞争主体。同时，作为生产同类或相似产品的企业的集合或整体，区域产业也是区域竞争的主体之一；尽管区域产业并不是法律意义上的独立的利益主体，但它反映的是产业内的整体，企业整体和企业一样，自然是一个竞争主体。而企业作为区域竞争主体的道理谁也不会提出疑义。因此，在区域产业竞争力问题上，我们看到这样一种现象：对于区域来说，区域及其政府是竞争主体，产业是其竞争对象，这样定义的产业竞争力也是产业对象的竞争力，但区域的主体作用主要体现在其对产业——准确地说是为特定的产业或产业环节——创造最有利的竞争条件。对于产业自身来说，如果把它看作产业内企业的集合或整体的一个行业整体，那么产业自身就是相对独立的竞争主体，产业竞争力就是竞争主体的竞争力。对于企业来说，它是市场竞争主体；但它作为产业这种集合或整体中的一个部分，它又要和产业的竞争保持一致，如区域内没有竞争优势的产业中的企业不可能走出区域参与外部更激烈的竞争。但无论何种意义上的产业竞争力，它都是一定区域的竞争力。这就是下面论述到的区域地方政府在区域产业竞争力问题上的重要作用的根源。

### 七、区域产业核心竞争力理论

※通过对产业内企业之间的协调和知识扩散实现企业的技术进步和创新变革，为企业提供比竞争对手更快速的技术特色、产品创新等特殊能力

（一）区域产业核心竞争力概念

关于核心竞争力的概念较早来自于普拉哈拉德(C. K. Prahlad)和哈默(Gary Hamel)1990年在《哈佛商业评论》一篇文章中的"公司的核心能力"概念。文章指

出："核心能力是组织中的积累性学识，特别是关于如何协调不同的生产技能和有机结合多种技术的知识。"埃里克森、米克尔森(1996)认为，核心能力既是组织资本，又是社会资本。组织资本反映了协调和组织生产的技术方面，而社会资本显示了社会环境的重要性。前者可以在组织结构中得到体现，后者可以反映企业文化，并可被看作是特定组织结构水平的产物。詹姆斯·迈天认为，能够使企业以比竞争对手更快的速度推出各种各样产品的一系列核心能力。巴尼(1991)认为，企业的核心能力要成为持续竞争的源泉，应当满足四个条件，即应当是有价值的、应当是异质的、应当是不能完全仿制的、应当是很难替代的。中国企业管理协会理事长张彦宁教授认为："核心能力是指企业开发独特产品、发展独特技术和发明独特营销手段的能力，它使企业在战略上与众不同。"也就是说，核心能力是一种具有特殊性质的能力，是企业的战略资源。

这些基于企业核心竞争力分析的概念提供了以下启示：

1.核心竞争力不是指技术专长和资源要素，而是一种独特的资源组合能力，竞争对手不能完全仿制。

2.核心竞争力是通过核心技术专长如独特产品、独特技术、独特营销手段等等表现出来的。

3.赢得竞争的能力核心是先进的企业文化和先进的价值观。

4.核心竞争力是企业战略管理的一个重要概念。

这些分析对我们研究产业核心竞争力的内涵很有启示作用。产业是企业关系的总和。从一定意义上来说，产业竞争力来自于企业竞争力，企业竞争力是产业竞争力的基础。这也就是说，企业核心竞争力的特征在产业核心竞争力上也会有一定程度的表现，或者可以说，产业核心竞争力会在一定程度上表现出企业核心竞争力的特征。只是，这种特征是在更高的层次上的概括。同时，产业作为企业的集合，它又有自己特有的组织结构和运行规律以及联系方式，产业核心竞争力有自己不同于企业和区域的内涵。这种内涵与产业组织、产业结构、产业联系相关；与产业内企业之间的协调和知识扩散相关，因而与企业的技术进步和创新变革等相关；与企业的最终产品(服务)相关，产业核心竞争力最终要通过企业、通过企业的最终产品表现出来，而且这种产品表现出来的是特色、质量和产品创新。

因此，可以给区域产业核心竞争力做如下定义：区域产业核心竞争力是区域产业竞争力的优势表现,是指区域产业所特有的,在资源利用、产品开发与生产、市场开拓以及服务中,与其他区域相比所具有的较大的竞争优势,是不易被其他区域模仿或学习的特殊组织能量和素质。这种能量通过对产业内企业之间的协调和知识扩散实现企业的技术进步和创新变革,为企业提供比竞争对手更快速的技术特色、产品创新等特殊能力。

(二)区域产业核心竞争力理论的内涵

区域产业核心竞争力理论的内涵大致有三个方面:

1.区域产业核心竞争力理论认为,产业竞争力在区域乃至国家竞争力中起着明显的决定作用,而区域产业乃至整个区域经济所面临的环境变化很快,相对稳定均衡状态存在的时间始终有明显限制。环境不仅在经历着明显变化,而且还不时会被剧烈的质变所突破。因此,区域应通过培养产业的核心竞争力使区域经济在不断变化的环境中立于不败之地。

2.区域产业核心竞争力理论的重心在于研究区域产业内部的因素,力求合理地组织区域内部的各种资源,以形成别的区域不易模仿的独特的竞争能力。其研究的主要问题是:"应该培养什么样的产业核心竞争力?""怎样培育产业核心竞争力?"通过系统研究,使区域在复杂多变的外部环境中能够抓住转瞬即逝的发展机会,成为对发展机遇时刻有准备的区域。

3.区域产业核心竞争力理论认为,区域产业核心竞争力的形成和作用要有一系列的基础条件和运转条件,它不可能孤立产生,更不可能单独发挥作用。因此,区域要通过扎实的创造性活动,使区域具备坚实的经济发展条件。这样,才能抓住一切有利机遇加快发展自己。

(三)区域产业核心竞争力的特性

区域产业核心竞争力的特性有五个方面:

1.产业核心竞争力形态上的知识性。产业核心竞争力是以一个复杂的知识体系形态存在的。就核心竞争力的知识性来说,许多专家、学者都十分重视并给予了深入研究。我们从普拉哈拉德和哈默尔所下的定义中已经知道核心能力是"组织中的积累性学识之一"。理查德森认为:"能力反映了企业累积的知识、经历和技能。"考格特等人认为:"核心能力可以被认为是关于如何协调企业各种资源用途的知识形式,例如,企业文化可以被视为有关说明企业应该做什么和如何做的一种非公开的知识。"保罗·罗伯特森在关于"能力、交易成本和竞争战略"的论文中，不但说明将组织紧密结合起来的特殊性协调能力是绝大多数对其他组织来说既难于获得又难于仿制的知识形式；而且指出，从长期来看，知识的扩散可以导致既能减少特殊协调又能降低交易成本的能力的一般性传播趋势的出现。随着这一现象的发生，企业核心的废止成为可能，因为曾经建立在意会性知识基础上后来者无法效仿的能力，随着其他组织不惜花费时间仿制至今尚未传播开来的知识的进行而变得更加平常。对于始终具有竞争性的能力，可以随着时间的传播降低知识的交易成本并在一些情形下使企业购买投入要素比自己内部生产更经济。能力理论学家克里斯蒂森认为，才能和能力有时依赖于纯粹的内部知识，但大多数的吸收性学识很可能存在于与外部组织的合作中，"这种'吸收性学识'代表了企业内部和外部资源与能力之间具有的桥梁作用"。他还就温特关于知识越是复杂、成体系，从一个企业向另一个企业转移也越是困难的观点，特别指出，如果知识反映了在企业中积累起来的团队基础和经验基础上的能力，那么，这种知识的传递要么不可能，要么非常困难；"在这一情形下，知识被认为是一种才能或能力"。因而，可以这样认为，产业核心竞争力蕴含着丰富的知识，核心竞争力反映出产业特有的经营化的知识体系。这种知识体系的核心内容就是技术进步和创新能力。因此，从这个意义上也可以这样说，具有核心能力的产业就是知识技术密集型产业。

2.区域产业核心竞争力功能上的辐射性。区域产业核心竞争力并不能单独起作用，它要通过其载体和基础要素而起作用。因而，区域产业核心竞争力具有"天然"的扩散性。这种扩散性体现在它通过其载体和基础，从核心技术(核心能力、核心品质等)到核心产品(服务、域外生产或销售基地)再到最终产品的辐射性功能上。产业核心竞争力的这种辐射性，就是把核心技术辐射到各种最终产品的能力特性。但是，各种分散的技术却构不成这种核心竞争力。因为，区域产业核心竞争力是由不同的技术、技能和知识组合融化形成的层次高于源技术、源技能和源知识的新能力。这种辐射，使得这一产业或企业的基础能力或其他能力能够形成整体合力，产生更大更高的生产力。说到底，它是知识能的本性体现，没有辐射就没有核心竞争力的存在。有了核心竞争力就一定要充分利用它的辐射性来延伸技术、延伸产品、延伸市场，最终是为了创造更高的生产率。因此，核心竞争力的辐射性决定了企业本少利丰的多元化经营。一般来说，符合市场需求的相关多元化经营不会削弱主业的竞争力，反而会由多元经营收入更有效地投资于研究与开发,强化企业核心能力。这是成长中的企业应当掌握的法宝。

3.区域产业核心竞争力运作上的不易仿制性。区域产业核心竞争力具有其他区域所没有或在程度上所不及的,在竞争中能较大差别利益的独特性。这种独特性形成了对其他区域仿制和学习的屏障。每个企业都想获得核心竞争力,但并不是所有的企业都能如愿以偿。即使某个企业试图模仿别人,某个单项技术、某个产品也许能够仿制,如果想仿制企业的核心能力则是极其不现实的。因为,核心能力是企业累积的知识,是长期形成的战略性资产。战略性资产的开发不但需要花费一定时间,而且具有相当难度,不但涉及技术,而且关联到区域以及企业的管理、文化和价值观。因此,它是企业不易仿制、难以买卖、能拥有持久优势的稀缺性战略资源。这种战略资产具有严格的企业独占性特征。

企业核心竞争力的不易仿制性存在于以下"独立性机制"之中:一是对成功仿制的认知限制。由于因果关系模糊是行为和结果相互间关系混乱的最基本的性质,所以这种认知限制成为仿制的有力障碍。尽管企业对自身的特殊能力拥有比仿效者更多的信息, 但企业能力背后和创造力背后的因果关系还是几乎难以弄清。在企业创新过程中,有些重大发明还带有偶然事件的性质,即使是有目的的行为,也没有人能在仿制成为可能之前弄清楚其中的因果关系。企业拥有的能力并不以人所明白的知识存在,即不以清晰的一般规律或方程显形化,而是以规则和内部规定的方式使功能隐形化和内部化,这使仿制者难以逾越。二是仿制者的时间劣势。由于历史上的专业分工协作、企业资源积累的路径依赖或者资源积累的时间障碍等原因,造成仿制者难以在短期内获得成功。尤其是企业文化一类资源与企业特有的历史与文化遗产相联系,而复制历史是不可能的,因此这类资源便无法仿制。时间劣势的另外一方面是时间压力的非经济性、资产混乱导致效率不高等。仿制者处于这种劣势地位,不仅因知识的累积需要花费一定时间,而且因企业以前的资源积累和互补资源的储备情况妨碍了其效率。所以,仿制总是难于及时奏效。三是仿制者的经济劣势。对于拥有核心能力的新技术、新产品的开发者来说,其产品一经面世便容易取得市场领先者的优势地位,借此能获取丰厚利润并能将市场优势转化成在获得资源过程中所具有的成本优势。而对于仿制者来说,则势必面临成本的劣势。当新产品进入饱和期后,仿制者又不得不面临价格劣势。所以,在业已出现能力过剩和低收益的市场上购买一种参与竞争的资源在经济上不合算。任何一个企业都不能靠简单模仿其他企业而建立起自己的核心能力。即使它能很快掌握竞争对手的某项技术,也不可能学会内部协调技术和整体配合技术。

4.区域产业核心竞争力本质上的动态性。动态和不断进化的竞争是研究产业核心竞争力的前提。产业内企业间、产业之间存在着激烈和残酷的竞争。但今天的竞争与以往相比,竞争范围空前扩大,竞争手段越来越多,竞争规则频频改写,竞争结果空前残酷。这种竞争形势的急剧变化和程度加深,使企业、产业面临的外部环境更加复杂、难以应对。外部环境的变化,要求企业必须比竞争对手学习得更快、变化得更快。因此,普拉哈拉德和哈默尔说:"在长期中,竞争力来自于建立比竞争对手以更低的成本和更快的速度提供出人意外的产品的核心竞争力。优势的真实来源在于管理者把公司的技术以及生产技能统到竞争能力中,这种竞争能力能使单个业务很快适应机遇的变化。"具有核心竞争力的产业能够始终注意在急剧变化的环境中寻找最佳效益状态的微妙平衡。而且,环境变化越是迅速,其寻找平衡的节奏就越快。正是这个原因,产业核心竞争力不存在单一的形态:它可能是一种文化观念,如海尔的日事日毕、日清日高的企业文化;也可能是一种品牌,如宝洁公司的佳美牌肥皂;吉利公司制造剃须刀的关键设备如激光焊接机;麦当劳公司的品牌和公司独特的经营管理知识体系等等。而且,在不同的社会发展阶段,由于影响区域产业核心竞争力的基础因素,特别是主导因素不同,每个区域所体现的产业竞争力也是不同的:如农业经济时代主要表现在剩余产品交易范围以及数量的多少上;工业经济时代主要表现为资本、劳动力、工业原料的集聚、加工和交换的能力上;知识经济时代则是表现在与其他区域相比较所具有的吸引、争夺、拥有、控制、转化人才资源以创造价值和占领国际市场的能力上。

5.区域产业核心竞争力联系上的适应性。区域产业核心竞争力是在产业内部各资源要素、各环节和外部环境的动态平衡中产生的,内部运作的一致性和外部联系的适应性是其基本特征之一。这种适应性既是产业核心竞争力产生的基础,又是产业核心竞争力作用的基础。适应性通过创造最强力的连锁性联系模式把竞争者排除在外。互不相干的产业环节和互不相关的生产经营活动会产生相互影响。产业内和企业的经营活动的适应性是普遍的,它增加了产业和企业定位的独特性并扩大了转换能力。

区域产业核心竞争力的适应性表现在四个方面:一是区域产业核心竞争力

自身结构的一致性。这种一致性不仅在于产业核心竞争力是有价值的、是异质的，而且是不能完全仿制的、是很难替代的。二是区域产业核心竞争力和产业总体战略之间的简单一致性，即区域产业核心竞争力符合经济发展的基本趋势。这种一致性使区域产业核心竞争力作用力方向和产业发展方向完全一致，效果大大增强。三是产业核心竞争力与产业内部各职能、各环节相互关系的一致性。这种适应性极大地减少了产业内部各种矛盾和摩擦，不仅在很大程度上降低了生产、经营活动的成本，而且使产业核心竞争力能够很快转化为核心技术、核心产品和最终产品。四是区域产业核心竞争力与外部环境的一致性。这种一致性使得产业核心竞争力能够始终注意环境的不断变化，并且能够在急剧变化的环境中始终寻找最佳效益状态的平衡。五是区域产业核心竞争力具有发展的长远性和持续性，能为区域经济带来持续发展的能力。

### 八、区域产业核心竞争力和竞争战略理论

✳有没有正确的培育战略，能否确立既适合本区域产业实际，又符合国际、国内竞争需要的产业发展战略，事关区域产业核心竞争力培育的成败

(一)区域产业核心竞争力问题使竞争战略理论进一步拓展

竞争战略即产业竞争理论的创始人是迈克尔·波特。他的《竞争战略》(1980)、《竞争优势》(1985)、《国家的竞争优势》(1990)被称为研究竞争战略理论的"三部曲"。波特将产业经济学应用到战略上，认为企业总是在特定的行业中竞争和生存的，因此形成战略的实质就是为了对付激烈的产业竞争。他提出了"系统性分析框架"，以解释产业结构及其变化。他认为，一个产业内部的竞争状态取决于五种基本竞争力量的作用，即客户、供给商、潜在的进入者、替代产品和现有的竞争对手。这五种作用力汇集起来共同决定着该产业竞争的强度和产业利润率。最强大的一种或几种竞争力量占据着统治地位并且从战略形成的观点来看起着关键性作用。各产业在形成竞争时，不同的竞争力量会突出地占据不同的地位。由竞争作用力强弱因素表现出来的产业深层次结构是影响产业竞争的长期因素。因此，产业结构分析的焦点在于辨别植根于其经济技术中的、基本的、深层次的产业特征。竞争战略就是在这种由产业经济和技术形成的竞技场中确定的。从战略意义上看，产业的演变十分重要。这是因为随着这种演变，竞争的构成因素也必定随之变化。制定竞争战略的关键是迅速找出决定某一具体产业竞争特

点的关键性结构特征,找到影响产业竞争的作用以及它们产生的深层次原因,从而采取进攻性或防守性行动,在产业中建立起进退有据的地位,成功地对付五种竞争作用力,从而为企业赢得超常的投资收益。

波特认为,企业的主要目标是达成良好的绩效并在产业中出人头地,而经营效率和战略则是达成优良绩效或竞争胜出的要件。战略要回答的是企业如何"做正确的事",即找到企业"最值得做的事情和怎样做能确保成功"。经营效率则回答企业如何"正确地做事",主要是经营绩效的持续改善。持续的绩效改善是竞争对手之间容易模仿和相互学习的,这将导致"战略趋同"和竞争缠斗,最终导致行业利润率下降。在波特看来,选择能与竞争对手有所差别的活动,才是企业竞争胜出并获得长期利益的根源。"战略就是创造一个唯一的、有价值的、涉及一系列不同经营活动的地位"。

(二)竞争战略理论包括产业集群和地点效应问题

波特发现,在世界范围内或在一个国家区域范围内,有产业集群现象,即企业、供应商、相关产业和专业化机构集中在某一区域。从这种产业集群中竞争胜出的企业,打遍全球无敌手。有些产业集群还具有某种"天然"特性,很难被模仿和复制。

在波特看来,生产力高下离不开国家和区域的竞争环境。他以"钻石架构"的图形,首次揭示了地点的竞争效应,研究地点对企业战略选择及其竞争力的影响。波特发现,专业化和高品质的生产要素、激烈的本地竞争、精致而挑剔的客户以及精明的本地供应商,能够刺激与支持高生产力与快速的创新,有助于竞争力的形成。波特进而修正和强化了比较优势定律。他强调,地点的竞争力主要植根于商业环境的本质。某个特定地点的生产力与繁荣,通常不取决于企业在哪些产业中竞争,而是视企业的竞争方式而定。

(三)产业竞争战略的重要指导意义

波特的产业竞争战略理论虽然着眼点是企业竞争战略的制定,但对区域产业核心竞争力培育和形成有着重要指导意义。培育战略选择是区域产业核心竞争力培育的关键问题。有没有正确的培育战略,能否确立既适合本区域产业实际,又符合国际、国内竞争需要的产业发展战略,事关区域产业核心竞争力培育的成败。区域产业核心竞争力的表现形式有两个层次,一是产业比较优势层次,二是产业竞争优势层次。我国从生产力整体水平来看属于发展中国家,因此,在战略上应把发挥产业比较优势作为基本形式。同时,在区域产业核心竞争力培育具体形式的选择上,又有科技型产业和区位特区型、区域特色型产业以及重点产业型等多种形式,这都要求有战略的眼光来分析区域的各种有利因素、发展潜力及其相互联系, 从而确定能够取得突破的产业模式, 以推动区域经济的快速发展。产业集群产生的新的空间结构和产业组织形式对产业内部的竞争协作,对形成产业的外部规模经济效应,对空间交易成本的节约、新知识的扩散以及品牌与广告效应有着十分重大的推动作用。因此,产业集群能够产生产业结构和产业组织竞争力,从而影响到区域产业核心竞争力的形成与提升。

# 第三章

## 促进区域产业结构的
## 协调化和合理化

- ■ 产业结构演进规律
- ■ 产业结构演进的动因
- ■ 产业结构演进与区域经济发展的关系

# 第三章 促进区域产业结构的 协调化和合理化

产业结构,亦称国民经济的部门结构,指国民经济各产业部门之间以及各产业部门内部的构成以及它们之间相互制约的经济联系和数量对比关系。产业结构表明了生产成果在产业间的互换方式及比例,生产要素在产业间的流动方式及比例,技术进步的方向、效果及其在产业间的传递方式等,是社会经济的主体结构。

产业结构可以从两个角度来考察:一是从"质"的角度动态地揭示产业间技术经济联系的变化趋势,即居主导或支柱地位的产业部门不断替代的规律及其相应的"结构"效益,从而形成狭义的产业结构理论。二是从"量"的角度静态地研究产业间联系的数量比例关系,即产业间"投入"与"产出"的量的比例关系,从而形成产业关联理论。广义的产业结构理论包括产业结构理论和产业关联理论。产业结构一般由产业部门之间的产值比重和就业人数比重来衡量。

社会生产的产业结构或部门结构是在一般分工和特殊分工的基础上产生和发展起来的。研究产业结构,主要是研究生产资料和生活资料两大部类之间的关系;从部门来看,主要是研究农业、轻工业、重工业、建筑业、商业服务业等部门之间的关系,以及各产业部门的内部关系。

区域产业结构是指在一定区域经济空间内的产业各生产部门的组成及相互关系,以及各种资源在产业各部门之间的动态比例关系和产出关系。区域各产业部门的比例关系,是区域产业结构的数量规定;区域各产业部门的内在联系,是区域产业结构的质量规定。对区域产业结构的特点进行研究,不仅要研究区域内的一、二、三次产业的产业结构、劳动力结构,还要研究区域内农业、工业、服务业的内部结构,只有这样才能从根本上了解区域的产业结构。研究区域产业结构的演进,就是要研究区域产业之间比例关系及其变化趋势,努力促进区域产业结构的协调化和合理化。研究区域产业结构的演进机制,不仅要研究经济因素对区域产业结构的影响,还要研究非经济因素对区域产业结构的影响;不仅要研究区域内部的影响因素,还要研究外部区域对本区域的影响因素。

## 一、产业结构演进规律

＊科学发展和技术革命推动产业结构演进,工业结构的变化过程在技术革命中不断加快,新兴产业出现的间隔比以前大为缩短,形成产业结构由低级向高级演进的趋势

许多学者和专家,如马克思、列宁、配第、克拉克、库兹涅茨、霍夫曼等,都对产业结构演变规律进行过研究,做出了的贡献。

(一)马克思的产业按比例协调发展规律

在社会化大生产条件下,国民经济中存在许多产业部门,各产业部门只有配置必要的生产资料和劳动力,才能进行生产,而且生产资源只有按一定比例恰当配置,才能使得各产业部门的产品正好能满足本部门和其他产业部门生产或生活的需要。只有这样,产业与产业之间的关系才协调,才能在产业层次上优化资源配置,产业结构才合理,社会再生产才能顺利进行,国民经济才能协调高效发展。国民经济的各产业部门都要保持一定的比例关系,是马克思社会资本再生产理论揭示的社会化大生产的客观必然性,是产业结构变动的普遍规律之一。

(二)列宁的生产资料生产更快增长规律

马克思在分析社会资本再生产的实现条件时,提出了社会使用更多的劳动生产资料的规律性。列宁则深入分析了物质生产两大部类之间的相互关系和变动趋势,明确指出:资本发展的规律就是不变资本比可变资本增长得快,也就是说,新形成的资本愈来愈多地转入制造生产资料的社会经济部门。因而,这一部门必然比制造消费品的那个部门增长得快。因而,个人消费品在资本主义生产总额中所占的地位日益缩小。增长最快的是制造生产资料的生产资料生产,其次是制造消费资料的生产资料生产,最慢的是消费资料的生产。生产资料生产更快增长的客观必然性在于,技术进步会引起资本有机构成的提高,资本有机构成的提高又会使得不变资本相对更快地增长,对生产资料的需求也就增加更快,必然要求生产资料生产更快地增长,以满足更快增长的更多的生产资料需求。对生产资料生产更快增长的规律,不能绝对地、片面地理解。这个规律并不意味着先发展生产资料生产,然后再发展消费资料生产,只是说生产资料生产的增长比生活资

料生产的增长更快些；也不意味着生产资料的生产可以脱离生活资料的生产而孤立地、片面地发展。生产资料生产最终是为消费资料生产服务的,要受生活资料生产的制约;生产资料生产的增长,归根到底还是要为生活资料的生产提供更多的生产资料,终究要依赖生活资料生产的发展。如果没有生活资料生产的相应发展,生产资料生产的增长迟早要碰到困难和障碍。生产资料生产更快增长是物质生产领域产业之间相互关系变化的规律。

(三)配第和克拉克的三次产业比重变动规律

1.三次产业比重变动规律的内容。最先研究三次产业比重变动规律的是英国古典经济学创始人威廉·配第(William Petty)。他在 1690 年出版的《政治算术》一书中,运用算术方法,主要研究了英国、法国、荷兰的经济结构及其形成的原因和政策,提出"工业的收益比农业多得多,而商业的收益又比工业多得多",不同产业之间收入差距会推动劳动力向收入更高的部门转移。劳动力向收入高的部门流动对经济发展更为有利, 初步揭示了工业和商业的比重会扩大的趋势。但是,当时还没有三次产业的划分,还不可能明确提出三次产业比重变动的规律。1940 年,英国经济学家克拉克(Clark)出版了《经济发展条件》一书,对 40 多个国家和地区不同时期三次产业劳动投入和总产出资料进行了系统整理、分析和比较, 揭示了在经济发展过程中, 就业会由以第一次产业为主向以第二次产业为主、继而向以第三次产业为主转变,人均收入变化引起劳动力流动,进而导致产业结构演进的规律。即随着经济发展,人均国民收入水平的进一步提高,劳动力首先由第一次产业向第二次产业转移,进而向第三次产业转移。总趋势是劳动力在第一次产业的分布减少,在第三次产业的分布增加。这就是著名的"配第–克拉克定理"(Petty- Clark's Law)。克拉克只是用单一的劳动力要素来反映产业结构的变化, 没有从经济的综合成果来反映。美国著名经济学家西蒙·库兹涅茨(Simon Kuznets)在克拉克研究成果的基础上,对产业结构的演进规律做了进一步探讨,阐明了劳动力和国民收入在产业间分布变化的一般规律,从而在深化产业结构演变的诱因方面取得了突出成就。他从劳动力和国民收入在产业间的分布两个方面,对产业结构进行分析,搜集和整理了几十个国家的庞大数据。1971 年出版了《各国的经济增长》一书,把三次产业分别称为 A(Agriculture)、I(Industry)、S(Service),考察了国民生产总值在三次产业间的分布。考察分为横断面考察和时序趋势考察。(见表 3–1、表 3–2)

表 3-1　国民生产总值的横断面考察

| 组型 | 1 | 2 | 3 | 4 | 5 | 6 | 7 | 8 |
|---|---|---|---|---|---|---|---|---|
| 国家数 | 6 | 6 | 6 | 15 | 6 | 6 | 6 | 6 |
| 人均 GDP（美元） | 51.8 | 82.6 | 138 | 221 | 360 | 540 | 864 | 1382 |
| A | 53.6 | 44.6 | 37.9 | 32.2 | 22.5 | 17.4 | 11.8 | 9.2 |
| I | 18.5 | 22.4 | 24.6 | 29.4 | 35.2 | 39.5 | 52.9 | 50.2 |
| S | 27.9 | 33.0 | 37.5 | 38.4 | 42.3 | 43.1 | 35.3 | 40.6 |

库兹涅茨的统计数据中将运输、通信划入 I, 有人将运输、通信划入 S, 则得到下面两排数字。

| I | 13.3 | 16.5 | 18.8 | 23.5 | 28.7 | 32.5 | 48.6 | 42.4 |
|---|---|---|---|---|---|---|---|---|
| S | 33.1 | 38.9 | 43.3 | 44.2 | 48.8 | 50.1 | 44.6 | 48.4 |

表 3-2　国民生产总值的时序趋势考察

| (1) 美国 | | | |
|---|---|---|---|
| | A | I | S |
| 1839 | 44.6 | 24.2 | 31.2 |
| 1889—1899 | 25.8 | 37.7 | 36.5 |
| 1919—1929 | 11.2 | 41.3 | 47.5 |
| 1953 | 5.9 | 48.4 | 45.7 |

| (2)意大利 | | | |
|---|---|---|---|
| | A | I | S |
| 1861—1870 | 46.1 | 19.6 | 34.31 |
| 1950—1952 | 22.4 | 43.6 | 34.0 |
| 1963—1967 | 13.7 | 47.9 | 38.4 |
| (3)阿根廷 | | | |
| | A | I | S |
| 1900—1904 | 33.3 | 24.8 | 41.9 |
| 1935—1939 | 26.2 | 37.9 | 35.9 |
| 1950—1954 | 19.9 | 43.5 | 36.6 |
| 1963—1967 | 16.9 | 48.4 | 34.7 |

这表明,随着经济的发展,人均国民生产总值的提高,A 部门的比重在下降,I 部门的比重前一阶段是上升,后一阶段趋于稳定或缓慢下降,S 部门在前一阶段缓慢上升,后一阶段迅速上升。

库兹涅茨又考察了劳动力在各产业之间的分布,见表 3-3。

表 3-3　1960 年 59 个国家的劳动力在三个部门所占份额

(按人均 GDP 由低到高分 8 个组)

| 组型 | | 1 | 2 | 3 | 4 | 5 | 6 | 7 | 8 |
|---|---|---|---|---|---|---|---|---|---|
| 国家数 | | 5 | 6 | 6 | 18 | 6 | 6 | 6 | 6 |
| 人均 GDP(美元) | | 72.3 | 107 | 147 | 218 | 382 | 588 | 999 | 1501 |
| 各部门所占份额(%) | A | 79.7 | 63.9 | 66.2 | 59.6 | 37.8 | 21.8 | 18.9 | 11.6 |
| | I | 9.9 | 15.2 | 16.0 | 20.1 | 30.2 | 40.9 | 47.2 | 48.1 |
| | S | 10.4 | 20.9 | 17.8 | 20.3 | 37.0 | 37.3 | 33.9 | 40.3 |

库兹涅茨的统计数据中将运输、通信划入 I,有人将运输、通信划入 S,则得到下面两排数字。

| | | | | | | | | |
|---|---|---|---|---|---|---|---|---|
| I | 8.5 | 12.1 | 13.3 | 17.0 | 25.5 | 34.9 | 39.9 | 40.8 |
| S | 11.8 | 24.0 | 20.5 | 23.4 | 36.7 | 41.2 | 41.2 | 47.6 |

这表明,人均国民生产总值不同的国家,劳动力在几个产业的分布是不同的。收入水平越高,A部门劳动力比重越小,I、S部门的劳动力比重越大。按时序趋势考察,也有相同结论,见表3–4。

表3–4 发达国家和发展中国家劳动力所占份额(%)

| 美国 | A | I | S |
|---|---|---|---|
| 1938 | 64.3 | 16.2 | 19.5 |
| 1949 | 21.2 | 38.0 | 40.8 |
| 1965 | 5.7 | 38.0 | 56.3 |
| 日本 | A | I | S |
| 1872 | 85.5 | 5.6 | 8.6 |
| 1900 | 71.1 | 15.7 | 13.2 |
| 1920 | 54.6 | 25.4 | 20.0 |
| 1964 | 27.6 | 37.4 | 35.0 |
| 阿根廷 | A | I | S |
| 1895 | 39.6 | 28.0 | 32.4 |
| 1960 | 21.6 | 43.1 | 35.5 |

注:表3–1至表3–4数据来源:库兹涅茨.各国的经济增长.北京:商务印书馆,1999.

根据统计,库兹涅茨得出如下的结论:

①随着时间的推移,第一产业的国民收入在整个国民收入中的比重与该产业中劳动力相对比重一样,呈不断下降趋势。

②第二产业的国民收入相对比重和劳动力相对比重的基本趋势是不断上升。

③第三产业的劳动力相对比重,几乎在所有的样本国家都呈上升趋势。但国民收入的相对比重却未必与之同步。综合地看,国民收入的相对比重在这些样本国家是大体不变或略有上升。

④工业在国民经济中的比重将经历一个由上升到下降的"∩"型变化。

2.三次产业比重变动的必然性。随着人均国民收入的增加,就业人口首先会由第一次产业向第二次产业转移,第二次产业在国民经济中的比重增大,产业结构也由以第一次产业为主的金字塔形结构向以第二次产业为主的鼓型结构转变;当人均国民收入进一步增加后,就业人口又会大量向第三次产业转移,第三次产业在国民经济中的比重也会增大,产业结构则会由以第二次产业为主的鼓型结构向以第三次产业为主的倒金字塔形结构转变。主要是科学技术进步和劳动生产率提高、人均收入水平提高和消费结构变化这两个方面的原因造成了三次产业地位变动的趋势。

随着科学技术进步、机器大生产的逐步普遍推行,劳动生产率会普遍提高。而农业机械化的实现、劳动生产率的提高,使得同样的劳动能够提供更多的农产品或生产同样数量的农产品所需的劳动力大幅度下降,农业生产人均边际收益处于递减阶段,农产品价格下降,农民的收入相对偏低,引起农业劳动力过剩,农业就业人数减少,农业在国民经济中所占的比重和地位不断下降。科学技术进步和劳动生产率提高,为制造业的发展提供了必要的技术基础,农村剩余劳动力为工业发展提供了廉价的劳动力资源,第二次产业开始迅速发展,处于边际收益递增阶段,制造业劳动者的收入相对较高,能够吸引农村剩余劳动力的流入,引起第二次产业在国民经济中所占的比重和地位逐步提高,直至处于主导地位。而且,随着科学技术的进步,生产同样数量的制造业产品需要的劳动力也会减少,劳动力也会过剩,就业人数也会减少,第二次产业也会进入边际收益递减阶段,也会引起劳动力向第三次产业的转移,第三次产业的就业人数就会相应增加,在国民经济中所占的比重和地位也会提高,直至成为占主体地位的产业。

随着社会经济的发展,人均国民收入水平的提高,消费结构会相应发生变化。一般来讲,农产品的收入弹性较小,工业消费品和服务的收入弹性较大。随着收入水平的提高,人们的消费总支出中用于衣、食部分的支出会逐步减少,用于住、用、行、乐的部分则会逐步增加。第一次产业主要满足人们衣、食的需要,第二、三次产业主要满足人们住、用、行、乐的需要。收入水平和消费结构的变化趋势,必然导致第一次产业的比重下降,第二、三次产业的比重顺次逐步提高。克拉克认为,随着收入的增加,食物消费并不以同样的速度增加从而使农产品价格降低,因而必须转移农业劳动力才能保证农业利润比第二、三次产业相对利润高,因而劳动力向第二、三次产业转移。在收入增加的同时,人们追求消费服务,从而使服务商品生产(第三次产业)的需求越来越大,因而第三次产业比重上升,且吸引劳动力向第三次产业转移。库兹涅茨还认为,由于国际比较利益的影响,发达国家可利用技术优势,输出高附加值产品,因而第二次产业比重上升,技术进步使工业本身增加了新的行业,从而扩大了就业,增加了产值。同时工业的发展又排斥劳动力,两者的对比决定了工业劳动力的升或降。

表3-5为四个发达国家经济增长过程中产业结构的变化。从表中可以看出第一、二次产业要有相当的发展,才能为第三次产业的发展提供物质条件。第三次产业只有在第一、二次产业发展的基础上才能发展。另一方面,社会化生产的发展,人们生活水平的提高要求多方面的服务。所以只有在人们生活水平提高到一定程度,第三次产业才能适应社会需要而迅速发展。

表3-5 经济增长过程中产业结构的变化(%)

| 国别 | 年代 | 农业 | 工业 | 服务业 | 国别 | 年代 | 农业 | 工业 | 服务业 |
|---|---|---|---|---|---|---|---|---|---|
| 英国 | 1811 | 34.1 | 22.1 | 43.1 | 美国 | 1839 | 44.6 | 24.2 | 31.2 |
| | 1907 | 6.4 | 38.9 | 54.7 | | 1929 | 11.2 | 41.3 | 47.5 |
| | 1924 | 4.2 | 53.2 | 42.6 | | 1953 | 4.3 | 45.3 | 50.4 |
| | 1965 | 3.4 | 44.1 | 52.5 | | 1975 | 3.5 | 31.9 | 64.6 |
| | 1985 | 2 | 36 | 62 | | 1985 | 2 | 31 | 67 |
| 法国 | 1886 | 25 | 46.2 | 28.8 | 日本 | 1883 | 65.5 | 34.4 | |
| | 1963 | 8.4 | 51 | 40.6 | | 1933 | 23.3 | 76.3 | |
| | 1974 | 5.1 | 43.3 | 51.1 | | 1954 | 16.1 | 83.9 | |
| | 1985 | 4 | 34 | 62 | | 1965 | 11.2 | 35.8 | 53 |
| | | | | | | 1985 | 3 | 41 | 56 |

(四)霍夫曼的工业化(Industrialization)过程中的重工业化规律

1.工业化过程中重工业化规律的内容。工业化是人类社会经济发展的必经阶段。一般来说,工业化是指工业在国民收入和劳动人口中所占的比重不断上升的过程。工业化的过程实质上是产业结构演进的过程,既是以农业为主的产业结构向以工业为主的产业结构演进的过程,也是工业内部结构演进的过程。工业部门结构的演进存在消费品工业比重逐步下降,资本品工业比重不断上升并逐步占优势的发展趋势,具有重工业化的规律性(Law of Heavy Industrialization)。对于大多数发展中国家来说,都还面临着工业化的任务。因此对工业结构本身的演进规律进行研究是十分必要的。

段

德国经济学家霍夫曼对工业化过程中工业结构演变规律做了权威性的研究。他在 1931 年出版的《工业化的阶段和类型》一书中，运用计算消费品工业净产值与资本品工业净产值比率（霍夫曼比例）的方法，对近 20 个国家工业化的实证资料进行统计分析，发现在工业化过程中霍夫曼比例存在下降的趋势，也就是消费品工业比重下降、资本品工业比重上升的趋势。这个结论被人们称为"霍夫曼定理"或"霍夫曼工业化经验法则"。霍夫曼比例或系数=消费品工业净产值/资本品工业净产值。

根据霍夫曼比例变化的趋势，把工业化过程划分为四个发展阶段：

第一阶段，消费品工业占统治地位，资本品工业不发达，霍夫曼比例为 5 左右。当时即 1931 年以前的巴西、印度处于此阶段。

第二阶段，资本品工业的增长快于消费品工业的增长，但消费品工业的规模仍然比资本品工业的规模大，霍夫曼比例为 2.5。当时的日本、加拿大处于此阶段。

第三阶段，资本品工业继续比消费品工业更快地增长，资本品工业的规模达到甚至超过消费品工业的规模，霍夫曼比例在 1 左右。当时的英、美、法、德处于此阶段。

第四阶段，资本品工业的净产值已经超过消费品工业的净产值，已经处于主体地位，霍夫曼比例在 1 以下。这是实现重工业化的重要标志。当时还没有出现这种国家，后来的历史发展证实了他的推断。

在实际应用中，由于消费品工业主要是轻工业，资本品工业主要是重工业，霍夫曼比例往往用轻工业品的净产值与重工业品净产值的比例来表示。尽管对什么是重工业、资本品工业与消费品工业如何准确划分、资本品与重工业的关系、霍夫曼比例在现代经济条件下的变化等，都存在不同的看法，但在工业化过程中工业结构的确客观存在重工业化趋势。

表 3-6 为 1955—1976 年轻工业和重工业在整个制造业中的比重。虽然各国的统计口径可能有差异，但上表基本能反映出工业化过程中重工业化的趋势。总的来说，轻工业比重是下降的。这种趋势不仅仅是工业化初期的趋势，而是一个总的趋势。但轻工业不会趋于零，只会在某个时期以后缓慢下降或大致保持一定的比例不变。

表 3-6 1955—1976 年轻工业和重工业在整个制造业中的比重(%)

| 经济类型或地区 | 1955 年 | | 1960 年 | | 1965 年 | | 1970 年 | | 1976 年 | |
|---|---|---|---|---|---|---|---|---|---|---|
| | 轻工业 | 重工业 | 轻工业 | 重工业 | 轻工业 | 重工业 | 轻工业 | 重工业 | 轻工业 | 重工业 |
| 世界 | 41.2 | 58.8 | 40.7 | 59.3 | 37 | 63 | 34.4 | 65.6 | 32.3 | 67.7 |
| 中央计划经济国家 | 49.3 | 50.7 | 41.9 | 58.1 | 36 | 64 | 33 | 67 | 28.2 | 71.8 |
| 发达市场经济国家 | 36.5 | 63.5 | 38 | 62 | 35.2 | 64.8 | 33 | 67 | 32.4 | 67.6 |
| 发展中国家 | 67.3 | 32.7 | 62.5 | 37.5 | 56.8 | 43.2 | 52.8 | 47.2 | 48.9 | 51.1 |
| 亚洲 | … | | 69 | 31 | 61.6 | 38.4 | 57.9 | 42.1 | 55 | 45 |
| 拉丁美洲 | … | | 57.2 | 42.8 | 52.3 | 47.7 | 47.7 | 52.3 | 42.5 | 57.5 |

资料来源:《世界各国工业化概况与趋势》,中国对外翻译出版公司出版。

2.工业结构重工业化的必然性。工业结构重工业化趋势形成的原因在于:在工业化初期,由于食品、纺织等消费品工业是满足人们最基本需要的部门,只有基本需要基本得到满足以后,才能把更多的资源用于发展其他工业;而且,消费品工业投资少、周期短、技术要求不高、见效快,更容易发展;另外,由于资本缺乏、技术落后、劳动力成本低而且比较丰富,更适合发展多数为劳动密集型产业的消费品工业,所以消费品工业首先得到发展。随着消费品工业的发展,对资本品的需求增长,资本积累规模扩大,技术进步,劳动力成本提高,为资本品工业的发展创造了必要的条件,提出了加速发展的要求,所以资本品工业增长加快,超过消费品工业的增长,逐渐成为主导产业。

(五) 产业结构变动的趋势

1.生产要素密集型产业地位变动趋势。按照生产要素的密集度不同,产业可以划分为劳动密集型产业、资本密集型产业、知识技术密集型产业三种类型。这三种不同类型的产业在产业结构或国民经济中所处的地位并不相同,也不是一成不变的,不同的历史时期会形成不同类型的产业结构,存在着产业结构先是以劳动密集型产业为主,然后转向以资本密集型产业为主,最后变为以知识技术密集型产业为主的演变规律。

在工业化初期,轻工业在整个工业结构中占主导地位,而轻工业的增长主要依靠劳动力的投入来实现,所以在工业化初期,劳动力是主要生产要素,如传统纺织工业。随着工业化的发展,工业结构开始了重工业化过程。煤炭、钢铁、石油等工业部门崛起,这些是典型的资本密集型产业,对资本的依赖度大。资本成为主要的生产要素,工业化过程进入资本密集型阶段。随着工业的进一步发展,以大规模的资本投入为基础的生产出现了一系列的问题,如资源消耗量大、环境污染等。同时高度加工业有大的发展,但它需要高技术,于是技术成为主要的生产要素。所以在工业化过程中,工业结构重心经历轻工业—重工业—加工工业转化的同时,生产要素也经历着劳动密集型—资本密集型—技术密集型转化的过程。

这种变动的原因:一是需求推动。生活需求多样化、高级化,以及军事的需要。二是利益推动。不断推出新产品,迅速占领市场,降低人力成本等。三是技术上可能。主要是经济发展、技术水平、生产要素的禀赋、丰度、供求、价格和比较优势等方面的状况和变化。在经济发展落后、技术水平低下、资本严重缺乏的情况下,资本和技术供应不足、价格昂贵,因此产业结构必然以劳动密集型产业为主。随着经济的发展,人均国民收入不断增加、科技不断进步,使得劳动力价格上涨,丧失比较优势,资本和技术的供给充足、价格下降,形成比较优势,必然引起劳动密集型产业的收缩、资本和技术密集型产业的发展,出现产业的技术集约化趋势。各个产业部门越来越多地采用先进的技术、工艺和设备,机械化、自动化的程度越来越高,形成新的高新技术产业,导致产业结构由以劳动密集型产业为主转向以资本密集型产业为主,再向技术密集型产业为主演进,促进产业结构的高度化。

2.产业结构高加工度和高附加值化趋势。工业结构表现为以原材料工业为中心转向以加工、装配工业为中心的发展趋势。原材料工业增长速度慢,比重下降;加工工业增长速度快,比重上升。各种不同的产业,对劳动对象的加工程度(加工的次数、环节、持续过程的长短等)有高低的不同,通过加工新增加的价值也有大小的差别。产业结构的演变存在产业的加工度提高和附加值增加,高加工度和高附加值产业在产业结构中越来越占优势地位、起主导作用的规律。日本的工业内部结构变动正说明了这一点。(见表3-7)

表 3-7  日本原材料工业与加工业的结构变化(%)

| 年份 | 1955 | 1960 | 1965 | 1970 | 1975 | 1980 | 1985 | 1990 | 1992 |
|------|------|------|------|------|------|------|------|------|------|
| 原材料工业 | 60.0 | 52.0 | 49.8 | 47.2 | 45.1 | 45.0 | 38.4 | 39.1 | 40.2 |
| 加工工业 | 40.0 | 48.0 | 50.2 | 52.8 | 54.9 | 55.0 | 61.6 | 60.9 | 59.4 |

资料来源:根据铃木多加宴《日本的产业构造》(日本中央经济社,1995 年)第 53 页数据整理。

产业结构高加工度和高附加值化规律存在的原因:一是加工程度提高,使原材料价值相对下降;二是技术进步,单位产品原材料消耗量减少,对原材料的需求相对减少;三是技术进步出现了许多替代品。更主要的是利益因素。科技进步、知识增加,使人们不仅知道怎样进行深加工、增加附加值,而且也懂得提高加工度、增加附加值的重要意义。通过提高加工程度,人们能够更充分有效地利用劳动对象,生产出种类更多、功能更全、性能更好、质量更高的产品,满足人们更高层次的、更为复杂多样的需要,而且附加值也会更大,高附加值能够带来高效益。所以,产业的加工度和附加值必然越来越高,产业结构中高加工度和高附加值的产业必然越来越处于主导地位。

3.新兴产业不断取代传统产业并成为主导产业。主导产业是在产业结构中处于主体地位,发挥引导和支撑作用的产业。主导产业是变动的,不同经济发展阶段的主导产业也不同。主导产业对产业结构的性质和特点具有决定性的影响;主导产业不同,产业结构也就不相同;产业结构会随着主导产业的转换而变动,主导产业转换的过程也是产业结构变动的过程。

产业革命以前,农业在国民经济中占绝对优势,处于主导地位,制造业和服务业都相当落后,产业结构是以农业为主的结构。以纺织机、蒸汽机的发明和普遍采用为主要标志的第一次产业革命发生后,工业化进程开始,主要生产消费品和利用廉价农村劳动力、技术要求比较低、投资少、见效快的轻纺工业首先快速发展,重工业和服务业也得到了一定的发展,农业比重减少、地位下降,轻工业取代农业成为主导产业。以内燃机、电力的发明和广泛运用为主要标志的第二次产业革命发生后,轻纺工业继续发展,对工业生产资料的需求大量增加,尤其是以原材料、燃料、动力、交通运输、基础设施等为主要内容的基础工业是制约整个工业发展的先行产业,如果不先行快速发展,就会成为限制整个工业发展的瓶颈产业,比如煤炭、石油、钢铁、造船、铁路、普通机械制造等工业部门。因此,以基础工业为重心的重工业加快发展,增长速度和在国民经济中的比重超过轻纺工业,并取代轻工业成为主导产业,农业比重继续下降,服务业有所增长,产业结构转换为以基础工业作为重心的重工业为主的结构。

第二次产业革命进一步深化,以电子计算机、原子能、新材料、航空航天技术为主要标志的第三次科技革命及其引起的第三次产业革命开始兴起,以技术要求更高、加工程度更深、附加值更大的制造业为重心的重工业迅速发展起来,比如飞机、航天器、精密机械、电子计算机、机器人制造、精细化工等新兴产业在国民经济中的比重大幅度提高,成为国民经济的主导产业和经济增长的主要推动力,产业结构又变成以高加工度工业作为重心的重工业为主的结构。

第三次科技革命及其引起的第三次产业革命进一步展开,工业生产规模十分庞大,生产半自动化和自动化开始实现,劳动生产率普遍大幅度提高,需求结构发生重大变化,人们高层次、多样化的需求迅速增长,使得第二次产业增长速度放慢,在国民经济中的比重下降,包括商业、金融保险、房地产、通信、交通、旅游服务业在内的第三次产业高速发展起来,在国民经济中的比重上升到优势地位,取代工业成为主导产业,产业结构转变为以第三次产业为主的结构。

第三次科技革命及其引起的第三次产业革命发展到信息化、网络化、数字化的新阶段,以信息产业为核心的高新技术产业快速发展,形成第四次产业,信息产业日益成为国民经济的新的主导产业和支柱产业,人类社会正在由工业社会向后工业社会转变,由工业经济时代向知识经济或信息经济时代迈进,产业结构将演进成以信息产业或第四次产业为主的结构。

以上分析表明,主导产业转换引起的产业结构变动,存在着从以农业为主的结构开始,按顺序依次向以轻工业为主的结构、以基础工业作为重心的重工业为主的结构、以高加工度工业作为重心的重工业为主的结构、以第三次产业为主的结构、以第四次产业为主的结构演进的规律性。产业结构演进的根本原因是科学发展、技术革命。技术革命加快了工业结构的变化过程,使得新兴产业出现的间隔比以前大为缩短。

4.产业结构由低级向高级演进的趋势。产业结构按照发展水平的不同,可分为初级结构、中级结构、高级结构三个不同等级的类型,存在逐步由初级结构向中级结构,再向高级结构演变的客观必然性。产业结构的这种演进规律存在的原因,不仅在于任何事物都存在由低级向高级发展的规律性,更重要的是由三次产业比重变动规律、生产要素密集型产业地位变动规律、产业结构高加工度和高附加值化规律和主导产业转换规律共同发挥作用的结果。以农业为主、以第一次产业为主、以劳动密集型产业为主、以低加工度和低附加值产业为主的产业结构，都属于初级结构；以工业为主、以第二次产业为主、以资本密集型产业为主、以较高加工度和较高附加值产业为主的产业结构，都属于中级结构；以第三次产业为主、以知识技术密集型产业为主、以高加工度和高附加值产业为主的产业结构，都属于高级结构。这些产业结构演变的规律，集中表现为产业结构由低级向高级演进的规律。

### 二、产业结构演进的动因

＊需求、供给、技术、制度、社会、国际等各种因素制约和影响产业结构演进，作用都不是孤立的，而是互相联系、相互交织、互相制约、相互作用，共同地、综合地影响和决定着产业结构的状况和变动

制约和影响产业结构演进的因素很多，主要有需求因素、供给因素、技术因素、制度因素、社会因素、国际因素等。

(一)需求因素

社会生产的最终目的都是要满足需求，因此，需求的状况及其变化是制约产业结构的重要因素。需求的状况及其变动与人口的数量和结构、经济发展的状况和人均收入水平的高低等许多因素紧密相关。

1.需求总量。从需求总量上看，总量的多少会影响产业结构规模的大小，即构成产业结构的产业数量的多少及其规模的大小。需求总量越大，要求提供的产品和劳务越多，相应的产业总体规模也会越大，产业结构规模也就越大；反之，则越小。由于需求总量要受人口数量、经济发展状况、人均收入水平、物价总水平和投资总量的影响，随着人口数量、经济发展状况、人均收入水平、物价水平、投资规模的变化，需求总量也会发生变化，必然推动产业结构也发生相应的变化。人口数量的增加、经济发展的加快、收入水平的提高、投资规模的扩大，需求总量也会扩大，产业规模就会相应扩大。

2.需求结构。需求结构是制约产业结构的需求因素中最直接最主要的因素。生产为了需求，需求存在多层次、不同种类的区别，需求结构决定生产结构，生产结构从某种意义上说就是产业结构，需求结构的状况及其变化，必然决定和影响

产业结构的现状和变动。需求包括投资需求和消费需求两大部分,需求结构则主要有消费结构、投资结构、消费与投资的比例结构三个方面。

(1)消费结构。消费结构是指消费种类的构成,各类消费支出在消费支出总额中所占的比重及其相互关系。这里的消费指生活消费,不包括生产消费。人们对消费品和劳务的需求的种类和各类需求的数量及其变化,直接决定着产业的种类和规模及其变化,也就影响着产业结构的状况及其变动。消费结构主要影响生产生活消费资料的产业的构成。消费结构的状况及其变化,主要受经济发展程度、收入水平高低、人口结构和消费物价水平等因素的影响,会随着这些因素的变化而变化。消费需求存在多种类型,按层次不同可分为生存需求、发展需求和享受需求;按消费水平高低不同可分为饥寒型、温饱型、小康型和富裕型。首先满足生存需要,然后再满足发展和享受的需要,这是消费结构变动的一般规律。随着人均收入水平的提高,人们用于衣、食、住、行、用、文化娱乐的消费支出在消费总支出中所占的比重会发生依次逐步增加的变动,消费结构也会发生相应的变化。恩格尔定理揭示了消费结构随着收入水平提高而变动的趋势,即随着人均收入水平的提高,人们用于食物的消费支出占消费总支出的比重下降的规律。消费结构的变化规律直接制约着生产消费品产业的构成变动的方向,引起相应产业的收缩或扩张、衰亡或兴起,进而导致整个产业结构的变动。

(2)投资结构。投资结构是指投资在国民经济的各部门、各行业、各地区之间的分配情况和比例关系。投资结构也是制约产业结构的直接的重要的因素。投资提供产业发展所需的资金,形成新的生产能力甚至新的产业,扩大对生产资料的需求。投资结构能够从多方面影响产业结构的形成和变动。首先,投资在各产业之间的分布和比例不同,会引起各产业不同程度的发展,导致产业结构的变动;其次,投资作为增量可以引起产业存量的变化,也会导致产业之间数量比例关系的变化;再次,不同的投资方向会形成对生产资料的不同需求,引起生产生产资料产业构成的变动;最后,投资结构一般与消费需求结构变化的要求相一致,从而进一步促进产业结构的变动,如投资增加对劳动力的需求,还会增加对消费资料的需求,也会间接引起产业结构的变化。

(3)消费与投资的比例结构。消费需求与投资需求的比例结构也是需求结构的重要方面,也是制约产业结构的直接因素。消费与投资的比例关系直接决定生产消费资料的产业与生产生产资料的产业的比例关系;消费与投资比例的变化会直接引起生产消费资料的产业与生产生产资料产业的比例的变化。在工业化过程中,一般存在生产资料产业增长更快、比重逐步增大,消费资料产业增长相对缓慢、比重相对缩小的产业结构变动的趋势,这正是消费与投资比例结构变化的结果。

需求状况尤其是需求结构是决定和影响产业结构的一个重要原因,但也有少数例外。如石油输出国家,依靠石油出口获得很高的收入,但国内不一定形成满足需求的产业结构。在一些特殊情况下,产业结构并不是由需求状况,而是由其他特殊原因决定和影响的。如日本在19世纪末20世纪初才完成产业革命,本来重工业落后于英、美,但由于侵略的需要,加速了重工业的发展,从而使重工业的比重超过了欧美国家。

(二)供给因素

制约产业结构的供给因素是指生产要素供给方面的因素,主要包括自然条件和资源的禀赋、劳动力资源和资本供应状况等。

1.自然条件和资源的禀赋。自然资源包括地面资源、地下资源和地理位置等。合理的产业结构必须发挥本国自然条件和资源禀赋的比较优势,这样才能更好地促进国民经济的高效快速发展。因此,气候、水土、森林、矿产等自然条件和资源的禀赋状况,是制约产业结构的重要因素,对形成具有比较优势的产业结构有决定性的作用。气候条件优越、水资源丰富、土地广阔肥沃的国家和地区,更适合农业的发展,农业在产业结构中可能处于重要地位;自然人文景观独特、旅游资源丰富的国家和地区,更适合发展旅游服务业;石油、煤、铁、有色金属等矿产资源丰富的国家和地区,资源开发型的产业会占相当大的比重,甚至可能形成以资源开发型产业为主导的产业结构,如石油输出国以石油开采为主导的产业结构;自然资源匮乏的国家和地区,不可能形成资源开发型产业,往往只能建立以加工制造业、知识密集型产业或服务业为主体的产业结构。很多国家的产业结构都带有本国资源结构的印记。在一国经济发展的不同阶段,自然资源对产业结构的影响程度是不同的。技术落后的国家,自然资源对产业结构的影响大。

2.劳动力资源。劳动力是最主要的生产要素,劳动力的数量、素质和价格等劳动力资源的状况及其变化,也是决定和影响产业结构形成和变动的重要因素。劳动力资源丰富价廉的国家和地区,更适合发展劳动密集型产业;劳动力素质好、受教育程度高的国家和地区,发展知识技术密集型产业更为有利,而且更有助于提高产业发展的水平，实现产业结构高度化；劳动力价格昂贵的国家和地区，最好以资本和技术密集型产业为主。只有这样，才能形成合理的产业结构，充分利用劳动力资源，带来更高的经济效益。劳动力的素质和知识水平在很大程度上影响产业结构及产业的发展。低素质的劳动力会阻碍产业结构向更高的阶段发展。

3.资本供应状况。资本也是重要的生产要素，是产业维持和扩张的重要条件。资本供应的情况也是制约产业结构的重要因素。资本供应的总量规模、增长速度、充足程度、价格水平(利息率等)，直接影响产业的形成和发展。资本总量规模越大，越有利于发展重工业，因为重工业耗资巨大，只有达到最低资本规模，重工业才能发展；资本越是短缺，资本价格越是昂贵，越是妨碍重工业、部分高新技术产业等资本有机构成高的产业的发展；资本越是充足、资本价格越是低廉，越有条件调整不合理的产业结构，拉长短线产业，发展资本密集型产业和高新技术产业，促进产业结构的合理化和高级化。

(三)科学技术因素

科学技术是第一生产力，技术创新是经济发展的强大动力，科学技术进步是推动产业结构变化的最根本最主要的因素。科学技术水平、技术创新、科学技术进步等科学技术因素对产业结构的决定和影响作用主要表现在以下几个方面。

1.科学技术进步推动产业结构高度化。科学技术进步是产业结构高度化的决定性因素。产业结构实际上包含产业的技术基础和生产的技术结构，科学技术进步直接改变产业的技术基础和生产的技术结构，从而推进产业结构的高度化。由劳动密集型产业为主向以资本、技术密集型产业为主的演进，由第一次产业为主向第二、三次产业为主的演进，由农业经济社会向工业经济社会、知识经济社会的演进，都是以科学技术进步、劳动生产率提高为基础的。第一次技术革命，以蒸汽机技术的发明和广泛应用为标志，机器工业代替手工业，产生了纺织、冶金、机械工业等；第二次技术革命，以电力技术的发明和广泛应用为标志，产生了电力、电气、石油化工业，其他产业也因使用电力而发生了很大变化；以电子信息技术、原子能技术等为标志的第三次技术革命，使更新的产业出现，传统产业失去了往日的发展势头和极端重要性，整个产业结构发生了前所未有的变化。

2.科学技术进步影响需求结构。科学技术进步能够开发新产品，使消费品升级换代，从而改变消费需求结构；科学技术进步可以降低资源消耗，增加可替代资源,开发新资源,从而改变生产需求结构;科学技术进步还能够减少生产成本、降低产品价格、改善产品性能、提高产品质量,使产品价廉物美,从而扩大市场需求,改变需求结构。需求结构又是制约产业结构的重要的直接因素。因此,科学技术进步通过引起需求结构的变化,能够导致产业结构变动。

3.科学技术进步影响供给因素。科学技术进步能够改善自然环境,保护自然资源,开发新的资源,形成新的比较优势,从而改进资源供给状况;科学技术进步可以降低成本,增加收入,扩大积累,从而改善资本供给状况;科学技术进步还能够通过教育和培训,用先进的科学知识武装劳动者,提高劳动力的素质和技术水平,从而改善劳动力的供给状况。供给因素也是制约产业结构的重要因素。所以,科学技术进步通过引起供给因素的变化,也能够促进产业结构的变动。

4.科学技术进步改善产业结构。科学技术进步除了推动产业结构高度化之外,还能够从其他方面改善产业结构。科学技术进步可以提高社会分工和专业化的程度,形成新兴产业,从而改善产业结构;科学技术进步能够用高新技术改造和武装传统产业,提高传统产业的技术水平,增强传统产业的生命力,从而改善产业结构;科学技术进步还可以提高产业在国际市场上的竞争力,促进出口产业的发展,从而改善产业结构。

(四)制度因素

制度是影响经济发展的重要因素,也是制约产业结构的重要因素。这里所讲的制度,主要指经济制度、经济体制、经济发展战略和包括产业政策在内的经济政策等,这些因素都会极大地影响产业结构的形成和变动。其中,有的因素对产业结构直接发生作用,比如市场机制或计划机制、重工业优先的不平衡经济发展战略或农轻重协调的平衡发展战略、出口导向战略或进口替代战略、产业结构调整的措施和产业政策等,都能够直接影响产业结构的形成和变动;有的因素对产业结构间接发生作用,比如微观企业制度、财政金融制度、收入分配政策、人力政策、技术政策等,则是通过影响其他制约产业结构的需求、供给、技术等因素的变化,间接地导致产业结构的变动。建立和健全合理的经济制度,形成有效的经济运行机制和管理体制,制定和实施正确的经济发展战略,制定和执行恰当的经济政策,是产业结构优化的必要条件。

(五)社会因素

由于产业结构涉及国民经济和社会生活的各个环节和方面,所以许多社会因素也制约着产业结构的形成和变动。这里所讲的社会因素主要是指除了自然生态和经济因素之外的政治法律、军事外交、文化传统、生活习惯、教育事业、人口状况等因素。大多数社会因素都不是直接制约产业结构,而是通过影响其他制约产业结构的因素,间接地影响产业结构的形成和演变。政治法律涉及经济制度的建立和完善、经济体制的形成和健全、经济发展战略和产业政策的制定和实施,关系到社会稳定、投资环境,影响着制约产业结构的制度因素、投资因素、需求因素等;军事外交因素制约着经济发展战略的内容、产业结构的调整和产业政策的目标,比如为了保障国家安全、应付紧张复杂的国际形势和外交关系,都需要发展军事工业;文化传统和生活习惯影响着消费结构;教育事业的状况和发展影响劳动力的素质,关系到知识技术密集型产业的发展和产业技术水平的提高;人口的数量规模、增长速度、性别年龄结构和素质等状况及其变化,则决定着需求总量和结构、劳动力供给等重要因素,间接影响产业结构的状况和变动。

(六)国际因素

产业结构不仅受到各种国内因素的影响,还要受到许多国际因素的制约。影响一国产业结构状况及其变动的国际因素,主要有国际分工、世界市场、国际贸易、国际金融、国际投资、国际产业转移等。

1.国际分工和国际产业转移。国际分工能够发挥各国的比较优势,获得比较利益。合理的产业结构必须发挥本国的比较优势。在经济日益全球化的条件下,国际分工越来越发达,任何一个国家都不可能置身于国际分工之外,都必须积极参与国际分工,促进本国经济更快更好地发展。参与国际分工,意味着本国多生产或只生产具有比较优势、机会成本低的某些产品,少生产或不生产不具有比较优势、机会成本高的某些产品,而且国际分工、比较优势、机会成本会随着国内外经济的发展而变化,这就必然影响本国产业结构的形成和变动。国际分工、比较优势、机会成本的变动,还会引起国际产业的转移,资本充足和技术先进的国家往往会把劳动密集型产业、资源消耗型产业向劳动力资源、自然资源丰富的国家转移,这种转移对各类国家的产业结构都会产生重大影响,引起各类国家产业结构相应的变动。

2.国际市场和国际贸易。国际贸易是国与国之间通过国际市场在产品、资源、技术、劳务等方面的交换,主要包括出口和进口两大部分。国际市场和国际贸易都是制约本国产业结构的重要因素。国际市场上供求的变动、价格的涨落、竞争的态势,都会引起本国进出口贸易的变化,进出口贸易的变化则会影响本国的产业结构。出口增加会推动出口产业的发展,但某些产品如初级产品出口过多,也可能会抑制本国某些产业的发展;进口的增加会影响本国同类产品的发展,又可能满足别的产业发展对机器设备、原材料和新技术的需要。这些都会对本国产业结构的状况和变动产生重大影响。

3.国际金融和国际投资。国际金融是国际货币流通和资金融通的总称,主要包括世界范围内的货币流动、资金借贷,以及外汇、有价证券和黄金的买卖。国际金融为国际贸易和国际投资提供服务,会影响一个国家的资金供求和金融稳定及安全,国际金融的投机和动荡还可能造成一个国家的金融危机,从而给一个国家的经济造成损害,这些都会间接地影响产业结构。国际投资包括外国在本国的投资和本国在外国的投资。外国的投资,会引起外国产业转移,增加本国的资本供给,导致本国产业结构的变化;到国外投资,则会减少本国资本供给,引起本国产业转移,也会导致本国产业结构的变动。

以上所有这些制约产业结构的因素,既有直接因素,又有间接因素;既有经济因素,又有非经济因素;既有国内因素,又有国际因素;既有正面的影响,又有负面的影响;既有促进的作用,又有妨碍的作用。各种因素的作用都不是孤立的,而是互相联系、相互交织、互相制约、相互作用,共同地、综合地影响和决定着产业结构的状况和变动。

### 三、产业结构演进与区域经济发展的关系

※区域经济发展与区域产业结构相互影响、相互制约、相互促进,当区域经济总量提高时,对区域内的产业结构进行相应调整,区域经济才会健康、持久、全面发展

(一)产业结构演进对区域经济发展的影响

社会经济发展的过程也是产业结构演进的过程。产业结构在许多经济和非经济因素的共同作用下形成和变动,极大地影响着经济的发展。只有正确地把握产业结构变动的规律,才能制定恰当的产业政策,更好地发挥产业结构对经济发展的促进作用。根据以往的研究,人们已经认识到的产业结构演进的规律主要有:产业按比例协调发展规律,生产资料生产优先增长规律,工业化过程中的重工业化规律,三次产业比重变动规律,生产要素密集型产业地位变动规律,产业结构高加工度和高附加值化规律,主导产业转换规律,产业结构由低级向高级演

进的规律。

这些规律揭露出产业结构由低级向高级发展的过程中，是朝着经济效益高的方向演进，而产业结构的协调化与高度化是其合理化的两个表现方面。产业结构协调化是指产业结构与经济发展水平相协调，具体表现在各产业部门都要保持一定的比例关系，生产资料和劳动力在各产业间按一定比例恰当地配置。这样，产业与产业之间的关系才协调，才能在产业层次上优化资源配置，产业结构才合理，社会再生产才能顺利进行，经济才能协调高效发展。产业结构高度化是指区域经济发展重点或产业结构重心由第一产业向第二产业和第三产业逐次转移的过程，标志着区域经济发展水平的高低和发展阶段、方向，表现为区域经济发展不同时期最适当的产业结构。产业结构高度化往往具体反映在各产业部门之间产值、就业人员、国民收入比例变动的过程上。

一般地说，区域产业结构是否合理，主要有以下五个衡量标准：

1.已形成的产业结构同区域的资源结构是否相适应，产业结构的优化和协调能不能发挥区域的资源优势。

2.区域产业结构的功能，是否能承担起全国地域分工的重要任务，能否对全国三次产业做贡献。

3.区域内产业之间关联度如何，即产业之间是否协调，特别是主导产业与非主导产业之间的关系是否协调。

4.区域产业结构的转换能力和应变能力如何。

5.结构性效益的高低怎么样。

符合上述五条标准的产业结构状态，就可称之为一定时期本区域产业结构的最适状态，同时也表明该区域现阶段产业结构达到了合理化。合理化的产业结构，将会促进地区的经济发展；反之，会对经济发展起阻碍的作用。

改革开放以来，我国县域经济的发展曾经对推动国民经济总量的迅速扩张做出了重要贡献。目前我国多数人口仍然生活在县域及其以下地域，我国社会广泛存在的工农差别、城乡差别和地区差别，决定了全面建设小康社会的重点和难点在农村、在县域。发展县域经济可以提升我国经济的整体水平，县域产业结构的升级是我国产业升级的重要组成部分，是吸纳广大农村剩余劳动力的主要地域，是提高乡镇居民经济收入的重要手段，是缩小城乡差距，改善我国经济城乡二元结构的途径，是解决"三农"问题新的切入点。正如刘福刚的观点：县域经济是国民经济的基本单元，是充满活力和蕴涵潜力的经济；发展县域经济是解决

"三农"问题新的切入点,是稳定基层政权的物质基础,将为国民经济提供广阔的发展空间。

(二)区域经济发展对产业结构演进的作用

随着区域经济的发展,区域的产业结构会发生相应的转换和演变,这种结构变化不是随意的,往往表现出一定的规律性。

经济发展是总量与结构相互作用的结果,总量增长在一定程度上取决于结构的状态并依赖于结构的转换,通常总量增长越迅速结构变动率越高。

1.随着经济和农业生产力的发展,农业内部结构中各产业的结构会从单一逐步走向多元化。居民收入水平的提高和社会经济需求的多元化推动农业结构演化。一般,种植业的比重呈下降趋势,但其生产水平日益提高;畜牧业的比重逐渐提高;林业日益从单纯提供林产品资源转向注重其环境生态功能,保持和提高森林覆盖率越来越受到重视。

2.随着区域经济发展和农村劳动力转移,二、三产业逐步壮大,并成为区域经济的主体。根据配第-克拉克定理:随着经济的发展,即随着人均国民收入水平的提高,劳动力首先由第一产业向第二产业移动,当人均国民收入水平进一步提高时,劳动力便向第三产业移动。劳动力在产业间的分布状况,第一产业将减少,第二、第三产业将增加。在我国发展区域经济的过程中,农业生产力的发展将使农业劳动力出现过剩,转向第二、三产业。同时基于农副产品加工、地区资源开发的第二产业和相关第三产业逐步成长。

3.区域经济发展推动地区特色产业和主导产业规模化发展。特色产业是指依托区域内所具有的原材料、矿藏等自然资源所形成的产业。特色产业生产出来的产品具有明显的区域特征,在同行业和同类产品的竞争中具有优势。规模化生产可以使生产向集约化发展,通过扩大生产规模,增加产品数量,降低边际生产成本。在区域经济发展的过程中,社会生产和自然资源、环境之间的矛盾必然加剧,要缓解人地矛盾,就要走集约化的发展道路,实现区域经济发展的可持续。区域经济的发展,必然会使产业结构发生变化,逐渐产生具有区域特色的产业,这些产业向规模化方向发展。

由于区域经济的发展与区域产业结构之间是相互影响、相互制约、相互促进的关系,所以在区域经济总量得到提高的同时要对区域内的产业结构进行相应的调整,区域经济才会得到健康、持久、全面的发展。

# 第四章

## 如何实现产业结构优化目标

■ 产业结构优化的含义与主要内容

■ 产业结构合理化

■ 产业结构高级化

# 第四章 如何实现产业结构优化目标

产业结构优化对一国经济协调、健康、高速发展具有重要意义。本章根据产业结构演变规律，分析当代科技与经济背景下的产业结构优化的内涵、主要内容，产业结构合理化和高级化的标志以及区域产业结构优化问题。

## 一、产业结构优化的含义与主要内容

※世界工业化、现代化的历史，实质上就是产业结构随着科技革命的发展而不断推陈出新的历史。产业结构的优化和升级，能够使社会再生产各个环节相互适应，近期增长与长远发展相互衔接，有效地利用各种资源和生产要素，实现国民经济的良性循环

（一）产业结构优化的含义

产业结构优化是指推动产业结构合理化和高级化发展的过程，是实现产业结构与资源供给结构、技术结构、需求结构相适应的状态。产业结构合理化主要依据产业关联技术经济的客观比例关系，遵循再生产过程比例性需求，来调整不协调的产业结构，促进国民经济各产业间的协调发展，使产业间相互协调和各产业发展与整个国民经济发展相适应，其实现目标是产业规模发展、发展速度均衡和产业联系协调。产业结构高级化，又称产业结构高度化、现代化，主要是遵循产业结构演化规律，通过技术创新与技术进步，使产业结构整体素质和效率向更高层次不断演进的趋势和过程。产业结构优化过程就是通过政府的有关产业政策调整，影响与产业结构变化有关的供给结构和需求结构，实现资源优化配置与再配置，来推进产业结构的合理化和高级化发展。具体地说，其内涵包括以下三个要点：

1.产业结构优化是一个动态过程，是产业结构逐步趋于合理、不断升级的过

程,在一国经济发展的不同阶段,产业结构优化的衡量标准不同。

2.产业结构优化的原则是产业间协调发展和最高效率原则。

3.产业结构优化的目标是资源配置最优化和宏观经济效益最大化。

产业结构合理化和产业结构高级化是相互联系、相互影响的。产业结构合理化是产业结构高级化的前提条件。如果产业结构长期处于失衡状态,就不可能有产业结构高级化的发展;同时,产业结构合理化也总是一定高级化基础上的合理化。产业结构合理化主要从静态状况或在一定阶段上要求优化产业结构。产业结构高级化主要从动态趋势要求优化产业结构,它是一个渐进的长期发展过程。产业结构高级化是产业结构从一种合理化状态上升到更高层次合理化状态的发展过程。因此,产业结构高级化是产业结构合理化的必然结果。

(二)产业结构优化的内容

产业结构优化的内容包括产业结构优化的目标、产业结构优化的对象、产业结构优化的措施或手段、产业结构优化的政策等等。产业结构优化的目标主要是要实现产业结构的高度化和合理化,最终实现经济的持续快速增长。从产业结构优化的对象角度来说,主要包括如下几个方面:

1.供给结构的优化。供给结构是指在一定价格条件下作为生产要素的资本、劳动力、技术、自然资源等在国民经济各产业间可以供应的比例,以及以这种供给关系为联结纽带的产业关联关系。供给结构包括资本(资金)结构、作为供应因素的投资结构、劳动力供给结构、技术供给结构,以及资源禀赋、自然条件和资源供应结构等。产业结构优化就是要对这些因素进行结构性调整,进行投资结构的调整、教育结构的调整、科技结构的调整等。

2.需求结构的优化。需求结构是指在一定的收入水平条件下,政府、企业、家庭或个人所能承担的对各产业产品或服务的需求比例,以及以这种需求为联结纽带的产业关联关系。它包括政府(公共)需求结构、企业需求结构、家庭需求结构或个人需求结构,以及以上各种需求的比例;也包括中间产品需求结构、最终产品需求结构,以及中间产品需求与最终产品需求的比例;还包括作为需求因素的投资结构、消费结构,以及投资与消费的比例等。产业结构优化也要对这些因素进行结构性调整。

3.国际贸易结构的优化。国际贸易结构是指国民经济各产业产品或服务的进出口比例,以及以这种进出口关系为联结纽带的产业关联关系。国际贸易结构包括不同产业间的进口结构和出口结构,也包括同一产业间的进出口结构(进口和出口的比例)。产业结构优化也要对国际贸易结构进行优化。

4.国际投资结构的优化。国际投资包括本国资本的流出,即本国企业在外国的投资(对外投资),以及外国资本的流入,即外国企业在本国的投资(外国投资或外来投资)。对外投资会导致本国产业的对外转移,外国投资则促使国外产业的对内转移,这两方面都会引起国内产业结构的变化。国际投资结构就是指对外投资与外国投资的比例结构,以及对外投资在不同产业之间的比例和外国投资在本国不同产业之间的比例及其各种派生的结构指标。产业结构优化也要对国际投资结构进行优化。

(三) 产业结构优化的途径和意义

1.产业结构优化的途径

实现产业结构优化的途径主要有以下几个方面:

一是发挥市场机制的作用。市场机制是建立在完善市场体系基础之上的,依据市场经济本身内在的调节力量促进产业结构的合理化和高级化。其调节作用主要体现在:通过平均利润规律的作用,使资源按社会需要在部门间转移,从而促进产业结构的合理化;通过竞争规律的作用,使各产业不断改进技术,提高劳动生产率,朝着高级化的方向发展。

二是实行宏观调控。市场机制对产业结构的调节作用存在着自发性、滞后性、短期性等缺陷,容易导致资源的不合理配置,不利于某些投资周期长、见效慢的部门发展,甚至造成资源浪费,因此需要政府进行必要的宏观调控。国家宏观调控部门以国民经济和社会发展计划及产业政策为依据,对产业结构的变动进行经常监督和调控,对不符合产业结构优化要求的经济行为,采取经济的、法律的和行政的手段及时加以调整,以推动产业结构的合理化和高级化。

三是实施产业政策。制定和实施产业政策,是促进产业合理化和高级化的重要手段。国家可以通过产业政策指导,对各种生产要素进行重组,鼓励或限制某些产业的发展,从而加速资源配置的优化过程。但产业政策的制定和实施应以不损害市场机制的内在机理为前提,应符合市场经济的规律和原则,根据市场需求和技术结构的变动趋势协调产业结构的发展。

由于现实的产业结构状态,是过去多年经济活动积累的结果,而当前的经济活动,又将影响今后产业结构的变化;因此,调整产业结构主要采取调整增量和调整存量两种基本方式或途径。调整增量这种方式的实质是合理分配扩大再生产的资金,通过调整投资结构,逐步改变原有的产业结构,促进产业结构朝着优化的方向发展。一般来说,发展新兴产业,加强基础产业,主要通过这种方式或途径达到目的。调整存量这种方式的实质是按产业结构优化的要求重新配置现有的生产要素,通过对现有资产的重新组合和改造,改变原有的产业结构。这种方式和途径可以在不增加或少增加投资的情况下获得结构效益,尤其适用于传统产业的调整。

2.产业结构优化的意义

产业结构优化升级是我国经济结构调整和增长方式转变的迫切要求。当前我们要准确把握产业发展新趋势,进一步推进产业结构优化升级。产业结构优化升级的过程,就是提高产业结构作为资源转换器的效能和效益的过程。实现这一过程就必须在产业结构协调化基础上推进高度化。实现产业结构高度化与协调化的统一,应该是产业结构优化升级的重要方向。

产业结构优化有利于国民经济持续快速健康发展,有利于实现社会总供给与总需求的基本平衡,有利于促进经济效益的提高,有利于生产的发展和居民生活水平及质量的不断提高。具体到我国实际情况,对产业结构进行战略性调整,是我国经济发展的迫切要求和长期任务。只有对我国的产业结构进行优化与升级,大力发展高新技术和新兴产业,用高新技术改造传统产业,才能保证我国经济总量的平衡,才能保证整个国民经济持续快速健康地发展。

(1)只有不断地优化产业结构,才能逐步适应生产力发展的客观要求,促进整个国民经济的快速发展。世界工业化、现代化的历史,实质上就是产业结构随着科技革命的发展而不断推陈出新的历史。产业结构的优化和升级,能够使社会再生产各个环节相互适应,近期增长与长远发展相互衔接,有效地利用各种资源和生产要素,实现国民经济的良性循环。这样,必然会带来国民经济整体效益的提高,促进国民经济的快速发展。产业结构的不断优化和升级,是世界经济发展的主要内容和强大推动力。

(2)只有不断地优化产业结构,才能增强我国经济抵御风险的能力。我国劳动力资源丰富,生产成本较低,许多传统产业在国际上仍然具有广阔的市场需求;但是技术含量低,资源消耗严重,投入大,产出少。随着加入世界贸易组织,国际市场的竞争将日趋激烈,只有不断地优化产业结构,大力对传统产业进行技术改造,才能增强其国际竞争能力,才能培育新的经济增长点,以适应世界经济全球化的发展要求。

(3)只有不断地优化产业结构,才能解决产业结构的内在矛盾。随着高新技术产业的迅速发展和"短缺经济"时代的结束,我国产业结构的内在矛盾也日益突出,严重地影响了我国经济的健康发展。其主要矛盾表现为:农业基础地位相对薄弱,基础设施还不能适应经济迅速发展的需要;随着市场经济的发展,生产和供给之间的矛盾日趋突出,某些加工制造业生产能力过剩,滞销积压的现象非常突出;第三产业发展明显滞后,质量差,档次低,价格高;盲目重复建设项目多,地区经济发展差距日益拉大等等。这些矛盾影响了我国经济发展的后劲,成为制约我国经济发展的严重障碍。只有对产业结构进行战略性调整和优化,在结构调整中保持较快的发展来提高国民经济的整体素质。

## 二、产业结构合理化

❋协调是产业结构合理化的中心内容。产业结构的协调不是指产业之间的绝对均衡,而是指产业之间有较强的互补和谐关系和相互转换能力。只有强化产业之间的协调,才能提高其结构的聚合质量,从而提高产业结构的整体效果

产业结构合理化的思想,主要内涵是产业结构的协调发展。早在古典经济学家魁奈(Francois Quesnay,1694—1774)的经济学说中就有了萌芽。后来马克思的两大部类理论,里昂惕夫的投入产出法都对产业结构合理化的内容做了深刻的阐述。这些理论的核心都是强调各产业部门必须按比例协调发展。产业结构合理化的思想在各国经济发展战略中都得到重视和运用。在经济学中,产业结构合理化是一个重要的理论基础。

(一)产业结构合理化的含义

产业结构合理化主要是指产业与产业之间协调能力的加强和关联水平的提高,它是一个动态的过程。产业结构的合理化就是要促进产业结构的动态均衡和产业素质的提高。因此,产业结构的合理化要解决的问题包括,供给和需求的相互适应问题,三次产业以及各产业内部各部门之间发展的协调问题,产业结构效应如何充分发挥的问题。

产业结构合理化要求在一定的经济发展阶段,根据消费需求和资源条件,对

初始不理想的产业结构进行有关变量的调整,理顺结构,使资源在产业间合理配置,有效利用。衡量产业结构是否合理的关键在于判断产业之间是否有因其内在的相互作用而产生的一种不同于各产业能力之和的整体能力。产业之间相互作用的关系越协调,结构的整体能力就越高,则与之相应的产业结构就越合理。相反,如果结构关系不协调,结构的整体能力就会降低,那么与之相应的产业结构就不合理。

从上面的分析可以看出,协调是产业结构合理化的中心内容。产业结构的协调不是指产业之间的绝对均衡,而是指产业之间有较强的互补和谐关系和相互转换能力。只有强化产业之间的协调,才能提高其结构的聚合质量,从而提高产业结构的整体效果。产业结构的协调涉及产业之间各种关系的协调。从产业间生产和技术的角度来考察协调问题,那么产业间是否处于协调状态,一般可以从以下几个方面进行分析。

1.看产业素质之间是否协调。即相关产业间是否存在技术水平的断层和劳动生产率的强烈反差。如果存在着断层和强烈反差,产业之间就会产生较大的摩擦,表现为不协调。

2.看各产业之间的相对地位是否协调。在一定的经济发展阶段,各产业的经济作用以及相应的增长速度是不同的,因而各产业在产业结构中所处的地位是不同的,从而形成了各产业之间有序的排列组合。如果各个产业主次不分,轻重无序,甚至出现产业结构的逆转,则说明各产业之间的相对地位是不协调的。

3.看产业之间的联系方式是否协调。产业之间存在着投入与产出的关系,表明了产业之间相互依赖和相互影响的关系。如果各产业之间能够做到相互服务和相互促进,那么它们之间的这种联系方式就是协调的;反之,则是不协调的。

4.可以从供给是否与需求相适应来判断产业之间是否处于协调状态。在需求正常变动的情况下,产业结构的协调将使其具有较强的适应性和应变能力,即通过自身的结构调整适应新的需求变动,使供给和需求之间的矛盾弱化。相反,如果对于需求的正常变动,供给迟迟不能做出反应,造成长时间的供需不平衡,则说明产业间的结构是不协调的。

(二)产业结构合理化的判断标准

产业结构的合理化,其实质是指各产业之间存在着较高的聚合质量。而对合理化程度的判断,一般可从以下四个方面进行考察。

1.与"标准结构"进行比较。所谓"标准结构",是在大量历史数据的基础上通过实证分析而得到的,它反映了产业结构演变的一般规律。因此,可以将其作为参照系,与某一被判断的结构进行比较,从而检验被判断的产业结构是否合理。但由于各国具体国情的不同,导致了对产业结构的要求也不尽相同。如"大国"和"小国"、工业先行国和工业后发国对产业结构的要求都有所不同。因此,有的学者认为以"标准结构"为参照系,"至多只能给我们提供一种判断产业结构是否合理的粗略线索,而不能成为其判断的根据"。

2.是否适应市场需求的变化。在市场经济下,经济活动的目的是为了满足市场的需求。因此,产业结构作为一个资源转换系统,其最基本的要求就是它的产出能满足市场的需求。从而,对市场需求的适应程度,就成为判断一个产业结构是否合理的标准之一。

市场的需求总是在不断变化的。而在产业结构中,决定其产出结构的主要关键——产存量结构则有着相当的刚性。所以,产出结构并不能完全地和及时地满足市场的需求,两者间总有一定的差距。这里的差距,包括了总量偏差和结构偏差两个方面。一般的,当总量存在偏差时,结构的偏差也一定存在;反之,当总量平衡时,结构则不一定也平衡。因此,结构的平衡是比总量平衡更为深层和重要的问题。

3.产业间的比例关系是否比较协调。结构平衡的问题,在产业结构上的反映,就是各产业间是否具有一种比较协调的比例关系。因而,产业间的比例关系是否协调,也成为判断一个产业结构是否合理的重要标志。比例协调的产业结构,应当不存在明显的长线产业和短线产业。因为无论是存在长线产业还是短线产业,都表明其对市场需求的不适应,也都是对资源的一种浪费。比例协调的产业结构,更不能存在瓶颈产业。瓶颈产业的存在,不但表明其对市场需求的严重不符,而且还极大地影响了整个产业结构系统的资源转换效率和产出能力。

4.能否合理和有效地利用资源。产业结构作为资源转换器,其功能就是对输入的各种生产要素按市场的需求转换为不同的产出。在此转换的过程中,显然转换的效率就是一个相当重要的指标。因此,对资源进行合理而有效的利用,也就成为判断一个产业结构是否合理的重要标志了。对资源的合理而有效的利用,主要包括两个方面的含义:一是提高资源的使用效率,在此方面,技术进步是其关键;二是利用多种渠道,充分利用系统内外的各种资源。这里,系统内部的组织创新和对外部环境的利用就变得尤为重要。

（三）企业是产业结构合理化的主体

工业结构的最终落实点是在产品结构。显然，产业结构升级的最终落实点也在产品结构。基于同样的理由，当然也可以认为产业结构调整和合理化的最终落实点也同样在产品结构上。由于产品与企业的特殊关系，企业在产业结构调整和合理化方面具有举足轻重的地位。

按照市场经济发展的要求，应当确立企业在产业结构合理化中的主体作用。企业在产业结构合理化中的作用主要表现在以下两个方面。

1.根据市场需求变化的情况，企业自主地安排自己的产、供、销活动。生产什么、生产多少、怎样生产，企业都根据市场的变化加以安排，政府已不能对企业的生产经营活动进行直接干预，甚至也无法对每个企业的生产经营活动进行具体的指导，企业已成为市场经济活动的主体。

2. 企业应当使社会资源在不同产业部门之间的分配和转移方面起重要作用。产业结构的合理化是一个动态的过程，随着社会生产的发展，社会需求在不断地变化。因而产业结构应当不断地演变和优化。新的产业不断产生和发展，过时的产业势必萎缩、停滞和被淘汰。与这种要求相适应，企业要考虑把资源投入到那些应当优先发展的产业，或从过剩、过时的产业中及时地转换出来，这就要求确立企业在产业结构合理化中的主体地位。从而可知，只有发挥企业在产业结构合理化中的主体作用，整个社会的产业结构才能不断地得以优化。

（四）政府在产业结构合理化中的作用

企业成为产业结构合理化的主体，这并不否认政府在产业结构合理化中的作用，而是强调政府和企业在这方面有一个适当的分工。政府在产业结构合理化中的作用，主要集中在以下三个方面。

1.正确应用各种经济手段，如价格手段、财政手段、金融手段，引导企业的投资方向，以保证企业的投资有利于国民经济整体结构的优化。

2.国家和地方的投资都应当为产业结构合理化创造条件。企业成为产业结构合理化的主体以后，是否一切投资活动都由企业来办？当然不是，也不可能。国家、地方政府、企业三者之间在投资范围上应当有所分工，国家和地方政府的投资要为企业创造一个适宜的投资环境。

3.运用必要的行政手段，保证产业结构的合理化。运用经济手段引导企业的投资方向,并不意味着完全取消行政手段,国家有必要也有可能通过制定经济发展的各种方针、政策、规章制度和计划干预经济生活,还可通过其所掌握的较为完备的信息引导企业的生产经营方向,使产业结构向合理化的方向演化。

### 三、产业结构高级化

❋技术创新是产业结构高级化的根本动因。实现产业结构高度化,必须大力发展高新技术产业,并用高新技术改造提升传统产业,实现产业结构优化升级

(一)产业结构高级化的基本内容

产业结构高级化是一个连续不断的动态过程。从某一时点观察会发现产业结构水平已发生本质性的变化。例如,从以第一次产业为主的产业结构转变为以第二次产业为主的产业结构意味着产业结构升级;再如,在第二次产业中由生产初、中级的消费品的产业结构转变为生产资本品为主的产业结构也意味着产业结构升级。产业结构高级化强调技术集约化程度的提高,要求主导产业和支柱产业尽快成长和更替,打破原有的产业结构低水平的均衡,实现少数高科技、高效率产业的超前发展,然后带动相关产业及整个国民经济的发展。一般说来,产业结构高级化包括以下基本内容。

1.从产业素质来看,新技术在各产业部门得到广泛的运用,社会有机构成得到进一步提高;产业的劳动者素质和企业家的管理水平不断上升;各产业的产出能力、产出效率不断提高;产业能够适合经济发展阶段的升级换代,即落后的产业被淘汰,新兴产业兴起和壮大。

2.从结构发展方向来看,整个产业结构由第一次产业占优势顺次向第二次产业、第三次产业占优势的方向发展;在资源结构上,由劳动密集型占优势顺次向资金密集型、技术密集型占优势的方向发展;在加工工业中由制造初级产品的产业占优势逐步向制造中间产品、最终产品占优势的方向发展。

3.从产业组织发展来看,竞争从分散的、小规模的竞争转向以联合或集团式的集中性大规模竞争的方向发展,规模经济的利用程度大大提高;产业间关系趋向复杂化,大中小型企业联系越来越密切,专业化协作越来越细,企业多角化经营范围越来越广。

4.从产业与国际市场的联系来看,产业结构高级化要求开放度不断提高,产

业结构不再是自我封闭式的维持均衡发展,而是通过国际投资、国际贸易、技术引进等国际交流方式,实现与产业系统外的物质能量的交换,在更高层次上实现结构均衡协调发展,建立国际协调型的产业结构。产业结构高级化也是一个相对概念,它是产业结构在需求拉动、科技推动等因素的作用下,在一定的经济发展阶段,针对现有的社会生产力水平尤其是科技发展水平而言的。

(二)衡量产业结构高级化的标志

衡量一国产业结构高级化有两种基本方法:一种是截取不同的时点进行纵向比较,另一种是参照国际标准横向比较。下面介绍三种方法。

1.标准结构法。标准结构法是将一国的产业结构的平均高度进行比较,以确定一国产业结构的高级化程度。库兹涅茨在研究产业结构的演进规律时,不仅通过时间序列的数据对产业结构的演进规律进行分析,而且还通过横截面的数据对经济发展阶段与产业结构的对应关系进行研究。这种从截面研究产业结构的方法,为我们了解一国产业结构发展到何种高度提供了比较的依据。利用这种方法,库兹涅茨提出了经济发展不同阶段的产业标准结构。根据"标准结构"就能了解一国经济发展到哪一阶段以及产业结构高级化的程度。库兹涅茨的"标准结构"如表4-1所示。

表4-1 产业的"标准结构"

| | 1964 年人均国民生产总值的基准水平(美元) | | | | | | | | |
|---|---|---|---|---|---|---|---|---|---|
| | <100 | 100 | 200 | 300 | 400 | 500 | 800 | 1000 | >1000 |
| 产业部门构成(部门产值占国民生产总值的比例)(%) | | | | | | | | | |
| 第一产业 | 52.5 | 45.2 | 32.7 | 26.6 | 22.8 | 20.2 | 15.6 | 13.8 | 12.7 |
| 制造业 | 12.5 | 14.9 | 21.5 | 25.1 | 27.6 | 29.4 | 33.1 | 34.7 | 37.9 |
| 基础设施 | 5.3 | 6.1 | 7.2 | 7.9 | 8.5 | 8.9 | 9.8 | 10.2 | 10.9 |
| 服务业 | 30.0 | 33.8 | 38.5 | 40.3 | 41.1 | 41.5 | 41.6 | 41.3 | 38.6 |
| 劳动力部门构成(%) | | | | | | | | | |
| 初级产业 | 71.2 | 65.8 | 55.7 | 48.9 | 43.8 | 39.5 | 30.33 | 25.2 | 15.9 |
| 制造业 | 7.8 | 9.1 | 16.4 | 20.6 | 23.5 | 25.8 | 30.3 | 32.5 | 36.8 |
| 服务业 | 31.0 | 25.1 | 27.9 | 30.4 | 32.7 | 34.7 | 39.6 | 42.3 | 47.3 |

用与库茨涅茨相似的方法,其他学者也提出过类似的"标准结构",如表 4-2 中的以产值结构为指标的赛尔奎因-钱纳里模式, 表 4-3 中的以劳动力结构为指标的赛尔奎因-钱纳里模式。

表 4-2 以产值结构为指标的赛尔奎因-钱纳里模式

|  | 人均国内生产总值基准水平 | | | | | |
|---|---|---|---|---|---|---|
|  | 300 以下 | 300 | 500 | 1000 | 2000 | 4000 |
| 第一次产业 | 46.3 | 36.0 | 30.4 | 26.7 | 21.8 | 18.6 |
| 第二次产业 | 13.5 | 19.6 | 23.1 | 25.5 | 29.0 | 31.4 |
| 第三次产业 | 40.1 | 44.4 | 46.5 | 47.8 | 49.2 | 50.0 |

表 4-3 以劳动力结构为指标的赛尔奎因-钱纳里模式

|  | 人均国内生产总值基准水平 | | | | | |
|---|---|---|---|---|---|---|
|  | 300 以下 | 300 | 500 | 1000 | 2000 | 4000 |
| 第一次产业 | 81.0 | 74.9 | 65.1 | 51.7 | 38.1 | 24.2 |
| 第二次产业 | 7.0 | 9.0 | 13.2 | 19.2 | 25.6 | 32.6 |
| 第三次产业 | 12.0 | 15.9 | 21.7 | 29.1 | 36.3 | 43.2 |

2.相似性系数法。相似性系数法是以某一参照物的产业结构为标准,通过相似性系数法的计算,将本国的产业结构与参照国产业结构进行比较,以确定本国产业结构高级化程度的一种方法。设 $A$ 是被比较的产业结构,$B$ 是参照系,$X_{Ai}$、$X_{Bi}$ 分别是产业 $I$ 在 $A$ 和 $B$ 中的比重, 则产业结构 $A$ 和参照系 $B$ 之间的结构相似系数 $S_{AB}$ 为:

$$S_{AB}=\left(\sum_{i=1}^{n} X_{Ai}X_{Bi}\right) \bigg/ \left(\sum_{i=1}^{n} X_{Ai}^2 X_{Ai}^2\right)^{\frac{1}{2}}$$

我国学者曾利用相似性系数以日本为参照系,对中国产业结构的高级化进行过估计,认为中国产业结构中的劳动力结构(1992 年)与日本 1930 年的结构高度相似(相似性系数达到 0.9846);而产值结构(1989 年)则与日本 1925 年的水平基本相等(相似性系数为 0.9268)。

3.高新技术产业比重法。在工业内部,衡量产业结构高级化程度,可以用高新技术产业比重法。因为产业结构高级化过程，也是传统产业比重不断降低和高新技术产业比重不断增大的过程。通过计算和比较不同年代高新技术产业、产值、销售收入等在全部工业中的比重，可以衡量产业结构高级化的程度。发展中国家可以以发达国家为参照对象，通过比较高新技术产业比重，来发现发展中国家产业结构高级化的相对水平和与发达国家的差距。

(三)产业结构高级化的动因

产业结构高级化的根本动因是技术创新。技术创新是企业家抓住市场信息的潜在盈利机会，以获取商业利益为目标，重新组织生产条件和要素，建立起效能更强、效率更高和费用更低的生产经营系统，从而推出新的产品、新的工艺、开辟新的市场、获得新的原材料来源或建立企业新的组织的过程。技术创新的本质是将科学技术应用于产品、工艺以及其他商业用途上，以改变人们的生活方式，提高人们的生活质量。创新产生的经济效益只是创新的一个表现。正是在这一点上，熊彼特把发明与创新区分开来：发明只是一个新观念、新设想，只有将发明引进工业生产体系之中，发明才能转化为创新。技术创新的内容一般包括产品创新、工艺创新、设备创新、材料创新、生产组织与管理创新。历史证明，技术创新是产业结构升级并引起质变的强大推动力。

1.技术创新促进了技术变革、技术进步和新产业的产生。从产业发展的近代史看，正是重大的技术创新推动了产业结构的高级化。例如，蒸汽机的发明、电力的发明、计算机的发明等，都带来了巨大的技术变革、技术进步和新产业的产生，并使得产业结构水平沿着农业产业为主导、工业产业为主导、信息产业为主导的方向不断升级。

2.技术创新还导致了生产方式的变革和生产社会化程度的提高。在手工技术的生产时代，无论是工业还是农业都是零散的、分散的、小规模的、相对封闭的生产方式。技术创新使得世界进入工业生产时代后又进入信息经济时代，使得生产方式向着多样化(既有大规模生产又有分散的智力化生产)、社会化、国际化的方向发展。同技术进步作为产业结构高级化的本质内容一样，生产方式的进步和社会化程度的提升同样是产业结构高级化的本质内容和重要表现。

3.技术创新创造了新的市场需求，新的市场需求推动了产业结构的高级化。由于技术创新创造了新的产业，新的产业满足了生产和生活中潜在的和更高层次的需求，这种旺盛的需求又刺激了新产业的扩张，从而直接拉动了产业结构的升级。对新产业的旺盛需求,在生产领域来源于对提高效率的需求,在消费领域则来源于人的求新、求变的心理。对新产出的旺盛需求,使得新产业有很高的需求收入弹性,即国民收入的增长更大部分用于对新产业的需求;由于旺盛的市场需求,使得新产业产品价格高扬,其获利水平远远高于全部产业的平均水平,从而引起社会资源迅速流入该产业,使得该产业不断扩张。无论新产业,还是用新技术改造后的传统产业,都因为需求的不断增长而不断扩张,这种扩张正是产业结构高级化的表现。

(四)发展高新技术产业是产业结构优化升级的必然选择

从 20 世纪 90 年代初期开始,世界经济在以信息技术为中心的高科技迅猛发展的推动下,世界国民生产总值年均增长 3.0%,各种高技术、新发明、新思想推动着世界经济发展的进程。以信息产业为标志的高新技术产业代表了 21 世纪产业发展的方向,高新技术产业的发展呈现了产业结构的优化和国民经济的质态变化。美国从里根总统执政时就开始调整产业结构,大力发展以信息产业为代表的高新技术产业。1996 年全球信息技术产业投资 6100 亿美元,其中美国占41.5%,超过日本和欧洲对信息技术产业投资的总和。美国在信息技术上的支出占 GDP 的比重,1996 年超过 4%,而欧盟国家平均只为 2.2%。剑桥经济学家Walter 在《国际银行信用分析》上载文称,欧洲在高新技术装备上的投资之所以比美国低,是因为其成本高的缘故。例如,在英国,硬件和软件的价格均比在美国的价格要高 2/3。其结果是美国高新技术含量高的产品迅速占据了更多的世界市场份额,并带动了已有产业产品科技附加值的提高和产品应用性的扩大。从1986 年到 1996 年,美国出口总额从 3095 亿美元增加到 8480 亿美元,其中高新技术产业的出口在其出口总额中所占比重已从 12%上升到 42%。据测算,高新技术产品出口对国民经济的带动度达 4.76,而一般出口产品对国民经济的平均带动度为 2.5。由此可见,要实现产业结构高度化,就必须大力发展高新技术产业,并用高新技术改造提升传统产业,实现产业结构优化升级。

# 第五章

## 重视对产业分工理论的研究

- 产业分工相关概念
- 区域产业分工理论
- 影响区域产业分工体系的要素分析
- 推进区域产业分工和协调发展的路径选择

# 第五章　重视对产业分工理论的研究

产业分工是产业经济学中一个重要的研究领域。产业分工合作与区域经济一体化，是目前全球经济发展的趋势；产业集群、分工网络化和业务外包等都是产业分工合作的具体表现形式。合理的产业分工与协作网络，是区域经济不断发展的基础和动力。区域经济在生产要素的组织与创新方面的可更新性和自生性，促使区域产业结构不断优化并形成合理的产业布局，从而使区域内各产业优势互补，实现资源的集约利用，避免不必要的重复建设和资源浪费，取得最大的社会、经济和生态效益。

## 一、产业分工相关概念

✳产业分工是一种市场制度，通过分工，可以提高产业效率，增进产业效益，优化区域经济构成

### (一)区域产业分工

分工，是指一种生产方式，是人们进行生产活动时的行为方式。微观层次上，分工可以定义为：两个或两个以上的个人(组织)将原来由一个人(组织)进行的生产活动中所包含的不同职能分开进行。

社会分工可分为产业分工和地域分工。产业分工与区域是密不可分的，产业分工必定要依附于一定区域而存在，因此很多学者在研究时，以区域产业分工作为研究对象进行研究。各学者对区域产业分工给出了不同的定义。

1.马克思主义经济理论对劳动分工的定义。劳动分工是社会生产力发展到了一定阶段而产生的，是人类的经济活动按照地域或者空间而进行的一种分工，此过程中分工与合作会相互依存，并相互给予对方一定保障，且通过分工与合作来达到提高效率、增进效益的效果。此处分工的定义既包括部门之间、企业之间

以及企业内部分工,又包括了一定生产部门在某一地区的地域分工。

2.张敦富(1999)对区域分工的定义。区域分工指的是一个国家内各不同区域中充分利用各自区域内优势的基础上而实行的区域专门化生产,并且需要通过区语间的交换来实现其专门化部门生产的产品,同时满足自身对各自区域不能生产的或生产不利的部分产品需求,进而扩大生产能力,并且增进区域利益。

3.郝寿义等(2004)的观点。他们认为,社会分工或劳动分工首先表现在部门分工上,而部门分工又落实到空间上,这种按地域的分工就是劳动地域分工。

4.曹阳(2008)的观点。他在对马克思分工理论及现代学者观点研究的基础上,将区域产业分工定义为:一国内各区域相互关联的产业体系,在充分利用区域内优势的基础上,为获得各种区域利益,在生产力"趋优分布"规律作用下,在地理空间上形成产业空间结构的客观过程和分异状况。

综上所述,本文定义区域产业分工为在部门间、企业间和企业内部,或是在产业间、产业内和产品内部,按地域空间进行的一种分工形式。通过分工,可提高效率、增进效益。

(二)产业结构与区域产业分工逐级演进关系

1.产业间分工与区域产业间结构演化的关系。斯密的分工理论认为,起源于交换能力的分工会受到市场规模的限制(亚当·斯密,1776),分工发展是产业结构形成的根本原因。亚当·斯密(1776)和大卫·李嘉图(1817)分别主张依据区域的绝对优势、相对优势来发展区域专门化产业。赫克歇尔和俄林(1919,1933)则进一步提出了根据要素禀赋结构和要素的相对价格差异来构建区域产业间的分工关系。同时,萨缪尔森(Samuelson,1949)指出地区间贸易可以增加一国或地区内丰富要素的需求,降低对稀缺要素的需求,并会改变要素的相对价格,继而会改变一国或地区的产业结构。但是,这些基于"2×2模型"的贸易理论并不能完整说明多个区域之间的产业协作关系。事实上,基于距离成本约束的经济活动本地化和范围经济(Tee,1980;Panzar&Willing,1981;Chandler,1990)等原因,任何区域都不可能专门发展一种产业,依据经济发展的"惯例",任何区域都会自动"搜寻"有利的发展路径,并以区域产业或者产品结构的形式表现出来。Reeve(2006)认为,如果忽视产业、区域与市场三者之间的关系,就不能对产业结构的变动做出很好的解释。要素禀赋可独立于产业行为,产业结构演化会受要素禀赋及其积累变动的影响。也可以说,相对要素禀赋动态地影响区域分工,进而作用于区域产业结构的演化。同时,区域产业结构的合理性也会影响到区域产业分工关系的发展。因此,产业结构是决定区域产业分工的一个基础条件。三次产业结构状况主要反映区域经济发展水平和基本阶段, 细分产业门类则是区域产业结构分析的基础(张敦富,1999)。与此相对应,本文将区域产业间的分工关系分为区域的三次产业间分工和细分产业间分工两种模式。

2.产业内分工与区域产业内结构变动的关系。产业内分工理论认为,两个发展水平相同或相近的区域发生产业内分工的主要原因是规模经济以及产品差异程度。区域历史条件亦对区域产业内分工格局的形成具有重要的历史意义。到20世纪70年代末,迪克西特(Dixit)-斯蒂格利茨(Stiglitz)-克鲁格曼(Krugman)分析框架较为系统地指出区域间发生产业内分工与贸易的原因包括消费需求多元化、产品差异化、不完全竞争、规模收益递增和要素禀赋相似等。

在区域经济一体化背景下, 分工效应和区域竞争将推动区域产业结构的调整,但这种调整更多地体现于区域产业内结构变动的原因:一是产业内部各产品生产之间的要素需求具有很大的相似性,能够降低产业内结构调整的成本。二是产业内结构调整引起的要素报酬变动,不利于产业间结构的调整。因为在垄断竞争和规模经济的假设下, 各部门在产业内贸易中均能够获益。而在产业间贸易中,在斯托尔帕-萨缪尔森效应影响下,各要素在不同产业部门间的报酬差异较大,获益较大的一方也会尽力保持优势地位,这种要素报酬变化上的差异是影响区域经济一体化背景下区域产业内分工的发展高于产业间分工的重要原因。也就是说,区域产业内结构的差异性强于区域产业间结构的差异性,产业内结构的调整可以通过产品关联机制引起产业间结构的相应变动。产品结构的差异性是导致区域产业结构差异性的产业内因素。

3.产品内分工与产品生产方式及其区域分布结构的关系。产品内分工是20世纪60年代以来国际分工演变的一个重要趋势。Dixit 和 Grossman(1982)分析了相关性贸易产品在不同生产环节或在不同区域内的布局机制;Jones 和 Kierzkowski(1986)在分析了生产过程空间分离导致"零散化生产"模式后指出, 规模报酬递增和比较优势是推动生产非一体化的主要原因;Freenstra (1998)在对国际贸易一体化与生产非一体化协同关系的研究中指出:产品内分工,即"全球经济生产非一体化"是推动国际贸易发展的关键因素。卢峰(2004)认为,不同行业或产品加工工序的国际分工和区域分工的相对强度, 主要取决于其不同生产环节的有效规模差异度、空间可分离性、要素投入比例差异度、跨境交易成本和运输成本等因素。不同加工工序既可能存在规模经济差异,也可能具有要素投入比例的差异,通常是特定工序的要素投入比例决定了产品内分工的区域分布结构。因此,规模经济因素进一步强化了工序分工结构。

比较优势和规模经济是导致产品内分工的两个基本因素,二者对区域产业结构变动的影响比较复杂,有时会兼具对产业间结构与产业内结构调整的双重影响。产品内分工中通用性零部件往往比专用性零部件产量要大,因此其对区域产业结构变动的影响也会比较大。产品内不同零部件分散在不同的区域进行生产,对相关区域行业结构产生的影响程度,主要取决于其最终产品的市场空间。实际上,产品内分工对相关区域零部件生产的分布结构具有很强的调整作用,从而在生产环节中体现出区域产业结构差异性的动力源泉。

## 二、区域产业分工理论

＊区域内产业空间不均匀分布以及产业扩散等现象,为区域产业分工动态变化问题的研究提供了借鉴的思路

现有的区域研究成果累累,文献浩繁,难以尽数。很多研究都对区域产业分工理论的形成和发展,做出了突出的贡献。具体可将区域产业分工理论划分为三类:一是基于比较优势视角的相关理论;二是基于产业分工层次视角的相关理论;三是基于区域产业分布视角的相关理论。

(一)基于比较优势视角的相关理论

许多经济学理论基于比较优势视角分析区域产业分工问题。本文根据这些理论观点的差异,将基于比较优势视角的区域产业分工理论,划分为外生比较优势理论和内生比较优势理论。

外生比较优势理论认为,区域产业分工是以外生的技术和生产要素禀赋为导向,通过基于比较优势的产业分工和商品交换,形成产业分布格局,实现交易双方福利的增加。典型的外生比较优势理论如:大卫·李嘉图用两个国家、两种产品的模型,提出只要存在比较优势,区域产业分工可以增加彼此的福利。在大卫·李嘉图以后,赫克歇尔、俄林提出要素禀赋理论(H-O理论),从要素禀赋的差异来解释区际贸易发生的动因。虽然外生比较优势理论在区域产业分工问题上具有一定的解释力,但是外生比较优势理论明显忽略了规模经济和制度等因素对

区域分工的影响。随着区际贸易程度的加深以及贸易多元化的趋势，外生比较优势理论无法解释产业内贸易、要素价格不均、要素跨国流动等现象。因此，外生比较优势理论在解释区域产业分工机理时，存在着很大的局限性。

有别于外生比较优势理论从资源的分配和流向的角度来研究区域分工问题，内生比较优势理论更注重分工网络和经济组织的效率问题。例如，亚当·斯密强调专业化和经济组织的效率问题。阿林·杨格(1928)继承了亚当·斯密关于劳动分工依赖于市场范围的思想，认为市场不仅是由人口、区域决定的，更是由购买力决定的，购买力由生产力决定，而生产力由分工决定，即劳动分工一般地取决于劳动分工。杨格关于劳动分工水平自我演进的思想，深刻地指出劳动分工与市场规模的动态关系，但对这一关系却缺乏有力的理论证明。

以杨小凯为代表的新兴古典经济学派丰富了分工理论。杨小凯(2003)认为，分工问题的实质就是专业化生产与减少交易费用的两难冲突。黄有光、张永生、史鹤凌、舒尔茨(Schultz)、霍撒克(Houthakker)、贝克尔(Becker)、罗森(Rosen)、博兰(Borland)等人分别从不同角度，对亚当·斯密的分工理论进行扩展或深化。聂辉华(2002)运用新兴古典经济学的思想，论证劳动分工产生递增报酬是经济进步的源泉，没有任何外生优势的单纯分工也能实现经济进步，同时经济发展又依赖于一定的人口规模和经济制度，在地理上表现为一个波浪式的推动过程。

总之，内生比较优势理论认为比较优势来源于分工和专业化，而且分工与市场扩大之间具有兼容的相互扩张机制，一方面分工促进市场的相互依赖程度，另一方面市场规模的扩大又给分工的深化提供了空间。与外生比较优势理论相比，内生比较优势理论更能解释现实中区域产业分工形成的机理。但是由于经济发展的复杂性，在研究区域产业分工问题时，也应结合外生的生产和技术要素禀赋存量和增量的情况进行相关研究。

(二)基于产业分工层次视角的相关理论

除了从比较优势视角解释区域产业分工问题的相关理论外，许多学者也从产业分工层次的视角，发展了区域产业分工理论。总体来说，基于产业分工层次视角的相关理论，主要趋势是从宏观到微观的方向发展，研究不同分工层次下的产业分工的特点和内在机理。

最初基于产业分工层次理论的研究，主要是从产业间分工视角，研究区域产业问题，分析不同地区产业结构与主导产业的选择。随着产业集群空间集聚、规模经济、知识外溢、劳动力与基础设施共享的现象引起普遍关注,区域产业分工问题研究的视角也开始涉及产业内分工的层面, 研究产业集群的专业化生产对区域经济发展和分工所起的作用。典型的理论,如马歇尔的新产业区理论、波特的竞争优势理论、克鲁格曼的报酬递增理论、产业综合体理论、区域创新系统理论、社会经济网络理论等。这些理论大多从产业集群形成的机理和作用的角度,阐述专业化生产与区域生产网络的构建,以及对推动区域经济发展、加速产业分工与技术扩散的作用。

进入 20 世纪 90 年代以后,一些主流经济学家也开始从产业内分工的视角,运用一般经济理论和基本范式,研究区际贸易中出现的中间产品贸易、生产工序跨区域空间分离以及基于产业链的生产要素区际流动等问题。区域产业分工中研究视角从宏观的产业结构问题转向微观的产业链细分和生产工序分割等问题,反映了区际贸易和产业分工的发展趋势。

(三)基于区域产业分布视角的相关理论

另外,部分学者从区域产业分布的视角,研究区域产业分工与合作的问题。这些理论大概从产业部门在空间的布局的角度, 阐述了不同地区产业发展道路的选择问题。

杜能的农业区位论、韦伯的工业区位论、克里斯塔勒的地理论和勒施的市场区位论等理论, 均根据一定的假设条件, 分析了不同的经济主体根据市场指向型、劳动指向型、技术指向型和资本指向型等产业发展导向,进行区位的选择。这些理论在一定程度上可以解释区域产业分工现象。但是由于约束条件较为严格,这些理论对现实产业分工情况的解释力有一定的局限性。

此外,缪尔达尔和赫希曼提出的非均衡增长理论,克鲁格曼提出的中心–外围模型等理论,从区域经济极化与扩散的角度,解释区域产业的转移以及由此引发的区域产业体系的变化。这些理论从一定程度上可以解释区域内产业空间不均匀分布以及产业扩散等现象, 为区域产业分工动态变化问题的研究提供了借鉴的思路。

### 三、影响区域产业分工体系的要素分析

＊在内生比较优势、交易成本、生产要素禀赋、基础设施以及政府政策等要素影响作用下，区域内的经济主体根据自身产业分工状况和经济发展情况，选择不同的产业分工形式，产业间分工、产业内分工和产品内分工

#### (一)内生比较优势

内生比较优势理论,起源于斯密的《国富论》。汉密尔顿在《关于制造业的报告》中阐述的关税保护理论和李斯特的《政治经济学的国民体系》中所推崇的幼稚产业保护论和生产力等理论,发展了内生比较优势理论。克鲁格曼、赫尔普曼为代表的一批西方学者提出的新贸易理论和以杨小凯为代表的学者提出的新兴古典贸易理论,使内生比较优势理论得到进一步发展和完善。内生比较优势即事后由于选择不同专业方向的决策造成的事后生产率差别, 是影响区域产业分工的关键因素,决定着企业自身生产的效率和区域内产业分工的形成,因而是区域产业分工的基础。国家内生比较优势考虑规模经济等因素,具有内生性和动态性的特征, 是可以通过后天的专业化学习或通过技术创新与经验积累人为创造出来的。迪克希特、斯蒂格利茨(1977)研究发现,即使两国的初始条件完全相同,没有李嘉图所说的比较优势,但如果存在规模经济,则两国可以选择不同的专业,从而产生内生的绝对优势。按照D-S模型的假定,消费种类和生产分工程度内生于市场规模。一方面,一个经济中的消费者喜欢多样化消费,因而,消费品种类越多,效用水平越高;另一方面,消费品的生产具有厂商层次上的规模经济,而资源的有限性导致规模经济和多样化消费之间的两难冲突。如果人口规模或可用资源增加,则有更大的市场空间来平衡上述冲突。厂商为满足消费需求实行进一步分工,既能实现规模经济,消费者又能有更多的品种进行选择,效用亦随之上升。假设区域内生产厂商可以生产两种产品 $x$ 和 $y$,投入到产品 $i$ 生产活动的劳动份额 $li$ 为生产 $i$ 的专业化水平。

现假定生产函数为:

$$x^p = x + x^s = l_x^a \; ; y^p = y + y^s = l_y^a \; ; a > 1$$

其中 $x^p$、$y^p$ 表示两种产品的生产量, 而 $x^s$、$y^s$ 为两种产品的售卖量,$x$、$y$ 则是两种产品用于自己消费的数量,$a>1$ 为专业化经济程度参数。对于生产厂商而言,劳动禀赋为 1,即 $l_x + l_y = 1$。

不难证明：

$$\frac{dx^p}{dl_x}=al_x^{a-1}>0,\quad \frac{d^2x^p}{dl_x^2}=a(a-1)l_x^{a-2}>0$$

$$\frac{dy^p}{dl_y}=al_y^{a-1}>0,\quad \frac{d^2y^p}{dl_y^2}=a(a-1)l_y^{a-2}>0$$

其中每种产品的边际劳动生产率 $\frac{dx^p}{dl_x}$，$\frac{dy^p}{dl_y}$ 随生产中专业化水平 $l_i$ 的提高而提高，即每种产品的产出对其专业化水平的二阶导数大于 0。同样的思路，每种产品的平均劳动生产率也会随着专业化水平的提高而提高。

从以上证明可以看出，生产的专业化和规模经济可以提高厂商的生产效率。随着区域内厂商的内生比较优势的增强，分工的程度会进一步深化。另一方面，区域产业分工过程受到各种因素的影响。历史的偶然因素形成了不同区域的初始产业。随着交易效率不断地改进，劳动分工演进发生，人的专业化水平和生产效率提高，贸易依存度、商业化程度、生产集中程度、市场一体化程度和贸易品种类及相关的市场个数会增加，同时自给自足率下降。在给定交易条件的情况下，相对于人口规模及两种商品的相对偏好而言，比较优势越大，则均衡的分工水平越高。同时，交易成本的约束，生产要素禀赋的改变，区域增长极的辐射，政府政策的引导，以及交通、通信等基础设施的差异等，都会形成或改变地区产业的内生比较优势，进而改变区域内各经济主体参与分工的形式。因此，内生比较优势有着动态性的特征。有的分工主体的内生比较优势在此过程中不断得到强化，发展到一定阶段形成规模经济，逐渐发展成特色产业、块状经济。有的分工主体则由于种种原因在市场经济规律面前消亡，初始的内生比较优势最终没能转变为稳定的规模化的产业形式。随着发达地区优势产业的扩散，内生比较优势未能转化为规模经济的企业，则往往转而参与到另一分工体系内，成为区域内产业链中的一环。

（二）交易成本

从科斯在《企业的性质》（1937）一文中创造性探讨企业的边界问题，研究交易成本问题开始，许多学者对交易成本理论进行深入的研究，形象地将交易费用比喻为经济世界中的摩擦力。从区域产业分工角度来看，交易成本包括分工决策之前的决策成本与谈判成本，分工决策之后的协调成本与监督成本，包括信息费用、谈判费用、起草和实施合约费用、界定和实施产权的费用、监督管理的费用和改变制度安排的费用。现有的区域产业分工研究中，交易成本被认为是影响产业分工深度和广度的重要因素，分工的开展取决于交易产生的成本与分工获得的收益之间的比较(汪斌、董簧，2005；郭茜琪，2008；陈雅萍、蔡伟贤，2008)。如果区域产业分工要顺利开展，必须具备两个条件，一是合作双方必须具备互利互惠的合作基础，合作方需具有更高的生产效率；二是分工所产生的交易成本需小于分工所带来的效益。因此良好的信用体系、长期的合作行为，以及合作双方信息对称性等条件，将有助于减少分工产生的交易成本。

从区域产业分工角度分析，交易成本主要从宏观和微观两个层面，对区域产业分工产生影响。从宏观角度分析，不同区域的政策、文化、投资环境等方面的差异，约束区域间产业分工协作的开展，影响区域分工网络的范围和区域经济发展。从微观角度分析，企业是区域产业分工的主体，企业是否进行分工合作取决于分工所带来的收益和相应的交易成本的比较。比如，事前的谈判成本和事后的监督成本，防止合作方可能存在的机会主义倾向、断货风险、违约风险等一系列交易成本。同时，交易成本又受博弈的次数、合作双方可置信威胁的程度、产品的复杂性、资产专用性，以及企业核心竞争力等众多因素的影响。

具体来说，企业在外包业务的过程中，如果增加产品生产的可争夺性，或者保留一定程度的自主生产能力，可以在发包方和承包方博弈的过程中具有可置信的威胁，这样可提高博弈过程中的议价能力，减少承包方的机会主义倾向。契约的法律约束效率越高，越能对产业分工过程中机会主义倾向产生刚性约束，但是签订合作契约也有相应的费用。另外，如果产品越标准化，在市场上可以轻易获得，或者产品的复杂性和设备的资产专用性越低，那么相应的交易成本往往越低；反之则越高。同时在发包方和承包方的关系维护上，在精选合作伙伴的基础上，培养战略性的持久的合作关系无疑是解决分工问题一种很好的对策。因此从博弈分析的角度，有限期博弈转变为重复性博弈，有助于发包方和承包方更注重自身的声誉以及采取合作的态度。当然，以上都是从一个维度进行分析，现实中区域产业分工中产生的交易成本往往受到诸多因素的共同影响。

(三)生产要素禀赋

区域空间范围内的生产要素是影响区域产业分工体系最基础的因素之一。生产要素包括自然资源、劳动力资源、资本资源和技术资源等。生产要素禀赋的差异影响区域内经济主体最初产业发展道路的选择，以及区域产业分工体系的构建。在分工伊始，各地根据自身生产要素禀赋的比较优势，进行合理的产业分工，通过互换，实现资源重新整合与优势互补，可使参与区域产业分工的经济主体的效益得到帕累托改进。

在我国区域产业分工体系形成过程中，生产要素禀赋也在一定程度上发挥着指向作用。以自然要素禀赋为例，东北的重工业基地、山西的煤矿、海南的农业、川渝的水利产业等行业的发展，都是依托当地自然要素禀赋，参与到区域产业分工体系，发展地区经济的典型案例。

不同的要素禀赋和产业发展阶段，形成了产业发展路径的不同指向。例如，美国、日本和欧盟等发达国家利用资本与技术资源多发展知识密集型产业，而中国及东南亚等国家依靠劳动力资源，多发展劳动密集型产业。当然，生产要素禀赋具有静态性和绝对比较优势的特性，在动态的经济发展过程中，生产要素禀赋并不是区域产业分工形成的唯一决定因素，相反区域产业分工是由多种要素共同作用形成的。

(四)基础设施建设

基础设施建设包括交通运输、通信、水利及城市综合设施等。从经济学的角度看，基础设施通过影响区域内商品交换与区际生产要素流动的时间和成本，进而影响区域产业分工网络体系和分工的开展。

以交通运输成本为例，交通运输成本的差异，促成要素的区域集散。较短的空间距离能在很大程度上降低产业分工的运输成本和增加产品定制的灵活性。贸易商会选择方便货物收集与销售的地方，如优良江海港口、交通枢纽、区域中心位置等。交通的便捷有利于缩短两地的通勤时间，降低通勤成本，并减少区际贸易的交易成本。由于同一区域内工业品贸易交易成本较低，而区际工业品贸易成本较高，该成本用萨缪尔森的"冰山交易 $\tau$"成本表示，即物品在运输过程中损失的一个固定的比例。从区域 A 运输 1 单位的工业品到区域 B，只会剩下 $\tau(\tau<1)$ 部分，其余部分在运输过程中融化了。$\tau$ 越接近于 1，区际交易成本越小。因此，区域内基础设施的完善，将有助于降低区际分工产生的交易成本，也有利于区际合作和贸易交流。通信基础设施也影响区域分工体系的变化。随着通信技术的发展，网络、电话、传真等现代通信技术很大程度上便捷了厂商之间的沟通和交流，缩短了两地之间的空间距离，便捷了异地信息沟通。其他基础设施建设，如城市

建设也通过改变产业投资环境,引导社会生产要素的流动。因而较好的市政环境可以起到吸引投资、利于招商引资的作用。

(五)政府政策

目前在我国,行政区域边界对经济主体行为的影响还是比较明显的。政府是我国经济发展中一个重要的主体,无论是政府政策引导还是政府投资,都会对区域产业分工产生影响。改革开放初期的经济特区,京、沪、津、渝等直辖市的设立,到如今中央提出要继续实施区域发展总体战略,深入推进西部大开发,全面振兴东北老工业基地,大力促进中部地区崛起,积极支持东部地区率先发展,这些政策的出台和实施,引导块状经济突破"行政区经济"的束缚,向跨行政区的大产业区发展,加速区域产业分工的进程。

事实证明,政府制定区域经济合作政策对规范市场秩序,促进生产要素的合理流动和交换,优化区域经济结构,降低交易成本有着明显的影响,有助于加强区域内企业之间的经济交流和形成错位分工的格局。但是地方政府出于财税收入最大化、政绩考核等因素的考虑,也有动力制定一些有利于本地经济的经济措施和地方法规,保护区域内利润较高的产业,追求本地短期经济利益最大化。这些往往对区域产业分工的合理发展造成影响。

综上所述,影响区域产业分工体系的因素,主要包括内生比较优势、交易成本、生产要素禀赋、基础设施以及政府政策等,其中内生比较优势是最主要的影响要素。在这些影响要素的共同作用下,区域内的经济主体根据自身产业分工状况和经济发展情况,选择不同的产业分工形式,产业间分工、产业内分工和产品内分工,参与到区域分工体系中。

### 四、推进区域产业分工和协调发展的路径选择

**✻建立区域合作共赢机制,发挥中心城市带动作用,建设区域产业集群,提高区域技术创新能力**

随着经济全球化的发展,我国区域经济一体化程度不断加深。但是,受地方行政壁垒及地方保护主义的制约,我国区域产业内部同构现象严重,导致相互竞争压力加大,良性合作关系并不稳固。实现区域经济一体化必须加强区域产业发展规划,构建协同、共生、共赢的区域发展机制,引导和促使资源要素的合理流动和配置,形成合理的区际产业结构和分工体系。

（一）建立区域合作共赢机制

1.树立区域合作新思路。在经济全球化、区域一体化的背景下，国家、地区间的分工和合作、竞争和联合日益加强，区域经济一体化不仅是从资源分布的角度和经济技术发展水平的角度展开，而且更重要的是建立在利益取向之上。因此，要转变区域合作观念，树立大市场观念，强化地方局部利益服从区域整体利益的一盘棋思想。要突破行政区划的限制，发挥市场机制的作用，立足于整个区域，充分整合区域内各种经济资源和广阔的市场，在区域间进行科学的产业分工与合作；要依据产业政策与区域产业政策相结合的原则，科学制定区域产业发展政策，并切实加强对其执行情况的检查与监督；要促进微观企业经营机制的转换，加强区域间经济合作与横向联合，实现微观生产要素的优化配置；要及时转换区域产业结构调整思路，由传统的适应性调整转向战略性调整，推动产业结构的良性化与高度化。

2.建立区域合作协调机制。经济整合的关键在于制度协调，协调的目的是打破行政壁垒对经济造成的阻碍，从政策上给经济要素自由流动的空间。未来区域经济的发展要通过建立和完善区域合作共赢机制，进一步促进资源整合，提高区域经济合作成效。区域合作的各方既掌握不同的资源和权利，也受到不同的约束，他们之间的关系既包括一致利益，也有利益冲突，这就有必要建立协调机制。当出现利益冲突时，不应通过频繁地修改总体目标来协调利益冲突，而应通过设立协调机制来协调这种冲突。而政府在推动区域产业合作中应进行准确职能定位，重点发挥其对宏观调控的引导作用，积极培育区域产业结构布局中的自组织机制，为市场经济正常运行营造良好的制度环境。

3.创新利益分享和补偿机制。区域经济协调发展的实质是区域利益协调，区域利益分享和补偿机制就是通过规范的制度建设来实现各地方之间的利益转移，以达到实现各种利益在地区间合理分配。实现利益分享的基本途径主要是区域产业分工、区域贸易和第三方调节。区域产业分工是在充分利用地区优势的基础上实行专业化生产，通过提升产业竞争优势来获得区域整体利益。产业分工的目的就是要逐渐形成有区域优势的产业结构，从而分享这种合理产业结构带来的利益。区域内的区际贸易是实现其产品价值的有效途径，通过区际交换满足自身对本辖区不能生产或生产不利的产品的需求。区际贸易是区际合作收益分配的基本形式。第三方调节是区际合作收益分配的补充形式。第三方调节，主要是通过中央政府(上级政府)的财政补贴、转移支付等方式予以实现的。利益补偿机制通过中央政府的宏观调控作用来实现，其主要手段有中央政府的财政补贴和税收返还等，也就是财政转移支付制度。如果说利益分享机制强调的是效率，鼓励地方政府应该获得自己应得的利益;那么利益补偿机制强调的则是公平,对地方利益进行再分配,从而使地方利益分配达到一种比较公平的状态。

(二)发挥中心城市带动作用

区域经济的发展,应该选择若干重点地区,分级次、有步骤地渐次进行,即以中心城市为基点,以线串点,以点带面,形成区域经济隆起带。所谓区域经济隆起带,通常是指沿基础设施通道构建的,具有较强经济实力以及较密切经济和社会联系,并具有基本一致的对外经济合作方向和一个或两个能发挥辐射功能的中心城市的综合地域组成的社会经济系统。

1.形成以中心城市为基点的产业带。从国际上看,美国和日本等大都市经济圈产业发展的特点是:大型化、专业化、协作化发展;产业分工明确,错位发展;依据产业特色,构筑合理的城市职能分工;依托资源布局,形成产业价值链分工。从国内看,围绕中心城市构建产业集群,正在成为近年来地区发展和促进区域合作的重要内容。许多经济区域通过加强地区内部的基础设施建设和产业规划,进一步提高要素和产业集聚程度,以形成带动区域发展的核心地带,通过合理明确的分工和定位,形成完整的产业链条,进一步促进区域合作的深入和深化。

2.构建优势互补、共赢发展的产业带。产业带的发展应制定统一的产业布局规划和产业政策,实现错位发展、有机联动,避免地区同构化趋势。应有意识地引导高技术含量、高附加值、低能耗、低污染、自主创新性强的国内外企业向区域中心城市集聚,推动产业组织形式从传统的块状经济向现代产业集群转变,形成要素集聚能力强、上下游联系紧密、产业辅助系统完善、产业发展环境良好的现代产业体系。要跳出单个城市发展的旧模式,充分发挥地区比较优势,实现大城市与中小城市、发达地区与欠发达地区的优势互补、共赢发展。要发挥中心城市带动作用和产业带内的扩散功能,与周边地区配套发展、互补协调,带动辐射周边地区产业和经济发展。

3.全面提升产业带建设水平。产业结构的先进性在很大程度上决定着区域经济开发的层次和水平。产业带建设要以产业结构为导向,把区位资源优势转变为产业优势,技术优势转化为产品优势,贸易优势转变为市场优势,提升区域整体实力和综合竞争力。区域产业带建设要放在经济全球化和区域经济一体化深入发展,国际间产业转移和区域间经济合作不断深化的大背景下,放在有利于全国区域生产力布局和本区域产业优化升级和整体实力提升的高度,按照集中、集聚、集约开发的原则,运用循环经济的理论指导产业布局和项目选择,切实转变经济发展方式,大力发展附加值高、科技含量高的优势产业和新兴产业,全面提升产业带建设水平。

(三)着力建设区域产业集群

产业集群对区域经济发展和提升区域经济竞争力起着重要的促进作用。

1.规划区域产业集群发展。产业集群是以某一特定的产业(通常是主导产业或优势产业)中的大量企业及相关企业高度集聚为指标,企业、行业协会、金融机构、职业培训和科研机构、地方政府之间相互作用的空间集合。产业集群实际上是把产业发展与区域经济通过分工专业化与交易的便利性有效结合起来,从而形成一种有效的生产组织方式。产业集群的形成和演化对于中小企业群体和区域整体竞争优势的提升起到关键作用。区域的发展要进一步加强区域内产业集群建设。区域规划的重要内容是产业发展和产业结构升级,各地区要从整体区域考虑,统一规划产业结构和产业布局。应根据自身的比较优势,选择和发展该地区有特色的产业集群,在产业集群基础上,调整产业结构,促进区域产业分工体系的合理化。在区域经济区产业导向上,要重点选择链条长、关联度高、带动效应大的产业;在产业布局上,要打破行政区划限制,按照规划布局,坚持错位发展、优势互补,避免产业低质同构和低水平重复建设。

2.加快区域产业集群发展。当代的经济竞争是产业集群的竞争,地区产业集群不仅构成当今世界经济的基本空间构架,还常常是一个国家或地区竞争力之所在。产业集群的区域比较优势是指区域间存在比较效益差异,产业势必在效益高的区位形成集聚。各地区应该加强分工与合作,把地域相同、经济发展基础相同、具有类似地缘特征的产业归集为同一发展群,群体之间既保持经济的独立性和科学发展的方向和计划,又打破彼此壁垒,实现经济的融合和共享,推进集群化建设。必须按照产业发展变迁规律,以企业为调整对象,跨空间、区域、行业配置生产要素。

3.扶持区域产业集群发展。产业集群的发展与所在区域的市场体系密切相关。该区域能否提供完善的、专业化的服务很大程度上决定了产业集群的持续健康发展。因此,政府要发挥宏观调控的职能,在区域各产业聚集区之间建立通畅的沟通渠道,为产业集群创造良好的发展环境,促进产业集群的升级转型。同时,在市场条件下,产业分工的组织形式是市场选择、比较和竞争的结果,而不是政府主观设计的产物。政府只能对产业集群的构建提出方向与原则,而不是去设计一种缺乏市场选择、缺乏利益博弈的产业集群,其研究重点是发挥区域性产业结构布局政策的导向作用,建立市场经济条件下的区域产业体制制度环境。

（四）提高区域技术创新能力

1.致力于打造具有自主创新能力的企业。生产组织既是创新能力的一个重要方面,也是竞争优势的来源。一般而言,产业组织可以从创新型企业内部的学习过程来得到解释。企业要获得成功,就必须发展独特的组织能力、技术能力和生产能力。大量的创新型企业是创新竞争优势的主体,也是区域增长的前提条件。新的技术可能性催生出新的创新型企业,创新型企业又推动了区域技术能力的升级,从而催生出更多创新型企业。要着重发展资本密集、技术密集、知识密集产业,重点打造具有自主创新能力的企业,创造企业整合、重组的氛围和条件,促进企业做大做强,形成品牌。要鼓励外商投资高新技术与服务业;加快企业组织结构调整,鼓励企业联合协作。

2.构建联合攻关、自主创新的科技协作平台。一要相互开放重点实验室与研究基地,共享科技创新平台。结合国家科技基础条件平台建设与实施,合力打造为区域服务的文献资源共享服务平台和技术信息平台,共建共享科技文献、科技报告、科技数据等科技信息资源。二要围绕区域优势产业、重点产业进行技术联合攻关。取得在区域支柱产业、主导产业与新兴产业的重大共性、关键性技术方面的突破。确定各区域产业技术重点研发基地,加强产业技术对区域产业集群、中小企业的技术服务体系。三要促进区域科技资源整合。促进科技人才和成果的流动,在区域内实现科技资质互认制度,如高新技术产品、高新技术成果、科技人才的资格认证等。四要建立以企业为主体、市场为导向、产学研相结合的技术创新体系。鼓励区域具有共同研究目标和需求的企业组成技术联盟,建立以市场为导向,以技术创新为目标,以合同契约为保证的合作研发实体。

3.建立区域合作共享的科技投入机制。区域技术创新能力与区域经济发展水平之间存在着非常密切的联系,两者相互作用、相互促进而又相互制约。技术创新能力是区域经济发展的原动力,同时技术创新能力建设又需要一定的财力做支撑。为此，要加大科技经费的共同投入，建立提升自主创新能力的金融、财税政策。健全风险投资机制，改善风险投资环境。鼓励有条件的大企业采取共建技术开发中心的形式，加强合作，共担风险。设立区域科技合作基金或科技合作风险基金，主要用于重点科技合作项目、重点攻关项目。积极推动科技产业界与金融机构的合作，争取科技合作项目贷款。

# 第六章

## 注重优化产业布局和有效利用产业空间

■ 产业布局理论概述

■ 区位指向规律

# 第六章　注重优化产业布局和 有效利用产业空间

## 一、产业布局理论概述

＊产业布局理论主要研究资源的空间配置,产业在一定空间范围内的分布规律。资源的流向引导产业空间分布,产业空间又决定了产业规模大小以及分布的合理性

(一)产业布局理论的形成与发展

1.产业布局思想渊源。产业布局又称产业分布、产业布置,是指产业在一定地域空间上的分布与组合。一般来讲,产业布局主要是研究各种生产要素在一定空间区域内的配置,以及这种配置对国民经济发展的影响。

(1)古典区位论。产业布局思想最早可追溯到古典政治经济学代表人物李嘉图,他的地租理论和比较成本理论都已涉及有关区域空间方面的问题。英国产业革命深入发展时期的经济学家大卫·李嘉图在 1817 年出版的《政治经济学原理》中,继承和发展了斯密的绝对成本理论,提出了比较成本理论或比较利益说。李嘉图的比较成本学说认为:两国产品的交换,取决于生产这两种产品的比较(或相对)成本,而不是由生产这两种产品耗费的绝对成本所决定。这是因为两国劳动生产率的差异,并不是在任何产品上都是同等的。他主张每个国家都应把劳动用在最有利于本国的生产上,生产和出口对本国相对有利的商品,进口相对生产成本较高的商品。李嘉图的比较成本理论揭示了区域分工协作和自由贸易的积极意义,提出了依据各自劳动生产率和劳动成本的差异进行互利发展的基本思路,因而成为经典的产业布局的区域分工与贸易理论的源泉。古典区位论主要是指德国经济学家杜能的农业区位论和韦伯的工业区位论。

(2)农业区位论。19 世纪初德国经济学家、经济活动空间模式的创始人冯·

杜能于 1826 年发表了他的名著《孤立国农业与国民经济的关系》(简称《孤立国》),开创了区位理论研究的先河。杜能将孤立国划分为六个围绕城市中心呈向心环带状分布的农业圈层,每一圈都有特定的农作制度,这就是著名的"杜能圈"。杜能所研究的是农业区位问题,因此,他的理论也被称为农业区位论。其主要内容是:

一是通过农业合理布局可以节约运输费用,最大限度地增加农业利润。杜能分析孤立国农业布局的基本原则是如何布局农业才能从每一单位面积土地上获得最大利润。他提出,农业利润($\pi$)是农产品价格($P$)、农业生产成本($C$)和农产品运往市场的运费($T$)的函数,即 $\pi=P-(C+T)$。杜能利用该公式计算出各种农作物组合的合理分界线,据此进行农业合理布局,则可以节约农产品运输费用($T$),(当 $P$、$C$ 保持不变时)最大限度地增加农业利润($\pi$)。

二是纯粹的"杜能圈"。将孤立国农业分布划分为 6 个围绕城市中心呈向心环带状分布的农业圈层,且每一圈层都有特定的农作制度。这就是著名的杜能同心圆经营圈,简称"杜能圈"。由中心城市向外,6 个农业圈层依次是:自由农作圈(主要生产鲜菜、牛奶)、林业圈(主要生产木材)、谷物轮作圈(主要生产谷物)、谷草轮作圈(主要生产谷物、畜产品,以谷物为重点)、三圃式轮作圈(主要生产谷物、牧产品,以畜牧为重点)、畜牧圈(荒野)。

三是改进的"杜能圈"。杜能根据他自己农庄的实际资料,进行了各圈农业地带距离的实际分析,并提出了在非均质多中心地区和非等距运输情况下农业区位理论模型的改进。这就是由通航河流改变了的"杜能圈"模型。尽管杜能的理论忽视了农业生产的自然条件,也没有研究其他产业的布局,但他的农业区位理论给西方许多工业区位理论的研究者以深刻的启发。他所采用的抽象化的理论演绎的研究方法以及对空间区位的关注,并根据具体条件对农业生产进行合理空间布局的基本思想奠定了区位理论的基本研究方法和研究思想,并且首次透彻地分析和揭示了区位级差地租问题,这成为现代各种区位理论尤其是工业区位理论、城市空间结构理论的基础,成为世界上一些城市郊区农业地域分布的理论基础,杜能本人也因第一个研究区位问题而被誉为产业布局学的鼻祖。

(3)工业区位论。德国经济学家阿尔弗莱德·韦伯(Alfred Weber)于 1909 年发表了《工业区位论——区位的一般理论》,系统地论述了工业区位理论,标志着古典区位理论进入了新的发展阶段;1914 年韦伯又发表了《工业区位论——区位的一般理论及资本主义理论》。前者属纯理论探讨;后者是结合实际的研究成果,包括对德国1861年以来工业区位分析和资本主义国家人口、工业分布的综合分析。韦伯的区位论的主要观点和主张是,决定工业区位的众多因素中有三个决定性的因子,即运费、劳动力和集聚,并将其作为理论研究的出发点,认为是区位因子决定生产区位,将生产吸引到生产费用最小的最优配置地区与地点。韦伯认为,运费是对工业布局起决定作用的因素,工业的最优区位通常应选择在运费最低点上。他将由哈特提出的"区位三角形"概念一般化为区位多边形,他假定有 $n$ 个原、燃料地,则工厂的最优区位必须满足的条件为:$Min_F=f_X Min(\sum m_i r_i+r_k)$,其中:$F$ 为单位产品总运费;$f$ 为运费率;$m_i(i=1,2,\cdots,n)$ 为单位产品消耗的原、燃料重量;$r_i$ 为原、燃料的运距;$r_k$ 为产品运距。同时,韦伯还提出了原料指向(MI)和劳动费用指向(LCI)这两个重要概念。前者是指工业企业有建立离原料产地近、以保护最低运输耗费的倾向;后者是指新追加的运费小于所节省的劳动力费用时,工业企业有离开运费最低的位置向具有大量廉价劳动力的地区发展的趋向;至于集聚因子,是指由于集聚的作用可节省生产成本费用,因而工业企业有配置在工业集聚中心的趋向。韦伯第一个将工业区位理论系统化,提出了一系列概念、指标与准则等,其后的区位理论发展无不受其影响,因而韦伯被认为是现代工业区位理论的开创者。由于古典区位论主要立足于单一的中心或企业,着眼于生产成本和费用,均未考虑市场消费因素和产品销售问题;因此,古典区位论也被称为区位理论的成本学派。

2.产业布局理论的形成和发展

(1)市场区位学派。随着资本主义的不断发展,古典区位理论上的产业布局理论也不断发展起来,并形成不同的理论学派。1924年,美国经济学家费特尔(E. A. Fetter)发表了《市场区域的经济规律》一文,提出运费、生产成本与市场扩大的竞争的规律,即贸易区边界区位理论,开创了区位论市场学派的先河。市场学派产生于垄断资本主义时代。这一学派的主要观点是,产业布局必须充分考虑市场因素,尽量将企业布局在利润最大的区位。在瓜分市场的激烈竞争中,还必须充分考虑到市场划分与市场网络结构合理安排。他们认为,消费需求是影响工业区位的基本因子,在现实世界中,企业都无法忽视竞争者的市场分割,并推行一种控制最大可能市场区的配置策略。因为在激烈竞争中,市场特征已由卖方市场转变为买方市场,商品销售问题变成企业最突出的问题,这要求企业在考虑生产成本和运输费用的同时，还必须充分考虑到市场划分与市场网络合理结构的安排问题。因此，工业区位理论最根本的问题是寻求能产生最大利润的市场区位。这说明，市场区位学派理论的核心内容是，主张产业布局必须充分考虑市场因子，并尽量将企业安排在利润最大的市场区位。德国经济学家奥古斯特·廖施在 1939 年出版的《经济的空间分析》中论述了区位平衡理论、工业区位理论、经济区理论和市场区位理论，从而建立了最为系统的市场区位理论。廖施因此而成为工业区位论市场区位学派的重要奠基人和主要代表。1940 年，廖施又将该书修改增补刊出第 2 版，改名为《经济区位论》，创立了市场区位理论。廖施主要是利用克里斯泰勒的中心地理论的框架，把商业服务业的市场区位理论发展为产业的市场区位理论，进而探讨了市场区位体系和经济景观，成为区位论市场学派的又一奠基人。廖施认为，工业布局的原则是寻求最大利润，但如果把单个经济活动单位置于实际空间中去研究，其布局往往受多种因素影响。为此，他提出了区位的一般方程，在此基础上提出经济区理论。廖施是区位理论的集大成者，它的区位经济学涉及了农业区位理论、工业区位理论、交通运输布局理论等许多领域。而且他开创了产业布局学的新领域——区域产业布局。

（2）成本-市场学派。20 世纪 50 年代中期，艾萨德(W. Isard)开始用数学分析的方法，将韦伯的区位理论公式进一步推导，并以市场区位代替消费地作为变量研究市场对区位的影响，使成本学派和市场学派结合起来，形成了成本-市场学派。这一学派的代表人物还有胡佛(E. M. Hoover)、俄林(B. Ohlin)、弗农等。成本-市场学派是在成本学派与市场学派的基础上形成的，他们关注成本与市场的相互关系，综合韦伯以来工业区位理论的各种成果，系统地提出了选择工业厂址的七大指向，即原料指向、市场指向、动力燃料指向、劳动供给指向、技术指向、资金供给指向和环境指向。艾萨德是区域科学的创始人，1954 年他出版了《区位和空间经济》一书，详细讨论了运输量、运费率、劳动力等对企业布局的影响，提出了著名的替代原则，通过对市场的分析提出了竞争布局模式。此外，他还讨论了工业的聚集、规模经济、经济区的规模、经济的地域特点和贸易理论等。1933 年，瑞典著名经济学家俄林在其代表作《区际贸易与国际贸易》一书中，系统地阐述了他的一般区位论，并因此获得了 1977 年度诺贝尔经济学奖。他在以局部均衡为基础的特殊区位论的基础上，引入区际价格差异理论，创立了以一般均衡为基础的一般区位论，开辟了西方区位理论的新领域。他认为，运输方便的区域经济能够吸引大量的资本和劳动力,并能成为重要市场,因而可专门生产面向市场、规模经济优势明显和难于运输的产品;而运输不方便的地区则应专门生产易于运输、小规模生产可以获利的产品。弗农在俄林理论的基础上提出了产品生命周期理论,对处于不同生命周期的产业布局进行了探讨。弗农的产品周期理论以技术发展为核心,事实上已道出了产业梯度转移理论的核心内容。"梯度推进论",最早源于美国哈佛大学教授弗农等人首创的"工业生产生命周期阶段论"。区域经济学研究者将这种产业的生命周期阶段论引入了区域经济发展研究中,创立了区域经济梯度推进理论。其主要观点如下。

一是区域经济的发展盛衰,主要取决于该地区产业结构的优劣及转移,而产业结构的优劣又取决于地区各经济部门,特别是主导专业化部门在工业生命周期中所处的阶段。由于较发达地区主要处于技术创新和经济繁荣的阶段,无论在经济或技术上均属高梯度地区;因而,新兴产业和高技术生产部门适宜于在较发达地区布局,而传统的产业部门,适宜于在技术、资金和劳动力素质受到限制的欠发达地区或低梯度地区布局。

二是由科技进步引致创新的新产品、新技术、新思想以及新的生产管理与组织方法等,大都发源于高梯度地区。因此,产业结构的更新,促使地区经济向高梯度发展和集中。

三是产业结构的更新随着经济发展的时间推移和生命周期的衰退,逐步有次序地由高梯度地区向低梯度地区多层次转移。首先是按距离远近向外围经济联系比较紧密的地区局部推进。而总体范围推进则按梯度高低顺序,跳跃式地向周围扩展,首先向第二梯度地区推进,随着产业生命的盛衰,再逐步向处在第三、第四梯度的地区推进。

四是梯度推进过程是在动态上产生的极化效应、扩展效应共同作用的结果,既产生经济向高梯度地区进一步集中,对周围地区起支配和吸引作用,又带动周边地区的经济发展,但也将造成地区间两极分化。

(3)地理区位学派。1933年,德国地理学家克里斯泰勒(Walter Christaller)通过对德国南部的城市和乡镇及其与四周的农村服务区之间的空间结构特征的研究,在其出版的《德国南部的中心地》一书中,系统地阐明了中心地的数量、规模和分布模式,建立了中心地理论(Central Place Theory),又称中心地方论或中心地学说。该理论在城镇居民点体系和交通网络的规划中得到成功的应用。克里斯泰勒所谓的"中心地",是指一个区域的中心点,它的基本功能是向区域内各点的居民和单位提供具有中心功能的商品和服务,如贸易(批发和零售)、金融、行政、管理、企业、专业服务(医疗)、文化和精神服务(娱乐)等,因此,中心地往往表现为区域内的中心城市(城镇)或聚落。克里斯泰勒中心地理论的提出,不仅标志着产业布局区位理论中地理区位学派的产生,而且使其成为近代区位理论的核心部分。他所首创的以城市聚落为中心进行市场面与网络分析的理论受到国际上许多学者的高度评价。总之,从产业布局区位理论的发展来看,近代区位理论已经从对工业区位进行探讨发展为对贸易区位、城市区位进行探讨,从局部均衡的区位理论发展成一般均衡的区位理论,从微观静态平衡的区位研究发展为宏观静态平衡的区位研究,从纯粹理论的讨论发展为区位规划和对策的研究;将研究对象从第一次产业转向第二次、第三次产业和城市,将研究目标从追求生产成本、运输费用最低转向追求市场最优。这种发展为产业布局区位理论的多样化发展奠定了基础。

(二)产业布局理论的多样化发展

第二次世界大战后,随着殖民地国家走上独立自主道路,落后地区产业布局理论开始受到重视。西方一些学者以后起国家为出发点提出了增长极理论、点轴理论、地理性二元经济理论等,大大丰富了产业布局理论的内容。20 世纪 50 年代以来,着眼于区域经济活动的最优组织的区位理论得到迅速发展,形成了以普莱德(A. Pred)和邓尼逊(S. Dennison)为代表的行为学派以及社会学派、历史学派、计量学派和发展学派等。其中,尤以发展学派的有关理论引起后发展国家的注意。他们重点研究工业布局、生产力布局、资本与技术集聚、城市化等一系列问题,使产业布局理论获得进一步发展。其主要代表人物及理论有法国经济学家弗郎索瓦·佩鲁的增长极理论、点轴开发理论、网络开发理论以及缪尔达尔的地理性二元经济理论。

1.增长极理论。法国经济学家弗郎索瓦·佩鲁在其 1985 年发表的《发展极概念在经济活动一般理论中的新地位》一文中,对增长极理论做了详细的阐述。其基本思想是:增长并非同时出现在所有的地方,它以不同的程度首先出现于一些增长点或增长极上,然后通过不同的渠道向外扩散,并对整个经济产生不同的影响。增长极概念作为该理论的核心,佩鲁认为,它是由主导部门和有创新能力的企业在某些地区或大城市聚集而形成的经济中心,这些中心具有生产、贸易、金融、信息决策及运输等多种功能，并能够产生吸引或辐射作用，促进自身并推动其他部门和地区的增长。因此，佩鲁主张政府应积极干预区域布局，通过强有力的政府计划和财政支持来推进建立增长极而带动落后地区的发展。在此基础上，经一些学者研究，这一理论有了进一步的发展。如法国经济学家布代维尔将经济空间的概念进一步拓展到内容更为广泛的区域范围，它不仅包括了与一定地理范围相联系的变量之间的结构关系，而且也包括了经济现象的区位关系；增长极既可以是部门的，也可以是区域的，从而提出了区域增长极概念。瑞典经济学家缪尔达尔在同一时期提出了"循环累计因果理论"。关于区域经济发展，他认为，发达地区(城市或增长极)产生两种效应：一种是发达地区(增长极)对周围地区的阻碍作用或不利影响，称为回流效应亦即极化效应；另一种则是发达地区(增长极)对周围地区经济发展的推动作用或有利影响，称为扩散效应。

极化效应是指生产要素向增长极集中的过程，即资金、物资、能量、信息、人才等向发达地区集中的过程。这种集聚过程既造成周围地区因人力、物力、财力的减少而降低发展速度的极化效应；同时包括发达地区经济实力增强发展到一定水平时带来的劳动力、资金、技术、设备、信息等要素在一定程度上从发达地区(增长极)向外扩散，而后流向落后地区，从而促进外围地区发展的扩散效应。美国经济学家赫希曼对区域经济不平衡发展的研究又深入一步，提出区际不平衡增长理论，认为经济进步并不同时出现在所有的地方，而一旦出现在某一处，则会使得经济增长围绕最初的增长点集中。这种增长点或增长极的出现，必然形成区域间的不平等，而增长极发展到一定程度时会产生一种力量扩展到其他地区。同时，赫希曼提出了与缪尔达尔相似的增长极的两种效应，即极化效应和涓流效应，认为增长中心(极)存在的高工资、高利润、高效率及完善的生产和投资环境，一方面不断吸引周围落后地区的资本、技术和人才，从而使得这些地区经济受到制约，两地区之间经济发展差距日益扩大；另一方面，发达地区(增长极)向周边地区的购买力或投资增加，以及周边地区向发达地区的移民，提高了落后地区边际劳动生产率和人均消费水平。从长期来看，由于经济增长到一定程度，发达地区会产生"聚集不经济"，从而促进产业向四周扩散，因而，地域上的涓流效应将超过极化效应，以缩小两地间经济发展差距。据美国经济学家里查逊的研究，极化效应是时间 $t$ 的二次函数，扩散效应随时间 $t$ 呈指数分布，溢出效应是扩散效应正影响和极化效应负影响的叠加。在区域经济成长初期，极化效应较扩散效应大得多,因而净溢出效应为负值,而且这种趋势会不断加强,直至 $l$ 时刻净溢出效应达到最低值,这是区域经济走向局部聚集不平衡发展的时期。当区域经济发展到一定阶段之后,随着时间的推移,极化效应逐渐减弱而扩散效应不断增强,在 $l$ 点时两种效应相互抵消,而过了 $l$ 以后,扩散效应开始占主导地位,区域经济逐步走向相对平衡的发展时期,区域内差距趋于缩小。增长极理论的演变和发展,无论作为一种区域发展理论,还是作为一种区域发展的应用,已成为一些发展中国家广泛用于进行区域经济发展战略的依据。增长极理论的主要内容可以归纳为下列几方面。

(1)增长极理论是以区域经济发展不平衡的规律为出发点的。因此,无论佩鲁的增长极理论,还是缪尔达尔的"循环累计因果理论"、赫希曼的"区际不平衡增长理论"等,其共同的核心是:在区域经济发展过程中,经济增长不会同时出现在所有地方, 总是首先在少数区位条件优越的点上不断发展成为经济增长中心(极或城市)。

(2)增长极的形成有赖于具有创新能力的企业和企业家群体的存在。所在地区既具有能集中相当规模的资本、投资、技术、人才从而形成规模经济的能力,又要有较好的区位环境条件,即周围交通、通讯、能源等基础建设条件较好,能吸引周围厂商、投资、人才和技术,才能最终促成增长极的形成。

(3)增长极具有两种作用,即极化效应和扩散效应。从理论上讲,两者是相辅相成的,前者主要表现为生产要素向极点的集聚,后者主要表现为极点生产要素向外围的转移,二者都可以从不同的方面带动整个地区经济的发展,但在不同的发展阶段上,这两种效应的强度是不同的。一般说来,在增长极的初期阶段,极化效应是主要的;当增长极发展到一定规模后极化效应削弱,扩散效应则加强;再进一步发展扩散效应逐渐占主导地位。极化和扩散机制互相作用,推动整个地域经济发展,同时也产生地区间的差距。增长极理论与模式对于区域发展研究是有启示的,它实际上是同梯度推进理论与模式相对立的。

2.点轴理论。点轴开发理论是运用网络分析方法,把国民经济看作由点、轴组成的空间组织形式,即"点"和"轴"两个要素结合在同一空间。点即增长极,轴线即交通干线,因此点轴开发理论是增长极论的延伸,它也是以区域经济发展不平衡规律为出发点的。点轴开发理论是生长轴理论和中心地理论的发展。该理论的中心思想是:随着连接各中心地理的重要交通干线如铁路、公路、河流航线等的建立,会形成有利的区位,方便人口的流动,降低运输费用,从而降低了生产成本。新的交通干线对产业和劳动力产生新的吸引力,形成有利的投资环境,使产业和人口向交通干线聚集而形成新的增长极。这种对地区开发具有促进作用,形成区域开发纽带和经济运行通道功能的交通干线被称为生长轴。该理论认为:在一定的假设条件下,经济中心在地域上呈三角形分布,其吸引范围为六边形。不同等级的经济中心依据市场最优、交通最优、行政区划最优原则体现了不同等级经济中心吸引范围的差异。因而点轴开发理论重点论述了经济的空间移动和扩散是通过点对区域的作用和轴对经济扩展的影响,采取小间距跳跃式的转移来实现的。这一理论与模式的基本思路可以归纳为以下几点。

(1)在一定区域范围内,选择若干资源较好的具有开发潜力的重要交通干线经过的地带,作为发展轴予以重点开发。

(2)在各发展轴上确定重点发展的中心城镇(增长极),确定其发展方向和功能。

(3)确定中心城镇(增长极)和发展轴的等级体系,首先集中力量重点开发较高级的中心城市(增长极)和发展轴,随着区域经济实力增强,开发重点逐步转移扩散到级别较低的发展轴和中心城镇。

从区域经济成长的过程来看,工业总是首先集中在少数条件较好的城市或企业的优区位,并呈点状分布。这种工业点,即区域的增长极,也是点轴开发系统中的点。经过点状增长极开发后,随着经济的发展,工业点逐渐增多,点和点之间,由于生产要素交换的需要,运用交通线路、动力供应线、通讯线、水源供应线等相互连接起来,这就是轴。这种轴线首先主要是为工业点服务的,但轴线一经形成,对人口、产业也具有吸引力,吸引人口、产业等生产要素向轴线两侧集聚,并产生新的点。点轴贯通就形成了点轴系统。由于轴线是以不同等级的中心点为基础的,相应地就会形成不同等级的点轴系统。在一国范围内,经济布局如何展开,从某种意义上说,就是正确地确定点轴的开发顺序。首先重点开发条件最好、潜力最大的一级轴线。然后逐步扩展到二级开发轴线、三级开发轴线。在地区工业有所发展而发展程度不高、地区经济布局框架还未形成的情况下,可运用点轴开发模式来构造地区总体布局的框架。与增长极开发不同,点轴开发是一种地带开发,它对地区经济发展和布局展开的推动作用,要大于单纯的增长极开发。

3.网络开发理论。在经济布局框架已经形成,点轴系统比较完善的地区,进一步开发就可以构造现代区域的空间结构并形成网络开发系统。该理论提出了市场网络理论,然后又逐渐形成了网络开发理论。网络开发系统应具备下列要素:一是"节点",即增长极的各类中心城镇;二是"域面",即沿轴线两侧"节点"吸引的范围;三是"网络",由商品、资金、技术、信息、劳动力等生产要素的流动网及交通、通讯网组成。网络开发就是已有点轴系统的延伸,提高区域各节点间、各域面之间,特别是节点与域面之间生产要素交流的广度和宽度,促进地区经济一体化,特别是城乡一体化;同时,通过网络的外延,加强与区外其他区域经济网络的联系,或者将区域的经济技术优势向四周区域扩散,在更大的空间范围内,将更多的生产要素进行合理的调度组合。网络开发一般适用于较发达地区或经济重心地区。它一方面要对已有的传统产业进行改造、更新、扩散、转移;另一方面又要全面开发新区,以达到经济空间的平衡。新区开发一般也是采取点轴开发形式,而不是分散投资、全面铺开。这种新旧点轴的不断渐进扩散和经纬交织,逐渐在空间上形成一个经济网络体系。较发达地区之所以采取网络开发形式,主要有以下两个原因:

(1)区域整体经济已达到高度发展阶段,即区域内部地区之间协调发展差异缩小,区域经济实力已允许较全面地开发新区,实行大幅度区域空间网络结构,可促使区域经济逐步趋向均衡。

(2)区域内一些增长极的极化效应达到一定限度,即集聚过度导致交通紧张,能源、电力短缺或用地用水困难等,使环境质量下降。公共服务成本及基础建设成本增加,将使集聚产生的规模不经济,超过了集聚所带来的效益,于是一些企业便把产品、工厂向外围分散化发展。因此,如果说增长极开发、点轴开发是以集中为特征的话,则网络开发是以均衡分散为特征的。地理性二元经济理论是瑞典经济学家缪尔达尔在《经济理论和不发达地区》一书中提出的。他认为:在后起国家经济发展过程中,发达地区由于要素报酬率较高,投资风险较低,因此吸引大量劳动力、资金、技术等生产要素和重要物质资源等由不发达地区流向发达地区,从而在一定时期内使发达地区与不发达地区的差距越来越大;另一方面,产业集中超过一定限度后,往往出现规模报酬递减现象,这样发达地区会通过资金、技术乃至人力资源向其他地区逐步扩散,以寻求不发达地区经济增长的机会,特别是对不发达地区产品和资源的市场需求会相应增加。

*(三)产业布局机制*

产业布局机制是指各种影响和决定产业空间分布和组合的因素的相互制约

和作用的内在机理。产业布局机制可分为两大类型：产业布局的市场机制、产业布局的计划机制。产业布局的市场机制是随着资本主义制度的建立而逐步发展起来的。其主要特点是：

1.产业布局的主体是企业。企业有权选择自己的区位而且不受国家产业政策和区域政策以外的非经济因素干扰。

2.产业布局的目标是利润最大化。企业在布局项目的选择上，总是倾向于风险小、利润大的项目；在布局区位的选择上，总是倾向于投资环境较好、能使资本边际产出效率高的地点。

3.产业布局的手段是经济利益导向。也就是产业布局主体依据价值规律和市场价格信号，从自身利润最大化出发，自发地选择最优区位。

产业布局的计划机制是 20 世纪 30 年代由前苏联首先确立的，第二次世界大战后，在中国和东欧一些国家比较流行。这种机制的主要特点是：

(1) 产业布局的主体是中央政府，产业布局的决策权、资产增量和建设项目在各个地区的分配权，乃至生产存量在各个地区之间的转移全都集中在中央政府手中。

(2) 产业布局的目标是国家整体利益，地区经济利益往往被忽视，或被置于次要地位。

(3) 产业布局的手段是行政命令，产业布局主要通过中央部门和各级地方政府执行中央政府的行政命令来实现。产业布局的市场机制和计划机制各有长短，单纯依靠某一种机制都难以实现产业的合理布局。因此，世界各国先后认识到，发挥市场机制基础作用的同时，必须有效利用由国家干预或宏观调控的计划机制。

## 二、区位指向规律

※市场竞争可以促进生产专业化和产业的合理聚集。为了提高竞争力，产业分布必然向有利于推广新技术、提高产品质量、提高劳动生产率的专业化协作方向发展。市场竞争可使产业分布指向更有利于商品流通的合理区位

(一)区位因素分析

1.自然因素

(1)自然条件。这是人类赖以生存的自然环境。它包含未经人类改造、利用的

原始自然环境,也包含经过人类利用、改造后的自然环境。自然条件的各要素相互联系、相互制约形成的自然综合体,对人类产业活动的空间影响很大。

(2)自然资源。这是指自然条件中被人类利用的部分,它是"在一定时空和一定条件下,能产生经济效益,以提高人类当前和将来福利的自然因素和条件"(联合国环境规划署)。自然资源按其生成条件,可分为可再生资源与不可再生资源。上述两因素并不截然分开,随着人类科学技术的进步,对自然环境的改造,可不断地变自然环境为可利用的资源,因而在人类社会发展的不同阶段,自然因素对产业布局的影响程度也不断发生变化。再者,自然条件和自然资源的各种要素对各个产业的影响和作用也是大不相同的,必须在实践中充分考虑。

2.经济因素

(1)经济发展水平。生产力发展水平是产业分布发生量的扩展和质的飞跃的原动力。在农业社会,水能资源开始作为动力在手工业中被利用,那时手工业分布一般指向沿江沿河,呈分散布局状态。第一次产业革命时,随着蒸汽机的出现,工业开始摆脱依水而设的格局,而趋向燃料指向,使各主要煤炭产地和交通枢纽成为产业分布中心。在实现以电力为主要动力的经济发展中,许多新的产业部门能够分布于远离燃料的大城市,工业生产分布进一步走向集中,形成工业点、工业区、工业城市、工业枢纽、工业地区、工业地带等空间上的集中分布形式,城市成为产业分布的集中点。现代计算机、信息和生物技术等新的科技手段融入经济后,又将使产业分布从过分集中走向适当分散。

(2)市场需求和市场竞争。产品的市场需求容量是产业分布的空间引力。在市场经济条件下,产业分布总是以一定范围市场区域对产品的需求量为前提的。在不同的市场区内,会形成不同的市场需求结构,而市场需求结构制约着产业分布的部门结构,是形成主导产业、辅助产业协作配套生产地域综合体的指南。市场竞争可以促进生产专业化和产业的合理聚集。因为专业化程度高的地区或企业,能在市场竞争中占据有利地位,而为了提高竞争力,产业分布必然向有利于推广新技术、提高产品质量、提高劳动生产率的专业化协作方向发展;同时,具有一定规模和强大技术、经济实力的生产综合体更有利于发挥聚集经济效益,这又促使产业分布朝合理聚集的方向发展。此外,市场竞争可使产业分布指向更有利于商品流通的合理区位。

(3)资本的供给。发展经济学认为,对一个国家或地区来讲,如有持续的资本供给,该国家或地区对产业就会有更大的吸引力。一地的资本供给主要取决于内部的积累水平和外部融资能力。从内部积累来看,主要取决于两个因素:一是一国或一区内居民的储蓄能力;二是居民的储蓄意愿。前者与国民收入正相关,后者则与居民文化、消费习俗直接相关。

3.社会因素

(1)经济区位。这是指一国、一地区或一城市在国际国内地域分工中的位置。它是由社会、自然、经济、技术、文化等因素在长期的历史发展过程中形成的。正是由于地域分工差异,使得各国和各地区根据绝对利益和相对比较利益,发展那些收益大、增长快的支柱产业部门。各国或各地区通过发展那些自身优势最大的产业,不仅能够降低成本,提高劳动生产率,而且又能促进区域性乃至全国性分工协作体系和商品交换体系的形成,提高整个社会的效益。

(2)人口。人既是生产者,也是消费者。首先,人作为生产要素来讲,一定区域的人口数量、密度以及技术文化素质的高低影响产业分布。人口多,区域内劳动力供给充足,一般来讲,劳动力价格便宜,劳动密集型产业发展较快。人口密度大,宜于安排轻纺、电子、仪器、仪表、机械等产业部门。反之,产业分布多趋向于自然资源开发及其加工产业,布点趋于分散。在现代科学技术不断发展的条件下,人口质量对产业分布的影响作用日益突出,特别是对新兴高技术产业具有更强的吸引力。其次,人作为消费者来讲,一定区域内人口多少表明区内社会需求和市场容量的大小,这必然影响到该区内消费品生产部门的分布和结构。与此相联系,必然影响相关产业如生产资料生产、交通运输等产业部门的分布和发展规模。

(3)社会历史因素。社会历史因素包括社会经济基础、经济体制、政治条件、法律和文化等。历史上形成的产业基础始终是分布新的产业的出发点之一。政府通过政治的、经济的、法律的手段对产业区位指向进行干预和宏观调控,也是产业区位的重大影响因素。决策者、生产者和消费者在产业分布过程中的行为偏好、文化习俗也会在一定程度上作用于产业区位。

4.技术因素

(1)自然资源开发利用技术。由于地质勘探、采矿和选矿方面的技术进步、人造材料和新能源的采用,从而扩大了原料、燃料和动力资源的地域范围,促进产业部门在较大范围的分布和组合。

（2）加工技术。由于劳动工具和生产工艺的根本变革，使加工业降低了劳动消耗，从而有可能把许多生产部门移往劳动力资源有限的地区。

（3）运输技术。由于运输工具和线路的改进，缩短了各区之间的空间距离和时间，降低了运输费用，提高了原料、燃料、产品的可运性，加强了区间的经济、技术联系，使各生产要素的空间组合日趋复杂和多样化，从而大大扩展了区间分工的范围，提高了区域专门化的水平。

（4）与技术相关的组织因素。由于与技术发展水平密切相关的专业化和集中化的发展，使各种消耗得到节约，从而可以在个别地区利用最有利的因素来扩大生产规模，提高规模经济效益。

（二）区位指向类型与变化趋势

1.区位指向类型

区位指向是指某种生产要素对某一产业或企业所具有的特殊吸引力。根据区位指向进行产业分布，可以充分利用有利条件，获得比较优势。

（1）原料指向是指产业分布趋于接近原材料产地的倾向。当原料指数（地方性原料重量/制成品重量）大于1时，产业布点应靠近原料燃料产地；当原料指数小于1时，产业布点应靠近消费地；当原料指数等于1时，产业布点设在两地之一均可。一般按此布点的产业有：制糖、榨油、纸浆与造纸、烧碱、水泥、木材和钢铁工业等。

（2）市场指向。是指某些产业靠近消费地比靠近原料产地布点有利的倾向。这类产业原料指数小于1，也包括产品不便于运输或保管的产业以及消费需求对生产影响较大的产业，如食品、家具、农机制造、硫酸工业等。

（3）劳动力指向。是指某些产业具有密集使用廉价劳动力的取向。一个产业的劳动成本指数（劳动成本/制成品重量）越大，则该产业依靠劳动力指向布点的趋势就越大，一般如纺织、服装、食品、造船工业等。

（4）资金指向。是指某些产业具有朝着资金丰裕地区布点的倾向，一般如重化工、机械工业等。

（5）技术指向。又称研究开发指向，主要是指随新技术变革而产生的一系列新兴产业朝着文化、教育、科技发达的地区布点的倾向，如电子、信息、生物基因工程等产业。

2.区位指向变化的趋势

(1)对原料指向的依赖性相对缩小。其主要原因有:一是由于企业技术进步,人造原料、替代原料的出现,导致对传统原料的依赖性削弱。二是工业产品结构的调整向高技术含量转移,单位产品中的原料消耗量降低。三是由于交通运输业的发展和运输方式的改变,使运输更加便宜和便利,从而使产业可以远离原料产地布点。四是由于专业化协作的发展,使得一些企业生产过程分阶段进行,其中半成品加工或零部件组装可以脱离原料产地。

(2)对市场指向的依赖性增强。其原因主要有:一是工业产业结构的进一步细分化,导致许多具有市场指向的产业、行业分离出来,靠近市场。二是城市化的发展,基础设施日益完善,人口趋于集中,使市场的范围不断扩大。三是技术进步导致产品更新周期缩短,接近市场,便于掌握市场信息,调整产品结构,提高竞争力。

(3)劳动力指向出现复杂的情况。随着科技、教育事业的发展,原有劳动力指向与实际情况发生矛盾,在一些劳动力资源缺乏的地区,往往是教育文化落后的地区,劳动力素质差,难以适应资本密集和技术密集型产业发展的需要。而在劳动力资源丰裕的地区,由于科技教育发达、熟练劳动力多、工资成本高、生活水平也高,往往布点不适宜发展劳动密集型产业。

(4)在产业集中分布的同时,分散布局倾向有所发展。其主要原因是由于产业集中分布的规模过大,使得城市生态环境恶化,地价、水电公用设施费用和排污费上涨,生活指数上升,工资成本提高,迫使企业分布又有趋于分散化的倾向。

(三)劳动地域分工规律

劳动地域分工是人类社会发展到一定时期,当一个地域为另一地域生产产品,并以其产品与另一地域经常实现产品交换时而产生的。这种分工实质上是产业分工在地理空间上的表现形式。它是区域分布条件差异的客观反映。区域分工的依据就是上述分析的各种区位因素作用。由于区位因素的差异,不同区域可根据绝对利益和相对比较利益,发展那些收益大、增长快的支柱产业部门。通过发展自身优势大的产业,不仅能降低成本、提高劳动生产率,而且又能促进区域性分工乃至全国性分工协作体系和商品交换体系的形成。从国际范围看,正是在劳动地域分工规律的作用下,世界各地区正在形成一定分工协作的统一世界经济系统。这就要求在考虑一国、一个地区的产业布局时,必须把它纳入更大范围的经济联系中去分析,才能使其经济发展在劳动地域分工体系中,产业分布合理,形成自己的特色,产生整体的经济效益和社会效益。

(四)优势转移规律

产业分布作为社会生产力运动的空间形式,表现为生产要素在区域间的组合、资源要素的流动与配置、产业的崛起和成长、产业群体的聚集和扩散等众多方面。这些方面的变化首先受到区域经济优势转移规律的支配。

在经济发展过程中,由于不同经济区域所拥有的静态资源(指相对不变的资源,如矿产等)和动态资源(指相对变化的资源,如资金、技术等)不同,形成不同区域经济优势的差异。在生产力水平低、技术利用程度不高的时期,拥有丰裕静态资源的区域占有较大的优势,人们可以通过粗放经营方式开发利用这类资源,较快地建立相应的产业,取得先期效益。但是,随着经济发展、技术进步、制度与组织创新以及国际分工和贸易的发展,从而造成各区域的资源要素的区位成本和相对优势发生转移,原来经济增长较快的区域如果不能适时地抓住机遇,调整产业结构,就可能导致该区域经济的相对衰退。

(五)聚集与扩散

聚集与扩散是现代产业经济活动在空间结构上的对立统一规律。宏观上,它表现为产业经济活动在各区域的不断扩散和发展;在中观上,它表现为产业经济活动向经济中心的不断聚集。两种趋势相互依存、相互制约、循环演变、交替发展。在"聚集—扩散—再聚集—再扩散"的演变链环中,聚集趋势经常起主导作用。这是因为:

1.现代产业是一个分工协作体系,只有相关产业集中配置,才便于加强专业化协作和资源的综合利用,提高经济效益。

2.聚集可以使更多的产业共同使用公共基础设施,节约基础设施投资,提高使用效率。

3.在工业化阶段,聚集可大大降低交易成本,提高市场交换效率,并为第五产业发展提供广阔的市场化环境。

4.聚集会带来城市人口的大量集中,从而加速提高市场消费层次,为扩大需求、增加供给、发展经济提供原动力。

但是,过度聚集会走向分散,这是因为:一是过度密聚的负效应,如产业的过分集中,会出现诸如城市交通拥挤、环境污染、地价上涨和生活费用提高等支出,从而大大超过了聚集效益。二是技术进步,特别是以信息技术为核心的现代科技产业化,大大降低了产业的扩散成本,从而为产业的非聚集创造了坚实的技术组织前提。

(六)均衡度与经济增长的相关分析

一国或一个区域的产业分布均衡度,一般是以人均 GDP 的区域差异大小或产业经济在空间上的集中程度来表示的。均衡度高低与一国或一个区域经济总水平呈正相关。这一关系变化的趋势一般表现为一个"U"形曲线,即在经济发展的初级阶段,通常伴随着区域发展均衡度的下降而经济呈较快增长,这主要是由于社会生产水平低、社会有效需求不足以及追求全国经济的最大增长,必然导致资源配置在发展条件较好的区域,从而引起区域之间经济发展水平的差距扩大,这正是实现初期经济增长的必要条件;当经济发展到一定水平之后,区域经济发展的均衡度将会不断提高,这是因为在新的时期内,有效供给逐步相对过剩、有效需求变得不足以及国家目标更多地转向福利目标,鉴于此,为扩大需求,进一步发展国民经济,必然要把资源配置重点转向落后区域,从而使区域之间经济发展水平的差异缩小,产业分布均衡度逐渐回升。

# 第七章

## 加速实现产业集群和区域产业的集聚

- 产业集群理论
- 区域经济产业集群的演化过程
- 产业集群对区域经济的作用
- 我国区域产业集群的类型

# 第七章　加速实现产业集群和
# 区域产业的集聚

从我国区域经济发展的基本情况来看,经济较为发达的县级地区,一般都存在较为完整的产业链或者是某类集中的产业集群现象;经济欠发达的县级地区,产业规模小,产业配套差,产业聚集程度往往比较差,有的基本处于无产业状态。

## 一、产业集群理论

＊主要有韦伯的区位集群论、熊彼特的创新产业集群论、胡佛的产业集群最佳规模论、波特的簇群论等。产业集群是市场经济条件下工业化进行到一定阶段的必然产物,是现阶段产业竞争力的重要来源和集中表现

产业集群(Industry Cluster)是产业发展演化过程中的一种地缘现象,是指由一定数量企业共同组成的产业在一定地域范围内的集中, 以实现集群效益的一种现象。它可以分为同一类型和不同类型两种产业的集群。产业集群是市场经济条件下工业化进行到一定阶段后的必然产物, 是现阶段产业竞争力的重要来源和集中表现。自一个多世纪前马歇尔首次提出著名的产业空间集群的三个原因以来,学术界对产业集群理论从不同的视角进行了学理探究,使产业集群理论日臻成熟与完善。

产业集群问题的研究滥觞于 19 世纪末。马歇尔(1890)是较早关注产业集群的经济学家。马歇尔的研究是开创性的。他提出了产业集群的内涵、外延,并探讨了产业集群产生的基本原因。马歇尔认为:"地方性工业因不断地对技能提供市场而得到很大的利益。雇主们往往到会找到他们所需要的有专业技能的优良工人的地方去(同时,寻找职业的人,自然到有许多雇主需要他们那样的技能的地方,因而在那里技能就会有良好的市场)。一个孤立的工厂之厂主,即使他能得到一般劳动的大量供给,也往往因缺少某种专业技能的劳动而束手无策。……"

马歇尔据此提出了"内部经济"和"外部经济"两个重要概念,并强调外部经济的重要性。但他的研究是初步的、不完全的,对产业集群的功能、度量和效应等问题均未涉及。此后,产业集群理论出现了许多流派。

（一）韦伯的区位集群论

马歇尔是从新古典经济学的角度,通过研究工业组织这种生产要素,间接表明了企业为追求外部规模经济而集群。韦伯则从微观企业的区位选择角度,阐明了企业是否互相靠近取决于集群的好处与成本的对比。

阿尔弗雷德·韦伯是德国经济学家、近代区位论大师、工业区位论的创始人。他于1909年出版了《工业区位论》,提出了工业区位理论。他用抽象和演绎方法第一个提出了比较系统的解释工业活动空间分布的理论体系, 在区位论发展史上具有十分重要的地位。其主要贡献在于：提出了决定工业区位的最小成本原理,揭示了工业区位形成的基本动力在于经济利益。成本的节约以及由此产生的对工业的吸引力,这一原理直到今天对研究产业的空间分布仍有重要价值;第一次提出了"区位因素"概念并系统地分析了运输、劳动力和聚集几个最重要的因素对工业区位的影响;创造性地提出了大量的有关区位分析的概念和工具,如原料指数、区位重、等运费线、临界等运费线等等。然而,韦伯的理论仍有很大的局限性。这主要表现在：一是他忽视了社会文化因素对企业区位选择的影响;二是没有考虑需求因素对工业区位的影响; 三是仅仅从局部和静态的角度分析了单个企业区位决定问题,缺乏对区位的宏观分析和动态研究;四是对劳动力供给和工资率的假定存在着矛盾和非现实性等等。但是,虽然如此我们还是应该承认其所做的研究工作具有十分重要的开创意义。

（二）熊彼特的创新产业集群论

约瑟夫·阿洛伊斯·熊彼特是当代著名的美籍奥地利经济学家,其"创新"理论,是一种用所谓创新来说明资本主义基本特征及其产生和发展趋势的理论。熊彼特主要是从创新角度来说明产业集群现象的,认为产业集群有助于创新,创新也有助于产业集群;创新并不是企业的孤立行为,它需要企业间的相互合作和竞争,需要企业集群才能得以实现。

熊彼特将技术创新与产业集群的发展进行整合研究, 他在阐释影响经济波动的因素时认为,除了战争、革命、气候等外部因素之外,技术创新的产业集群和增长的非同期因素是经济波动的一个很重要原因。他认为：创新不是孤立事件,并且不在时间上均匀地分布,而是相反,它们趋于群集。其中的原因主要在于,在成功地创新之后,首先是一些,接着是大多数企业会紧随其后,不断跟进。其次,创新不是随机地分布于整个经济系统,而是倾向于集中在某些部门及其邻近部门。

熊彼特的创新产业集群论体系的方法论特征,可以简洁地概括为:以一般均衡为出发点,将经济体系内在因素的发展作为推动体系本身发展变化的动源,以"创新"概念为中心,把历史的、统计的与理论的分析紧密结合。

(三)胡佛产业集群最佳规模论

美国区域经济学家E. M. 胡佛在1948年出版的《经济活动的区位》中,将集群经济视为生产区位的一个变量,并把企业群落产生的规模经济定义为某产业在特定地区的集群体的规模所产生的经济。他认为,规模经济有三个不同的层次:单个区位单位(工厂、商店)的规模决定的经济;单个公司(企业联合体)的规模决定的经济;该产业某个区位的集聚体的规模决定的经济。

胡佛吸收了廖什的观点,将决定区域产业的基本因素归纳为:自然资源优势、集中经济、交通运输成本。胡佛指出:"气候、矿产、土壤、地形、其他自然条件的不均匀分布,有助于说明多种经济活动的选址原委。如果再概括一点,用更准确的经济理论术语表述,我们就可以把土地和其他生产要素的完全或局部固定性,看成是任何涉及哪里有什么的解释的一个必要成份。"胡佛的论述昭示人们:第一,诸如自然资源等条件在不同的区域分布是不均匀的,其差异是客观存在的;第二,这些区域因素是完全或相对固定不变的;第三,区域固定因素在很大程度上决定了区域内产业选择和不同区域产业结构的差异。

胡佛的主要贡献在于指出产业集群存在一个最佳的规模。如果集群企业太少或集群规模太小的话,则达不到集群能产生的最佳效果;如果集聚企业太多,则可能由于某些方面的原因使集群区的整体效应反而下降。

(四)波特的簇群论

20世纪70、80年代以后,一些新的经济集群现象,特别是同类产业的空间集群引起了人们的广泛关注。 比如迈克尔·波特提出了"产业群"的概念。1988年,波特在《哈佛商业评论》上发表了《簇群与新竞争经济学》一文,系统地提出了新竞争经济学的企业集群理论,把企业群落理论推向了新的高峰。在波特看来,企业集群是集中在特定区域的,在业务上相互联系的一群企业和相关机构,包括提供零部件等的上游的中间商、下游的渠道与顾客,提供互补产品的制造商,以及具有相关技能、技术或共同投入的属于其他产业的企业。此外,还包括政府或非政府机构。波特指出:"被我称之为'簇群'的因素支配着当今的世界经济地图。簇群就是位于某个地方、在特定领域内获得不同寻常的竞争胜利的重要集合。事实上簇群是每个国家国民经济、区域经济、州内经济,甚至都市经济的一个显著特征,在经济发达的国家尤其如此。"由此可见,波特主要是从企业竞争力角度来说明产业集群现象的。

## 二、区域经济产业集群的演化过程

※影响区域产业集群的主要因素有自然禀赋、节约成本、外部规模经济、要素和相关产业的集中;而决定产业集群技术扩散的是区域内企业的竞争与合作关系,以及集群内企业的正式学习与非正式学习

产业聚群是指产业活动在地理上的集中和聚积,是指产业内的生产活动、销售活动以及为这种生产和销售所服务的经济活动高度集中于一定区域内的现象。产业聚集与所处的产业没有什么特别的关系,既可以是比较传统的手工加工业,也可以是高新技术产业,还可以是服务业。聚集的程度随地理范围大小而异,更多的是体现一种区域性的产业状况。

区域产业集群可以界定如下:区域产业集群是当前我国县区行政划分条件下,以一个县区或几个县区作为区域空间背景,来讨论某一产业生产要素流动和配置在空间上的集中和汇聚。

(一)影响区域产业集聚的因素分析

1.自然禀赋。一般而言,自然禀赋包括两个方面:自然条件和自然资源。自然条件是人类赖以生存的自然环境,包括未经人类改造、利用的原始自然环境,也包括经过人类改造利用后的自然环境。自然资源是指自然条件中被人利用的部分。可见,自然禀赋主要包括了地貌、气候和物产等自然因素,其对产业活动的影响是显而易见的。自然资源在一定程度上促进或限制了本地产业发展的可能。由于各个地区的自然禀赋处在一个极不均衡的状态之中,因此,各地围绕着自身的特色禀赋形成不同的地方性产业聚集也是在所难免的。因为许多产业活动的开展需要有一定的自然禀赋支持,比如世界大型重工业区,都是在当地丰富的煤或铁资源的基础上发展起来的。由此可见,在产业聚集区形成的过程中,自然禀赋

存在着一定的影响,起到了一个基础性的作用。任何一个地区都有其自己独特的地理环境、资源禀赋等自然状况,这往往是引起各区域产业布局不同的一个主要原因。由于产业集聚的形成是企业在众多约束条件下根据自身所经营的产业特征来最合理选择自己区位的自然结果,在没有政府干预的时候,企业必然将选择成本低廉的区位来从事经营活动。为了能够合理地控制成本,获得最大利润,企业肯定会围绕原材料、燃料产地,或是交通便利之处来从事生产经营。

2.节约成本。降低生产成本中的交通运输成本是产业聚集形成的最初诱因。从最初的产业聚集现象来看,充分利用地区的自然资源优势来发展区域经济是形成产业聚集的原始动力。早期的产业或企业聚集得益于各地在自然资源的差异,这主要是由于农业经济和工业经济时代交通运输及其他相关交易成本的存在,工业将被吸引到那些既要顾及消费地,又要顾及具有最低运输成本的原料地。运输原料成本越高,工厂越靠近原材料和燃料地。运输成本是企业选择靠近原材料的产地还是靠近最终的消费者的权衡标准。直到现在,对这个问题的考虑仍是企业聚集的主要原因。

一个企业的需求是多方面的,依赖自己的供给能力很有限,这时一个企业成本的降低单靠自身力量是困难的。而若干个生产相同产品的企业聚集在一起,情况就不同了。需求的急剧增长,会使相应的供应商出现,从而使成本得以大幅度降低。企业聚集有助于衍生新的相关产业和服务业。企业聚集规模的扩大,会使生产链条上的各个环节获益,并可能形成新的市场;市场的不断发展反过来将进一步降低生产成本。从降低交易成本的角度来看,通过有形的地理集中,使得区内企业之间的信息成本、搜寻成本、合约的谈判和执行成本等都得到降低。这些成本通常都是极其复杂的,在企业布局分散的时候更是如此。因此,客观上那些内部成本高的企业就会有形成一个经济活动中心的动力和愿望,企业在空间上的聚集就具备了必要性。

3.外部规模经济。规模经济对于单个企业的收益增值可能是内生的,但不是所有的规模经济都存在于企业内部,收益递增也可能是完全外在于企业的。某种行业在一个或几个地点集中生产从而降低了该行业的成本,而行业中的单个企业的规模仍可能很小,这时规模经济存在于行业内而不是单个企业内部,这源于企业决策的相互影响而导致的外部经济。外部规模经济与集聚密切相关。譬如当一个产业足够大时可使资源有更好的配置,该产业内企业的平均成本也可以因为产业的规模扩大而降低。具体地说,上下游企业利用空间集聚,通过合资、合作或建立联盟等方式共同进行生产、销售等价值活动,如大批量购买原材料等,不仅使原材料价格降低,也节约了单位运输成本;建立共同销售中心,形成零售、批发市场,降低集聚地企业成品的运输、库存费用,从而使平均成本明显降低。这就是集聚的外部规模经济。当技术变得越来越重要时,外部经济也变得越来越重要,外生的收益递增也越来越普遍。无论是内生还是外生的,只要存在收益递增,就会刺激企业的集中。收益递增在经济中是普遍存在的,生产要素在空间的集中正是收益递增普遍影响的明证。

4.要素和相关产业的集中。生产要素包括自然资源、人力资源、知识资源、资本资源和基础设施等。自然条件明显地在产业竞争优势上扮演了重要角色,自然资源一定程度上决定了产业集聚的方向。人力资源因空间集聚而受益,集聚会把高级人才和劳动力吸引过来,形成共享的劳动力市场。知识和资本这两项生产要素,都可以通过集聚而强化其优势。产业集聚促进产业内和产业间的信息流通。此外,产业集聚也会鼓励新企业的出现。地区产业集聚和资本流入是一个互动的过程,产业集聚必定伴随着投资的增加、地区资本流入的增加,而地区资本流入增加也意味着地区产业的集聚。当一个规模较大的企业出于接近市场或节约经营成本的考虑,在生产区位上做出重新选择并投资于一个新的地区的时候,有可能引发同类企业和相关企业在这个地区集中。这种产业集聚的形成主要是通过一定数量的资本从外部迁入,集聚而来的产业资本也往往是从地区外引入的。因此,产业集聚也往往伴随着资本的流动。产业集聚必然要求劳动力的增加,而劳动力的增加往往就表现为其他地区劳动力向产业集聚地的集中, 即引起劳动力流动。因此,产业集聚必然导致资本、劳动力这两个生产要素的集中,资本和劳动力的集中进一步引起产业集聚。产业集聚促进一系列产业的发展,使得基础设施等越发完善,资本和劳动力进一步集中,也使得地区不断实现城市化和现代化,从而表现为地区经济的快速发展。

(二)区域产业集群技术扩散机制

对于产业集群的演化过程,学术界有着广泛的研究。目前国内外学者的研究主要集中在从交易成本的节省上对其发展过程进行解释。而实际上,一个产业集群的产生及发展,除了能够在交易费用节省之外,更重要的是企业在集群内能够通过集群内部的技术扩散网络,更方便、更集中地得到企业发展所必需的生产技术。因此，产业集群的演化过程，实际上可以被看作一个技术扩散的过程。区域特色产业集群的技术扩散是一个复杂的过程。由于区域特色产业集群大多是由中小企业构成的，并且以自发形成为主，因此，在这些集群内部，一般都缺少内部创新源，不能形成持续的技术进步。因此，必须通过从外部环境引入技术并通过集群内部的扩散网络进行扩散，从而达到整个集群的技术进步。

1.集群内企业间的竞合关系。区域特色产业集群内中小企业，由于从事的生产基本相同，生产的产品基本无差别，又共同面向同一市场，因此，企业之间的竞争相对于其他的产业组织形式中的企业竞争更为激烈。但是，另一方面，由于地缘上的临近，企业主之间错综复杂的纽带关系，集群内共同的文化氛围，使得这些企业在应付外界市场变化、技术进步时，形成了紧密的联系和协作关系。因此，集群内企业间形成了一种特殊协作与竞争关系，即协同竞争。协同是指事物或系统在联系和发展过程中其内部各要素之间的有机结合、协作、配合的一致性或和谐性；竞争是指两个或两个以上的事物或系统彼此妨碍或制约，以及为了各自的"利益"相互对立、相互排斥或相互争夺；协同竞争则是指协同与竞争矛盾的双方相互引导、相互转化、相互联系、相互依赖的对立统一过程。竞争导致协同，协同引导竞争。

协同竞争是集群内企业进行创新技术学习和扩散的一种重要途径。首先，技术创新行为是一种竞争行为。集群中的中小企业若想在集群内激烈的竞争中脱颖而出，获得更好的发展，关键在于技术创新。谁能够在技术上取得优势，进而提高产品质量和单位产量，谁就能取得并保持竞争优势。其次，集群内企业技术创新又是一种协同的过程。区域特色产业集群内的企业多以中小企业为主，这些企业在进行创新时所需的技术能力和资源都十分有限，并且，由于创新的高投入性和市场的不稳定性，使得技术创新具有高风险的特性。因此，当某一企业想要实现其创新思想时，不得不依靠与其他企业合作。

在集群内，由于地理上的接近和产业的关联性以及企业主之间错综复杂的人际关系，企业通过资源共享、技术互补、共同投入资源等方式进行合作，既可以克服创新资源不足等困难，又可以分散风险，提高创新能力和效率，最大可能地减少创新的不确定性，达到创新思想在企业间扩散的目的。正如乔尔·布利克、戴维·厄恩斯特所说："完全损人利己的竞争时代已经结束，驱动一公司与同行业其他公司竞争，驱动供应商、经销商之间在业务方面不断竞争的传统力量，已不可能再确保赢家在这一场达尔文游戏中拥有最低成本、最佳产品和最高利润。实际上,结果恰恰相反,为了竞争必须合作,以此取代损人利己的行为。"

2.集群内企业正式技术学习模式。集群内企业的技术学习模式从形式上可以分为正式学习和非正式学习两种模式。正式学习是指通过正式经济关联建立起来的学习关系。包括由产业链关联建立起来的学习关系(如与产业链上下游的供应商和客户通过分工转包等关系建立起来的技术学习关系),又包括通过非产业链建立的学习关系(如与一些科研机构、中介服务机构和行业协会建立起来的学习关系)。这两种学习模式一般体现在交易关系的基础上,如市场交易、技术交易等等。因此,正式的技术学习关系主要是建立在契约关系的连接纽带上。

从知识流动的特点看,正式学习主要是以编码化知识(显性知识)为主,在学习过程中又伴随着一些隐性知识的流动;非正式技术学习的最显著特征就是没有契约的约束,这种学习模式主要是建立在企业主、员工之间的人际关系以及从业人员在企业之间的流动的基础上。非正式学习相对于正式学习,在促进隐性知识在集群内扩散上,显得更加有效,而隐性知识的获得则是企业技术进步的关键。

集群内中小企业进行正式学习的主要方式有以下几种:

(1)企业与产业链上下游企业之间的学习。由于集群内企业地理上的接近,使得集群内企业同上下游企业间技术学习相对于其他产业组织形式更加有效,不但可以通过转包关系,将企业所要求的产品标准传递给其他企业,而且,可以通过企业之间频繁的联系,进行隐性知识的学习。

首先,对于客户(上游企业)来说,向客户进行技术学习是集群内企业进行技术学习的重要途径之一。英国通过对英格兰西部地区的三个产业集群的调查发现,在所调查的最近的一项产品创新或工艺创新开发活动中,有30%的企业是与客户合作完成的。这些客户主要包括:本地装配商、代理商、区域外的生产商以及代理商和经销商等等。向客户学习有助于企业自身技术水平的提高,这主要体现在以下两个方面,如图7-1。一是新产品或新工艺的大部分信息来源于客户,客户把对新产品的设计要求和技术指标提供给生产企业,而生产企业根据这些要求或指标设计出新的工艺或产品。在此过程中,学习的主要内容是显性知识。通过对客户订单的反应,也使得生产企业能及时了解市场的最新信息,在无形之中产生一种压力和动力,促使生产企业进行产品的开发和生产技术的改进。二是在新产品或新工艺的开发过程中,客户可能会跟生产企业密切合作,以实现新产品的设计要求。在此过程中,学习的主要途径是生产企业与客户之间面对面的交流。学习的主要模式是隐性知识的扩散,达到生产企业学习隐性知识、形成自身的专有知识的目的。

其次,企业向本地供应商的学习。产业集群作为一个柔性专业化生产系统,其内部分工非常细化,许多中小企业通过转包的方式将所要生产的各个部件分解到各个专业化生产的企业中去,从而形成了一个基于本地的供应商网络。这些供应商不但包括原材料供应商、设备供应商、零部件供应商等以及更下一级的供应商,而且还包括在同一价值链上,完成各道加工工作的各专业化企业。在这个庞大的供应商网络中,一级供应商直接面向生产企业,他们之间的交流与合作最为密切,也最直接。生产企业与其他各级供应商之间的关系,也可按照这种模式逐级递推进行研究。

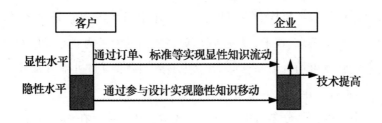

图 7-1 企业与客户学习

供应商是生产企业技术学习的重要来源之一。如果说企业向客户学习是一种市场需求拉动的模式,那么企业通过向当地供应商的学习可以被看作技术推动的模式。前者更多的是提供产品信息,如外观设计要求、市场需求等,更多是 know-what(是什么)知识,而后者更多的是提供技术信息,如新兴技术、新型设备等等,更多的是一种 know-how(怎么做)的知识。另外,供应商也参与生产企业的新产品开发或试制活动。在新产品开发和生产工艺的改进活动中,生产企业与原材料供应商、零部件供给商以及前道工艺加工企业的互动交流,带来了许多技术资源和设备资源,更为重要的是,在与供应商面对面的交流过程中,生产企业能够获得无法通过技术图纸和设备使用说明上所无法表达的、蕴藏在生产者头脑中的经验性知识。这些资源和经验知识的获得,加强了生产企业的技术水平,推动其产品的创新和生产技术的改进。与客户参与生产企业开发活动不同的是,供应商不仅为生产企业提供了技术知识上的支持,而且还提供了物质或设备上的支持,这将对生产企业的技术进步产生直接的推动力。

(2)企业同中介服务机构之间的技术学习。对于集群内的众多中小企业来说,本地的中介服务机构对其技术学习的促进也起着非常重要的作用。集群内中介服务机构包括行业协会、商会、生产力促进发展中心、创业中心(孵化器)以及其他信息或技术服务中心等。如河北省区域特色产业集群内的中介服务机构不同于国内外发展成熟的产业集群内独立的、以盈利为目的的中介服务机构。河北省区域特色产业集群内的中介服务机构一般都带有浓重的政府行政机构的色彩。例如清河羊绒产业中,虽然存在清河羊绒同业协会,但其实际上由县政府中工商联负责日常工作,可以说二者是"一套班子,两块牌子"。这种现象在河北省内是一个比较普遍的现象,对区域特色产业集群目前所处的发展阶段来说是必然的。但这并没有妨碍这些中介机构在扶持集群内的中小企业技术学习方面发挥作用。这些中介服务机构的主要特点是:专业化程度高、活动能量大、组织形式先进。由于聚集了信息、技术、投资、管理等多方面的专家为企业提供专业化的服务,帮助企业获得市场机会和投资,可以说有效地降低了中小企业成长的风险。

中小企业向中介服务机构的技术学习主要体现在三个方面:

第一,中介机构部分参与中小企业的技术选择决策。在集群内部,许多中小企业没有自己的技术跟踪部门,因此在选择某条技术路径时,除了考虑市场需求之外,有时也需要参考中介机构(如行业协会、生产力促进中心等)的意见。由于中介机构可以长时间而且及时地跟踪国内外相关领域的最新技术和最新产品,因此能够为中小企业在技术选择上提供很有价值的建议。

第二,中介机构可以为中小企业提供生产工艺改进和产品创新所需要的信息和技术。集群内中小企业由于自身规模小,技术积累相对较弱,也不可能拥有技术改进和产品创新所需要的全部知识。而中介服务机构因为长时间专注于相关领域内的技术发展,积累了丰富的技术资源;因此,生产企业在进行技术改进和产品创新时,向中介服务机构的学习成为其技术的重要来源之一。

(3)企业直接向科研机构的技术学习。企业直接向科研机构的技术学习主要通过技术转让、合作开发、培训人员等方式进行。科研机构为企业提供技术改进所需的基础知识、试验设备、成熟技术等资源。由于向科研机构购买成熟技术和合作开发新产品、新工艺需要资金和企业自身技术消化吸收能力保障,因此,直接以这种方式向科研机构进行技术学习的企业主要集中在高新技术企业(如北京中关村内的众多IT企业)和具有一定经济实力和技术优势的大中型企业中。对于集群内众多的中小企业而言,直接向科研机构的技术学习,主要是以培训员工和聘请专家对企业进行技术指导等方式为主。

无论采取何种方式向科研机构直接进行技术学习,科研机构在企业进行技术改进和产品创新中都扮演着重要的角色。从已有的研究来看,国内外学者都十分重视集群内的科研机构作为本地技术扩散源的重要作用。但是,通过对国内尤其是河北省以传统制造加工产业为主的区域特色产业集群的实地研究发现,这些集群一般都位于远离中心城市的县、市区域内,距离大学、研究院所等科研机构比较远,无法获得同位于中心城市内高新技术产业集群一样的技术扩散源的辐射优势。这些区域特色产业集群内的中小企业同科研机构的直接联系通常较少,它们主要是借助当地政府和中介服务机构同其进行技术上的联系。

3.集群内企业非正式技术学习。集群内中小企业除了正式学习之外,更为重要的是非正式学习。所谓非正式学习是指:没有契约的约束,没有确定的时间、地点以及学习方式,在不经意间达到技术学习的目的的一种学习模式。这种学习主要是以面对面交流的方式进行。正如克鲁格曼所描述的那样,信息在当地流动比远距离流动更容易,一个产业中心可以产生技术外溢。从事同样的、需要技能的行业的人,互相从临近的地方所得到的利益是很大的。行业的秘密不再成为秘密,而似乎是公开的,孩子们不知不觉地也学到许多秘密。优良的工作受到正确的赏识,机械上以及制造方法和企业一般组织上的发明和改良之成绩,得到迅速的研究。如果一个人有了一种新思想,就为别人所采纳,并与别人的意见结合起来,因此,它就成为更新的思想源泉。

知识外溢是产业集群所特有的一种技术学习方式,而集群内的企业主要通过个人(企业主或技术员工)的人际关系网络实现技术学习。这种深深根植于当地文化的非正式网络互动所导致的技术外溢,也是正式集群技术学习网络和一般意义上的学习网络的最大不同之处。在非正式的技术学习网络中,技术知识是通过发生在任意时间、任意地点的面对面的交流中,在无形之中得到学习和外溢的。

集群内的企业虽然存在着激烈的竞争,但是,企业主以及技术员工之间仍然保持着频繁的私人联系。在对区域特色产业集群的调研中发现,由于中小企业往往集中在某一县的范围内,企业主以及技术员工之间的关系错综复杂。他们可能是亲戚、朋友、同乡和同学等。而且处于同一狭小的区域内,"抬头不见低头见"。因此,在日常交往中,在推杯换盏之际,不经意之间就学习到了其他企业先进的技术和新产品信息。这些企业主也并不注意对本企业的信息采取保密措施,这是由弥漫在集群的特有的文化气息决定的。如果某一企业主或技术人员有意打探别人的技术或产品信息,而对别人的咨询和求助处处提防、隐瞒自身的信息,或许能够在短时间内取得一定的效果,但是日积月累将被同行业其他企业主或技术人员所孤立,使得其逐渐被整个集群所抛弃。因此,对于这些企业主和技术人员来说,他们乐于将自身的信息传递给其他企业,同时在自身遇到困难时,也方便地从其他企业获取帮助。这种企业主和技术员工之间的非正式学习,极大促进了整个集群内技术的学习和扩散,对于中小企业的技术进步以及整个集群技术水平的提升产生很大的推动力。

### 三、产业集群对区域经济的作用

✱产业集群内高度的分工与协作,通过多种途径极大地降低了企业生产、交易等各种成本费用;同时,极大地激活了集群企业的欲望和创新能力,进而促使产业集群本身获得更强的竞争力和更广的发展空间

(一)产业集群的外部规模经济可以有效地促进区域经济发展

大企业依靠本身的优势在企业内部形成规模经济,而中小企业可以通过企业集群形成外部规模经济。外部规模经济不同于内部规模经济。内部规模经济是公司的规模经济,公司的效益提高得益于其自身规模的扩大,与其所在的行业规模可能无关。外部规模经济指同行业的企业利用地理接近性,通过规模经济使学习经验曲线中的生产成本处于或接近最低状态,使无法获得内部规模经济的单个中小企业通过外部合作获得规模经济。产业集群产生的外部规模经济包括知识的溢出效应、劳动力和中间投入的专门化、竞争的激化、信任和合作的加强等。

1.知识溢出效应。知识溢出是指在依法保护知识产权基础上的溢出。知识包括技术知识、需求信息、供给信息、经营经验等。这些知识具有两个特征:一是公共物品性质。它一旦被创造出来,传播的速度越快,拥有的人越多,为群体带来的福利就越大。二是许多知识难以具体化、系统化,没有人际间的频繁接触和耳濡

目染则很难传播或传播很慢,因此这些知识(如凭经验积累发展起来的知识)往往只有在产业群集地才能得到。美国经济学家阿罗和兰开斯特把这类知识的传播比作传染病的蔓延:人际间接触的面越广,接触的频率越高,传播的速度就越快,传播得就越彻底。在产业群集的地方,本行业的生产厂商、供应商、重要顾主、支持性产业以及其他相关行业的厂商聚集在一起,彼此间既互相竞争又互相模仿,既彼此合作又彼此嫉妒。由于地理位置的接近,它们可能共有一个供应商、同一家顾主,它们的高级管理人员可能共同参加一个俱乐部、同上一家餐馆,其职员可能彼此是邻居、天天朝夕相处,其技术人员可能从一个公司流向另一个公司。人际间的频繁接触和交往增加了经营的透明度,使集群的知识传播速度达到最快,拥有的人最多,溢出效应达到最大化。

2.劳动力专业化和中间投入的专门化。产业群集把各种人才吸引到同一地方,从而使厂商更容易得到所需的人才,而各种人才也能得到更理想的工作。从长远看,产业集群有助于人员的专业化,因为在各公司的前景不是完全相关的情况下,一个公司解雇的工人可以在另一个公司找到工作,因此,工人长期失业的可能性会减少。当工人感到他们的技术能确保他们找到工作时,他们更愿意停留在由于产业集聚获得规模经济和较低的运输成本的地方,这同时会鼓励中间投入的使用者和供应商的群集。这种群集在减少总运输成本的同时还产生足够高的需求水平,足够高的需求水平可确保高度专业化的零部件生产厂商得到报偿,专业化的零部件供应会吸引组装厂家,反过来又鼓励新的加入者和更多的专业化。

3.促进竞争和增加信任。企业彼此的接近和了解使它们的互相影响加强。由于竞争障碍的减少和攀比心理的作用,公司间的竞争会加剧,后进企业更容易模仿先进企业,先进企业为保持竞争优势会更努力创新。尤其当一个强有力的新竞争者出现时,模仿效应会使其新思想往前、往后、横向传递,从而使整个行业受益。彼此的接近使企业互相有机会较长时间地密切接触,更容易建立信任感,限制机会主义倾向。这有助于企业建立长期的合作关系,降低交易成本。这种信任和合作关系对于中间投入的使用者和生产厂家尤其重要。先进设备的使用者往往需要同生产厂家进行广泛的接触和交流才能掌握新技术,因为这种接触和交流可以使他们获得尽可能多的有关新机器的特征和信息,了解生产厂家的可靠性,同时还可把自己的技术需求尽可能清楚地让生产厂家了解,从而使生产厂家更能针对用户的需要提供设备。要让生产者了解其特殊需求,用户必须向生产厂家透露其产品或生产程序的某些细节,而这些细节除非同生产厂家建立了信任感,他们是不透露的。而对于生产厂家来说,同用户的密切合作有助于其创新。可能的用户,尤其是要求很高、对技术很懂行的用户,是生产厂商技术创新的一个刺激因素。当生产者面临这种用户的需要时,往往被迫通过创新来满足他们的要求。用户和生产厂家间的信任和合作对于昂贵的、复杂的、正在迅速发展的技术特别重要;而对于成熟技术、标准化技术或较便宜的技术,则没有这么重要。另外,在产业群集地,众多的厂商可以共用一些基础设施,特别是一些行业特征较强的基础设施,从而可以降低使用这些设施的费用。产业集群还能使信息更加集中,更能引起人们的注意,从而更能得到充分利用,减少浪费;吸引更多的厂商加入,从而形成更大规模的集群;集群内领先企业的示范作用不但会使后进企业通过模仿提高效率,还会使它们更加努力去缩短差距,对后进企业产生积极影响。总之,产业集群能通过信息的迅速传播,促进竞争和合作,使整个产业及相关产业的厂商、工人、技术人员实行专业化,提高生产效率,加速整个产业的技术进步和创新。这一切意味着生产成本下降、顾客需求增加。顾客需求增加能导致更多的厂商、供应商及相关企业的进入,使整个行业规模进一步扩大,规模扩大导致更多的信息传播、更多的创新和更多产业特征的技术投资,提高专业化水平。此外,人才的集中也加剧人才间的竞争,加速人才淘汰过程,这也会迫使人才向专业化方向发展。激烈的竞争,结果是生产率进一步提高,成本进一步降低,产业集群内中小企业的外部规模经济进一步得到加强。

(二)产业集群的高度分工与协作可以有效地促进区域经济发展

产业集群加深了区域内的分工,不仅仅通过市场、契约促进了企业之间的分工协作,而且通过非正式交流增强了企业之间的协作。而这种分工与协作既可以像完全一体化那样降低交易成本,又避免了一体化的巨额资本投资与长期磨合。企业间的协作增强了信息交流,有利于技术创新和扩散。协作产生集体效率,可以与强大的竞争对手抗衡;竞争又会促进企业的发展,扩大产业集群的竞争力。

1.专业化分工降低交易费用。按照科斯的观点,企业的性质是出于降低交易费用的考虑。企业边界大小,即某一生产环节是否应保留在企业内部,取决于交易费用的计算。如果扩张边界所降低的交易费用与因此增加的企业内部组织成本相当,企业的边界就稳定下来了。张五常认为,企业的性质不是管理对市场的替代，而是在使用投入品市场与要素市场之间的选择。不同市场交易费用的差异，不仅决定了企业的存在，同时也决定了企业边界的扩张与收缩。如果劳动等要素市场的交易费用高于产品市场的交易费用，就会出现以产品市场合约代替劳动要素市场合约以降低交易费用的趋势，这时的企业边界趋于缩小，一体化程度降低；反之，企业就会扩张边界，提高一体化程度。

产业集群有效地降低了投入品市场的交易费用。同行业企业在一个地区的聚集，同时驱动了这一行业相关投入品市场的形成，企业为取得所需的各种投入品所耗费的成本大大降低；集群所在地往往就是行业的信息中心，企业能够很容易地从当地获取行业的最新市场动态，搜寻成本大为降低。此外，同居一地，频繁的交往快速建立起了信任；频繁的商业往来也容易形成本行业约定俗成的商业惯例。长期的协作关系，在市场细分过程中专用的资产服务于众多的厂家，大大降低了因资产专用性而产生的要挟成本等内生交易费用。

交易费用的观点也解释了企业纵向一体化程度随着产业集群的成长而降低的过程。在集群尚未形成的初期阶段，一个产业刚刚落脚在一个地区时，创业者要在多项业务上耗费大量的管理资源。当地缺乏专业化的供应市场，生产所需的各种材料、零配件难以在当地取得，企业不得不去外地采购，否则就只能自己制造。同样的，企业还要自己搭建销售机构解决市场问题，自己培训企业所需的专业人才。所以，在产业集群的萌芽期，一个个企业内部包含了许多生产环节。随着产业集群的逐步形成，投入品市场越来越发达，企业所需要的原材料和零配件、技术工人、生产经营过程中的专门服务，都可以在当地取得，这就为企业降低交易费用提高效率带来了可能。同时，由于当地分工经济下市场规模与分工之间的互动作用，原本属于一家企业内部的许多生产环节、服务环节就可以从企业内部分离出去，成为一个个独立的企业。分离的结果就使集群企业的内部一体化程度降低了。

2.紧密型的协作促进企业创新。创新是企业不断提高市场竞争力的重要途径。产业集群大大促进集群内企业的创新。创新理论认为，知识创新具有较强的地方化特点，这主要是因为创新活动赖以为基础的知识属性以及知识传递与交流的方法。

首先，由于交通通讯及信息技术的发展，编码化知识（Codified Knowledge）易于在更大的地理空间内部交流与扩散，基于这类知识之上的创新活动通常对区位选择的要求相对不是特别严格。然而,占据整个知识的绝大部分、且对创新极为重要的是隐含经验类知识(Tacit Knowledge),这类知识主要蕴藏在人们(尤其是专家、工程师和技术工人)的大脑之中,一般很难用语言表达,个人属性较强。地理文化和机构的接近便于企业之间通过人员流动与私人之间的交流等形式建立稳定和持续的关系,为组织内部及不同组织之间的隐含经验类知识准确地传递与扩散提供基础条件,从而有利于提高创新速度。在这类知识含量较高的产业中或在新产业发展初期,企业集聚更具有重要意义。世界各国高技术产业集聚体多数位于大学和公共研究机构、大公司等较为密集的地区,其原因正是这些地区拥有大量高素质人才资源,富含大量的创新知识源。

其次,绝大部分对创新起重大作用的关键信息常常来自于非正式渠道,往往局限于相关产业的聚集地。美国的硅谷、好莱坞等地区的成功秘诀之一就是大批相关企业密集一地,极大地促进了行业之间的信息交流。此外,与供应商、富有经验的客户之间的频繁交流便于企业控制产品质量和保证交货时间,更快地了解市场潜在需求和发展趋势。可以这样说,同行业大量企业集聚一地常常造成企业之间的竞争压力表面化,迫使企业利用这些优越条件积极参与创新活动,以此获得市场竞争力,更快更好地满足客户的需求,为自己赢得更大的发展。

总之,产业集群内高度的分工与协作,通过多种途径极大地降低了企业生产、交易等各种成本费用;同时,由于产业集群内企业因有效灵活地应对市场而实行的崭新的生产组织方式,极大地激活了集群企业的欲望和创新能力,进而促使产业集群本身获得更强的竞争力和更广的发展空间。

(三)建立在产业集群基础上的区域创新系统可以有效地促进区域经济发展

如今,一个区域的创新能力和区域创新系统构建正日益成为该区域获取竞争优势的决定因素,创新已成为区域发展的最主要动力。区域创新是区域发展的必由之路。所谓区域创新系统是指在一定地区范围内,通过有机结合各种创新资源和要素,以促进区域内创新活动为目的的系统。区域创新系统是一个介于国家创新系统和企业创新系统之间的中观系统,其作用主要在于突出产业创新和创新成果的产业化,能较为全面地包容各创新主体(如科研、生产单位)和创新资源与要素,通过系统各创新主体和要素的相互作用,能在系统内部自发、持续地产生出推动创新发展的动力,并形成连锁反应机制,从而有效地进行创新扩散,促进系统整体技术水平的提高。

1.区域创新系统与区域竞争优势。从区域产业结构升级的角度来看,一个区域要获取区域竞争优势,需要依靠区域创新优势。区域经济发展不仅表现为区域经济总量的增长,而且表现为区域经济结构,尤其是区域产业结构的优化升级。一般地说,区域产业结构升级有着以下的规律:从生产要素的密度看,存在着由劳动密集型向资金密集型、由资金密集型再向知识技术密集型方向的演化;从采纳新技术革命成果的能力上看,存在着由传统产业向新兴产业、再向新兴与传统相结合产业的转换;从三次产业变动看,存在着由第一产业向第二产业、第二产业向第三产业的转换;从产出的角度看,存在着由低附加值向高附加值、再向更高附加值产业方向演变。以上规律表明,区域产业结构转换、升级,是一个对科技进步、技术创新依赖性不断增强的过程,是一个区域产业的技术含量、知识含量不断增加的过程,所以在日益强调区域产业结构升级转换的今天,一个区域能否顺应国际产业结构调整的潮流、顺利地实现区域产业结构的转换,主要取决于一个区域的创新能力。而要在这个过程中获取区域竞争优势,主要取决于区域创新优势。

从区域企业发展的角度来看,在当代社会中,一个区域要获取区域竞争优势也必须依靠区域创新优势。区域经济发展主要取决于区域内企业的发展。如今,世界科技的发展愈来愈迅猛,技术革命向产业革命的转换周期愈来愈短,相应地企业的技术和产品的生命周期日益缩短。在这样一个新技术、新产品不断出现,落后技术、落后产品迅速被淘汰的市场竞争环境中,一个企业的竞争力的大小,主要取决于自身技术创新能力的强弱以及所在区域创新系统的绩效高低;而一个区域企业整体,要在区域竞争中获取竞争优势,则主要依靠区域创新优势。

从区域发展成功典型的角度来看,一个区域获取区域竞争优势靠的还是区域创新优势。从20世纪80年代初期开始,随着工业化过程的演变和科技的迅猛发展,世界上一些区域特别是老工业地区,由于自身创新能力的衰退,加上不适应外部市场、技术等条件的瞬息万变,区域内大量的企业或倒闭或迁出,区域的发展因此失去活力,出现停滞现象或逐步走向没落。与此同时,也有一些区域经济发展活力很强,不仅成功地战胜了经济衰退,而且持续增长。这些发展成功的区域比较典型的有德国的巴登-符腾堡地区、瑞典的斯迈兰地区、法国的欧叶纳克纳地区、丹麦的竹特兰地区、意大利的艾米利亚-罗马格纳等。这些区域有一些共同特点:区域内大量中小企业的集聚和企业的衍生、成长和壮大;区域内企业之间的专业化程度非常高;区域内知识信息的流动速度快,有特有的区域创新网络和特殊的区域创新环境,有利于区域内企业创新。由于具有持续的内生的创新能力,这些区域的经济发展和运行态势良好,区域竞争优势不断得到增强。

2.产业集群与区域创新系统的关联性。创新不是一个企业孤立的行为,企业在创新过程中需要与外界大量交换信息,因此,研究创新过程必须将企业与企业所处的环境放在同一系统中进行考察。企业创新能力的提高以及创新绩效的改进要求和各种与创新活动有关的主体之间建立密切的合作关系。根据已有的研究成果和实证资料可以看出,产业集群实际上就是一个特殊的创新系统,产业集群的一个最主要的优势便是其创新的效应。

由于产业集群内的企业和其他机构聚集在某一特定区域内,而且存在创新的条件和环境,如果各行为主体间的创新活动能够以网络或系统的联系方式出现,产业集群和区域创新系统就构成必然的联系。二者之间的关联性体现在如下四个方面:

第一是地域关联。区域创新系统和产业集群均属于区域经济领域研究范畴,其研究范围均局限于特定区域范围内。源于特定的历史条件、地域特性和产业特性的有效结合,产业集群往往在特定区域出现,具有明显的地域性,成为目前区域经济发展中产业布局的新形式。在一定的地理区域内,以产业集群为基础、按照一定的制度安排组成的创新网络与机构,可以构成次级的区域创新系统。在这一意义上,产业集群成为区域创新系统的重要载体。

第二是结构关联。企业、大学、中介机构等创新主体及环境要素具有很大的重叠性。产业集群的核心单元是企业群和相互依存的企业网络。区域创新系统的基本主体(大学、企业、政府和中介机构)如果位于集群区域,往往也成为构成产业集群的主体要素,否则就构成产业集群发展的外部环境。通过构建主体间的联系网络和学习机制,创建本地的专有因素,是产业集群和区域创新系统建设的共同点。此外,区域内共有的知识、技能、人才、市场、公用设施及地域的专有文化等要素本身就构成区域创新的必备条件,同时也是该区域内众多创新者寻求外部性的动因。

第三是功能关联。区域创新系统的主要功能是促进和进行新知识和新技术的生产、扩散和应用;产业集群实现创新的主要途径是建立有效的合作网络,促进知识在本地扩散流动。从这一意义上讲,产业集群和区域创新系统在促进知识流动和技术扩散上的功能具有很大的重叠性。区域创新系统强调要促进本地创新要素(企业、大学、科研院所、中介机构等)的互动,并通过促进创新主体的良性互动对产业集群发生作用。产业集群内部的技术创新和扩散也是企业互动作用的结果。因此,促进区域内的知识流动和创新主体互动是区域创新系统和产业集群的共同功能。

第四是目标关联。区域创新系统建设的直接目的是促进资源的有效配置,促进产业的创新和发展;最终目的是提高区域创新能力,形成区域竞争优势。产业集群体现特色产业与区域经济的有机结合,其目标是通过企业集聚形成外部规模经济,显著降低创新成本,提高产业和区域竞争力,与区域创新系统建设的目标紧密相关。

总之,产业集群是区域创新系统建设的基础和有效途径,产业集群的多样性和特色正是区域创新系统的活力所在。产业集群实际上是把产业发展与区域经济,通过分工专业化与交易的便利性,有效地结合起来,从而形成一种有效的生产组织方式。纵观国际上的经验,产业集群对国家和区域发展具有多方面积极影响,已经得到社会各个层面人们的广泛认同。因此,产业集群是区域创新系统的重要载体;产业集群也成为区域创新系统建设的基础和活力所在,如果没有本地化的产业集群为依托,就失去了根本的发展动力。按照区域创新体系的理论,产业与区域创新环境的整合度越高,越利于产业和区域的发展。建设区域创新系统的关键,就是促成产业集群形成和发展的制度条件。因此,积极培育和推进地方产业集群已成为目前区域创新系统建设的重点和政府制定政策的着眼点。

### 四、我国区域产业集群的类型

＊专业化小城镇形成的特色集群,科技企业创新形成的高科技企业集群,初级加工发展形成的中小企业集群,外资带来多个配套企业发展起来的集群,改制公有企业经过繁衍和集聚形成的集群

(一)我国区域产业集群的类型与动因

产业集聚在我国并非新现象。我国历史悠久,地大物博,许多地区依靠当地的自然资源和独特文化传统,很早就形成了本地独特的产业群,如苏州的刺绣业、景德镇的陶瓷业、安徽泾县宣纸制造业、福建安溪的制茶业等等。但是,我国产业集聚真正发展起来还是在改革开放以后。20世纪80年代初,随着广东省的对外开

放,一些市县如深圳、珠海、中山、顺德、南海、东莞等利用优惠政策吸引本地在海外、港澳的众多亲朋回乡开展"三来一补"业务,在此基础上逐渐形成了一些专业品镇,如中山市古镇的灯饰集聚,东莞市虎门镇的服装业集聚,南海市的布绒玩具集聚等。与此同时,在浙江的温州,农村实行联产承包制后,一些农民在人多地少的压力下,转办家庭工业,利用制度创新、市场创新与技术突破获得成功,引发同镇农民的效仿,从而逐步形成了一些专业品镇。如温州苍南县金乡镇的标牌集聚,号称"东方纽扣之都"的永嘉县桥头镇的纽扣集聚,苍南县宣山镇的再生腈纶集聚,瑞安市场桥镇的羊毛衫集聚,乐清市柳市镇的低压电器集聚等都是这时期形成并在全国闻名遐迩的产业集聚区域。温州产业集聚的成功发展,浙江省其他县市纷纷效仿,在全省迅速发展起一大批以产业集聚为特征的专业品镇,如诸暨市山下湖镇的珍珠产业集聚,诸暨大唐镇的袜业集聚,杭州的女装产业集聚等。

我国区域产业集群在发展过程中主要分为劳动密集型和技术密集型两类,分别有五个不同的驱动主体,这些集群在不同的背景下,走上了不同的发展道路,以不尽相同的方式加入了市场的竞争中。

1.依靠当地企业家精神和工商业传统,建立在农村或乡镇工业基础上的特色集群(在浙江称为专业化特色产业区),形成专业化小城镇。例如浙江温州的劳动密集型专业化产业区,在浙江可以找到百余个这样的例子。可以说,浙江的"集群化"和改革开放后的农村工业化同步发展。从 1999 年开始浙江外贸出口持续走强,集群无疑在参与全球价值链竞争中起主要作用。

2.在科技实业家创业基础上出现的高科技企业集群。在北京中关村的 IT 产业群中,新企业的衍生和中小企业的发展、企业家的成长和产业文化的变迁等现象十分明显。20 世纪 80 年代具有中国特色的"电子一条街"的主要经验,是在计划外依靠企业在市场上搏击而形成的。企业从零开始,通过经营贸易和技术服务,或给外国公司做 OEM 和销售代理,获得原始积累,从而进入研究与开发领域。

3.本地"三来一补"基础上发展起来的中小企业集群。例如广东东莞的劳动密集型专业镇。改革开放之初,正当港台地区的制造业面临着劳动力和土地价格飞涨、成本上升的压力,东莞以优惠的政策、丰富且廉价的劳动力和土地资源,以及邻近港澳、连接广深的区位优势,迅速发展成港台制造业的"工厂",进入全球价值链。

4.外资带来多个配套企业发展起来的集群。如北京亦庄的诺基亚星网工业园那样的技术密集型集群,以北京首信诺基亚为龙头企业,吸引了包括 IBM 和长城计算机公司合资的北京金长科国际电子公司、三洋能源有限公司、台湾富士康等公司在内的 15 家配套企业入驻。2010 年以来,已吸引近 30 家全球和国内主要零部件供应商、服务供应商和研发机构。

5.在改制后的公有企业基础上经过企业繁衍和集聚而形成的集群。例如山东青岛的海尔、四川重庆的嘉陵摩托、辽宁营口的东北钢琴等集团附近,都有相关企业繁殖和衍生。这些企业的存在,又促进了它们的配套产业发展,并在相关行业企业的竞争中创新和升级。

我国的集群发展存在这样一个现象,市场经济越发达、市场机制越健全的地方,集群越健康。集群一般以中小企业为主,具有地理靠近性和部门专业化以及社会文化同一性的特征,企业间具有一定的信任和积极的自组织,同时有地方政府的强力支持。我国集群运行机制是本地多个企业共同构筑价值链,通过弹性专精的分工协作,形成地方生产系统,获得外部规模经济和外部范围经济以及集体效率,这一点与发达国家的集群相似。

我国的集群与其他发展中国家的集群相比有两个显著的特点。首先,中国从计划经济向市场经济过渡,政府的作用比较特殊,中央政府的简政放权极大地激励了地方政府发展本地经济的积极性,地方政府在地方制度演化过程中扮演着极其重要的角色,因此对集群的发展产生了极大的影响,所形成的地方制度环境不仅独特而且区域差异大、变化快。另外,全球华人网络在中国的集群进入全球生产网络的过程中也起到桥梁和纽带的作用,港澳台资本在外商对华直接投资中占近 2/3 的份额,是早期东南沿海工业化和城市化过程中最主要的驱动力量。浙江以温州为代表的集群的国际化道路是自发的跨国经营网络的扩张过程,跨国联系对中国高科技产业发展的影响也是有目共睹的。"本地化"和"全球化"在中国不同集群的发展中有着不同体现。其次,我国集群不是建立在市场经济悠久历史基础上的,但专业化市场在集群发展中起着先锋的作用。例如,中关村紧跟国际市场,营销的品种齐全且方式灵活,库存量小,是中国电子产品市场最重要的晴雨表,由市场推动创新。在我国其他集群中,大多建立了专业市场,例如福建晋江的鞋材市场、浙江余姚的模具市场等等。

(二)我国区域产业集聚的特点

我国的区域产业集聚,具有明显的发展中国家的特点,形式众多,起步形成

过程不同,地域广阔,创新能力强以及民营经济为主等,可归纳为:

1.我国区域产业集聚的分布极不平衡。我国产业集聚区域主要集中在浙江省和广东省,其次是在江苏省,其他省市的产业集聚相对较零散。我国绝大多数产业集聚都是在农村与小城镇兴起的。比如名扬海内外的苍南标牌集聚则是坐落在苍南县的金乡镇,作为"东方电器之都"的是温州市的柳市镇。

2.我国区域产业集聚以传统产业居多。目前,国内集聚产业一共涉及了近40个工业行业,其中食品制造业、建材及非金属矿物制品业、金属制品业、机械制造工业、纺织业、塑料制品业、服装及缝纫业等行业为高进入行业。这些高进入行业基本是技术含量较低的劳动密集型行业,这反映了我国劳动力资源的比较优势。当然,从全国范围内看我国的产业集聚也有技术密集型产业和资本密集型产业,比如高科技产业集聚的代表东莞等。但是从数量上看,我国的产业集聚目前是以传统的劳动密集型产业为主。

3.衍生、裂变、创新与效仿是我国区域产业集聚形成的主要方式。产业集聚的形成一般都有一个关键性企业,通过该关键性企业的衍生、裂变、创新与被模仿而逐步形成产业集聚。我国产业集聚的发展亦不例外,绝大多数产业集聚的回顾中都能找到这样的一个关键性企业。例如,苍南县金乡镇标牌产业集聚的关键性企业是金星大队文具厂。1980年该厂是一个40余人的村办企业,由于没什么赢利,厂部决定采用分散生产、集中管理的方法,全镇农民竞相效仿,一年内出现了2500多个家庭工业户,迅速形成了一个以铝塑标牌、工艺品生产为核心的产业集聚。乐清柳市镇的低压电器产业集聚的关键性企业是乐清求精开关厂。该厂是由南存辉与胡成中合资5万元于1984年7月创办的一个典型家庭小作坊,当时只有5名职工,年销售收入不到1万元。通过效仿、衍生,到20世纪80年代末,柳市镇已有生产低压电器的企业2300多家、家庭作坊9000多家。

4.从集聚企业的产权结构上看,我国的集聚企业主要由非公有制企业组成。在广东珠三角和浙江省,产业集聚区域形成之初的企业投资基本上源于外资与本地私人资金,决定了这些集聚区域内的企业基本上都是非公有制的产权结构。截至2011年6月底,东莞市民营登记注册户数达47.08万户,其中私营企业9.86万户,比2010底增加了近1万户;民营登记注册资金达1645.75亿元,比上年末增长7.2%。民营经济增加值达801.28亿元,同比增长10%,占全市生产总值的38.03%。民营固定资产投资额达170.63亿元,同比增长37.8%,占全社会固定资产投资总额的39.98%。民营缴税额达161.91亿元,同比增长26.2%,占全市税收总额的36.76%。民营企业进出口总额为128.41亿美元,同比增长36.3%,占全市进出口总额的20.56%。在国内的其他产业集聚内,情况也基本如此。随着乡镇企业、私营企业和外商投资企业的不断发展,我国的产业集聚规模和经济实力也在不断地壮大。所以说,我国产业集聚发展的过程同时也是私营企业和外资企业在我国经济中不断发展的过程。

5.我国目前区域产业集聚一般为自发形成、外商投资和政府主导三种类型。自发形成型的产业集聚区域主要是浙江省境内,这些集聚区主要是由企业自发按照市场的规律通过自我的区位选择而逐渐形成的,温州的乐清、玉环、柳市等就是其中的典型。外商投资型产业集聚区域主要在广东和江苏两省,江苏自20世纪90年代中期以来,成为台湾信息产业最重要的集结地之一,台湾几乎所有大型信息企业如宏基、宏力、仁宝、广达、华硕、华宇、大众、伦飞、鸿海、台达电、联电、英业达、中芯、泰隆等企业均在此地区投资设点,而广东珠江地区也汇集了大量的港资、台资等外商企业。政府主导型的产业集聚主要有两种类型:一是原来遗留下来的老工业基地;二是改革之后各地根据自己的具体状况开发的经济园区,这些园区的创立在很大程度上受到了政府的引导和保护。

6.我国一些区域产业集聚具有一定的深度与广度。在我国目前的产业集聚中,有相当一部分已经过了20多年的发展,内部专业化程度很高,迂回生产方式明显,因地缘、血缘、亲缘和朋友关系而形成的社会资本较丰厚,产业集聚发展颇为可喜,表现出较强的集聚效应。如在苍南县不足45平方公里的金乡镇标牌产业集聚中,小小徽章生产的设计、熔铝、写字、刻膜、晒版、打锤、钻孔、镀黄、点漆、制针、打号码、装配以及包装等十几道工序,全都有独立的企业(加工专业户)来完成,而且每道工序产生的半成品都通过市场来交易,共由800多家企业参与各道工序,集合起来才形成了一条完整的生产"流水线"。在年产30亿双袜子的诸暨大唐袜业集聚区,53.8平方公里的土地上分布着袜子生产企业2453家,同时,还有550家原料生产企业、400余家原料经销商、312家缝头卷边厂、5家印染厂、112家定型厂、305家包装厂、208家机械配件供应商、635家袜子营销商和103家联托运服务企业,并且建有占地400亩、共有商铺1600多间的大唐轻纺袜业城。分工出效率,就近建立交易市场从而促进分工,成为我国区域产业集聚获得集聚效应的有效途径。

# 第八章

## 找到产业转移与区域经济承接的

## 最佳结合点

■ 产业转移理论

■ 产业转移理论的一般分析

■ 欠发达地区承接产业转移与产业升级

■ 区域经济承接产业转移

# 第八章　找到产业转移与区域经济承接的最佳结合点

产业转移是指由于资源供给或产品需求条件的变化，引起产业在国际或一国内部以企业为主导的转移活动。产业转移是一个具有时间和空间维度的动态过程，是通过生产要素的流动从一个区域转移到另一个区域的经济行为和过程，是地区产业结构调整和升级的重要途径。产业转移是经济发展的必然规律，对区域经济而言，既有挑战也有机遇。

产业转移的基础是各国或地区之间存在的产业梯度，即由于地区间经济发展水平、技术水平和生产要素禀赋的不同，形成了产业结构发展阶段上的相对差异，这种差异具体表现为发达地区与欠发达地区之间、欠发达地区之间在产业结构层次上形成了明显的阶梯差异，并按高低不同呈阶梯状排列。由于这种产业梯度的存在以及各地区产业结构不断升级的需要，产业在地区间是梯度转移的。一个地区相对落后或不再具有比较优势的产业可以转移到其他与该地区存在产业梯度的地区，成为其他地区相对先进或具有相对比较优势的产业，从而提高承接地区的产业结构层次与水平。

## 一、产业转移理论

❋国外学者的研究主要从企业微观层次、地区中观层次与国际宏观层次进行；国内的研究尚处于初始阶段，一些区际产业转移的理论主要是对国外产业转移理论的学习与借鉴；国内关于国际产业转移的典型理论主要是卢根鑫的重合产业理论

产业转移是一种重要的经济现象。围绕产业转移所涉及的诸多问题，国内外学者展开了深入而卓有成效的研究和探讨，并形成了很多有代表性的理论。这些理论从不同的关键点上揭示了产业转移的路径和产业承接的方式。

（一）国外产业转移的相关理论

关于产业转移的相关研究，国外学者研究产业转移的理论主要从企业微观层次、地区中观层次与国际宏观层次进行具体的展开分析。

1.基于国际宏观层次的产业转移相关理论。日本学者赤松要（Kaname Aka-matus,1932）较早研究产业转移的理论。他通过研究日本棉纺工业发展史，提出"雁行发展形态理论"，该理论形象地说明产品"进口—国内生产—出口"的产业转移路径，以此表述后进国承接产业转移的全过程。此后，在赤松要理论的基础上，山泽逸平（1971）对此进行了拓展，提出"引入—国内生产—出口—成熟—反进口"的五时期"雁行模式"理论。该"雁行模式"理论为后进工业国及地区的发展提供了一般发展路径，此后逐步被引用以描绘日本对外直接投资等产业转移轨迹，也成为 1970 年后日本向东盟国家及地区（ASEAN）和亚洲新兴工业国及地区（ANEIS）进行产业梯度转移、推动日本经济快速发展的重要理论基础。该理论由于客观地阐述了东亚国家和地区依次相继起飞的客观历程，描述了后进国产业发展的顺序以及走向高度化的具体途径，具有比较高的知名度。然而该理论有它自身的局限性，不仅因为雁行发展形态理论自身有着严格的约束条件及前提要求，而且反映的只是日本当时的一种产业发展模式，随着经济的发展，该模式将逐步被新型区域产业发展模式所替代。

费农（R. Vernon,1966）从先行国家（地区）的角度，提出了产品生命周期理论。该理论主要从产品创新期、产品成熟期以及产品标准化期来解释产业转移的现象。在产品创新期，创新国或地区利用自身的技术优势研发新产品，产品的市场需求虽小，但附加值较高。在产品成熟期，由于创新垄断与市场寡头地位被打破，模仿产品逐步增多，原产品附加值降低，创新国或地区市场日趋饱和。在产品标准化时期，由于产品的技术及规模已完全成熟，创新国（地区）失去原有的垄断技术优势，价格与成本成为决定因素，而此时后起国（地区）已经具备明显的成本优势，促使创新国（地区）在后起国（地区）进行大量直接投资。因此，该理论系统反映了国际产业从先行国（地区）到后起国（地区）直接转移的发展过程。但该理论的局限性在于它仅反映了处于产品标准化时期的产业转移，没有反映出产品成熟期的产业及其生产环节也可以转移到后起国（地区）的情况。

小岛清（Kiyoshi Mojima,1973）综合了赤松要和弗农的相关理论，并从后起国发展的角度提出了边际产业转移理论。该理论强调边际产业按比较成本大小及其变动趋势依次转移,而且简单容易的技术先转移。转移产业的主体是边际产业,目的是为了实现边际产业的某种优势。该理论从边际产业转移的角度拓展了国际产业转移理论,并借此说明东亚雁行模式的分工机理,对产业区域转移理论做出了里程碑式的贡献。然而该理论过分强调比较优势,既没有明确说明直接投资的必要条件是绝对优势而不是比较优势,也没有说明对外投资能否增进投资国和东道国福利的情况。对此,大山道广(1990)强调这种顺贸易直接投资带来的"双赢效果"是不确定的。大山模型理论区分了国际产业转移和国际贸易的必要条件,指出绝对优势是国际产业转移的必要条件,而比较优势是国际贸易的必要条件。此外,劳尔·普雷维什(Raul Prebisch,1949)、刘易斯(Lewi S.,1984)、Z. A. Tan(2002)等学者分别从后起国、劳动力成本和产品系列的角度解释产业的国际转移现象。

2.基于地区中观层次的产业转移相关理论。区位产业的布局往往影响地区产业转移。不少学者从各种区位因素对产业布局的影响以及区位产业布局与产业区域转移关系的理论进行了研究,从成本和利润的角度解释了产业转移的方向问题。阿·韦伯(A. Weber,1909)较早提出了产业区位理论,认为最佳产业区位是工资、集聚和运费三者作用下的最佳,不同产业有不同区位指向。胡佛(Hoover,1937)进一步发展了韦伯的理论体系,通过考察更复杂的生产投入替代品、运输费用结构和规模经济,提出自然资源优势、运输成本和规模经济是构成复杂经济活动区位结构的三个基础因素。斯蒂格利茨从降低运输成本、外部溢出效应以及集聚经济等角度探讨区域产业转移,指出为实现规模经济和最小成本,制造企业倾向于市场需求大的区位选择。

与传统区域产业布局及区域发展模式观点不同,克鲁格曼首次提出引入空间问题的新经济地理区位理论,建立了中心—外围模型的空间经济研究框架,认为区域经济的集聚度与运输成本呈单调递减关系,强调资本外部性。维纳布尔斯(Venables,1996)指出由于该模型过分依赖于熟练劳动力和地区现有产业的临界规模,且存在空间流动性的假设,并不能有效解释全球范围内的产业集聚过程;而且新经济地理区位理论本身忽视了产业区位的讨论,缺乏对产业内部分工结构和市场结构的研究。

威尔斯和赫希哲验证并发展了产业梯度转移理论,主张高梯度区域(发达地区)先加快发展,然后通过产业及要素向低梯度区域(欠发达地区)转移,以带动整个经济的发展。亚历山大·格申克龙(Alexander Oerschenkron,1962)基于梯度转移理论提出反梯度转移理论，指出后进国或地区可以借鉴先行国或地区的成功经验,通过吸引资本和技术移入,采取与先行国或地区不同的方式和途径,以更少的时间和资源达到先进水平是完全有可能的。梯度推移与反梯度推移理论的核心问题是优先发展高梯度地区还是低梯度地区的战略抉择。当然,梯度转移理论的局限性主要是难以科学划分梯度,忽视了高梯度地区有落后地区,落后地区也有相对发达地区的事实。人为限定的梯度推进容易扩大不同梯度地区发展的差距,使得发达地区更发达,欠发达地区更落后。

3.基于企业微观层次的产业转移相关理论。由于有关国家和地区层次的产业转移理论大部分缺乏微观基础,因此,不少学者从企业的微观视角来研究产业转移的问题。邓宁(J. H. Dunning,1988)通过所有权优势(Ownership)、交易成本决定的内部化优势 (Internalization) 以及要素禀赋结构决定的区位优势(Location),综合地解释了跨国企业在产业转移过程中采用的路径和方式问题,以及发达国家产业转移的动因问题,为研究产业转移开辟了一个新的视野。产业转移中的企业迁移,对于区域经济结构具有十分重要的影响,国外有关企业迁移和产业转移的研究理论较丰富和成熟。研究企业迁移和产业转移的理论中,比较典型的理论是罗斯特朗(E. M. Rawstron,1958)反映企业空间差异的成本和收入曲线的企业迁移和产业转移动因理论。然而,该理论仅仅提供了企业迁移决策过程较为肤浅的解释(Pellenbarg 等,2002)。事实上,企业迁移决策过程是一个涉及多阶段的复杂过程(Louw,1996),企业迁移集聚区域的文化制度对于吸引中小企业迁入起着重要作用(Adelheid Holl,2001),而迁移的动机是迁移效果的最重要决定因素(Tirtitoglu,2002)。

(二)国内产业转移的相关理论

区际产业转移理论研究在中国国内尚处于初始阶段,一些区际产业转移的理论主要是对国外产业转移理论的学习与借鉴。国内关于国际产业转移的典型理论主要是卢根鑫的重合产业理论。卢根鑫(1997)从马克思主义经济学理论的视角,以产业分化为起点,以产业投资和贸易为研究重点,指出重合产业是产业国际转移的历史和逻辑结果。然而该理论纯粹从理论角度进行了阐述,缺乏阐明国内地区间客观存在的产业转移问题以及实证材料。何钟秀(1983)提出了较为典型的区域梯度转移理论。该理论指出由于区域间客观存在经济技术梯度,区域技术创新活动可通过城市系统由高梯度区域逐步向低梯度区域转移。通过区域梯度转移可以促进资本、技术等要素在不同梯度区间的流动(张可云,2001)。然而,区域梯度转移理论机械地把技术梯度的差异当作区域发展的固有顺序,忽视了地区间经济以及文化交流的双向性,容易导致资源配置严重扭曲。对此,郭凡生(1986)提出了区域的"反梯度理论",强调现有生产力水平的梯度顺序取决于区域经济发展需要,与先进技术引进的顺序有着很大差异,如果条件具备,也有可能由低梯度区向高梯度区反向推移,这为后进地区追赶先行地区提供了理论依据。从企业微观视角研究产业转移的典型理论是石奇(2004)的集成经济理论。该理论认为区域产业转移是企业通过对市场集成与重组来实现的,阐明了区域产业转移的微观机理。

### 二、产业转移理论的一般分析

＊产业转移的动因无非来自对利润的追逐,但这种追逐有可能是被动的,如先进地区生产要素成本的上升,也有可能是主动的,如具有先见之明的企业家积极开拓新的市场;动因主要有成本上升论、生命周期论、梯度转移论、产业成长演化论、集成经济论等

(一)产业转移的动因

在一个国家或者地区,任何产业的发展都必须有企业作为其微观基础。当某一产业中的企业不能够赢得足够的利润,而在其他地方可以赢得较高利润的时候,往往就会产生产业转移的现象。产业转移是发生于不同地区间的(一般是根据先进和落后来划分的)企业进行大规模转移的过程。从这个定义出发,产业转移的动因无非来自对利润的追逐,但这种追逐有可能是被动的,如先进地区生产要素成本的上升,也有可能是主动的,如具有先见之明的企业家积极开拓新的市场。通过对前人研究的总结,产业转移的动因主要有成本上升论、生命周期论、梯度转移论、产业成长演化论、集成经济论五种观点。

1. 成本上升与产业转移。生产要素的成本上升无疑会形成对企业利润的挤压,企业自然而然就会寻求成本更为低廉的地区作为其目标转移地,当大量企业都这样做的时候,产业转移就出现了。例如,刘易斯(1954)很早就探讨了产业转移动因问题。他在分析劳动密集型产业空间转移现象时曾指出:由于发达国家的人口自然增长率下降、非熟练劳动力不足,造成劳动力成本的上升,这种成本的

变化导致劳动密集型产业成本整体趋于上升,比较优势逐步丧失,并最终使之向发展中国家和地区转移(刘易斯,1984)。而劳动力无疑是最为重要的一类经济要素。如果我们按照刘易斯的这种思路去分析,就会发现,不仅仅是劳动力,资本、土地、公共服务等生产要素的相对价格上升,产业也会自发地由发达国家转向发展中国家,由发达地区转向欠发达地区。

2.生命周期与产业转移。对产业转移动因进行解释的另外一个重要理论是生命周期理论。生命周期理论中与产业转移相关的两种理论是区域生命周期理论和产品生命周期理论。二者的共同点是以特定主体的生命周期为出发点去解释企业或产业的空间转移现象。其中,区域生命周期理论认为,产业区就像有机生命体一样,要经历年轻、成熟和老年的过程。从成熟期开始,区域间的竞争逐渐剧烈,为了降低生产成本,避免竞争力的丧失,区域企业将进行多区域化布局,呈现出“分厂的转移”(Thompson,1966)。而产品生命周期理论认为,产品周期一般可以分为创新产品、成熟产品,创新地区生产和标准化生产三个阶段。在标准化生产阶段,进口地区开始生产并逐步出口返销创新地区。后来,产品生命周期理论被经济学家用来解释区域产业布局和转移问题,其基本含义是,产业转移是企业为了顺应产品生命周期的变化,是因产品生命周期产生的比较劣势而实施的空间移动阶段的产物,是产品演化的一种空间表现。

3.梯度结构与产业转移。梯度结构与产业转移理论是在区域生命周期理论和产品生命周期理论基础上提出来的。该理论认为,区域经济的发展主要决定于区域产业结构的优势,而后者又取决于区域主导部门在生命周期中所处的阶段。高梯度地区是产业创新活动集中的区域,随着主导部门生命周期阶段的变化,区域主导部门逐渐趋于衰退并逐步由高梯度地区向低梯度地区转移。当区域主导部门从高梯度地区向低梯度地区进行转移时,将会给低梯度地区带来雄厚的资本、先进的技术、生产和管理经验、成熟的制度架构、先进观念以及创新的市场精神等,而这些恰恰就是产业转移的表现,也是低梯度地区进行工业化的必要前提。

4.产业成长演化与产业转移。从产业成长演化的角度解释产业转移的观点主要有边际转移论、重合产业竞争论、产业成长论和产业演化的空间形态论等。边际产业转移论认为,日本战后的产业成长大致经历了“引进现代产业部门—优势—失去比较优势—向外转移”的过程。这一过程中的产业转移正是边际产业为了回避其产业比较劣势,显现其潜在的比较优势而实施的产业空间移动。重合产业竞争论认为,如果发达地区的产业与落后地区的产业存在着重合现象,那么,发达地区的重合产业将不能成为有力的竞争产业,必将因为难以立足而转移到低成本的落后地区。如果从产业成长的角度去考察,产业转移则是产业出于市场扩张、产业结构调整、追求边际效益最大化以及企业进一步成长的需要而实施的空间运动。如果从产业演化的空间形态角度考察,产业转移则有扩张性转移和撤退性转移之分。前者是区域成长性产业基于占领更大市场份额、扩大产业发展规模的动机而进行的主动的空间移动,后者则是区域衰退性产业迫于外部竞争与内部调整压力的战略调整从而实施的区域性的空间迁移。

5.集成经济与产业转移。所谓集成经济,是指企业通过市场重组和集成的方式对产业链中不同价值环节的最优利用。产业转移服务于企业寻求集成经济的这一过程。从微观层面上观察集成经济的目的,这一过程较少要求人力资本要素的生产职能转移、分销职能转移,并且总是从加工装配阶段开始,以服务职能转移为主,通过资本、技术、管理经验等要素的积累,过渡到零部件和原材料的本地化生产并最终实现产业转移。因此,产业转移是大量企业在技术手段之外通过对市场的重组和集成实现经济性的结果。

(二)产业转移的方式

根据不同的划分方式,产业转移的方式是不同的。通过对产业转移的脉络进行梳理,现将产业转移的主要方式总结在图8-1中。

如图8-1,如果按照产业转移的手段来分,产业转移的方式则可分为市场扩张型和成本节约型两种,其中市场扩张型又称为市场拓展型,主要表现形式是对外部市场空间的进入和占领,成本节约型则主要是由于外部竞争和内部压力围绕成本进行的有目的的战略性转移。从产业转移的客体来看,产业转移主要有劳动密集型、资本密集型、资源密集型和技术密集型。顾名思义,这些产业转移都是根据地区不同的资源禀赋进行的。产业转移的流动方向可以分为水平转移和垂直转移两种,水平转移主要是指同质区域之间的转移,而垂直转移主要是指在梯度差异区域之间进行的产业转移。按产业转移的范围来划分,又可将产业转移分为国际产业转移、区际产业转移和城乡产业转移三种方式。国际产业转移着重强调国家与国家之间的产业转移;区际产业转移则注重一个国家内部各个地区之间的产业转移;而由于城乡之间的巨大差异和工业化进程的不断演进,城乡之间的产业转移也是一类值得研究的重要现象。

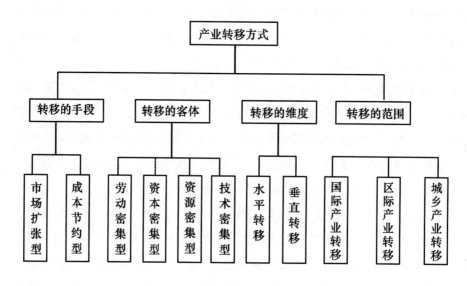

图 8-1  产业转移的方式

(三)产业转移的效应

产业转移的效应可以分为两种,一种是产业转移对产业转出地区产生的产业结构优化升级效应,一种则是产业转移对产业转入地区的经济效应。这些效应表现在生产要素注入效应、产业结构优化升级效应、产业关联带动效应、技术扩散效应、竞争学习效应、制度创新效应、思想观念更新效应等多个方面。

1.生产要素注入效应。生产要素是产业可以获得的、能使其生产出对社会有用产品(服务)的有形物质或无形物质,主要包括有形要素和无形要素。前者如自然资源、劳动力和资本等,后者如劳动者技能、知识和生产技术及制度等。传统农区的一个显著特点就是自然资源、劳动力等要素丰富,资本、技术、知识等要素短缺,而这恰恰是这些农区工业化发展缺乏动力的重要原因之一。由于产业转移往往伴随着大量的资本、技术的转移,也伴随着其他无形要素的进入,往往具有综合性的效应,因而承接产业转移能够使传统农区迅速积累起相对稀缺的生产要素,为区域经济的起飞创造条件。

2.产业结构优化升级效应。一般而言,承接产业转移会直接或间接地影响传统农区产业结构的变动。一方面,外来先进产业的移入,本身将使移入区产业结构中采用先进技术的部门,在数量上和比例上都会相应地增加,从而使区域产业结构体现出向高级化发展的趋势;另一方面,先进产业的移入,意味着新的生产函数的导入,这种蕴含新技术的生产组织方式将会成为一种"扩散源",对传统农区原有的处于较低层次的各产业发生"升级转型"运动,对其快速增长产生广泛的直接或间接影响,从而逐步提高传统农区整个产业的技术集约化程度,促进产业结构沿着高级化的方向演进。

3.产业关联带动效应。由发达区域向传统农区转移的产业,由于其在传统农区产业中具有明显的比较优势,往往会成长为该区域的主导产业,进而对传统农区其他产业产生重要的关联带动作用。产业的关联带动作用实质就是移入产业关联效应的发挥过程,主要包括:

(1)后向关联效应。即移入产业的发展会在当地对各种要素产生新的投入要求,从而刺激传统农区相关投入品产业的发展。

(2)前向关联效应。即移入产业的活动能通过压缩下游产业的投入成本而促进下游产业的发展。或者,客观上造成各个产业之间结构失衡而使其某些瓶颈问题的解决有利可图,从而为新的工业活动的产生创造基础,为更大范围的经济活动提供可能。

(3)旁侧关联效应。即移入产业的发展会引起其周围的一系列变化,如促进技术性强的高素质劳动力队伍的建立,促进处理法律问题和市场关系的专业服务队伍的形成,以及促进建筑业、服务业的发展等。总之,产业的关联带动作用是产业转移的重要功能,它将在很大程度上促进承接地经济发展的整体水平。

4.技术扩散效应。由高经济梯度的发达地区向低经济梯度的传统农区的产业转移,转移产业的生产水平、技术含量一般都要高于当地产业,从而使产业的技术扩散效应能够在当地直接发生作用。技术扩散效应是指在产业转移过程中输出的先进技术被承接方消化吸收所导致的技术进步,以及技术转移过程所带动的承接方的经济增长。技术溢出效应产生的途径一般有两种:

(1)技术溢出效应产生的直接途径,即由于移入产业所包含的技术本身被传统农区产业模仿、消化、吸收,导致移入地区产业的技术进步。

(2)间接途径,即具有先进技术的移入产业在对传统农区相关产业产生前后波及作用的过程中,往往会拉动后者的技术进步。

无论哪种途径,都将促进传统农区产业技术水平的提高,有利于承接地的经济发展。

5.竞争学习效应。移入产业与传统农区当地的原有产业相比,在资金、技术、人才、市场、营销手段等方面往往占据着竞争优势,这种优势使当地产业卷入竞争之中,有可能使移入产业打破传统农区原有产业的低效垄断局面,改善区域产业的市场结构;另一方面,在竞争压力下,原有产业要在与移入产业的竞争中求得生存与发展,将不得不采用先进技术,或进行技术创新,通过新观念、新设计、新工艺、新产品等拓展市场,创造新的市场消费取向,以提升产业竞争力。因此,与产业转移相伴随的内外产业间竞争,是传统农区经济运行效率得以提高的重要因素。

6.制度创新效应。产业转移还会给承接地区带来制度创新效应。由于产业转移需要承接地区配套各种制度安排,以保证产业能够顺利承接和运作,因此,承接地区的制度安排就需要做出相应调整。这种制度安排上的调整往往意味着制度的变迁和创新,因为它意味着对传统制度运作方式的打破。例如,在产业转移过程中当地政府有可能采取更为先进和优惠的引资政策,出台与之配套的土地制度和税收制度等等;从产业转移的企业层面来看,一些企业可能采取更为科学的现代公司治理结构。这些都能够促使承接地区的制度安排变化并带来创新效应。

7.思想观念更新效应。思想观念落后一直是传统农区发展的重要障碍。传统思想观念突出地表现为因循守旧、小富即安的思想,自然经济、小农经济的思想,平均主义和"等靠要"依赖心理等。这些都是传统农区自我发展能力欠缺的重要思想根源。来自发达地区的产业转移将有助于改变这种状况。因为在承接产业转移的过程中必然伴随着与市场经济相适应的新文化的传播与扩散,即产业转移带来的不仅是品牌、资金、技术等有形资源,还有符合市场经济要求的新思想、新观念、新意识和新的管理方式等无形的资源。这些无形资源将对传统农区的旧有思想观念起着融合、更新、改造的作用,为传统农区发展注入持久的精神动力。

通过对以上效应的论述,可以将其总结在图8-2中。

*(四)产业转移的影响因素*

那么又是什么因素会对产业转移产生影响呢?大体来看,如下因素起到了决定性的作用:地理区位条件、产业转移成本、区域市场发育度、文化差异程度、社会环境及制度安排等因素。对影响产业转移的因素进行总结,如表8-1所示。

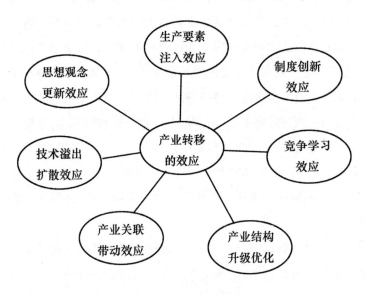

图 8-2　产业转移的效应

表 8-1　产业转移的影响因素

| 影响产业转移的因素 | 地理区位条件 | 基础设施条件 | 交通、通讯、城市化率 |
|---|---|---|---|
| | | 环境承载能力 | 森林覆盖率、空气质量、水土污染程度 |
| | 产业转移成本因素 | 生产要素成本 | 劳动力成本、土地成本、资本成本、水电成本 |
| | | 移植成本 | 显性沉没成本、基于生产协作网络不易移植性的隐性成本 |
| | 区域市场因素 | 市场容量 | 潜在市场容量、现实市场容量 |
| | | 市场化程度 | 商品市场、劳动力市场、技术转让市场 |
| | 文化差异程度 | 社会开放度 | 外贸依存度、外商投资额 |
| | | 市场观念 | 重农轻商、重义轻利、地方保护、创业意识 |
| | 社会环境 | 人才状况 | 人才总量、人才结构 |
| | | 科技水平 | 科技经费支出、科技成果转化、技术合同成交额 |
| | | 社会环境 | 公平竞争环境、安全稳定的投资环境 |
| | 制度安排 | 社会环境 | 产业政策、产业转移倾斜政策 |
| | | 政府行为 | 政府效率、招商引资力度、公共信息平台 |

在这些诸多影响产业转移的因素中,地理区位条件的重要性不容置疑。在产

业转移的相关理论中,刘易斯的劳动密集型产业转移理论、小岛清的边际产业扩张论和其他区域经济学家所推崇的梯度转移理论都很好地说明了这一点。产业转移成本因素主要包括生产要素成本和产业移植成本。传统的产业转移理论认为,欠发达地区的生产要素成本要低于发达地区,因此会形成一种推动发达地区的劳动密集型产业向欠发达地区转移的内在动力。生产要素成本主要包括劳动力成本、土地成本、原材料成本等。至于产业转移中的移植成本,主要分为显性沉没成本和隐性移植成本。显性沉没成本中包括厂房和设备等固定资产的损耗。隐性成本主要是由于在产业转移过程中,先行转移的企业会失去在发达地区的原有社会资源,与此同时还会失去原有的成熟的产业链支持,并最终可能导致部分成本上涨。

另外,文化对经济的影响也是十分巨大的。传统农区的文化属于典型的农耕文化,满足于小富即安的现状,呈现出自给自足、封闭内向的特征。传统农区的这种文化特征对经济的影响是深远的。一方面形成了在传统农区潜意识里还存在强烈的封闭思想,缺乏对外经济交流的主动愿望,区域经济合作意识不强;另一方面也导致了传统农区产业呈现"内循环"态势,对外依存度低。而这种内向封闭的自给自足文化对传统农区承接产业转移有着非常致命的伤害。我们可以从经济开放度的差别,即外贸依存度、进出口额、外商投资等经济指标的差异来探索这种文化对产业转移的影响。而小富即安的小农经济与勇于投资创业的现代市场经济的差别,则完全可以从居民储蓄率、私有经济发展程度、资本形成等指标中找出答案。

### 三、欠发达地区承接产业转移与产业升级

✳ *产业转移的承接不是单方的过程,而是多方相互博弈的动态过程,是政府作用为辅、市场机制为主的产业结构调整过程*

(一)产业升级

1.产业升级的概念及内容。产业升级就是指在特定的区域内实现产业向更好的状态转变。这里所说的产业升级不是绝对而言的。产业升级的内容包括两个方面:产业结构合理化和产业结构高级化。产业结构合理化是指各产业内部保持符合产业发展规律和内在联系的比例,保证各产业持续、协调发展,同时各产业之间协调发展。从静态来看,三次产业以及各产业内部的比例要相互适应;从动

态方面看,各产业内部以及三次产业之间增长与发展的速度要相互协调;从质态方面看,各产业部门的联系、变动和流向要符合经济发展过程的一般规律。产业结构的高级化是在产业技术创新的基础上发挥主导产业的作用,不断提高产业结构的素质,为经济发展创造必要的条件,实现产业结构由低级到高级的产业演进过程。它包括三个方面:一是在整个产业结构中,由第一产业占优势向第二、三产业占优势转变;二是由劳动密集型产业占优势向资本、知识密集型产业占优势转变;三是由制造初级产品的产业占优势向制造中间产品、最终产品的产业占优势演进。

对于产业升级问题,需要分析的问题有两个:一是什么事物的升级,即升级的维度;二是更好的状态意味着什么,即升级的具体含义。区域产业升级具有极为丰富的含义,归结起来,可以从四个角度来理解,即产业结构、劳动地域分工、企业创新、集群视角等。(见表8-2)

表8-2 产业升级分析

| 升级概念 | 升级的领域 | 升级的理论基础 | 升级的含义 |
|---|---|---|---|
| 产业结构升级 | 从带有特定含义的产业宏观统计特征理解产业及其升级现象 | 在产业分类的基础上,促使产业发展趋向于某种特征 | 升级意味着二、三产业比重不断增加;产业由低级向高级,由低劳动生产率向高劳动生产率,由劳动密集向资本密集、技术密集演化 |
| 劳动地域分工与产业转移 | 从产业发展的区域差异以及空间相互作用角度理解产业发展 | 以比较优势为基础,考察区域间的专业分工以及区域产业结构演化过程等 | 升级意味着根据比较优势和产品生命周期选择适当的产业制造环节并积极参与区域分工与贸易 |
| 企业创新与升级 | 将产业升级还原到产业微观层面——企业,以企业的升级目标作为产业升级的目标 | 通过挖掘企业家职能、企业创新机制等微观机制理解产业升级 | 升级意味着企业层面的创新以及向全球价值链的高附加值攀升 |
| 以集群特征为目标的产业升级 | 以区域产业发展的整体特征与集群作用作为产业发展的刻画维度 | 以生命力旺盛的区域产业现象为基础讨论区域发展可能 | 升级意味着区域产业发展对集群特征的目标设定以及对集群作用的追求 |

2.产业升级的目标。从企业角度来说,企业升级的目标是通过在市场竞争的

条件下积极创新、以获得高的附加值;从区域层面来说,区域升级的目标是关注区域经济社会的和谐发展和可持续发展。(见表8-3)

表8-3 区域产业升级目标

| 目标 | 企业 | 区域 |
|---|---|---|
| 重要主体 | 企业 | 协会、经济主管部门、政府等 |
| 升级目标 | 创新以获得更多的附加值 | 针对地方产业特点发挥优势、消除瓶颈、多主体互动合作 |
| 主要形式 | 工艺流程升级、产品升级、功能升级、链条升级 | 产业配套、园区支持、要素支持、产业软环境、知识来源、外部侵害、协同功能、集体品牌等 |
| 升级重点问题 | 企业竞争战略与活动能力,企业技术与管理水平提升,企业新产品开发与市场开拓 | 为企业目标实现提供外部环境条件,为区域目标实现提供行动基础 |

(二)欠发达地区承接产业转移与产业升级

承接产业转移是具有后发优势的国家和地区进行产业结构优化升级的手段之一。产业转移的效应有优势升级效应和结构优化效应,一方面,先进产业的移入本身将使承接产业转移的区域产业结构中采用先进技术的部门在数量上和比例上增加,从而使区域产业结构体现出高级化的趋势;另一方面,先进产业的移入,意味着新的生产函数的导入,这种蕴含新技术的新的生产组织方式会作为扩散源,对原有的相对处于较低层次各等级的产业发生升级转型运动,对其增长产生广泛的直接或间接影响,从而逐步提高产业整体的技术集约化程度,促进产业结构向高级化方向演进。产业转移改变了参与地区的产业之间关联和模式的选择路径,引起产业关系的变动和演化,为产业结构升级提供了发展和拓展的空间。而且产业转移的承接不是单方的过程,而是多方相互博弈的动态过程,是政府作用为辅、市场机制为主的产业结构调整过程。产业转移一方面能提升本地产业的经济梯度,但另一方面会对承接方的产业造成冲击,这关键是看承接方的承接能力如何。潜在承接方要对转入产业的优化能力以及在转入产业基础上的创新和整合能力进行提升,否则当潜在承接方没有这种承接能力时,有可能失去利用产业转移来进行产业结构升级的机会。如果潜在承接方已经成为承接方而其创新和整合能力弱,就实现不了产业升级的目标。在产业转移成为促进全球各地经济发展潜力的背景下,产业转移已经成为客观的经济规律。只有那些能遵循客观经济规律和抓住机遇的地方,才能以合理的速度提升本地的经济结构。

当前,产业转移已经由劳动密集型的产业转移过渡到资本密集型和技术密集型的产业转移。产业转移过程中的承接方一般会采取积极主动的措施来迎接产业转移的大趋势,利用产业转移所产生的管理技术溢出效应、资金要素注入效应、关联带动效应、结构优化效应等实现后发优势,实现产业结构升级。因此,在产业转移的过程中,欠发达地区政府和企业准确定位,以积极主动的姿态来迎接产业转移带来的机会,以便充分利用转出地的生产能力、技术力量、管理水平、人力资源等来促进本地的产业结构优化升级。除了利用转出地的这些有利因素外,还在此基础上创新,从而为本地经济结构的进一步优化升级打下坚实的基础,增强后发优势。

### 四、区域经济承接产业转移

※基本是政府主导型,政府和企业都要准确定位,以积极主动的姿态来迎接产业转移带来的机会,充分利用转出地的生产能力、技术力量、管理水平、人力资源等来促进本地的产业结构优化升级

（一）四川泸县承接产业转移

为抓住并用好扩权强县试点机遇,加快承接产业转移,2008年泸县专门制定了《泸县承接产业转移加快县域经济发展的实施意见》。该意见指出要紧紧围绕"工业强县,劳畜富民"战略,以实施充分开放合作为抓手,以推进新型工业化为重点,以完善基础设施为保障,以打造工业园区为平台,突出发展酒类、纺织、机械三大产业,努力把泸县建成承接产业转移和成渝经济圈产业辐射的重要基地。

1. 工作重点

（1）做强三大优势产业。坚持优势优先,重点突破,着力增强优势产业支撑带动作用。做强酒类产业。发挥白酒原产地优势,加快兆雅等酒业集中区建设,推进品牌建设,着力打造全国优质白酒产业大县。做实纺织服装业。依托临港经济园区、外贸加工集中区,积极引进制衣、鞋帽等劳动密集型项目,扶持发展城北工业园区纺织工业。做大机械产业。依托成渝经济圈汽车、摩托车配件向外扩张之势,引进资金、技术和人才,大力发展机械制造业。实施中小企业成长工程,着力培育一批竞争力强、市场前景广、知名度高的核心企业。大力实施集团战略,支持企业

间重组和合作,引导生产要素向重点骨干企业集中,向产业化龙头企业集中,向优势企业和优势品牌集中。

(2)着力发展园区工业。推进工业向园区集中、企业向产业集中、产业向集群集中。统筹县中小企业创业园规划,合理产业空间布局,加强基础设施建设,提升园区承接产业转移吸纳能力、扩张能力、带动能力和产业集中度。大力发展城西工业园区,优化整合现有企业用地规模,提高入驻企业投资强度,加快城西工业园区 C 区建设步伐。扶持发展城北工业园区,提高园区产业层次,加快发展纺织、食品工业。改造提升城南工业园区,促进产业结构优化升级,发展循环经济。集中力量打造临港经济园区,实现港口物流与临港工业良性互动,逐步建设成为泸县重要的经济增长极,泸州市重要的经济增长点,长江中上游地区重要的外向型临港物流经济园区。坚持县镇互动开发, 鼓励因地制宜发展镇级特色工业小区。各镇引进项目入驻县中小企业创业园,其招商引资任务按县 60%、镇 40% 比例计算,税收按县 70%、镇 30% 比例分成,其余指标按谁引进、谁统计、谁考核的原则办理。

(3)进一步壮大服务业。大力提升服务业对现代工业的推动作用。紧紧依托长江水道和西南出海通道,大力发展现代物流业,建设临港物流集散中心。完善现代流通体系,优化商业网点布局,加快发展现代流通业态,建成川南地区重要的商品集散地。推进中小企业服务体系建设,培育和完善资本、技术服务、融资担保、信息咨询、劳动力等生产要素市场。加快发展文化旅游业。

2.促进政策

(1)财政促进政策

一是建立承接产业转移专项资金。县财政每年预算安排承接产业转移专项资金不低于 1000 万元,并视财力状况逐年增加。承接产业转移专项资金主要用于县中小企业创业园基础设施、专业投资促进机构、公共服务平台建设,鼓励类重大产业转移项目财政资金支持和银行贷款贴息, 支持企业技术改造、技术创新、品牌培育,扶持企业做大做强等。同时,县政府每年从房地产等经营性用地项目的土地出让金纯收益中, 提取 5%~10% 的资金用于县中小企业创业园基础设施建设。

二是减免各项规费。对行政事业性收费,本着能免则免、能减则减、就低不就高的原则实行减免。凡新入驻县中小企业创业园的工业企业,免收城市基础设施配套费和当年城市生活污水处理费、入户费,供电、供水、供气管线统一接通到厂区红线,其余行政事业性收费按泸县人民政府《关于公布泸县中小企业创业园入驻工业企业价费政策目录的通知》(泸县府发〔2008〕57号)执行。新办第三产业的行政事业性收费按中共泸县县委、泸县人民政府《关于加快第三产业发展的意见》(泸县委发〔2006〕4号)执行。

三是扶持重点项目。对县确定的重点产业转移项目,实行"一事一议、一企一策",通过定项补助、贷款贴息等方式,在土地、技改等方面给予全力支持。

四是培育知名品牌。除享受省、市政府有关政策外,企业当年创立中国驰名商标、中国名牌产品、国家免检产品、中国出口名牌等国家级品牌的,县政府一次性奖励每项10万元;当年创立省级名牌产品、省著名商标,以及盘活原部省级品牌且年销售收入达到5000万元的酒类企业,由县政府一次性奖励5万元。

五是培植龙头企业。工业企业当年销售收入新上1亿元及跨亿元的,县政府一次性奖励企业2万元,退出后重新进入不计奖。对获得省级以上农业产业化龙头企业的,县政府一次性奖励企业1万元。

六是奖励纳税大户。当年纳税额100万元以上的工业企业和纳税额50万元以上的非工业企业和酒类企业,无违法违纪不良记录的,由同级政府按纳税总额的1%予以奖励。税收属县镇分成的,按分成比例由县镇共同出资奖励。享受税收返还政策的企业在扣除返还税额后,入库税金达到获奖条件的,按前述标准计奖。

七是引进专业人才。对引进硕士研究生以上专业技术人才连续工作3年以上的企业,经有关部门认定,每引进1名,县政府一次性奖励企业1万元。

(2)税收促进政策

一是全面落实国家对西部大开发的区域性产业税收优惠政策。企业所得税优惠政策,按《中华人民共和国企业所得税法》《中华人民共和国企业所得税法实施条例》及《国务院关于实施企业所得税过渡优惠政策的通知》(国发〔2007〕39号)有关规定执行。

二是对新引进生产性固定资产投资500万元以上,符合国家鼓励类发展的项目或产品有市场的技改和新办企业,厂房及办公用房的建筑营业税按税收渠道由同级政府全额补助留县部分,并从投产之日起,企业所得税按国家税收政策缴纳后,留县部分由同级政府全额补助两年,减半补助三年。对符合国家发展改革委《产业结构调整指导目录》中鼓励类产业项目为主营业务,且主营业务收入占企业总收入 70%以上的企业,2010 年前减按 15%的税率征收企业所得税。

三是企业为研究开发新产品、新技术、新工艺,在一个纳税年度实际发生的技术开发费用,未形成无形资产计入当期损益的,在按规定实行 100%扣除基础上,允许再按当年实际发生额的 50%加计扣除;形成无形资产的,按照无形资产成本的 150%摊销。经省级认定的创新型转移企业,可参照前 3 年实际发生技术开发费的平均数,实行研发经费预提留列支,年终据实结算。

四是企业符合条件的技术转让所得,在一个纳税年度内,不超过 500 万元的部分,免征企业所得税;超过 500 万元的部分,减半征收企业所得税。

五是企业投资《公共基础设施项目企业所得税优惠目录》中规定的国家重点扶持的公共基础设施项目和从事符合条件的环境保护、节能节水项目的所得,自项目取得第一笔生产经营收入所属纳税年度起, 第一年至第三年免征企业所得税,第四年至第六年减半征收企业所得税。企业购置并实际使用的环境保护、节能节水、安全生产专用设备,其设备投资额的 10%可从企业当年的应纳所得税额中抵免。

六是对符合国家政策规定的中小企业信用担保机构,免征 3 年营业税。创业投资企业采取股权投资方式投资于未上市的中小高新技术企业 2 年以上的,可按其投资额的 70%在股权持有满 2 年的当年抵扣该创业投资企业的应纳税所得额。当年不足抵扣的,可在以后纳税年度结转抵扣。

七是企业发生的合理工薪金支出,准予税前扣除。企业在生产经营活动中发生的不需要资本化的借款费用,准予税前扣除;企业发生的与生产经营活动有关的业务招待费支出, 按照发生额的 60%扣除, 但最高不超过当年销售收入的0.5%;企业发生的广告费和业务宣传费,不超过当年销售收入 15%的部分准予扣除,超过部分准予在以后纳税年度结转扣除。

八是投资者在县中小企业创业园建设标准厂房出租缴纳的营业税地方留成部分,由同级政府按 80%的比例补助投资者三年;补助第一次出售所缴纳的营业税、契税、城建税、房产税及附加地方留成部分。

(3)金融促进政策

一是加强金融保险生态环境建设。大力引进和发展金融信贷机构。鼓励金融机构为企业提供优质金融服务,改进对企业的资信评估管理,扩大担保、抵押、质押范围,探索应收账款、知识产权和非专利技术等质押贷款,积极开展信用贷款。支持有实力的企业按照国家有关规定发行企业债券和短期融资券,允许企业以股权融资、项目融资和资产证券化融资等方式筹集资金。

二是完善担保体系。到 2010 年,力争县中小企业信用贷款担保有限公司担保基金规模达到 1 亿元;建立不同所有制形式的中小企业贷款担保机构;支持有经济实力的企业集团实行连锁担保;探索其他担保形式。推进银行开展贷款担保资格认证。组织引导保险机构积极做好企业的保险服务工作。

三是推进政银企合作。进一步健全政府、银行、企业联系会制度和项目推荐会制度,增加和提高政银企信息交流沟通的数量与质量,实行金融机构事前介入项目建设制度,促进政银企广泛合作,为企业搭建融资服务平台。

四是鼓励金融部门支持工业企业发展。金融机构当年向企业新增贷款的,县政府按每月平均数计算新增贷款余额的 3‰给予奖励。

(4)要素支持政策

一是用地政策。对入驻县中小企业创业园、符合泸县鼓励投资产业和发展规划、投资强度 50 万元/亩以上、按期竣工投产、实现预期税收的工业项目,本着一企一策的原则,以泸县工业用地最低出让价出让。

二是用工和培训政策。享受政府扶持和补贴的职业学校与培训机构,应根据企业用工需求,开展订单培训和定向培训。用工企业根据需要组织劳动力定向培训的,按照培训数量,提供一次性培训补贴支持;符合就业再就业优惠政策规定的,可申请享受相应的社会保险补贴。县中小企业创业园内的企业,在劳动和社会保障部门指定的培训机构开展的订单职业技能培训,按就业培训补贴有关规定给予补贴。

(5)工商促进政策

一是放宽转移企业集团登记准入条件。企业集团母公司注册资本由原来的 5000 万元以上降低为母公司注册资本 3000 万元以上,控股子公司可由原来的 5 个以上降低为 3 个以上,母子公司注册资本总额由原来的 1 亿元以上降低为 5000 万元以上。

二是放宽转移企业名称的行业限制。企业注册资本为 200 万元以上的,经营范围所涉及的行业为 2 个以上的,可申请市级名称中使用"实业"字样表述行业特点。

（6）其他促进政策

一是实施审批全程代办制度，由县政务服务中心牵头，相关职能部门协助，为转移企业在最短时间内办完项目审批所有手续。

二是对在产业转移中转出地获得认定的高新技术企业和产品等资格，转移到泸县后不需要重新评审，直接予以确认。

三是外来投资业主及其家属可办理本县户口，持暂住证的可视为本地市民，在子女入学、就业、就医等方面给予优先照顾。对入驻园区企业的高级管理人员（董事长、总经理），以及企业引进的具有高级技术职称专业人员的子女在县内学校入学提供保障。

四是转移到泸县的重点纳税大户，符合人大代表、政协委员条件要求的，可以推荐为人大代表、政协委员候选人。

五是对贡献突出的外来投资者，可以授予"荣誉市民"称号。

（7）加强组织领导

县上成立以主要领导为组长的承接产业转移工作领导组，研究制定承接产业转移的政策措施，协调解决承接产业转移中的重大问题。领导小组办公室设在县投资促进局，具体负责承接产业转移中的组织协调、跟踪服务、督查督办、考核奖惩等日常工作。各镇和有关部门要统一思想，提高认识，把推进承接产业转移摆到经济工作的突出位置抓紧抓好，建立相应的领导机构，落实责任部门和责任人。对重大产业转移项目和重大投资促进活动中签约的重点项目，实行县级领导联系制、部门督办责任制、跟踪落实责任制，实行"签约—落地—投产—达效"全程跟踪和服务。建立目标责任制度，对承接产业转移工作进行绩效考核，对成绩突出的单位和个人进行表彰奖励。

（8）大力招商引资

一是强化项目包装推出。由县投资促进局牵头，县发展和改革局、县经济和商务局、县建设局、县国土资源局等部门参与，加快建立项目包装、储备数量和质量评价目标体系。结合实际，立足长远，论证包装储备一批带动能力强、质量高、效益好的大型项目，委托有资质机构进行策划包装、重点推介。各级财政要在每年招商引资经费中安排项目策划包装专项经费，用于项目特别是重大项目的策划包装。鼓励引导和支持各类企业以市场为导向，加大资金和技术投入，策划包装一批适应市场需求的招商项目。

二是实行全民招商引资。把招商一线作为培养和选拔干部的主战场,选派一定数量的后备干部,到东部和沿海发达地区挂职锻炼、学习交流或直接开展招商引资工作,把学习外地成功管理经验和招商引资的成绩作为提拔使用的重要依据。

三是创新招商引资方式。坚持企业为主的招商策略,依托骨干企业引资嫁接,依托外来企业增资扩股,依托在泸县的外商以外引外,依托外贸企业延伸拓展,依托民营企业主动出击,不断扩大以企招商的规模。广泛开展专题招商、定点招商、驻点招商,积极做活中介招商、会展招商、网络招商,大力发展"归雁"经济。

(9)营造良好环境

一是切实改善承接条件。依法合理利用土地,做好土地利用总体规划修编工作,优先保障县中小企业创业园、重点项目和产业集群所需建设用地。提高能源保障能力,加强电煤生产和调运,加强电力、天然气网络建设。推进道路交通等基础设施建设,构建便捷通畅的大通道。

二是优化政务发展环境。建立以政府信用为核心的社会信用体系,保障政策措施的可持续性。加强法制环境建设,保障产业转移企业的合法权益。加大"治乱减负"力度,县级部门到工业园区检查工作,须报经园区管委会同意后,方可进行;大力整顿市场秩序,着力营造公平、公开、公正的竞争环境。深化行政审批制度改革,建立健全行政效能电子监察系统,加强政务服务中心建设,简化审批手续,提高审批速度。除法律法规有明确规定外,任何部门(单位)不得设置前置性审批事项。全面推行政务公开,认真落实首问负责制、限时办结制、责任追究制,切实履行一次性告知义务和服务承诺制。积极探索"并联审批""联合审批"等审批服务方式,提高政府服务效能。

(二) 湖北郧县承接产业转移推动区域经济的思路

从 20 世纪 80 年代起,我国东南沿海地区凭借得天独厚的优势,抓住港澳台地区与东南亚国家产业转移的机遇,通过承接国际产业转移,大力发展"三来一补"型的加工贸易,创造了近 30 年的经济奇迹。在完成了必要的资本和技术积累之后, 不论是从产业结构优化的内在要求, 还是从要素成本上升的外在压力来看, 东南沿海地区劳动密集型产业和部分资本密集型产业都有必要适时向腹地转移,以实现本地产业升级,获得产业持续发展的动力。2002 年以来,珠三角及长三角地区外迁企业数量和规模逐年增加。2007 年 7 月,商务部、海关总署发布了 44 号公告,对加工贸易政策进行了重大调整,以广东为代表的东南沿海发达地区积极适应新形势的要求,加速推进产业转移战略,这给中西部地区带来巨大的发展机会。

面对这一产业转移的浪潮,郧县抓住重大战略机遇乘势而上,努力融入区域经济发展板块,在积极承接沿海产业链的转移对接中,谋求到了更大的发展。

1. 郧县承接产业转移的优劣势分析

(1)郧县承接产业转移的优势和条件

一是区位优势明显。郧县俗有"鄂之屏障,豫之门户,陕之咽喉,蜀之外局"之称。水陆交通形成网络,客货运输四通八达,襄渝铁路穿境而过,银武高速横跨东西,209、316 国道和 5 条省道构成的陆路交通通达邻省,以汉江、堵河 2 条流域为主的水路交通直达长江。郧县青龙山国家级地质公园位于湖北省"武当山—西安"精品旅游线路的中点。郧县是"鄂西北旅游经济生态圈建设"的重要一环,与不足 500 公里的西安、重庆、洛阳等著名旅游城市构成中国最具魅力和最有潜力的黄金旅游圈。郧县作为湖北省既享受"西部大开发"又享受"振兴东北老工业基地"优惠政策的县市,具有不可替代的战略地位和作用。

二是成本优势突出。郧县土地、水电、劳动力价格仅为沿海发达地区的 1/2 或 1/3,距"车城"十堰 27 公里,距陕西西安 300 公里,目前连接十堰城区和郧县的"汉江大道""汉江二桥"也已动工,可方便到达南阳、郑州、襄樊、重庆等地。规范、完善的物流产业群体使郧县的物流成本比周边地市低三分之一,加上资源丰富,工业生产经营综合成本相比也较低。

三是资源优势显著。境内的绿松石在国际市场上处于主导地位。矿产资源有石煤、金、银、铜、锰、镁以及大理石、水晶石、古生物化石等 40 余种,且储量大、品位高。全县有 1360 余种药材,是天然的药材宝库。拥有青龙山国家级地质公园和苍浪山森林公园,以及龙吟峡、虎啸滩、九龙瀑等一批旅游景点。全县自然景观 50 多处,人文景观 68 处,生态秀美,环境优越。

四是产业基础较好。郧县拥有全国 41 个工业大类中的 27 个工业大类,形成了汽车配件、农副产品加工、矿产加工、机械加工、建筑建材、医药化工等 6 大主导产业,具备一定的产业发展配套能力。随着经济开发区、民营工业园、谭山国际石材城、鲍峡绿松石工业园等一批专业园区的建成,产业聚集效应开始显现。

五是投资环境不断改善。经过近几年的发展,郧县交通、水利、通信等重大基础设施建设取得了实质性进展,建立了外经外贸、招商、外商投诉协调等外向型经济服务机构,金融、咨询、律师、审计、公证服务规范,商品、信息、房地产市场活跃繁荣。

(2)郧县大规模承接产业转移的比较劣势

一是在享受产业转移优惠政策方面不占优势。在东部大规模的产业转移中,郧县未被商务部确定为加工贸易梯度转移重点承接地,因而不能享受国家开发银行向承接地提供的贷款、利率优惠、债券承销等金融支持,也无法享受在物流、通关、产业配套方面的国家政策支持。

二是郧县承接产业的转移面临更高的环境要求。作为南水北调中线工程的水源区,郧县在承接产业转移方面面临更多的环境限制。

三是掌握高新产业技能的熟练工人才不足。根据郧县的教育现状,短期内要培养出大批的工程技术人才不太现实。

四是科技进步基础较弱。截至2007年底,郧县经湖北省科技厅认定的高新技术企业6家,不到全省的1%,累计开发高新技术产品20个,远低于全省平均水平。

五是与产业配套的服务业不够发达。郧县为生产服务的高层次第三产业尚处于起步阶段。

2.郧县承接产业转移的战略定位

资料显示,东部沿海地区产业转移的来源地,主要相对集中在长三角、珠三角、闽南三角区和环渤海湾等地。而每个地区由于产业基础不同以及新一轮产业优化升级的选择方向不同,其转移的产业又不相同。如长三角转移的产业主要集中在纺织、服装、汽车配套等;珠三角则主要集中在电子、制衣、制鞋、玩具、家具等。即使在同一地区,不同的市县实施转移的产业也不相同。如同在珠三角地区,东莞转移的产业涉及电镀、漂染环节的中小型毛纺五金电子行业;中山则是一些纺织、五金、家具企业因招工难、劳动成本上升、厂房租赁等问题而进行产业转移。

郧县牢固树立打造东部地区产业转移重要承接地的战略思想,首先把园区办成加工贸易产业转移聚集区。经济开发区着重引进汽车及配件、建材、高新技术产业项目,充分发挥其临近"车城"十堰、交通便利等优势,形成了城南"工业经济走廊"。郧阳民营工业园着重引进建材、汽配、农副产品加工业项目,在现有基础上,充分利用交通等优势,把原种场的工业与杨溪乡镇企业连接,形成了城北"工业带"。谭山石材城侧重发展大理石精加工产业,鲍峡绿松石加工工业园侧重发展宝石精加工产业。

就重点对接区域来看,国家对加工贸易产业政策的调整,主要限制在东部地区(北京、天津、上海、辽宁、河北、山东、江苏、浙江、福建、广东)的相关产业。郧县结合实际,将重点对接区域明确为北京、天津、广东、江苏、浙江和福建沿海地区。

就重点产业和项目来看,汽配产业突出神河工业园、佳恒工业园、东盟工业园、长岭汽配城、凯琦公司扩建等重大项目的招商引资工作;旅游产业着重于青龙山国家地质公园、汉江沿岸景点开发等重点项目的引进;农业产业化突出木瓜产业开发、桑蚕产业建设、山野菜深加工等项目的招商;矿产开采业突出"四石",即大理石、绿松石、重晶石、铁矿石,延长产业链条,做好深加工。

3.郧县承接产业转移的几点思考

郧县积极主动地融入东部产业的梯级转移浪潮,全县引进大项目有较大的突破,已开发建设了2园1城和1个省级经济开发区;有4个乡镇(场)与长(珠)三角等东部地区签订了产业转移合作协议,产业转移工业园规划面积2.79平方公里。2002年12月至2008年10月间,全县招商引资到位项目576个,到位资金20多亿元;其中,1000万元以上的大项目55个,亿元以上的项目6个。仅2007年,全县累计引进外引内联项目65个,合同资金4.5亿元,实际到位资金3.38亿元;外商直接投资项目4个,合同外资4.8亿美元,实际吸收外资1190万美元。在承接产业转移、加快项目建设的过程中,增强了承接产业转移的实效,提高了产业承接的水准,真正使产业承接转移成为郧县经济发展的强大推动力。

(1)统一认识,把承接产业转移作为加快全县经济发展的重大战略举措来抓。从历史经验看,每一轮产业转移过程中,只要抓住了产业转移的机遇,就能实现跨越式发展。面临第四轮产业转移,是发展的机遇期,又是发展的黄金期。只有好好珍惜这一难得的机遇,紧紧抓住这一难得的机遇,发展的速度才能搞得更快,发展的质量才能搞得更好,发展的实力才能搞得更强,建设开放的、生态的、和谐平安的新郧县才会有更强大的经济支撑。因此,县委县政府更加重视承接产业转移工作,把产业转移作为加快区域经济发展的头等大事来抓,全力推进"对接长三角,引入珠三角"战略决策,使郧县成为承接产业转移的优选地,成为长三角、珠三角产业配套的重要基地。成立了县主要领导挂帅的产业转移合作领导小组,加强同沿海地区实施项目对接和产业对接。广泛进行投资合作交流,建立长效合作机制,更好地为承接产业转移搭起良好平台。

(2)牢固树立可持续发展观,严把"三关",破解园区发展难题。在承接产业转移的过程中,坚持走可持续发展之路。首先,建立和完善科学引资、科学招商的机制,积极承接资源节约型、环境友好型项目,严格控制高污染、高能耗项目进入郧县,不能因为追求经济效益而降低对"进门"产业的选择标准。其次,在项目建设和园区配套设施建设中,注重资源的综合利用,转变经济增长方式,发展循环经济,降低能耗,确保工业污染物的排放全部达到国家标准。同时,严把"三关"。一是严把规划选地关。根据郧县低度荒坡地多、旱地多的特点,坚持科学选好"园址",做到少占或不占用耕地。二是严把依法征地关。认真贯彻土地调控政策,深入细致地做好征地农民的思想工作,加强依法行政,优化开发环境。三是严把节约用地关。明确园区项目的准入条件,往合同中约定项目投资密度和容积率,为项目量身定做土地使用规划,防止项目"圈地"和土地长期闲置现象发生。盘活现有土地,用足用好已批土地,鼓励投资者建设多层标准厂房,不搞花园式厂房,提高土地的使用率和产出率。积极引导和鼓励外商充分利用现有厂房和土地增资扩股,努力做到零地招商。

(3)实行优惠政策,互惠互利,结成联手推进产业转移的利益共同体。只有互利共赢才会有持久合作,结成利益共同体是"产业转移合作"取得成功的关键。对进入产业园内的项目要坚决兑现优惠政策,提供"成本价"优惠,土地、水、电价格就低从优,严格执行行政收费减免政策。在此基础上,根据实际情况,完善利益分享机制,如在利益分配上,多采取开发前期东部地区方占大头、后期郧县方占大头的税收分成办法,调动双方合作的积极性。此外,还对项目引进方实施其他奖励政策。通过利益共享、责任共担,结成互惠互利的战略性合作伙伴,确保"产业转移合作"能得到长远发展,取得实效。

(4)科学规划,规范运作,加快承接园区建设。集中精力重点建设"一区(郧县经济开发区)、两园(郧阳民营工业园、鲍峡宝石工业园)、一城(谭山国际石材城)"。按照"适度超前、整体规划、基础先行、有序推进"的原则,牢固树立"经营园区"理念,加快园区基础设施建设,增强园区配套能力,吸纳一批技术含量高、市场前景好、牵动作用大的项目和企业入驻园区,增强集聚和产出功能,壮大园区经济实力。对确立的承接产业转移工业园建设,坚持科学规划、优势互补、利益共享、协调发展。把产业转移工业园定位为"生态型、科技型、创税型"的新型工业园区。充分发挥园区开发建设管理委员会的作用,指导开展园区的建设、招商和管理工作,使园区以公司化、市场化形式运作。想方设法筹集建设资金,制订周密详细的供电、供水、排污、道路、通讯等园区配套设施建设方案,加快园区配套设施建设,为产业转移营造良好的投资硬环境。

(5)强化功能定位,壮大优势产业。充分依托资源优势,初步走出了一条符合郧县实际,以新型矿业、新型建材业、新型食品加工业为主的工业发展新路子。在承接产业转移过程中,围绕县委政府确定的新的四大支柱产业做文章、下功夫,有针对性地选择、引进了一批产业关联度大、走精深加工路子的大项目、好项目,延伸产业链,促进产业聚集。项目是招商之本,招商引资是区域经济发展的第一要务。郧县充分展现自己的比较优势,通过举办推介会、驻点招商、委托招商、邀请客商前来考察等各种形式进行多渠道、全方位宣传,打响产业转移承接地的招商品牌。围绕郧县区域经济的发展定位,加强对园区项目的引导,大力开展产业招商,产业转移项目能"引进一个,成功一个,带来一批",走上滚动发展、科学发展的轨道。

(6)坚持优质服务,打造"低成本,高效率,优服务,有安全感"的承接环境。优良的承接环境是吸引产业技术转移的根本。本着"路途遥远感情补,硬件不足服务补,资金不足政策补"的理念,以降低投资成本为突破口,以提高办事效率为重点,以提供优质服务为着力点,大力营造亲商、安商、富商、稳商的社会氛围。全面推行项目全程跟踪服务、领导挂点联系服务、专责小组上门服务、政府部门优质服务,以良好的亲商服务来赢得投资者的信任。树立"办好一个企业就是最好的投资指南"的观念,从项目审批、开工建设到企业投产,都定人定责,实行"保姆式"服务,做到"围着客商转,围着项目转,围着问题转",让投资者感到宾至如归,放心投资。

(7)增补措施,统筹兼顾,务求实效,全面提升承接产业转移的水平和档次。在承接产业转移的新形势下,进一步强化措施、增补措施、落实措施。一是进一步健全激励机制。执行好、兑现好、落实好已制定的各项奖励措施。同时,还大胆提拔使用在新一轮承接产业转移过程中脱颖而出的优秀干部。对在招商引资工作中严重滞后的单位负责人,采取必要的处罚措施,做到奖罚分明。二是进一步健全服务机制。各部门、各单位都结合各自的工作实际、工作职责,进一步做好过细的服务工作。特别是有审批权、执法权的部门，要简化程序、降低收费、缩短时间，向社会公开承诺。三是进一步强化督察机制。县纪检监察部门和"两办"加大对工作进展情况和优化发展环境情况的督察落实，每月公开通报，在表扬成绩的同时，接受群众监督。

(8)统筹兼顾，务实冷静，做好结合文章。在产业承接过程中，随着工作力度的加大，招商活动的增多，各种形式的招商会、洽谈会也将接踵而至。在这样的情况下，更加注重统筹兼顾，务实冷静，做好结合文章，从实际出发，务求取得实效。一是做好上与下的结合。积极参与省市举行的招商活动、完成好上级的"规定动作"，同时积极组织好本县的小分队分赴长珠闽招商、做好"自选动作"，积极推介郎县的产业和项目。避免了轰轰烈烈过后，两手空空，无所作为。二是做好大与小的结合。正确处理好大活动与小活动的关系，多开展一些小型的、专业性的、以商招商式的招商活动，积极应对广东"双转移"政策。三是做到内与外的结合。在积极走出去、大力开展招商活动的同时，进一步加大县内工业园、发展基地等承接园区的建设力度，打造良好的承接平台。不折不扣地兑现各项优惠政策，节约企业用地、用水、用电、用工等商务成本，增强对产业转移的吸引力，努力提升承接能力和水平。

# 第九章

## 盘点和选择好区域内的主导产业

- 主导产业选择相关理论
- 区域主导产业选择研究
- 我国区域主导产业发展经验

# 第九章　盘点和选择好区域内的主导产业

## 一、主导产业选择相关理论：

＊主导产业选择的理论依据有劳动分工与区域分工理论、产业空间布局的古典区位理论、资源禀赋学说、空间集聚与扩散理论、不平衡增长理论、后发优势论、领先论、市场失败论；主导产业选择的基准有罗斯托基准、筱原二基准、赫希曼的关联强度基准、日本产业结构审议会二基准、周振华三基准、其他选择基准；主导产业选择的评价方法有主观赋权法和客观赋权法两大类，从适用性分析上讲主要是层次分析法、主成分分析法、因子分析法、数据包络分析法、模糊评价法

主导产业选择理论的发展对国家和地区主导产业的选择具有重要的指导意义。虽然区域经济与国民经济有很大的差异，但是经典的主导产业选择理论仍然是区域主导产业选择研究的重要基础。本节对主导产业选择涉及的有关理论进行回顾与梳理。

### (一)主导产业选择的理论依据

主导产业的概念最初是由美国经济学家罗斯托于 1960 年提出，但至今尚未有公认的定论，各人有不同的理解和看法。主导产业选择的理论依据来源于区域经济学、产业经济学和发展经济学的相关理论。从大的方面讲，主要包括两类：一是强调区域主导产业的选择必须立足于区域比较优势之上的理论，如劳动分工和区域分工理论、区位理论、资源禀赋学说、空间集聚与扩散理论。二是强调区域政府应该扶持和干预产业发展的理论，如不平衡发展理论、后发优势论、领先论、市场失败论等。具体如下：

1.劳动分工与区域分工理论。分工能够导致技术进步和生产率提高,从而促进社会经济增长。为此,亚当·斯密对如何通过分工、减少行政干预和自由贸易达到国家财富积累的目的进行了研究。在1776年的《国富论》一书中,亚当·斯密首先提出了"绝对利益说"。该学说认为,国际(区际)贸易起因于商品的成本差异,而成本差异又是由各自区域的自然优势或"获得性"优势(如后天形成的生产技术的技艺)所形成的。区域成本差异导致区域商品的价格优势和成本优势,并形成区域生产的绝对利益。如果不同区域能按照各自的优势生产商品,并在贸易中遵从自由贸易政策,区域的商品生产总量和各自所得都会增加。李嘉图进一步完善和发展了亚当·斯密的经济发展理论,在1817年出版的《政治经济学及赋税原理》一书中提出了比较利益学说。该学说认为,即使在一个国家(或区域)各个产业的产品成本都优于另一个国家,通过合理分工生产各自具有比较优势的产品,国际(或区际)分工和贸易仍能使双方得到好处,即通过分工和贸易的方式可以增加整个社会生产率水平。马克思则从研究人类社会如何在生产力和生产关系的矛盾运动中发展,着重探讨社会经济形态的历史变化的普遍规律。他认为,劳动生产率随分工的不断增进而不断上升,从而导致生产迅速增长和资本迅速增值。

2.区位理论。以屠能、韦伯、克里斯塔勒为代表的产业空间布局的古典区位理论,侧重研究单个企业或某一领域经济客体的区位选择,主要从成本最小、运输费用较低、收益最大等方面来判别企业最佳区位选择。古典区位理论基本不涉及动态变化,他们提出了区位成本的概念,为工农业生产布局提供了一定的依据;更重要的是,它为以后的区位理论的发展奠定了基础。此后,以廖什为代表的市场区位理论发展了韦伯的工业区位理论,他以最大利润取代韦伯提出的最小成本,以垄断取代自由竞争,提出了"市场圈理论"。这个理论的优点是强调了市场、价格因素,缺点却是忽视了其他因素对区位的影响。由此,区位理论进一步发展,诸如强调乡土观念、政府政策对区位布局的影响,形成了"社会心理学派"等区位理论。

3.资源禀赋学说。现代区域经济分工、协作和贸易理论的发展是以资源禀赋说为核心的。该学说由赫克歇尔于1919年提出,俄林在1933年出版的《区际贸易和国际贸易》一书中加以发展。该学说认为,区际贸易和分工协作的首要条件是各项商品由于生产要素禀赋差异,能在某地区比其他地区更经济生产出来。根据这些商品所售生产要素程度种类不同,可把各类商品大致分为劳动密集型、资源密集型、资本密集型及技术密集型等。区际贸易的流向以要素禀赋的密集度为重心,向稀缺地区倾斜,由此形成最佳区际分工协作格局。

4.空间集聚与扩散理论。世界经济受技术革命的推动,出现了许多新兴产业部门,引发了社会分工的深入和产业结构的调整。第三产业的兴起,农村工业化和城市规模急剧扩大,人口与资源矛盾的加剧等给区域经济发展理论提出了新的要求,随之空间集聚与扩散理论应运而生。该理论从区域经济动态变化的角度研究经济增长变化的原因,认为集聚能促使生产分工更细和专业化程度更高,从而带来更高的劳动生产效率,大幅度下降单位生产成本,有利于形成高效的基础条件,产生巨大的外部效益。但过度集聚也会导致诸如环境恶化、交通受阻、企业的恶性竞争等后果,产生负的外部效益,因此经济的发展也应该存在空间上的扩散运动。

5.不平衡增长理论。不平衡增长理论,亦称非均衡发展理论,是由美国著名的发展经济学家赫希曼(A. O. Hirshman)在其1958年出版的代表作《经济发展战略》一书中提出的,其后经济学家们对此做了大量的研究。他们从产业关联的角度出发,主张适当集中力量发展关联效应最大,同时将产品需求收入弹性和价格弹性最大的产业作为主导产业,并以它们为动力逐步扩大其他的投资和增长,从而实现总体结构上更快的倾斜式发展。事实上,不平衡增长理论或非均衡发展理论本身并不是不重视均衡,而是重视一种更高层次上的、长期的、动态的均衡。不平衡增长理论的真正意义在于它启示了后起国家经济的发展应根据自己的国情,选择适宜的发展道路。

6.后发优势论。后发优势论,也称"赶超论"。这种理论认为:在开放经济下,发展中国家与发达国家处于不同起点的竞争中,发展中国家无法与发达国家进行公平竞争。发展中国家只有从发达国家经济发展的历史中,学习已经取得的经验和引进发达国家的先进技术,实现技术和经济规模的跳跃,才能克服"外部不经济"的矛盾。后发展国家与发达国家相比,具有一种"发展知识"积累和学习优势,更能有效地做到内部经济和外部经济的统一,更能有效地利用社会资源,缩短工业化所需要的时间。这些因素的综合便是后发优势。后发展国家可以通过政府的干预在前进的目标、模式、步骤、方法等方面,有选择地推进某些产业迅速实现跳跃性成长,使其直接达到经济规模,从而以较少的代价和较短的时间,赶上或超过先进国家。

7.领先论。这一理论是相对应于赶超论的。该理论认为,对一个先行国来说,面对其他国家(主要是后起国家)的挑战,其领先地位会受到威胁。为了继续保持其领先地位,保证经济增长始终有一个"火车头"式的主导产业来带动,同样需要积极推广产业政策,同样有振兴本国主导产业的必要性。如1984年美国就围绕政府应不应该制定以主导产业扶持为主要内容的产业政策展开激烈争论,一些政要和一些经济学家都赞成对重要产业进行扶植。

8.市场失败论。该理论认为,市场在资源配置方面往往不能实现外部经济性与内部经济性的统一。由于市场不足或市场缺陷,政府应该实行相应的产业政策来纠正,例如通过扶持主导产业的发展,可以在相对较短的时间内积累起足够的资源,提高经济效率,带动经济增长。世界经济发展史表明,一个国家和地区主导产业的选择、发育、成熟以及更替的过程,可以依靠市场经济机制的作用自发地完成。但对大多数后起国家来说,市场自动选择的长期性将会使得主导产业的发展变成痛苦而难以忍受的漫长历程。因此,很多国家和地区采取了积极干预主导产业选择和成长的措施。

以上经济学家从理论上对这种行为的可行性和必要性予以了论证,为区域的主导产业选择奠定了理论基础。

(二)主导产业选择的基准

确定合理的主导产业选择基准,是正确选择主导产业以及实现产业结构合理化的前提和基础。因此,世界各国在选择主导产业时,都遵循一系列的基准。具体如下:

1.罗斯托基准。罗斯托的经济成长阶段理论揭示了最完美的主导产业更替规律。罗斯托把经济增长分为六个阶段,经济增长的各个阶段都存在相应的起主导作用的产业部门。经济增长总是由某个部门采用先进技术开始,该部门降低了成本,扩大了市场的份额,扩大了对其他一系列部门产品的需求,从而带动了整体经济的发展。罗斯托认为,主导部门不仅本身具有高增长率,而且能够带动其他部门的经济增长。主导部门对其他部门的带动作用是通过回顾、旁侧、前瞻三重影响实现的。

与六个经济成长阶段相对应,罗斯托列出了五种"主导部门综合体系":

(1)为起飞创造前提阶段的主导部门体系主要是食品、饮料、烟草、水泥、砖瓦等产业部门。

(2)起飞阶段的主导产业体系是非耐用消费品生产综合体系,如纺织工业。

(3)成熟阶段的主导产业体系是重型工业和制造综合体系,如钢铁、煤炭、电力、通用机械、化肥等产业部门。

(4)高额群众消费阶段的主导产业体系是汽车工业综合体系,它实现了开放型经济发展阶段的初级阶段性目标后,便转而将重型工业和制造业作为经济的主导产业。

(5)追求生活质量阶段的主导产业体系是生活质量部门综合体系,主要指以服务业、城市和城郊建筑业等部门为主导的产业体系。

罗斯托认为,经济成长阶段的更替,表现为主导产业部门序列的变化。主导部门序列不可随意改变,任何国家或地区都必须经历由低级向高级的发展过程。由于各个时代社会经济的主要特征集中反映在产业结构和经济结构的差异上,因此,罗斯托的主导产业理论具有重大意义,为划分经济发展阶段提供了新的方法。

2.筱原二基准。筱原二基准是从供给和需求方面看产业的生产潜力和市场潜力,是日本学者筱原三代平在其论文《产业结构与投资分配》一文中首先提出来的。筱原二基准之一是收入弹性基准。该基准认为,如果选择收入弹性较大的产业作为主导产业,随着经济的发展和国民收入的增加,在未来的产业结构中,该产业可以创造出较大的市场需求。筱原二基准之二是生产率上升率基准。这一基准的基本含义是应当选择技术进步速度较快的产业作为主导产业。一个产业只有具备了较快的技术进步速度,才能不断降低生产成本,取得竞争优势,从而吸引生产要素流入,使产业本身获得更快的发展。按照筱原三代平的解释,这里的生产率是指综合要素生产率,即产出对全部要素投入之比。造成生产率上升的原因是多方面的,其中最突出的因素是技术进步速度,可以利用新古典经济增长模型,从生产的增长率中扣除劳动力和资本的增加率,求出"技术进步率"。

从政策实践讲,日本在经济高速增长的20世纪60年代,选择了汽车、钢铁、石油化工等重化工业作为主导产业的经济发展政策,取得了较好的成效。而在此政策的制定中,主要是以筱原二基准为依据的。

3.赫希曼的关联强度基准。该基准是从产业间的联系分析判断产业与经济体系其他产业的关联程度和带动能力。赫希曼在研究发展中国家的产业发展顺序时认为,发展中国家首先应当发展那些关联强度较大的产业,关联强度较大的产业获得发展后,通过前向关联和后向关联的波及效应,可以影响和带动其他产业的发展。赫希曼的这一观点,虽然不是直接在研究主导产业的选择基准时所提出的,但对主导产业选择的理论和政策实践都产生了较大的影响,因为赫希曼的关联强度基准显然满足了上述主导产业的特征。

4.日本产业结构审议会二基准。日本产业结构审议会根据当时日本的产业发展状况于1971年提出,在选择新的主导产业时,应在筱原二基准的基础上加上两个新的基准:过密环境基准和劳动内容基准。该基准在一定意义上已体现出了循环经济的思想。日本经济在20世纪70年代后进入了产业调整时期,为了选择适合该时期的主导产业,日本产业结构审议会提出了过密环境和劳动内容两个新的基准。过密环境基准,是指选择可防止因生产布局过密而导致公害污染、能补充由于经济高速增长而引发社会资本的短缺、缓解生产集中带来的人口密度过大的产业优先发展。劳动内容基准,是指应选择能提供更多安全舒适和稳定劳动岗位的产业优先发展。

这两个基准的意义,不仅扩大了主导产业的选择范围,更重要的意义在于提出了这样的思路:一个产业结构系统的主导产业的选择,并非千篇一律,而应当根据不同时期的特定环境来选择适合自身发展的主导产业。

5.周振华三基准。我国学者周振华以"结构矛盾缓解来推进整个产业的发展"的战略方针为基本框架,提出了主导产业新的选择基准:增长后劲基准、短缺替代弹性基准和瓶颈效应基准。周振华认为,从供给的角度来说,不应只从单个产业生产率上升的水平,而应从整个产业发展持续上升的水平来考虑主导产业的选择基准。因此,在选择主导产业时,应重点扶植那些能对整个产业体系的持续发展有重大意义的产业,尽管这些产业本身的生产率水平可能并不高,但它们所创造的供给则具有支撑整个产业结构系统持续增长的功效,这就是增长后劲基准的含义。从需求的角度,他认为,不能只考虑单个产业收入弹性的大小,还应考虑短缺情况下的需求替代弹性,以短缺替代弹性为基准,就是要重点扶持那些具有无法替代的短缺性产业,以满足社会最迫切而又必不可少的需求,因为加快这些产业的发展,对整个产业结构系统的协调具有重大的意义。最后,周振华认为,从产业间的投入产出关系来看,仅仅考虑关联效应是不够的,更要考虑产业关联中由于"瓶颈"的存在而导致的摩擦效应。因为"瓶颈"的制约越是严重,摩擦也就越大,以瓶颈效应为基准,就是要重点扶持那些瓶颈效应大的产业,以减少摩擦效应所造成的其他产业生产能力的非正常滞存。

周氏基准的构造是以"结构矛盾的缓解来推进整个产业发展"的战略方针为基本框架的。其理论主要基于:第一,发展中国家更多的是有效供给不足,而不是有效需求不足;第二,发展中国家的经济面临的主要问题是结构性矛盾而不是总量矛盾;第三,发展中国家经济发展的关键是"瓶颈"制约,而不是笼统的资源制约。总的来说,就主导产业的选择而论,周氏三基准假说并不具有普遍意义,表面上深化了筱原二基准,实际上已偏离了产业选择基准的分析,只有在产业扶植方面才具有理论意义。

6.其他选择基准。除了上述的基准以外,国内外的一些学者也提出过一些其他的选择基准。如蒋昭侠的"比较优势基准"及其他学者提出的"边际储蓄率基准""高附加价值基准""货币回笼基准""就业与节能基准""社会福利基准" 等多达十余种。这些基准相对来说,更适合于特定的产业结构系统、特定的时间和环境,适用性相对较小。

(三)主导产业选择的评价方法

多指标综合评价方法是把多个描述被评价事物不同方面且量纲不同的统计指标,转化成无量纲的相对评价值,并综合这些评价值得出对该事物的一个整体评价的方法。在主导产业选择实践中,一般不会出现一个行业的所有指标值都高于其他行业的情况。按照不同的指标,行业会有不同的排列顺序。因此,在对行业进行重要性分析时,要对指标进行综合处理。

1.常用评价方法概述。目前国内外关于多指标综合评价的方法很多,根据权重确定方法的不同,大致可分为两类:一类是主观赋权法,如层次分析法、德尔菲法等,多是采用综合咨询评分的定性方法予以确定;另一类是客观赋权法,如主成分分析法、因子分析法等,它是根据各指标间的相关关系或各项指标值的变异程度来确定权数。

具体内容如下:

(1)层次分析法。层次分析法是一种定量和定性相结合的系统分析方法,是对非定量因素进行量化分析的一种简便而有效的方法。其基本思路是:首先对所分析的事物建立层次结构,在此基础上,根据问题的性质和所要达到的总目标,将问题分解为不同的组成因素, 并按照因素间的相互关联影响以及隶属关系将因素按不同层次聚集组合，形成一个多层次分析结构模型，最终归结为最低层（方案、措施、指标等）相对重要程度的权值或相对优劣次序排序问题。

(2)主成分分析法。主成分分析法是把反映样本某项特征的多个指标变量转化为少数几个综合变量的多元统计方法。在综合评价经济系统的过程中，可以选择的指标较多，而且这些指标常常是相互关联的，会造成所选的指标不能够很好地发挥作用。选取的指标过多，会使信息显得浪费和重叠；选取的指标过少，可能造成指标体系的不够完善。主成分分析法能够有效地解决这一问题。

(3)因子分析法。因子分析法与主成分分析法一样，也是多元统计分析中常用的方法。因子分析的概念起源于 20 世纪初 Karl Pearson 和 Charles Spearmen 等人关于智力测验的统计分析。因子分析是研究如何以最少的信息丢失将众多的原有变量浓缩成少数几个因子，使因子具有一定的命名解释性的多元统计分析方法。因子分析以最少的信息丢失为前提，将众多的原有变量综合成较少几个综合指标，即因子。目前，因子分析已经成功应用于心理学、医学、气象、地质以及经济学等领域，并因此促进了理论的不断丰富和完善。

(4)数据包络分析法。数据包络分析法是运筹学家查恩斯等人以相对效率为概念，以凸分析数学规划为工具，创建了一个以他们名字命名的评价模型。此方法不仅可以对同一类型各决策单元的相对有效性进行评价和排序，而且可以进一步分析各决策单元非有效的原因及其改进方向，从而为决策者提供重要的管理决策信息。

(5)模糊评价法。模糊评价法来源于模糊数学。模糊数学是由美国自动控制专家查德首先提出的，他提出用隶属函数来描述模糊概念。他还提出著名的复杂性与精确性"不相容原理"，即随着系统复杂性的增加，对其特性所做的精确的描述能力就会降低直至达到一个阈值，一旦超过，精确和复杂之间将会相互排斥，事物越复杂，人们对它的认识也就越模糊，就越需要模糊数学。模糊数学不仅可以按综合分值对评价对象打分，而且可以按照模糊评价集上的值按最大隶属度原则去评定对象的所属等级。

2.常用评价方法的适用性分析。综合评价的方法很多，各种方法都有其优点和缺陷，而且对于主导产业的选择是否适合，也是需要讨论的问题。以下对几种常用的评价方法的适用性进行分析。

(1)层次分析法。层次分析法也被广泛地应用于产业评价领域。之所以会得到如此广泛的应用,原因在于层次分析法有很多优点:首先,层次分析法通过建立全面、综合、完善、多层次的指标体系来评价,能解决非常复杂的评价指标体系的评价问题,可以全面地反映被评价事物的特征,得到较为全面的评价结果;其次,与德尔菲法结合使用,通过专家矩阵打分的形式,可以消除各指标间的相关关系;再次,层次分析法比较容易计算,不需要专门的计算软件,操作性强,并且层次分析法的步骤和结果都很清晰,不需要专业知识和基础也能理解,适应不同层次人才的需要。

运用层次分析法评价主导产业可以全面地反映主导产业的特征和属性。但层次分析法本身有一个比较大的弱点,就是在确定指标权重时,它采用矩阵专家打分的方法,所得到的指标权重受人为主观因素的影响很大,在一定程度上削弱了层次分析法的客观性。

(2)主成分分析法。主成分分析法是一种比较成熟的多指标综合评价方法,有多种优点:第一,该方法是多指标综合评价,能够全面地反映产业特征和属性;第二,该方法可以筛选出影响评价结果的主要指标,因此对于指标设计的要求不是非常严格;第三,该方法在确定指标权重时,自行生成,排除主观因素的影响;第四,该方法可以消除主导产业评价研究指标之间的相关性影响。

但是,主成分分析法也有一个缺点,就是在生成综合因素时,不易与客观社会经济现象挂钩,难以解释和理解。

(3)因子分析法。因子分析法是从多个变量(指标)中选择出少数几个综合变量(公因子)的一种降维多元统计分析方法,以此达到数据简化的目的。通过观测变量分类,将相关性较高即联系比较紧密的变量分在同一类中,而不同类的变量之间相关性则较低。因子分析法是在主成分分析法的基础上发展起来的,并且因子分析法中的提取公因子的默认方法即是由主成分分析法充当的,致使因子分析法和主成分分析法在一些基本步骤,如建立相关系数矩阵、求特征根及特征向量、确定公因子个数等方面表现出一致性。故而因子分析法具有了主成分分析法所具有的所有优点。并且,使用因子分析法便于对被评价对象进行评判和对评价指标进行分类,实际意义比较明确,且易与客观经济现象挂钩,从而将定量分析与定性分析更好地加以结合。

(4)数据包络分析法。数据包络分析法通过产业多年投入(如实收资本、固定资产净值年平均额、R&D 经费比例等)和产出(如产业产值、资金利税率等)数据,分析评价各种产业在物质转换效率上的差异,从而评价产业的优劣。数据包络分析的优点很多:可以处理多投入、多产出问题;该方法中使用的投入和产出指标的量纲可以不同;数据包络分析法能够客观判别各项投入产出指标的重要程度,排除人为主观因素的影响;能够消除数据间的相关性的影响。

并且随着该方法的广泛应用,相应的数据处理分析工具也不断发展和完善,出现了 SQB 等计算模块,使得数据包络分析法易于计算。同时,数据包络分析法可以得到产业不同年份的评价得分,这样不仅使评价结果非常清晰、明确、易于理解,而且大大提高了评价结果的准确性。因此,数据包络分析法虽然出现的时间不长,虽然在很多方面(如敏感程度不高)不是很成熟,但应用越来越广泛,目前,在产业评价中也经常运用该方法。

但是用于主导产业选择,数据包络分析法并不是最合适的方法。主要有两方面的原因:一方面,运用数据包络分析法,必须将反映产业的指标分为投入指标和产出指标。但实际上有些指标很难将其准确地划分为投入指标和产出指标;另一方面,数据包络分析法只是从投入和产出的转化效率上评价产业,结果主要反映产业的经济效益。虽然经济效益是主导产业的重要特征,但并不是唯一特征,例如,主导产业的比较优势、规模情况、市场潜力的情况等。因此,用数据包络分析方法评价主导产业,不能完全包含主导产业的属性和特征。

(5)模糊综合评价法。模糊综合评价法的评价对象一般为单个事物,主要借助于被评价对象的指标集到评价集上的模糊映射进行评价。它是基于主观信息的综合评价方法。当专家的评判具有一致性时才比较好。

### 二、区域主导产业选择研究

＊主导产业的形成和发展,必须有利于化解或缓解经济运行和发展中的基本矛盾,有利于调整生产力布局和促进各地区经济协调发展,有利于提高经济发展水平和增强国际竞争力;主导产业选择应坚持市场需求、技术进步、带动性强、比较优势、资源节约环境友好、现有优势利用等原则;主导产业选择基准包括市场潜力基准、生产率上升基准、产业关联基准、区域比较优势基准、环境保护基准及社会进步基准等方面

主导产业的选择可以依据不同的选择原则,也涉及众多的衡量、比较参数,从不同的角度和不同的出发点,主导产业的选择有着各种各样的选择体系和评

价标准，侧重点也各有所不同。主导产业选择需要通过一定的指标体系进行测度，而评价指标的选择和量化直接决定着评价结果的优劣。一般需要针对不同的区域特点、经济发展的阶段以及其拥有的优势(包括资源和生产要素等)、其他限制约束条件合理选择主导产业。

(一)区域产业选择的依据和原则

1.区域主导产业选择的依据。根据主导产业的特性,选择区域主导产业应遵循以下基本要求:

(1)某一产业能体现该地区(县)一定时期的经济发展方向(目标),并且社会对该产品的现实和潜在需求会日益扩大。

(2)该产业能适应国家乃至世界经济发展潮流,是较有前途的产业部门。近百年来,世界上产业结构变化的总趋势是第三产业的地位迅速上升,第二产业停滞不前,初级产业的地位日益下降。但并非所有产业部门在国民经济中都同等重要。要根据经济的不同阶段,合理确定主导产业。

(3)要选择科技含量高,或者能迅速吸收先进科学技术成果,能创造较高的劳动生产率和较高的附加值,促进产业内部升级的产业。如教育产业、信息产业等。

(4) 选择区域主导产业时, 必须尽可能使地区的限制因素得到最有效的利用。若一地区具有区位优势,可考虑物流业的发展;若具有旅游资源优势,可考虑旅游业的发展;若具有人力资源优势,可考虑劳动密集型行业的发展等等。

(5)区域主导产业应具有较强的前向关联、后向关联和旁侧关联效应,能推动和诱发其他产业的发展。例如物流业为商业服务, 其发展要求网络的迅速发展,因此,它必将推动信息产业的发展。旅游业要求丰富的旅游资源,而丰富旅游资源要求生态环境优化,环境优化的结果不仅促进了环保业,还为旅游业开发生态旅游创造了条件等等。

(6)区域主导产业的选择应有助于节约资源、保护环境,有助于扩大就业,不断提高当地人民群众的物质文化生活,有助于可持续发展,有助于资源节约型、环境友好型社会的形成。

2.区域主导产业选择的原则。主导产业的形成和发展,必须有利于化解或缓解经济运行和发展中的基本矛盾, 有利于调整生产力布局和促进各地区经济协调发展,有利于提高经济发展水平和增强国际竞争力。因此,区域主导产业的选择应考虑以下基本原则：

（1）市场需求原则。主导产业是未来的支柱产业，所以随着社会收入水平的提高，需求的迅速扩张，该产业将会较快地增长。只要有足够的市场需求拉动，主导产业就会有增长潜力。因此，在区域主导产业选择中，其产品应在国内外市场中具有大量、长期、稳定的需求，选择市场需求弹性高的产业。良好的市场需求是其成长的出发点和持续发展、壮大的保证。

（2）技术进步原则。科学技术是第一生产力。当代经济增长主要是通过技术进步来实现的，每一次产业革命的出现，都带来了产业结构质的变化。区域主导产业应具有较强的发展潜力，体现技术进步主要方向和发展趋势，能推动和加速区域内产业整体技术进步，提高劳动生产率，增加技术附加值，在市场竞争中具有优势。

（3）带动性强原则。在现代社会再生产过程中，各产业间存在着横向及纵向的复杂联系。因此，所选择的主导产业，不仅自身要有较强的增长潜力，而且应具有较大的纵横向联系和影响，通过这种关联带动与推进其他产业和整个区域经济的发展。

（4）比较优势原则。包括两方面：首先，作为区域主导产业应具备产业间竞争的优势，其实质是不同产业对稀缺资源的竞争。产业间竞争的优势是指该产业与其他产业相比，在资源配置中占有特定的优势地位，具有相对于其他产业更强的获取稀缺资源的能力，从而能在激烈的产业竞争中得以发展、成长和壮大。这是由主导产业的目标决定的。其次，作为区域主导产业应具备显著的产业内竞争的优势，其实质是区域各地区对某产业市场的竞争。区域某地区在某产业领域内拥有产业内竞争优势，是指该地区在该产业内的国内外竞争中相对于其他地区占据特殊的优势地位，从而使该地区在该产业的国内外竞争中处于领先和拥有较大的市场份额。在主导产业领域内，某地区可能尚未有现实的比较优势，但应具有预期的比较优势。

（5）资源节约环境友好原则。包括两方面：一是主导产业的可持续发展性，二是主导产业要有助于社会稳定和健康发展。主导产业的可持续发展，主要表现在稀缺资源消耗（物资消耗和能源消耗）低，以及环境保护这两个方面。因为资源消耗高，会制约产业的发展；环境污染有负的外部性，会影响区域其他产业的发展。区域主导产业必须促进环境的保护。社会稳定与发展是经济健康持续发展的有力保证,经济发展应促进人们生活水平提高和社会进步。因此选择区域主导产业还应考虑其对社会的贡献,特别是要满足社会发展的就业需要。

(6)现有优势利用原则。区域主导产业是未来的支柱产业,应具有预期的产业优势,但主导产业的壮大很大程度上依赖于现有产业优势的发挥,以及现有支柱产业所提供的推动力。区域主导产业的壮大实质上是一地区支柱产业和产业优势的动态发展过程,现实的支柱产业是主导产业发展的基础,现实的产业优势是主导产业优势得以创建、积累的条件。因此,区域主导产业必须充分利用现有的产业优势,并使之不断得以改进、提升、扩展,这是从主导产业发展的可行性考虑的。

总之,确定区域主导产业,既要有利于发挥区域优势,不能脱离本地区经济发展所处的阶段和环境条件,又要符合区域经济成长的一般规律。

(二)区域产业选择基准构建

综合国内外主导产业选择的多项基准研究,结合我国区域经济特别是产业发展的特点,确定我国区域主导产业选择基准包括市场潜力基准、生产率上升基准、产业关联基准、区域比较优势基准、环境保护基准及社会进步基准。

1.市场潜力基准。主导产业部门要发挥主导作用,带动其他部门发展,首先要求自身生产的产品要有广阔的市场前景,市场容量大,这是其能够取得不断进展、发挥主导作用的前提条件。故可选用需求收入弹性系数和增长率系数两项指标来衡量。

需求收入弹性系数指在其他情况不变的前提下,某一产品的需求增长率与国民收入或人均国民收入增长率之比,是衡量收入水平变动对产业市场需求影响程度的一个指标。一个产业需求弹性高,意味着其产品有广阔的市场,拥有较大的发展潜力和对其他产业的带动能力,才有条件成为主导产业。需求弹性系数的表达式为:

需求收入弹性=某产业产品的需求增加率/人均国民收入的增加率

或表示为:

$$\frac{\Delta Q/Q}{\Delta L/L} \quad\cdots\cdots\cdots\cdots\cdots\cdots\cdots\cdots\cdots\cdots\cdots\cdots\cdots \quad (1)$$

式中 $Q$ 表示需求量, $\triangle Q$ 表示需求量的变化值; $L$ 表示人均国民收入, $\triangle L$ 表示人均国民收入的变化值。

需求收入弹性高的产业体现了该产业产出需求增长值对收入增长的敏感程度高。某产业的需求收入弹性高，表示随着人均收入的提高，人们对该产业的需求增长量将比较大。因为社会需求是推动产业发展最大的原动力，所以这样的产业成长空间比较大，符合市场法则，发展前景比较好，作为主导产业能够从社会获得更大的发展动力。

根据钱纳里和赛尔奎因的实证分析模型计算，在人均收入处于 390~1230 美元期间时，制造业部门中需求收入弹性高的产业主要是交通运输、家具、电器等。联合国的一份研究报告表明，发展中国家中需求收入弹性高的制造业主要有钢铁、有色金属、造纸、机械、纺织及皮革制造。

增长率反映产业的产品需求增长情况，增长速度快的产业具有更强的市场前景。增长率系数表达式为：

$$r_i = \sqrt[t]{x_i^0 / x_i^0} - 1$$

其中：$x_i^0$ 第 $i$ 产业部门初始状态的产品需求量；$x_i^t$ 为第 $i$ 产业部门在第 $t$ 期的产品需求量；$r_i$ 为平均增长率。$r_i$ 越大，则第 $i$ 产业增长越快，它在区域经济系统中的地位和作用也越重要。

2.生产率上升基准——技术进步程度。这里的"生产率"是指综合要素生产率，或全要素生产率的增长率。是指产业产出与全部投入要素之比的增长率，包括劳动生产率、资金生产率等，它反映了产业技术进步的速度和程度。产业的生产率上升率越高，其生产率提高的能力和潜力就越大，各种资源、生产要素的利用效率就越高，生产成本下降快，经济效益比较好，产业市场竞争能力也就越强，从而该产业成为主导产业的可能性也就越大。

造成生产率上升的原因是多方面的，其中最突出的因素是技术进步速度。技术进步是经济增长的重要因素，是推动社会生产效率提高和产业结构向高层次发展的关键。利用新古典经济增长模型，从生产的增长率中扣除劳动力和资本的增加率，就可以求得"技术进步率"。其基本的计算公式为：

$$T_i = \frac{dY_i}{Y_i} - \alpha_i \frac{dK_i}{K_i} - \beta_i \frac{dL_i}{L_i}$$

式中，$T_i$ 乃为第 $i$ 产业部门的技术进步率；$\dfrac{dY_i}{Y_i}$ 为第 $i$ 产业部门的总产值增长率;$\dfrac{dK_i}{K_i}$为第 $i$ 产业部门的资金增长率;$\dfrac{dL_i}{L_i}$为第 $i$ 产业部门的劳动力增长率;$\alpha_i$ 为资金投入弹性系数;$\beta_i$ 为劳动力投入弹性系数;且 $\alpha+\beta=1$。

根据世界银行的调查,中等收入的发展中国家净产值增长量的 1/3 是由于全要素生产率的提高获得的,发达国家近一半的净产值增长量是由于全要素生产率的提高获得的。当人均收入在 390~1230 美元时,各产业的全要素生产率的年均增长率为:轻工业 1.18;重工业 1.17;矿业 1.09;基础设施 1.07;服务业 0.86;农业 0.42。一般来讲,全要素生产率上升基准与需求收入弹性基准是一致的;但在收入水平很低的发展中国家,有可能会出现矛盾;因此,在一定时期内不得不首先采用适中的生产率上升标准,而不能一味地追求高生产率。

3.产业关联基准。一个产业只有与其他产业具有广泛、密切的技术经济联系,才有可能通过聚集经济与乘数效应的作用带动区域内相关产业发展,进而带动整个区域经济发展。因此,产业关联效应是选择区域主导产业的一个重要基准,即选择那些产业延伸链较长、带动效应大的产业作为主导产业。

主导产业与其他非主导产业通过相互影响发生联系,影响的方式有两种:一种是主导产业对其他产业的影响,其影响的程度叫影响力;另一种是主导产业受其他产业部门的影响,其影响的程度叫感应度。这两种影响合起来叫主导产业的波及效果。产业波及分析的基本工具是"逆矩阵系数表"。其公式为:

$$B=(1-A)^{-1}$$

所谓逆矩阵,是指里昂惕夫矩阵 $(1-A)$ 的逆矩阵 $(1-A)^{-1}$。逆矩阵系数表就是具体的 $(1-A)^{-1}$ 的矩阵,即:

$$
(1-A)^{-1}
\begin{matrix}
A_{11} & A_{12} & \cdots & A_{1n} \\
A_{21} & A_{22} & \cdots & A_{2n} \\
\vdots & & \cdots & \vdots \\
A_{n1} & A_{n2} & \cdots & A_{nn}
\end{matrix}
$$

逆矩阵系数表的系数就是 $(1-A)^{-1}$ 中的每个元素,逆矩阵系数表在这里是专门用来计算波及效果总量的系数表。逆矩阵系数的经济含义是,当某一产业的生产发生了一个单位变化时,导致各产业由此引起的直接和间接地使产出水平发生变化的总和。

(1)感应度系数

$$S_i = \frac{\dfrac{1}{n}\sum\limits_{j=1}^{n}A_{ij}}{\dfrac{1}{n}\sum\limits_{i=1}^{n}\dfrac{1}{n}(\sum\limits_{j=1}^{n}A_{ij})} = \frac{\sum\limits_{j=1}^{n}A_{ij}}{\dfrac{1}{n}\sum\limits_{i=1}^{n}\sum\limits_{j=1}^{n}A_{ij}}$$

式中, $S_i$ 为主导产业受其他产业影响的感应度系数; $A_{ij}$ 为 $(1-A)^{-1}$ 中第 $i$ 行第 $j$ 列的系数。

该公式的文字表述为:

$$某产业的感应度系数 = \frac{该产业横行逆矩阵系数的平均值}{全部产业横行系数的平均值的平均}$$

某产业的感应度 $S_i$ 若大于 1, 表明该产业的感应度大于全部产业的平均水平。 $S_i$ 越大,说明该产业的感应度越大,其他产业对该产业的拉动也越大;反之, $S_i$ 越小,说明该产业的感应度越小,其他产业对该产业的拉动也越小。主导产业的感应度系数应大于 1。

(2) 影响力系数

一个产业影响其他产业的程度叫影响力。通过测算影响力系数可知该产业在所有产业中的影响水来。

$$T_j = \frac{\dfrac{1}{n}\sum\limits_{i=1}^{n}A_{ij}}{\dfrac{1}{n}\sum\limits_{j=1}^{n}(\dfrac{1}{n}\sum\limits_{i=1}^{n}A_{ij})} = \frac{\sum\limits_{i=1}^{n}A_{ij}}{\dfrac{1}{n}\sum\limits_{j=1}^{n}\sum\limits_{i=1}^{n}A_{ij}}$$

式中, $T_j$ 为主导产业对其他产业的影响力系数; $A_{ij}$ 为 $(1-A)^{-1}$ 中第 $i$ 行第 $j$ 列的系数。

该公式的文字表述为:

$$某产业的影响力系数 = \frac{该产业纵行逆矩阵系数的平均值}{全部产业纵行系数的平均值的平均}$$

某产业的影响力系数 $T_j$ 若大于 1, 表明该产业的影响力大于全部产业的平均水平。 $T_j$ 越大,说明该产业的影响力越大,该产业对其他产业的拉动作用也越大;反之, $T_j$ 越小,说明该产业的影响力越小,该产业对其他产业的拉动作用也越小。主导产业的影响力系数应大于 1。

(3)波及效果系数

影响力系数和敏感度系数可以综合为一个指标,叫作波及效果系数。计算公式为:

$$J = \frac{1}{2}(S_i + T_j)$$

式中,$S_i$、$T_j$ 和 $J$ 分别代表某产业的感应度系数、影响力系数和波及效果系数。$J$ 越大,说明该产业与其他产业的关联性越强,它的发展对区域经济发展带动作用越大。

一般而论,影响力系数和感应度系数均大于 1,而且数值都较高的产业,其波及效果系数也大于 1,而且数值也较高,则这种产业就产业关联方面来讲是主导产业的最佳选择。影响力系数和感应度系数均小于 1 的产业,其波及效果系数也小于 1,则这种产业不宜作为主导产业;影响力系数和感应度系数一个大于 1、而另一个小于 1 的产业,其波及效果系数可能大于 1,也可能小于 1,此时,该产业可否作为主导产业,要看其他条件来决定。

4.区域比较优势基准。区域比较优势是区域内各个产业之间主要经济参数相比较的结果。影响区域比较优势的因素较多,包括要素禀赋及要素的利用程度,如自然资源、生产的成本与其要素结构的配合程度等。因此区域比较优势基准由区位商、行业比重、市场占有率和比较利税系数等构成。

(1)区位商。区位商法是判断城市产业比较优势的一种重要方法,表示某一行业在一定区域范围内的比较优势和竞争力,是反映这些行业在区际分工中的地位和作用的重要指标。区位商分析方法的形成基础是经济基础理论,它假设城市所在区域行业的部门结构是满足全国人口需要的结构,因此各个城市必须有类似的劳动力行业结构才能满足当地的需要。低于这一比重的部门,城市需从外地输入产品或取得服务。当城市某部门比重大于该区域比重时,认为此部门除满足本市需要外还存在基本活动部分。具备对外输出功能的部门就是具有比较优势的行业。

区位商的数学表达式为:

$$L_i = \frac{e_i / e_t}{E_i / E_t}$$

式中:$L_i$ 为区位商;$e_i$ 为城市中 $i$ 部门的工业增加值;$e_t$ 为城市中的总工业增加值;$E_i$ 为该区域 $i$ 部门的工业增加值;$E_t$ 为该区域的总工业增加值。

$e$ 和 $E$ 可选取工业增加值,也可选取总产值,但二者必须同类。

当 $L_i > 1$ 时就说明该部门具有比较优势,专业化程度高,竞争力强,是具有基本活动部分的部门。$L_i$ <1 时，则说明该产业在区域竞争中处于劣势，不具备区际产品输出功能。

(2)行业比重。行业比重是指某行业产值占工业(农业、第三产业)总产值的份额，能够反映该行业在整个产业中的地位和作用。通过研究该指标的变动情况和主要行业的位序变化，可以分析区域主导产业，特别是支柱产业的发展潜力和发展趋势。

公式为：

$$行业比重 = 某行业产值 / 该产业的总产值$$

(3)比较市场占有率。公式为：

$$L=\frac{O_k/O_{ki}}{O_i/O}$$

式中，$L$ 为比较市场占有率；$O_{ki}$ 为 $k$ 区 $i$ 产业的产品销售收入；$O_k$ 为 $k$ 区所有产业的产品销售收入；$O_i$ 为全国 $i$ 产业的产品销售收入；$O$ 为全国所有产业的产品销售收入。

(4)比较利税率系数。区域主导产业不仅要有规模，更要有效益。计算公式为：

$$比较利税率系数=t/T$$

式中，$t$ 是区域某产业的产值利税率；$T$ 是全国该产业的产值利税率。

如果区域比较利税率系数大于 1，则区域该产业的经济效益与全国其他区域相同产业比具有优势，其值越大，该产业成为区域主导产业的可能性也就越大；反之，则处于劣势。

比较优势是上述四个系数的乘积。即：比较优势系数=区位商×行业比重×比较市场占有率×比较利税率系数。

区域某产业的比较优势度的值越大，越有可能成为主导产业。

5.环境保护基准。发展主导产业不能以牺牲生态环境为代价，必须全面深入分析其环境影响和资源消耗，主要从水、能源和废物利用三方面考虑。故可用量化的水资源消耗量、能源消耗量和废物利用率衡量，并通过投入产出表计算获得：

$$水资源消耗量=该产业用水量/该产业总产值$$
$$能源消耗量=该产业总能耗量/该产业总产值$$

废物利用率=该产业产生的废物处理量/该产业产生的废物量

6.社会进步基准。发展经济的目的是促进人们生活水平提高和社会进步，因此选择主导产业应考虑对社会进步的贡献力。故选择主导产业应以其就业吸纳能力、人均收入占全社会收入比、促进科教文发展、促进卫生福利事业发展来衡量。

就业吸纳能力=该产业就业人数/全社会就业人数

就业吸纳能力越大，该产业安置社会成员就业能力越强，越有利于社会安定和人们生活稳定。这是建设和谐社会的要求，主导产业应有较强就业功能。

人均收入占全社会人均收入比=某产业人均收入/全社会人均收入

该值大说明该产业在人们收入来源中的贡献大，对人们生活水平保障及提高的贡献大。

促进科教文发展能力=该产业对科教文的投入/该产业总产值

用促进科教文发展能力这一指标有利于促进该地区科教文发展，提升社会进步程度和居民文明水平，同时有利于提高第二、三产业比重，推进工业化进程和产业结构升级。

促进卫生福利事业发展能力=该产业对卫生福利事业的投入/该产业总产值

卫生福利事业发展是提高人们生活质量、维护社会安定所必不可少的，在主导产业选择中也应有反映。

上述定量分析均具有一个明显的缺陷，即只是静态分析，不能动态地识别区域主导产业。由于任何区域与任何产业都处于生命周期循环运动之中，一定时点的优势并不必然会成为后续时点的优势。这些指标受一定时点的价格、宏观经济政策等因素影响较大，这些因素的变化有可能改变区域产业优势格局。此外，这些方法均不能反映区际关系变化，如区域产业与技术转移、区域冲突缓和等对区域产业发展的影响。由于任何一个区域的发展都不可避免地受到其他区域乃至其他国家的影响，在识别区域主导产业时必须考虑未来区外可能对区内产生的影响。而上述方法对此是无能为力的。因此，上述方法在运用时必须与定性分析相结合，才能科学准确地选出区域主导产业。定性分析主要是要揭示未来的经济政策、区外环境等对区域主导产业的潜在影响；揭示出为定量方法所忽略，但有可能成长为主导产业的产业发展趋势；分析区域隐性优势在规划期内转化为显性优势的可能性以及在这种潜在优势的基础上有可能形成新的主导产业。

### 三、我国区域主导产业发展经验

＊不同区域有不同区域的产业发展模式,与我国经济整体布局和产业分布有关,基本呈现出从东部到西部的阶梯式产业格局

(一)河北省任丘市

任丘市位于河北省中部,地处京津冀经济圈,属环京津、环渤海经济开放带。2009 年,全市生产总值完成 340 亿元,固定资产投资 82.7 亿元,地方一般预算收入 9.4 亿元,农民人均纯收入 6511 元,城镇居民人均可支配收入 15509 元。产业经济发展的主要特点是:

1.农业结构日趋合理。农业产业化经营率达到 47%,形成了"鸡、鸭、鱼、菜"四个主导产业,培育了 60 个产业化龙头企业,有 12 个农产品被评为国家或省名优产品。

2.项目建设不断加强。全市投资 1000 万元以上的项目 185 个,其中亿元以上项目 19 个。

3.民营经济持续壮大。已形成了石化、铝型材、摩托车、石油钻采设备及石化装备制造、铁路机车及电器配件制造等特色主导产业,民营企业总摊数 1.8 万多家,通过 ISO9000 系列质量认证的企业 206 家,3C 认证企业 84 家,QS 认证企业 118 家,冠名"河北"以上名称企业 171 家。目前,任丘已成为中国铝型材产业基地和中国三轮摩托车产业基地。

4.第三产业快速提升。全市有各类商品市场 41 个,年成交额超亿元的 6 个;各类宾馆、饭店 2389 家,其中五星级宾馆 1 个、四星级宾馆 2 个、三星级宾馆 1 个、二星级宾馆 2 个;商业批发零售网点达 1.7 万摊,餐饮网点 2290 个以上;全年社会消费品零售总额完成 73.1 亿元;大小金融、保险机构 184 家;全部金融机构年末存款余额 258.1 亿元,其中城乡居民储蓄余额 173.3 亿元。

5.社会事业加快发展。任丘先后被国家命名为全国平原绿化先进市、"两基"教育先进市、幼儿教育先进市、文化先进市、体育先进市、残疾人工作先进市、广播电视先进市、爱心献功臣先进市。

6.综合实力明显加强。任丘的综合实力从"九五"起一直位居河北"十强"和全国百强县市。2006 年,综合实力列全国百强县市第 71 位。2008 年,区域经济基本竞争力列全国百强县市第 42 位。

任丘是华北油田所在地,石油化工产业是该市最大的特色主导产业。该市不断加强与华北油田的合作,启动了总面积为 15 平方公里的石化基地建设,倾力打造河北省重要的石油化工基地。该市以中国石油华北石化分公司为龙头,引导优势企业向区内聚集,为公司提供上下游配套产品,延伸石化产业链条。目前,任丘已逐步形成了由中国石油华北石化分公司、华北石油管理局等国有大型企业以及 30 多家二级单位、40 多家骨干企业组成的,集科研设计、工程施工、设备制造为一体的,较完整的石化产业链。

经过数年的发展,任丘市已初步形成石油化工、摩托车制造、铝型材、石油装备制造四大主导产业。为引导这些优势产业做大做强,该市以工业园区为平台,对全市 1200 多家摩托车及配件加工企业和 300 余家铝型材企业进行资源整合、嫁接改造,引导重庆力帆、大江等国内知名企业入区发展,促进了产品的提档升级。目前,该市三轮摩托车年生产能力达到 50 万辆,国内市场占有率达 35%;摩托车链轮产品销售额达 165 亿元,国内市场占有率达到 95% 以上;铝型材年营业性收入达 30 多亿元。该市已成为河北省重要的石油化工基地、北方重要的三轮摩托车生产基地、铝型材生产销售基地、全国最大的摩托车链轮生产加工基地。

依托地处京津冀经济圈的区位优势和华北油田、白洋淀的资源优势,任丘把韩国企业作为第一引资对象,全市每年举办一次针对韩国企业的经贸洽谈会,邀请韩国客商前来考察洽谈。目前,全市共有韩资企业 25 家,合同利用韩资 1 亿美元以上。

近年,任丘市累计投入 5 亿多元,拉动社会资金 50 多亿元,实施了城市道路建设等基础设施建设项目近 50 个,新修改造城区道路 20 多条。同时,启动建设商贸、建材等年成交额超亿元的大型专业贸易市场 10 个。他们还加大城市管理力度,实施绿化、美化、亮化、净化工程,城市化率连续 3 年居河北省第一位。

(二)山东省新泰市

山东省新泰市作为全国百强县、山东 30 强、泰安的人口大市和经济大市,坚持以工业化带动城市化,以城市化促进工业化,通过培植主导产业,统筹城乡经济发展,在实现科学发展、构建和谐社会等方面走在全省、全国前列。

1.全力抓好大项目建设,支撑经济又好又快跨越发展。坚持不懈地把项目建设尤其是大项目建设作为推进工作、加快发展、科学发展的基本抓手,用多上项目、上大项目推动经济加速发展,以经济的持续快速发展支撑和保障统筹发展、和谐发展。严格执行国家宏观调控政策,集中力量新上一批符合国家产业政策、环保节能政策,能够持续提供税源、扩大就业的大项目、好项目,特别是工业、商贸、旅游项目。

(1)工业。坚持招商引资新上项目与做大做强现有骨干企业两手并重,按照项目—项目群—产业—产业群的发展模式,进一步培植壮大煤电化、电缆电线、精细化工、新型建材、机械纺织五大主导产业,培植一批在全省、全国叫得响、能够带动上下游项目自成产业的龙头企业和大型企业集团。实施了投资136亿元的4×66万千瓦超临界电厂、投资16.8亿元的220万吨干熄焦及20万吨二甲醚等一批关系新泰全局的重大项目,建设投资8亿元的华天碳纤维、4亿元的天元特钢、2.6亿元的瑞泰玻璃绝缘子、2亿元的泰山恒信开关、2亿元的立业机械等一批重点项目,新开工投资5.3亿元的10万吨石膏板纸、5亿元的4万吨池窑拉丝、3000万美元的射频电缆扩产等重点项目,并不断策划论证推出一批新项目,为工业经济持续跨越发展注入强劲动力。2011年,全市规模以上工业销售收入突破1500亿元,销售收入过10亿元的企业达到40家,其中过30亿元的15家,过50亿元的5家。

(2)商贸服务业。突出发展大市场、大物流、大商贸、大超市;建设总投资13.8亿元的平阳国际商业中心二期工程、鲁中五金商贸城、桃源大酒店等一批大型商贸服务项目和酒店餐饮项目,新开工建设总投资6亿元的五星级马来西亚假日酒店及商业特色街,规划建设一批与先进制造业相融合的大型物流园区,大力发展连锁经营、物流配送等现代流通方式和经营业态。

(3)旅游业。争创全国优秀旅游城市,以莲花山旅游开发为龙头,加快青云山、青云湖、墨石山、寺山、白马山、徂徕山、新汶森林公园、和圣园影视基地等景区景点开发建设,努力把新泰建成"大泰山"旅游圈内,融"山湖城、山水休闲、度假旅游"为一体的特色精品景区。

2.切实加强自主创新、节能降耗、环境保护和土地集约利用,进一步转变经济增长方式。

(1)科技创新。着力发展一批拥有自主知识产权、具有核心竞争力的高新技术产业、高新技术企业、高新技术产品,积极利用先进适用技术嫁接改造传统产业,加快建立以企业为主体、以市场为导向、产学研相结合的技术创新体系,新发展高新技术企业80家以上,总数超过200家,高新技术产业产值在2006年的基础上翻两番,占规模以上工业总产值的比重达到38%以上。

(2)节能降耗。突出抓好煤炭、电力、化工、建材等重点行业和列入"省千户""泰安市百户"以及新泰市60户重点企业的节能降耗,抓好惠普电力、小协民营经济聚集区等节能示范企业、示范园区建设。2011年,实现单位GDP能耗比2006年末下降20%。

(3)生态建设和环境保护。以创建国家环保模范城市为总抓手,突出抓好柴汶河、西周河等重点流域和重点企业的污染治理,加快淘汰落后生产能力,大搞植树造林、荒山绿化,积极创建国家环保模范城市。

(4)土地集约利用。坚决执行最严格的土地保护政策,加大土地开发、整理和复垦力度,盘活闲置存量土地,提高单位面积土地投资密度和产出率。

3.加快城市化和城市现代化进程,增强对区域发展的集聚辐射功能。始终把城市作为区域发展的龙头,作为聚集生产要素、吸引外来投资的重要载体来抓,以建设生态型、现代化山水园林城市为目标,进一步加强城市的规划、建设和管理,努力创造更加适宜人居和投资兴业的环境,最大限度地增强对经济社会发展的承载力和辐射带动力。

(1)强化规划统筹,优化城市布局。加快实施新一轮城市总体规划,尽快形成中心城区、中心镇、小城镇、中心村梯次推进的城镇发展体系,进一步拉开城市大发展的框架。

(2)加强城市基础设施和重点项目建设,完善提升城市功能。突出抓好城市天然气、垃圾处理中心及新平铁路、重兴路、新矿路等一批公用设施和道路骨干工程建设,抓好平阳河自然景观带、汶河湿地公园、盆景奇石园等一批园林精品工程,抓好科技馆、财税大厦、鼎元大厦等一批标志性建筑,有序推进城中村的开发改造,持续推进城区背街小巷和居住小区环境综合整治,进一步提升城市功能和形象品位。

(3)强化城市产业支撑,加快"一区九园"建设。按照"工业园区化、园区城市化、城市产业化"的发展思路,进一步加大园区基础设施建设和项目进区力度,把市开发区建成全市经济发展的龙头、科技创新的先导区和现代化的新城区,把9个乡镇民营经济聚集区建成特色产业的聚集区和新型村镇建设的样板区。

4.扎实推进新农村建设,促进城乡统筹协调发展。把新农村建设作为统筹城乡经济社会发展的总抓手,大力实施工业化、城镇化、农业产业化"三化"带动,走城乡一体发展的路子。

(1)突出发展农村经济、增加农民收入这个中心。大力发展现代农业,推进农业区域化布局、规模化生产、产业化经营、社会化服务。加大农业结构调整力度,进一步培植壮大蔬菜、畜牧、林果花卉、食用菌、桑蚕五大主导产业,重点是20万亩高值田、1000万平方米食用菌、4万亩桑蚕生产基地以及"奶业富民工程"建设。加快发展农村二三产业,培植壮大农业龙头企业,扶持发展各类专业合作组织,形成龙头带基地、基地连农户的市场化生产格局。每年新发展20家以上规模以上农业龙头企业。2011年,有10家以上进入省级重点农业龙头企业行列。

(2)切实加强农村路、水、电、气、医、学、社会保障等基础设施和公益事业建设。重点实施农村道路通达、饮水安全、新能源、农民健康、文体教育、社会保障"六大工程",县乡公路延伸到规划的农民居住点,实现村村通洁净的自来水、村村用上清洁能源,农村中小学全部达到泰安市级以上规范化学校标准,人人享有新型农村合作医疗,基本建立起城乡相衔接的社会保障体系,"五保"人员全部得到集中供养。

(3)大力开展生态文明村镇建设。加快以"三清、四改、五通、六化"为重点的村庄环境综合整治,50%以上的村完成集中整治。

(三)江苏宝应县

江苏宝应县紧紧围绕"工业强县",坚持以科学发展观为统领,以壮大特色主导产业为主线,立足区位条件,着力培育具有地方特色和发展潜力的主导产业。"九五"工业发展规划中,县上提出发展"五大支柱"的工业发展思路;"十五"工业发展规划确定了工业经济发展重点产业"一电两品"即电工电器、食品药品为两大支柱产业,玻璃制品、棉纺织品、电子陶瓷、车辆配件、管道配件等为特色产业;"十一五"规划又将全县工业的重点产业调整为"一主六特",即:电工电器为主导产业,食品加工、玻璃工艺、泵阀管道、纺织服装、压力容器、电子信息为特色产业。通过特色产业的不断发展,促进了县域经济的较快发展。2009年,全县共完成全部工业产值600亿元,规模工业产值403亿元,新增亿元企业25家,规模企业100家,财政收入21.9亿元,城镇居民人均支配收入12545元,农民人均收入7583元。宝应县发挥特色主导产业在区域经济转型升级争先进位中的作用,进一步推动了区域经济又好又快发展。

1.进一步促进产业集聚发展。宝应紧紧围绕做大做强工业,加快打造具有较强带动力、竞争力和辐射力的产业集群。园区既是产业集聚的重要载体,更是进一步做大做强工业经济的关键所在、希望所在。按照"一圈三沿"总体构想,加快园区开发,促进产业集聚,形成了特色鲜明、分工合理的生产力布局。县城经济圈按照100平方公里控制性范围,修编拓展规划,勾勒道路框架、基础设施、产业布局、功能定位等基本轮廓,同时加快基础设施配套建设,完善技术、物流、金融、中介等支撑服务体系,推进相关园区整体开发、集约开发、联动开发和可持续开发,为企业发展和项目落户打造优良平台。以打造特色产业走廊为重点,加快沿宝应湖有机农业和沿安大路、沿京沪高速产业带各园区的规划编制,坚持科学定位、合理布局,做到集约高效、错位发展。鼓励引导同类企业、关联项目进园区发展,提高产业、项目集中度。进一步完善电工电缆主导产业、电子信息新兴产业和玻璃工艺、食品加工、泵阀管件、压力容器、纺织服装等特色行业发展规划,制定相关扶持政策,明确发展方向,延伸产业链条,缩短配套半径,衍生下游产品,增强分工协作、整体配套能力。以产业链为抓手,以园区为载体,以骨干企业为龙头,以中小企业为主体,培育企业集群,壮大产业规模。重点引导和扶持电工电缆产业,着力打造全省乃至全国有影响的电工电缆产业基地。加大产业资源整合力度,推动产业关联度紧、技术互补性强、资本带动力大的企业横向协作,鼓励优势企业进行资产和技术重组,增强集群合力和互补优势。镇工业集中区在积极打造区域性产业板块的同时,加强与县城经济圈的协作配套,加快项目由点状布局向链式产业、块状经济转变。在加快发展工业发展的同时,既注重速度,更注重质量,坚持好字当头、好中求快、又好又快,全面落实资源节约与环境保护基本国策,推动产业集约发展,提高工业发展的社会效益和生态效益。严格节能减排目标管理考核,突出抓好重点行业、重点企业的节能降耗和治污减排,引导企业广泛采用节电、节水、节能新技术、新工艺。

2.进一步发挥规划引领作用。规划是引领产业发展的先决条件。在培育壮大特色主导产业过程中,按照"统一规划、整体开发、优化布局、分布实施"的原则,高起点、高水平编制科学、合理的县域经济圈发展规划,明确经济圈的战略定位、发展重点和方向、产业布局及重大基础设施建设工程,继续完善路网结构,优化功能配套,进一步加快各园区融合发展,促进县城经济圈各园区在交通、资金、信息、人才及物流上实现无缝对接,切实将县域经济圈打造成全县重大项目集聚区、高新技术承载区、创新创业先导区、产业发展服务区。围绕"50万人口、100平方公里"的目标和南城、北区、西园的思路(南城即宝射河南接10平方公里新城规划;北区即工业经济发展区,使安宜、意大利、台资、开发区、耿耿五大工业园连成一片;西园即运西湿地生态观光园),全力拉开中等城市发展框架,同时围绕"拉框架、增内涵、提品位"的城市建设要求,做大、做优、做美城市,加快以亚细亚为中心的苏中路、以时代广场为中心的白田路和以亿丰国际商贸港为中心的开发区的"三大商圈"建设,大力实施旧城改造、道路建设、管网完善、亮化景观、商住服务、区域供水等工程,完善城市基础设施,改善城市环境,提升城市品位,增强辐射力、吸引力,为外商提供理想的发展空间和载体。

3.进一步加大招商引资力度。一个地区的外资、民资发展水平,在很大程度上决定着这个地区的经济实力和综合竞争力。只有大招商、大投入才有大产出、大发展。做大做强特色主导产业,谋求跨越发展,必须在招商成效上求突破。

(1)更新招商理念,不断增强招商引资工作的针对性和实效性。

(2)优化招商策略。在坚持全员招商的同时,着力加快"三个转变":由全民招商向专业招商转变,更加重视和发挥专业招商队伍的作用,综合运用产业、企业以及项目、中介招商等方式,多层次、宽领域开展招商引资;由让税让利向优化环境、降低商务成本转变,更多地通过产业优势、配套服务和优良的基础设施,增强招商引资的吸引力和竞争力;由满网尽收向重视质量、效益和环保转变,提高准入门槛,着力引进科技含量高、经济效益好、资源消耗低、环境污染少的工业项目及现代服务业、有机高效农业和事关长远发展的基础设施、社会事业项目,推动招商引资"创新升级"。

(3)创新招商方法。强化驻点招商。科学设置驻点,通过公开选聘,调整和强化专业招商力量,提高驻点人员素质,加大目标管理和考核力度,着力提高工作成效。围绕主导产业和特色产业,实行产业链延伸招商和补链招商。强化企业招商。鼓励和引导企业走向招商引资前台,在"引进来"中发展,在"走出去"中壮大。支持优势企业与国内外知名企业进行战略合作,促进资源、市场与资金、技术、品牌共享,实现借梯上楼、借力发展。依据特色产业发展方向,围绕提升传统产业、做强优势产业、做大新兴产业,大力引进投资规模大、产出规模大、附加值高、产业关联度高的重大项目。突出电工电缆主导产业、电子信息新兴产业和玻璃制品、泵阀管件、食品加工、压力容器、纺织服装等特色产业，梳理遴选一批大公司、大企业，摸清他们的投资战略、投资方向、投资重点、投资条件、投资方式，主动寻求合资合作。

(4)突出利用外资。瞄准欧美、日韩、东南亚等国家和地区，进一步加大对外招商力度。顺应国际资本对华投资的新趋势，增进与国际大企业、大集团驻华代表和国际投资公司、咨询机构的联系合作，努力实现招引重大外资项目的突破。

4.进一步优化产业发展环境。环境是发展的保障。机关部门转变服务理念，改进服务方式，多讲怎么办，积极变通办，主动帮助办，不断提升服务水平，同时进一步建立健全岗位责任、首问负责、责任追究等制度，深入开展"阳光工程——规范事权行动"，严格控制自由裁量权，规范执法行为。继续组织开展系列争创活动，推动机关部门服务效能和工作作风进一步改善。认真执行《行政许可法》，深化行政审批制度改革，进一步简化审批程序，优化审批流程，加快推进"两集中、两到位"，完善便民利企服务网络，不断提高服务效率；积极帮助企业联系招工，通过整合培训职能有计划帮助企业培育一批技术工人，缓解特色主导产业"技工荒"和"用工难"问题。进一步完善城市配套服务功能，加快建设宾馆、酒店、医院、学校等一批配套服务设施，为各类企业提供更为优质的服务。

# 第十章

## 欠发达地区如何
## 选择培育产业经济体系

- ■ 欠发达地区的经济发展及产业结构状况
- ■ 欠发达地区经济发展的优势及产业发展的潜力
- ■ 欠发达地区产业经济科学发展的方向

# 第十章　欠发达地区如何
# 选择培育产业经济体系

## 一、欠发达地区的经济发展及产业结构状况

※相对于东南部沿海地区而言，我国的欠发达省份主要分布在东北、中部和西部地区，东北和中部欠发达省区主要指黑龙江、吉林、山西、河南、安徽、湖北、湖南和江西等省；西部欠发达地区指的是国务院公布的内蒙古西部、陕西、甘肃、宁夏、青海、新疆、西藏、四川、重庆、云南、贵州、广西等12个省区。总体上，中西部地区市场发育程度低，经济总量小，产业结构不合理，产业层次较低，部分省区"十一五"和"十二五"以来有了较快较大发展，与东南沿海发达省份相比差距在缩小，但大部分省份的差距还在拉大

(一)中部欠发达地区的经济发展及产业结构状况

1.中部欠发达各省区之间的经济发展水平差距较小，但与东部差距较大。这里所指的中部欠发达省区由黑龙江、吉林、山西、河南、安徽、湖北、湖南和江西等省区组成。1978年以来，我国中部地带内各省区之间的经济发展水平差距基本上是趋于下降的(见表10-1)，中部地带内的差距较小。

表 10-1　中部地带内各省区之间的经济发展水平

| | 1978 | 1980 | 1985 | 1990 | 1995 | 2000 | 2008 |
|---|---|---|---|---|---|---|---|
| 人均 GDP(元) | 311.5 | 388.4 | 703.0 | 1286.5 | 3706.7 | 5920 | 14009.0 |
| 标准差 | 91.3 | 107.32 | 132.80 | 256.39 | 653.87 | 1725 | 1989.21 |
| 变异系数 | 0.2931 | 0.2763 | 0.1889 | 0.1992 | 0.1765 | 0.2915 | 0.3051 |

近年来中部与东部的差距扩大。到20世纪90年代，中部地区已呈"洼

地"：一是东部与中部差距急剧扩大，两者的 GDP 的差额比，1990 年为 5.1：1，2000 年扩大为 6.1：1；人均 GDP 的差额比已从 4.3：1 扩大为 5.4：1。二是国家对西部开发的支持政策已从 90 年代初的探索阶段进入到实施阶段，使西部的投资增长速度大大高于中部，中部已成为投资增长的"锅底"。2000 年，西部地区固定资产投资增长 31.2%，比中部地区高 16.8 个百分点。三是目前中部地区经济发展所面临的宏观情况是：在市场经济运作方面落后于东部，国家资源分配方面又落后于西部。

2.中部欠发达地区三次产业结构的现状分析

(1)中部欠发达地区产业结构的总体水平。根据裴家常(2005)的测算，我国中部地区产业结构水平虽有所改善，但传统产业和企业比例偏大，与全国平均水平相比还有一定的差距，与东部地区的差距则更大，其水平需要进一步提高。新中国成立以来，我国中部地区产业结构经历了三次大调整，推动了经济总量的扩张，也使传统的以单纯轻工业和农业为支撑的产业结构逐步向轻重工业共同发展、第三产业快速发展的格局过渡；但相对于自身经济发展的总量而言，相对于其他地区而言，相对于发达国家而言，产业结构的不合理现象仍然比较突出。2000 年中部地区三大产业的比重为 19：46：35，而同年东部区为 12：49：40；全国平均水平为 16：51：33。以江西为例，2001 年第一产业产值在 GDP 中的比重达 23.3%，比全国平均水平高了 9.2 个百分点；第二产业比重为 36.2%，比全国平均水平低了 9 个百分点；第三产业比重比全国平均水平略低 0.2 个百分点。2005 年该省 GDP 中第一产业比重为 19.0%，第二产业比重为 47.2%，第三产业比重为 33.8%，工业主导型产业结构已经形成并进一步强化，三次产业顺序与全国一致；但与 2005 年全国平均水平相比，第一产业仍高 6.5 个百分点，第二产业低了 0.1 个百分点，第三产业低 6.4 个百分点。在这样一个相对较低的层次结构中，工业化水平还比较低，传统工业仍占据优势，新兴产业基本处于萌芽状态。这说明从总体上讲中部产业结构水平不高，竞争力较低，从而制约了中部地区的经济发展。

(2)中部欠发达地区三次产业结构的纵向比较。1990 年以前，中部地区是典型的"一二三"型产业结构，农业是该地区的主导产业。1990 年以后，第二、三产业的比重逐渐扩大，第一产业比重日益缩小，工业取代了农业成为该地区国民经济的主导产业，产业结构呈现出"二三一"的特点；与此同时，第一产业的就业比重也处于不断下降的趋势当中,第二、三产业的就业比重在不断上升。这正符合产业结构变动的一般规律,说明中部地区的产业结构正在向高级阶段演进。但中部地区产业结构的演进只是一种较低水平的演进,从就业人数流动方向上来看,第一产业就业人数缓慢减少,第二、第三产业不断增加。这距钱纳里、赛尔昆(1988)典型的"三二一"结构还有较大差距。其主要问题在于第三产业发展滞后,导致第一产业从业人口难以转移,就业比重过大,二三产业就业比重过小。以江西为例,2004年该省从事第一产业的人数为907.7万人,比2001年减少41.9万人,从事第二产业的人数为598.4万人,比2001年增加115.8万人,从事第三产业的人数为707.9万人,比2001年增加85.3万人,产业比例由2001年的46.2:23.5:30.3调整为41.0:27.0:32.0。这是产业结构优化的可喜表现,但和发达地区(2005年上海市第三产业比重已达50.2%)相比,二、三产业特别是第三产业的比重明显偏低,有待加强和改善。

(3)中部欠发达地区三次产业结构的横向比较。与其他地区产业结构相比,2004年,中部第一产业结构明显偏重,几乎是东部地区的两倍(新农村建设后稍有改观);第二产业发展则较滞后,比重仅高于西部地区;第三产业发展则明显落后,处于四大地区(如果按东、中、西、东北地区划分)的最后。反映在就业结构上,第一产业就业比重明显偏大,仅低于西部地区,而第三产业就业比重明显偏小,为四大地区之尾。这说明中部地区产业结构已经落后于东部沿海和东北地区,这也是中部"塌陷"危机的重要根源。

(4)密切关联产业结构的其他几个方面。与产业结构密切关联的还有企业组织结构、产品结构、投资结构和经济体制等方面,都有必要进行分析。

一是从企业组织结构看,小而全、大而全的企业仍然占据优势,社会化、虚拟化企业处于劣势。一方面,大部分企业达不到合理的经济规模;另一方面,这些企业内部生产全能化,从头到尾什么都有,企业间缺少分工协作。特别是这些企业隶属关系复杂,既有中央直属企业,又有军工企业,还有市属企业、区属企业和县、乡镇属乡镇企业以及民营企业。企业条块分割、自成体系,对产业发展及产业结构调整带来不利的负面效应。

二是从产品结构看,初级产品、传统产品占优势,高精尖产品处劣势,生产集中度偏低。从整体上看,我国中部地区工业企业产品结构中存在"老产品多,新产品少;劳动密集型产品多,科技含量高的产品少;亏损产品多,盈利产品少;大路产品多,名牌产品少"的现象,特别是缺乏像长虹、海尔等那样享誉海内外的巨人企业、名牌产品,加之买方市场的形成,使得我国中部地区工业企业的市场竞争力不断下降,经济效益日渐下滑。

三是从投资结构看,资本存量占优势,资本增量处于劣势;固定资产占优势,技术改造投资处于劣势。我国中部地区是我国的工业基地集群之一,资本存量高,但是工业资本结构存在着严重不足,大多设备陈旧老化,资产净值低,设备利用率低。据初步估算,地区工业至少有30%的固定资产闲置,形成巨大浪费,且负债率居高不下,很多国有企业已经资不抵债。由于部门利益、条件利益等的摩擦,很多企业无法进行有效的资产重组和资本运营。一些实力强大或者拥有好项目的民营资本因无法通过合理渠道利用闲置的国有资本而准备把资本逐渐转移向外地,更是加剧了中部地区投资结构的不合理。中部地区资本结构不合理的现象既与资本存量有关,也与增量资本不足有关。我国地方企业传统的资金来源是财政拨款、银行贷款、外资合作,近年来可以通过少数企业上市或发行企业债券来解决资金问题。

四是从经济体制看,传统国有经济占优势,民营经济、混合经济处于劣势;封闭体系占优势,开放体系处于劣势。

3.中部欠发达地区三次产业内部结构分析

(1)第一产业内部结构分析。第一产业在中部经济发展中曾经扮演过非常重要的角色,随着国民经济的发展,第一产业的比重正日趋下降,其就业比重也在不断降低,而中部地区第一产业的增加值却不降反升。这说明中部地区第一产业的劳动生产率在不断提升,农业生产的资金、技术含量日益提升。但另一方面,中部地区农业内部结构并不合理,这主要体现在种植业比重过大。这种过分倚重种植业的农业生产,割裂了客观存在的农业各部门之间的相互依赖关系,耕地潜力远未充分发挥,且产品同质严重,优质特色产品不多,单调的品种结构难以满足市场需求而形成农产品结构性过剩,农产品加工落后,剩余劳动力难以顺利转移,直接影响了中部农民的增产增收。2004年中部农民平均收入为2721.68元,低于全国平均的2936元,更远远低于东部沿海地区。

(2)第二产业内部结构分析。首先,从总体来看,中部地区虽然是我国传统的工业生产基地,但没有一个省能称得上工业强省,其中工业发展较好的湖北、河南两省与东部沿海省市相比,还有相当差距。其次,从轻重工业的比重来看,中部地区工业结构呈现出明显的重型化特点,但这种重型化并不是经济发展的结果,而是国家工业化战略的产物。这导致中部轻工业发展滞后,轻重比例失调,工业经济效益低下;而且这种以煤炭、冶金、电力、重化工为主的重型化工业结构,使其在工业化的过程中正在遭遇传统工业所产生的工业污染对生存环境的破坏,而这与科学发展观的要求则相差甚远。第三,从工业所有制结构来看,虽然中部国有企业改革已经取得一定成效,国有企业的效益正在逐渐好转,但是国有企业的产值比重依然很大,远远高于东部沿海和全国平均水平,而外资经济发展则明显落后。这说明中部地区国有企业改革还相对滞后,创新能力不足,经济活力较弱,开放型经济发展不足,经济发展缺乏必要的外源动力,使得中部经济发展滞后,对外开放度低。2004 年中部六省进出口贸易总额为 349 亿美元,占全国的3.0%,比重严重偏低,外贸依存度为 9.0%,比全国的 69.8%低 60.8 个百分点。而中部六省外商直接投资额只有 61.5 亿美元,仅占全国的 10.1%,比重偏低,其中,山西只有 0.9 亿美元。第四,中部地区产业结构趋同,重复建设严重。据工业普查资料分析,中部六省纺织、塑料、化纤产品、建材产品等一般水平的加工工业产品重复严重,在经营性国有资产中,1/3 左右分布在一般加工工业。这种结构趋同造成生产经营的盲目性增加,产品集中度低,生产集约化程度难以提高,经济效益和竞争力弱化。

(3)第三产业内部结构分析。中部地区第三产业的发展还主要集中在批发、零售、餐饮、交通运输、仓储、邮电等传统产业上,比重达到 46.1%,高于东部、西部和全国的平均水平,金融、保险、物流、旅游等新兴服务业发展相对滞后。这主要是由于政府在一些服务业如教育科研、医疗卫生、金融保险等行政管制较多,民营资本难以涉足,造成竞争不充分,严重制约了中部第三产业的快速发展。

(二)西部欠发达地区的经济发展及产业结构状况

1.西部欠发达地区经济发展的劣势。西部地区是我国的多民族地区,同时也是我国经济发展水平落后的地区。自西部大开发以来,在各项优惠政策的积极推动下,西部各省市区三次产业的产值比重由 1999 年的 23.9:39.3:36.8 调整为2004 年的 19.5:44.3:36.2,区域产业结构发生了较大的变化,产业结构的优化速度有所提高,产业结构高度化进程明显加快。虽然西部产业结构较东部地区而言发展还不成熟,产业结构变动速度超过东部,具有比东部地区更为强大的产业结构演变动力,在今后一段时间内,西部的产业结构演进速度将会继续超越东部;

但西部欠发达地区和其他地区相比，还是比较落后。西部各省区差距较小不是一个乐观的现象，它实际上意味着西部地区普遍的落后和普遍的不发达。（见表10-2）

表 10-2　1978 年以来西部各省区之间人均 GDP 差距

|  | 1978 | 1980 | 1985 | 1990 | 1995 | 2000 | 2008 |
|---|---|---|---|---|---|---|---|
| 人均 GDP(元) | 311.5 | 388.4 | 703.0 | 1286.5 | 3706.7 | 5920 | 14009.0 |
| 标准差 | 91.3 | 107.32 | 132.80 | 256.39 | 653.87 | 1725 | 1989.21 |
| 变异系数 | 0.2931 | 0.2763 | 0.1889 | 0.1992 | 0.1765 | 0.2915 | 0.3051 |

(1) 原有经济基础薄弱，在低起点上迈步。1981 年西部工农业总产值为 3317.4 亿元，占全国(74910 亿元)的 17.6%，是东部地区(9888.8 亿元)的 31.4%。西部交通运输落后，每万公里铁路营业路程只及东部的五分之一左右，东西部的经济发展差距非但没有缩小反而进一步拉大了，这就使西部地区的开发、建设面临着更严重的困扰。

(2)产业结构不尽合理。受资源条件和工业基础的约束，西部基本上是农牧业、重型化的产业结构。20 世纪 80 年代的资料显示，西部农业总产值占工农业总产值的 39.9%。重工业占西部工农业总产值的 35.4%，占工业总产值的 58.8%。到 90 年代初，由于轻工业发展缓慢，1993 年重工业与轻工业的比重为 62:38。在重工业中，又是采掘业和原材料工业占较大的比重，2000 年重工业与轻工业所占比重为 67:33，西部产业结构重型化、资本密集，难以牵动农村乡镇企业的发展，不利于扩大农村富余劳动力的转移。这种农业型、重型化的产业结构，构成了西部经济发展重要的制约因素。

(3)人口总量少、密度小，城市化水平低，区域内市场狭小

西部地区占全国土地面积的 40%以上，按第三次全国人口普查数据，人口为 2.85 亿，人口密度为 45 人/平方公里(东部为 346 人/平方公里)，1990 年东部每平方公里为 360 人，西部为 48 人。西藏、新疆、青海 3 省区土地面积约占全国总土地面积的三分之一，但人口合计只占全国总人口的 3%。人口密度最低的西藏，人口密度为 1.7 人/平方公里。城市化率是反映工业化程度的重要标志，西部城镇稀疏，平均规模不大，辐射力低，是限制其快速发展的又一重要因素。

(4)观念陈旧。地处边远、地形复杂、交通不便、相对封闭的社会环境，自然经

济的生产与生活方式等长期形成的价值观念,不适应市场经济的发展要求。

(5)经济发展水平低,人民生活贫困。1984年,国务院确定的14个贫困地区、225个贫困县中,西部占134个,占59%以上。到1990年,西部国土生产能力(每平方公里万元)为4.4万元,创造国民收入在全国所占比重为16.5%,人均国民收入908元。而东部分别为58.8万元,53.4%,1625元。贫困和低收入人口长期存在,不利于生产的进一步发展,不利于社会稳定,不利于民族团结,不利于国家经济政治一体化和全面奔小康目标的实现。

2.西部三次产业结构的现状分析。(见表10-3)

表10-3　2007年和2008年东中西部地区产业结构状况

| 年份 | 第一产业产值比重(%) | | | 第二产业产值比重(%) | | | 第三产业产值比重(%) | | |
|---|---|---|---|---|---|---|---|---|---|
| | 2007 | 2008 | 变动 | 2007 | 2008 | 变动 | 2007 | 2008 | 变动 |
| 全国 | 11.7 | 11.3 | -0.4 | 49.2 | 48.6 | -0.6 | 39.1 | 40.1 | +1 |
| 东部 | 7.15 | 6.86 | -0.29 | 52.06 | 52.12 | +0.06 | 40.79 | 41.02 | +0.23 |
| 中部 | 14.71 | 14.17 | -0.54 | 49.90 | 51.23 | +1.33 | 35.39 | 34.6 | -0.79 |
| 西部 | 17.64 | 16.45 | -1.19 | 44.48 | 46.71 | +2.23 | 37.88 | 36.84 | -1.04 |

(1)产业结构的总体水平虽有所改善,与全国平均水平相比还有一定的差距。2008年西部地区产业结构进一步优化,产业结构高度化进程进一步推进,但是与全国及东部地区产业结构相比,仍然存在着较大的差距;与中部地区比,除了第三产业比重略占优势,第一产业略偏重,第二产业略偏轻。2008年全国产业结构由2007年的11.7:49.2:39.1调整为11.3:48.6:40.1。由表10-3知,2007年和2008年全国第一产业和第二产业的产值比重分别下降了0.4%和0.6%,第三产业的产值比重增加了1%。同期东部地区产业结构由2007年的7.15:52.06:40.79调整为2008年的6.86:52.12:41.02,第一产业产值比重下降了0.29%,第二产业的产值增加了0.06%,第三产业的产值比重增加了0.23%。西部地区产业结构呈现出与全国和东部地区相同的变动趋势,三次产业的产值比重由2007年的17.64:44.48:37.88调整为2008年16.45:46.71:36.84,第一产业产值比重分别下降了1.19%,第二产业的产值比重增加了2.23 %,第三产业则下降了1.04 %。这一变动表明,西部地区产业结构虽然和全国及东部地区比还有差距,但其本身的

合理化和高级化程度进一步提高。

(2)西部欠发达地区三次产业结构的纵向比较:第一产业产值比重进一步降低,第二产业发展速度较慢,第三产业比重稳定增长;与其他地区产业结构的横向比较:第一产业产值比重大于全国平均水平和中部地区,更大于东部地区,第二产业产值比重小于全国平均水平和东中部地区,第三产业产值比重小于全国平均水平和东部地区,但略大于中部地区。

(3)和产业结构密切关联的其他几个方面,与中部欠发达地区第4种情况类似。

(4)其他方面:

①相比2007年,2008年西部地区第一产业的产值比重下降了1.19个百分点,降幅大于全国平均水平,也大于东部地区,改变了西部地区以往一段时间(2003—2005年)第一产业比重趋于上升的局面。与以往相比,2008年西部地区第一产业比重的下降幅度较小,下降速度放慢,这与我国高度重视"三农"问题,大力发展西部地区特色优势农业的背景紧密相关。2004年中央"一号文件"出台,政府以前所未有的力度对西部地区农业发展提供了极大支持,粮食流通体制改革进一步推进,农业税收已在全国范围内取消,这使得西部各省区大多表现出农业经济增长的良好态势。2008年农业综合生产能力和生产效率获得了较大程度的提高,第一产业增加值达到8547.93亿元,农牧业打"特色牌"成绩显著。

②第二产业发展速度加快。2008年西部地区工业生产速度不断加快,各省区以重点项目和技术改造为核心,加快推进工业化进程,工业生产和经济效益保持同步增长。2008年西部地区第二产业增加值为19173.69亿元,其中工业增加值由2007年的15784.48亿元增加到2008年的20201.44亿元,增加了4416.96亿元,工业增加值占全国的比重也由2004年的14.68%增加到2005年的15.646%,提高了0.966个百分点。这表明工业生产规模的迅速扩大是西部地区经济快速增长的支撑之一,西部地区已经具备大量吸纳传统工业的各项条件,特别是装备制造业,资源采掘、加工产业及原料加工业等。

从总体上看,2008年西部地区第二产业比重上升加快,由2007年的44.48%上升到46.71%,升幅达2.23%,说明第二产业发展速度较快,这是由于政府对西部地区基础设施建设的投入力度不断增加,建成了一批公路、铁路等重大工程项目,促使第二产业发展速度提高。但西部地区原先工业总量规模小、发展水平低、竞争力不足,加上各地都把开发投资的重点放在基础设施和生态环境等领域,未足够重视特色产业,特别是加工制造业的发展,因此工业化进程缓慢,西部地区第二产业产值总额仍旧偏小。2008年西部十二省市区第二产业的生产总值约为24233.03亿元,中部九省区为43894.24,东部十省市为98640.63,比值约为1:1.81:4.07,而其人口比仅仅34635:45081:45769,即1:1.30:1.321。这说明西部第二产业薄弱并未得到根本扭转,工业市场竞争力不强,市场份额较少,经济的长期发展仍缺乏强有力的产业支撑。

③第三产业比重稳定发展。2008年西部地区第三产业增长速度势头放缓,虽然产业增加值达到19111.71亿元,但其产值占区内总产值的比重由2007年的37.88%下降为36.84%,这里的部分原因可能是受国际金融危机的负面影响。虽然和东部地区第三产业比重41.02%的水平有些差距,但比中部地区34.6%水平却要高出2.24个百分点。因此西部欠发达地区第三产业发展态势还好,但总体上看来,西部地区第三产业仍以传统服务业为主,现代服务业比重较低,尤其是为生产服务的现代服务业的发展尚处于较低的层次。

## 二、欠发达地区经济发展的优势及产业发展的潜力

＊中部地区生产力与资源分布有明显优势,环境、资源、市场、区位和经济技术方面的条件配合较好,三大产业结构以及工业内部采掘业、初级加工业、原材料工业和深加工工业结构等都比较协调,也与区域经济发展水平基本相适应,是一个发展比较齐全的地区;西部地区地理区位优势,特别是边境地缘经济地位日显重要,自然资源优势是我国未来工业化、现代化的"资源库",加快西部地区经济发展的内在支撑力已呈强势

(一)中部欠发达地区经济发展的优势及产业发展的潜力

1.区位、资源、工业基础因素。由于这三个因素,使中部地区的发展后劲十分可观。随着东部经济发展水平的不断提高,资金的边际效用递减,劳动力和土地等生产要素的价格不断上升,东部地区必然加快实现产业结构升级,转移和淘汰那些不具备比较优势的产业。与之相伴的是部分资金、技术和人才的外溢。相对西部来说,中部更具有承接、转移的基础和条件。中部的地理位置和资源等优势十分明显。中部九省区土地面积占全国的29.5%,承载全国35%左右的人口,GDP约占全国的28%,是重要的农产品生产和输出基地;此外,中部地区还是我国主要的能源生产和输出基地,被喻为腹心地带和国脉所系。就生产

力与资源分布而论,中部地区也兼有东西部之长,而且环境、资源、市场、区位和经济技术方面的条件配合较好。从整体上看,三大产业结构以及工业内部采掘业、初级加工业、原材料工业和深加工工业结构等都比较协调,也与区域经济发展水平基本相适应,是一个发展比较齐全的地区。近两年中部地区的快速发展和取得的巨大成就更表明了中部地区已有能力承东启西,在西部大开发中发挥其不可替代的战略作用。

2.各产业的良性发展和作为东西联系的枢纽。从区域经济发展的角度来看,中部地区各产业的良性发展也是西部大开发战略顺利展开的关键。改革开放以来直到 90 年代初期,我国三大地带间的区域经济增长差异始终呈不断拉大的趋势,以致引起了各界的不安。但 90 年代中期以来中部地区开始出现了工业化高潮,其中尤以中部五省最为显著,带来了三次产业劳动力结构的深刻变化。统计数字表明,1978—1986 年是我国第一产业劳动力比重下降较快的时期。1986—1991 年这一过程则基本上停滞。但是,1991 年以后这种情况明显改变。1985—1992 年,全国新增劳动力 4028 万人,第一产业劳动力净减少 1998 万人,非农产业劳动力的净增加量为 6026 万人,在这一时期,除湖南的中部四省第一产业劳动力减少了 390 万人,非农产业劳动力增加了 1103 万人,占全国非农产业劳动力增加量的 27.4%,相对于 1986—1991 年间的 16.9%,上升了 8.5 个百分点。中部省份劳动力结构的这一变化,对我国劳动力结构的改变具有极其重要甚至是决定性作用。中部省份劳动力结构的改变及其经济的崛起改变了改革开放以来我国经济增长中心长期集中在东南沿海一带的局面,出现向北、向西移动的趋势,从而使我国的工业化过程在更加广阔的地域范围内展开。同时,这一变化也打破了改革开放以来我国农业劳动力长期绝对增长的结构格局,使我国工业化过程进入到一个新的阶段。中部地区的产业结构变化和经济崛起使西部大开发战略的顺利展开和区域经济的协调发展成为了可能。以上两点对优化产业结构及加强第二产业、带动第三产业无疑有巨大的潜力。

(二)西部欠发达地区经济发展的优势及产业发展的潜力

1.地理区位优势。在西部 12 省区市中,4 个内陆边境省区,同 14 个国家的国土相邻,边境长达 1.4 万多公里。二战结束后,国家关系日益经济化,经济利益具有持久性的价值。由于国家扩大沿边和向西部开放,边境地缘经济地位日显重要。边境 4 省区同西部其他 6 省作为区域经济大单元,同周边国家在资源、产品、技术等方面互有需求,可以更便利地利用国际国内两个市场、两种资源,发挥各自优势,取得经贸发展中的比较利益。

2.自然资源优势。西部是我国未来工业化、现代化的"资源库",目前开发利用程度不高,潜力很大。土、矿、水、能源、黑色金属、有色金属矿藏丰富。西部十省区的"自然资源综合优势度""自然资源人均拥有量优势度""自然资源总丰度"均居全国前列。伴随东部地区工业化进程,土地、矿产资源的开发利用进入中后期,西部"资源库"的作用更显重要。尽管东部可以利用国际资源,但比较成本也不会很低。

3.加快地区经济发展的内在支撑力已呈强势。在20多年改革开放和经济发展实践中,"发展是硬道理"的意识已坚定地确立起来;在探索适合省情、区情的改革开放发展规律性的基础上,制定了各具特色的经济社会发展战略及实施方案,交通、通讯、能源等基础设施已有一定基础,"三线"企业的技术更新改造稳步推进,具有国内国际先进水平的军工民用骨干企业、支柱产业焕发出勃勃生机,发挥着令人瞩目的先导作用;科学技术、文化教育大大向前发展,科技对经济增长的贡献率一天天提高;地方财政能力也在不断增强,不难看出西部内在的基础和发展希望。以上几点为扬长避短、合理利用市场和资源、发展适合边境贸易的产业、有资源优势的产业、有军工技术作为基础的民用高科技产业等都做了天然准备。

### 三、欠发达地区产业经济科学发展的方向

＊坚持以人为本,树立全面、协调、可持续的发展观,按照"五个统筹"的要求,使经济发展与生态环境、社会进步协调推进,促进经济社会和人的全面发展;调整农业结构和经济布局,优化产业结构,积极吸引、培养、储备人才,发挥已有优势和创造、实现潜在优势,以需求为导向,扩大内需,走资源节约、可持续发展的路子;紧跟世界高新技术步伐,充分利用国内外各方面资金、人才,引进、学习、消化、吸收来自发达地区的高新技术,完善基础设施,发挥后发优势,积极创新、赶超,从而真正拉近与发达地区的距离,缩小地区间不平衡发展的差距,改变欠发达地区相对落后的局面

(一)欠发达地区产业结构调整的总体思路

按照所提出的产业调整思路和欠发达地区产业结构的现状和特点,可以将产业调整的方向大致分为三个类别:(1)需要扶持的优势突出的行业部门。(2)利用现代技术改造和提高的传统行业。(3)高新技术行业。

欠发达地区各省份的经济发展,若想"四面出击",遍地开花,人力、物力、财力、科技、管理能力等条件都不允许,即使按照社会化分工(如专业化、特长、资源等形成的比较优势)原理,也与之相违背。同时又不能照搬照抄发达国家或我国沿海地区的做法,因为当代产业运作与发展的基本条件和外部环境与发达国家工业化时期的情形已大为不同(当今知识经济、绿色产业蓬勃发展)。因此,无论就客观方面还是就主观方面,产业结构的演进将会被赋予一些新的特点,刻上时代的烙印,而不会也不可能完全重复早期的工业化国家产业结构的发展轨迹。更何况一些发达地区工业化的做法虽然取得一定成功,同时也带来不少后遗症,比如环境代价太大,产业结构不尽合理以致产业升级和转移受到一定的妨碍。前事不忘,后事之师。我们认为,欠发达地区产业结构调整和升级的基本思路应是:坚持以人为本,树立全面、协调、可持续的发展观,按照"五个统筹"的要求,使经济发展与生态环境、社会进步协调推进,促进经济社会和人的全面发展;调整农业结构和经济布局,优化产业结构,积极吸引、培养、储备人才,发挥已有优势和创造、实现潜在优势(再按照各自的优势进行分工,随着优势的变化,分工也大多会演变),以需求为导向,扩大内需,走资源节约、可持续发展的路子;同时紧跟世界高新技术步伐,充分利用国内外各方面资金、人才,引进、学习、消化、吸收来自发达地区的高新技术,完善基础设施,发挥后发优势,积极创新、赶超,从而真正拉近与发达地区的距离,缩小地区间不平衡发展的差距,改变欠发达地区相对落后的局面。

(二)欠发达地区产业发展的方向

1.坚持以市场为导向。发挥区域内比较优势,优化农业内部结构,不断加强二、三产业,努力形成产业优势。关键是发挥市场在资源配置中的基础性作用,改善农产品和工业产品结构,丰富产品品种、提高产品附加值。按照符合区域产业发展战略的要求(比如中部欠发达地区可以东引西联,在已有的工业基础上,既可用好本地的市场和资源,也可辐射东部和西部,用好它们的资源和市场;西部在利用好国内资源和市场的同时,也可发展边境贸易和与之相关的产业),以市场需求为导向,加快产业结构调整,发挥自身优势,促进区域经济发展支柱产业的形成,并增加第二、第三产业的产值和在 GDP 中的比重。

2.按照国务院十大产业振兴规划的精神加强相应的行业。按照国务院十大产业振兴规划的精神加强相应的行业,并鼓励有条件的企业"走出去",重视人才的培养、选拔、使用等等。钢铁业要加快淘汰落后产能,推进企业联合重组;

汽车业要支持发展自主品牌,扩大小排量汽车销售;物流业要将各个物流环节的营业税税率与运输业统一(调低为3%),扩大营业税差额增收范围、并对物流园区布局进行合理规划等, 从而减轻金融危机冲击;轻工业要扩大城乡消费;进一步提高部分轻工产品出口退税率;加大对中小轻工企业的财税和信贷支持;进一步扩大"家电下乡"政策实施力度等;装备制造业要让骨干企业联合重组;纺织工业要促进企业由大到强;电子信息业要集中实施六大工程(集成电路升级、新型显示和彩电工业转型、第三代移动通信产业新跨越、数字电视推广、计算机提升和下一代互联网应用、软件及信息服务培育);有色金属业要把收储作为主要措施,落实及增加收储计划,推动跨行业、跨地区兼并重组以及国外资源并购等;石化业要控制总量布局产业。另外,让有条件的企业"走出去"一显身手,充分利用国内外两个市场、两种资源,重视人才的培养、选拔、使用,对于企业做大做强将大有好处。

3.发展污染少、技术改进空间小的劳动密集型产业。充分利用本地技术,发展一些污染少、技术改进空间小的劳动密集型产业,建设资源节约型社会,实现可持续发展。像江西这样的欠发达地区,其优势劳动密集型产业是瓷器、纺织、服装、农林加工业等等,这些工业的生产技术要求不是很高,技术在各地业已成熟, 技术改进的空间很有限。而江西的劳动力成本相对于发达地区比较低,这样就形成了比较优势。应该挖掘优势,在市场行情好的情况下,还可以扩大生产。同时,劳动密集型产业可以提供较多初级劳动力的工作机会,这为缓解社会就业,扩大人们收入,改善生活水平同时也增加市场需求起到一定的作用。其他欠发达地区的煤炭、林业、地方特色产业、民族特色产业等也具有类似的功能,也可以在技术不断成熟、污染降低的情况下,大力发展这些产业,壮大经济实力。另外一些地区工业偏重型化,也应该加强轻工业,在增加就业的同时,充分满足市场需求。

4.改造传统产业。采用先进适用技术,以信息化带动工业化,改造传统产业。推动传统产业新型化调整要满足可持续发展的要求, 发展经济必须重视保护本来就比较脆弱的生态环境,走可持续发展的路子。产业结构的调整应当淘汰和限制高污染、高消耗的行业,严格禁止掠夺性的资源开发,提高资源的综合利用率,实现经济与资源、人口、环境的协调发展。比如江西的铜业、汽车业、纺织业等也是江西的传统产业部门,在江西的国民经济中占据了重要的地位,而且拥有一定的工业技术基础,如果引进、采用先进技术,对其加以改造,使其沿着新型工业化的道路不断发展,使其产品质量和名声不断提高,产品必然更加适销对路,从而加强它的竞争能力和增强它的生命力。其他欠发达省份传统产业部门如汽车、石油、天然气、机电、化学、纺织等产业,都可以引进先进技术、工艺、外观设计等新东西,推动产业朝着能耗污染少、科技含量高、经济效益好的方向不断新型化,使产品更适合市场需求,从而使传统产业不断得到巩固和加强。

5.发展绿色产业和旅游产业。在降低能耗的同时,要大力发展绿色产业和旅游产业,形成优势和特色,并使之附加值加大,实现和谐发展。欠发达地区的资源优势尤其绿色经济、旅游经济优势是很明显的。比如江西既是资源大省,又是劳动力大省,而且可以形成一定的市场优势,是可以结合自己的优势发展偏资源型产业和相关资源深加工产业的。随着生活水平的提高,人们对于绿色食品的需求越来越大,在欧洲,绿色、有机、无公害食品的销售价格要比其他食品高出 5 到 10 倍,但欧洲没有生产绿色食品的资源优势和劳动力优势,而江西恰好具备这两种优势。如果江西能与省外、国外具有资金和技术优势的企业合作,打通市场渠道,让江西生产的绿色食品、有机食品、无公害食品通过国外大型连锁超市进入国际市场,资源的优势就可转化为资金的优势。其次,江西的旅游资源也是很丰富的。如庐山、井冈山、龙虎山、三清山、鄱阳湖等都是浑然天成的美景奇观,具有很大的旅游开发价值。充分开发、利用这些旅游景点,也可以带动餐饮、旅馆等第三产业的发展,为经济发展注入一支强心剂。其他欠发达地区都各自有独一无二的旅游资源、绿色资源,同样可以充分开发利用,在做好各自的旅游产品、绿色产品方面也将大有作为。

6.发挥后发优势,发展高新技术产业。努力培养、积极引进技术人才,发展高新技术产业,发挥后发优势,实现跨越和赶超。高新技术产业通常是指那些以高新技术为基础,从事一种或多种高新技术及其产品的研究、开发、生产和技术服务的企业集合。经济合作与发展组织(OECD)出于国际比较的需要,用研究与开发的强度来定义和划分高新技术产业,并于 1994 年选用 R&D 总费用(直接 R&D 费用加上间接 R&D 费用)占总产值比重、直接 R&D 经费占产值比重和直接 R&D 占增加值比重 3 个指标提出了高新技术产业的四分类法:将航空航天制造业、计算机与办公设备制造业、电子与通讯设备制造业、医药品制造业等确定为高新技术产业。在我国,2002 年 7 月国家统计局印发的《高技术产业统计分类目录的通知》,中国高技术产业的统计范围包括航天航空器制造业、电子及通信设备制造业、电子计算机及办公设备制造业、医药制造业和医疗设备及仪器仪表制造业等行业。

应该说,并不是每个发达国家(地区)都有比欠发达国家(地区)更强的高新技术开发、吸收能力,同样,我国中西部欠发达地区也并不一定在各高技术行业的开发、发展能力都比东部地区要弱,比如西部的军工等航天技术,西部众多名校的航天、电子、医药、环境等专业方面的人才,也并不比东部各省都要少。而且,很多高新技术产业具有跳跃性的特点,比如航天、电子行业并不一定先要在化工、纺织、服装、煤炭、汽车等产业拥有优势后才能去发展它;医药、医疗、环境产品也并不必然要经历那些过程才能发展好。只要在一定工业化的基础上,且有一定的传统产业和高新产业的人才保障,再投入必要的资金,高新技术是可以跳跃式地发展起来的。而在欠发达地区的广大省份,能掌握传统产业的人才已经不少,少量的高技术人才和潜在的大量高技术人才是具备的,如果自己努力培养加上积极引进,人才问题应该不难解决;同时,因为高技术产品的市场需求前景较好,价值量大,也不易腐坏变质,运输时间和成本显得不是那么重要,所以地理位置是否在沿海也不是关键所在,基础设施、人才、资金跟上去就基本可以了。所以,只要集中资金、人才,把钱花在刀刃上,欠发达地区是有可能在高新技术行业获得成功的。如果欠发达地区能在高新技术行业紧跟时代步伐,也就能实现技术上的跨越和赶超,实现后发优势和赶超先进、发达地区的经济发展。相反,如果欠发达地区只是单单循着发达地区的"成功经验"全盘模仿、复制,取其"甜"、食其"苦",它造成严重污染,我也付出环境的巨大代价去换取貌似很大的经济发展,没有学习模仿过程中的创新、超越,必将永远落后于发达地区。即使在承接发达地区转移过来的产业过程中,也要辩证吸收,把符合新型工业化、污染少、有市场需求的产业吸收过来,污染大的一定要让其进行技术改造,才能接收。因此,在学习、吸收发达地区先进技术,承接其某些产业的同时,要创新、赶超;要同时发展高新技术(因为它可以越过一些传统产业而发展,也是第一生产力),和其赛跑,而不是等其高新技术在若干年后可以标准化生产、沦为传统技术时才承接过来。高新技术要主动研发和创新,一味等着别人来"喂食"和转移技术,是等不来具有创新知识含量的先进技术的。任何一个地区要取得经济发展的优势和实现繁荣,都要不断进行产业结构的调整,通过不断创新建立新行业、新企业,创造新产品,来保持其经济、技术上的领先地位。同时,还要果断地、有计划地逐步淘汰那些已经进入衰退阶段的老产业。与人的机体一样,不吐故就无法纳新,就会陷入老产业问题的重重困难之中,以致无法集中优势力量来发展与创新产业部门。发达地区是如此,欠发达地区也更应该如此。国内外的实践经验都证明了这一点。

目前,几乎所有发达国家为了保持其优势地位,普遍采用的一个重要战略,就是集中全国的精英,建立起一批新产业开发中心,把科研、开发与生产结合成整体,以加速创新的过程。在这方面行之有效的办法就是仿效美国建设硅谷(美西部原来也是落后的欠发达地区,那里甚至没有任何传统产业作为基础而直接发展高新技术产业)的经验,由政府或民间资本选择在经济发展水平高、技术力量雄厚的城市,围绕一些著名的大学与科研中心建立起新技术创业者中心。通过对已经取得某项重大专利或确有发明创造力,并有志于创建新企业的人提供经济、技术、管理、市场等方面的服务,为创新企业提供一个良好的生长环境。这样就会在著名大学、科研中心周围发展一批创业者中心,在创业者中心周围又生长起一批企业,形成一个强大的创新群体。闻名遐迩的硅谷就是在"斯坦福工业园区"的基础上发展起来的。日本筑波科学城的兴建、剑桥科学公园的形成都是政府、大公司、科研机构共同协作,有意识地创建科研、开发与生产联合体的成功范例。我国欠发达地区并不缺少发展高新技术所需的人才,如果给予一定的税收和薪水等优惠政策措施,资金、人才问题也不难解决,或许不久的将来,中国中西部也会出现某个或几个高技术行业的"硅谷"。总之,高新技术产业是经济发展中的重要阵地,如果欠发达地区不花精力、财力、人力去夺取一席之地,将失去经济长期发展过程中的一个助推器,也将永远难以改变落后的不利局面。

(三)欠发达地区产业发展的制度保障

1.大力进行制度创新,进一步完善市场制度。欠发达地区大多市场机制不完善,或者表面上完善却流于形式。因此,政府管理方式落后,运行效率低下。从全国看,虽然自1992年就开始向市场经济体制转轨,但中西部欠发达地区政府的管理方式还留有很深厚的计划经济色彩。

(1)投资者、经营者与政府各部门打交道的规章制度太繁、关卡太多、时间太长、成本太高。一个建设项目从立项到开工,往往要经过十几个部门审批,盖上几十个甚至上百个公章。

(2)立法却不监督法,执法却不遵守法,红头文件大于法,领导讲话胜过法的现象还相当普遍。虽然通过的法律法规不少,但监督运行却是一个十分薄弱的环节。随着社会发展变化,立法后的修改也经常是滞后、缓慢的,不能让投资者、经营者满意。执法过程中不遵守法,使本该按时办理的案件久拖不决,早该执行的审判结果长期无法落实。经常出现政府文件与法院判决相互抵触、相互冲突、南辕北辙的尴尬局面。有时甚至以领导人的讲话为行事依据,不按照法律和政策办案,搞法外政策。有些地方,法律对行政权力几乎没有任何约束力,行政权力的范围没有边际。当违法行政当事人基本权利造成损失时,又没有人来承担行政责任与经济责任,有的甚至就根本没有怎样承担责任的法律规定,行政权力与责任的对称性在法律上几乎是空白。

(3)观念陈旧,思想封闭。对东部投资者在自己管辖范围的土地上赚取利润、发财致富感到不适,有些革命老区和其他贫困地区的人们甚至还存在着让东部生产经营性企业来扶贫的想法,相当一部分人还认为西部大开发就是要钱,要别人输血。这些落后观念支配的行为使东部投资者的经营环境恶化,并且抵消了劳动力、土地和资源价格比较便宜的比较优势。政府要为调整结构提供良好的软环境,从而让市场进行资源的优化配置,使资金、人才等生产要素流向有前景、有前途的产业。因此,改革、完善经济体制,政府要做那些市场、企业做不了的事,为调整结构提供良好的软环境,实行政企分开,强化企业的主体地位,发挥市场机制的基础性作用,显得特别重要。

2.加强欠发达地区的基础设施建设,通过产业转移促进资源要素向欠发达地区流动。产业转移可以带动地区之间交通等基础设施的建设,后者也可促进前者顺利进行。为了加快中西部地区的经济发展和促进地区之间产业的转移,仅有长江和陇海、兰新线等少数几条运输通道还不够,要建设运输大通道,新建几条能够将广大中西部地区和东部的一些大中城市以及港口紧密联系起来的运输大通道,如跨省区的干线公路、干线铁路等;同时还应该打通连接大西北和大西南的运输大通道;此外,对于一些远离干线公路、干线铁路的地区,尤其应该多建设一些通往干线公路和干线铁路枢纽的地方公路和地方铁路,使东部的人员、设备和物资能够很顺畅地运到中西部,中西部的资源、产品又能迅速地运出去,这样产业转移和基础设施的建设就能相得益彰,很好地形成互动。另外,加快中西部运输通道的建设,不仅有助于加强中西部同外界的经济联系,同时也有助于在中西部地区尽快培植起来一批能够带动本地区经济发展的增长极和发展轴。由于中西部欠发达地区的城市化水平低,孤立的城市很难起到增长极的作用。为了发挥这些城市乃至城镇对周围腹地的带动作用, 最好是将这些孤立的城市和城镇通过交通线连接起来,加强它们之间的经济联系,以便形成合力。而这样的交通线实际上就成了发展轴, 被交通线连接起来的各个城市和城镇则可能看成是一些大大小小的增长极,而各个增长极在合适产业的推动下,将化零为整,形成更富潜力的增长单元。

3.协调中央与地方之间的关系, 加强中央政策对欠发达地区的支持力度,并妥善处理发达地区与欠发达地区的关系。要减少中央对西部投资时的"漏出效应",增加能够对当地产生较大投资拉动效应的建设项目。实践表明,许多西部地区基础设施建设投资对当地经济社会的带动效应并不理想, 因为建设进程中原材料、设备、技术工人等诸多投入并不是来自于西部地区,它对中、东部地区产生了较多的投资"漏出效应",投资过程拉动的实际是中、东部地区经济。所以,减少中央对欠发达地区投资中的"漏出效应",本质上必须对西部基础设施投资结构和内容做出调整, 增加能够对当地产生较大投资拉动效应的建设项目。具体途径:

(1)增加当地农业基础设施领域的投资建设比重,重点为农田建设、水利建设、农业设施建设、草山草场建设、沼气建设、农村科技服务网络建设、农民素质提升等。

(2)实行欠发达地区建设项目定向采购制度,凡是原材料采购和设备采购可由欠发达地区供给的,采购范围必须在欠发达地区,同时定出在发达地区和欠发达地区的采购比例,实施"欠发达地区各省区之间的调剂采购和互补采购",真正把援助性建设项目的投资采购落实在欠发达地区的受援助地区, 最大限度地减少欠发达地区开发中的投资"漏出效应"。

(3)提高中央对欠发达地区公共服务体系建设的投资水平,实现欠发达地区公共服务水平与全国公共服务水平的均等化。

(4)欠发达地区与发达地区处在同一个国家,其经济联系是密不可分的。发达地区要尽量支持不发达地区的发展,提高不发达地区的经济发展水平、收入水平,才能增加其需求总量,形成一个有效的巨大需求市场,为东部发达地区的产品提供容量增加的市场,更好地消化东部的产品;欠发达地区可以吸收发达地区的人才、资金及某些想转移的产业,为发达地区的资金、投资、赢利找出路,同时也促进自己发展,使发达地区和欠发达地区之间形成良性循环。

4.整合区域资源,加大促进资本市场发展的政策力度。有些省份因为市场需求及各种生产要素规模均能达到最佳的资源和市场互补,是可以相对独立实行自己的经济发展政策的;但有些省份由于资源(如只有某几种资源)、技术、人才等方面的限制,难以独善其身,这时可以和邻近的省份组成一个联合体,实现人才、资源等各种生产要素的最佳配置,从而形成一个高效统一、能充分发挥区域内各种生产要素作用的最佳市场。这样,在外援一时不能起作用的时候,能充分整合区域资源,挖掘和满足内需,自力更生地促进经济以类似内生增长形式的方式得到发展。

同时,要重点加大促进资本市场发展的政策力度。发展资本市场、加大资本市场的融资作用已经成为决策部门及社会各界的共识,急需进一步增加投资来源,以扩大固定资产投资,切实启动经济增长。国家采取措施进一步促进资本市场的发展,其中"债转股"成为资本运作的重要内容:投资基金将得到进一步的发展和完善,更多的投资基金上市,投资基金在股市的投资地位得到加强;支持更多的股份制商业银行上市,以增加这些银行支持中小企业的信贷能力;同时,国家进一步加大支持证券公司进入银行间拆借市场的力度,进一步协调货币市场和资本市场的关系,改善证券公司的融资环境。另外,信贷政策要适度倾斜,国家的三大政策性银行贷款总额的大部分应投向欠发达地区支持基础设施建设、农业开发、生态保护以及产品的进出口。专业银行商业化特别是实行资产负债比例管理以后,对市场前景好的投资项目,可以适当提高资产负债的比例。世界性银行等国际金融机构对普及教育、医疗、卫生等社会发展项目的软贷款,要由中央政府提供担保,并从中央财政预算中拨专款偿还以减轻其对欠发达地方财政的压力。另外,对一些资金利税率低、银行贷差较大的西部地区,可设置有一定浮动的贷款差别利率,或者通过财政贴息,支持企业的间接融资。设立欠发达地区开发基金。资金来源由中央和地方共同承担,并吸收社会捐赠和国际开发援助机构及各国政府的援助捐款。培育和发展资本市场与区域性金融中心,适当调整目前资本市场主要集中在东部沿海地区的格局,增强欠发达地区资本市场的融资功能,优先扶持资源型企业改制上市,扩大上市规模。

# 第十一章

## 甘肃省白银市的产业经济分析

# 第十一章　甘肃省白银市的
产业经济分析

　　白银市地处黄河上游、丝绸古道,因矿得名,因企设市,明朝洪武年间,官方在此设有办矿机构"白银厂",有"日出斗金,积销金城"之记载。1956年震惊世界的白银矿山大爆破,拉开了有色金属等矿产资源开发的序幕,白银市由此在一片戈壁荒滩上迅速崛起。1956年11月设市,1958年7月升格为地级市,1963年10月撤销,1985年8月恢复建市。现辖会宁、靖远、景泰三县和白银、平川两区,全市总面积2.12万平方公里,常住人口171万人,其中城镇人口67.5万人。

　　白银是新中国成立后,随着矿产资源开发而发展起来的新兴工业城市,是国家重要的有色金属工业基地、甘肃省重要的复合型能源和新型化工基地、黄河上游百万亩以上高扬程提灌农业区、红军三大主力会师圣地。白银发展历程大致经历了开发建设、资源鼎盛、衰减枯竭、转型跨越等四个阶段。由于在资源开采时缺乏有效的补偿机制和发展接续产业的有力措施,到"十五"末(2005年)资源基本枯竭后,资源性、体制性、结构性、社会性矛盾日益突出,城市可持续发展面临严峻挑战。

　　面对资源枯竭带来的一系列问题,白银市委、市政府把推进城市转型作为科学发展的有效抓手,把环境污染治理作为推进转型的突破口,通过实施污染治理项目得到了国家和省上的重视支持。2008年3月,白银市被国家确定为首批"资源枯竭转型城市",甘肃省出台了支持白银转型等特殊政策。进入国家首批资源枯竭转型城市后,坚持一手抓改造提升传统产业、一手抓培育发展接续产业;一手抓争取国家支持、一手抓招商引资;一手抓改善硬环境、一手抓建设软环境;一手抓治理工业污染、一手抓优化人居环境。通过争取国家资金、大力招商引资、启动民间资金等多种途径,实施了一大批重大转型项目、重大基础设施项目和重大民生事业项目,进一步延伸了产业链条、拓宽了产业领域、提升了产业层次,同时有效改善了发展环境、化解了社会矛盾,为实现科学发展、和谐发展、跨越发展奠定了坚实的基础。

"十一五"期间,白银市累计实施项目2600个,投资总额750亿元。落实资源枯竭转型城市财力性转移支付8.3亿元,争取扩大内需项目213个、资金29亿元;政府投资项目融通国内外银行资金23亿元;签约招商引资项目667个,完成投资175亿元。中信集团、中铝集团、中国兵器集团、大唐集团、国电集团、中材集团、中集华骏、北方三泰、西藏矿业、南京雨润、浙江卡森、中科宇能、福建盼盼、蒙牛集团、台湾统一、河北颐通、广东雄信等国内百强企业和知名企业入驻白银,为白银发展增添了强劲动力。不断加快科技创新步伐,建成生产力促进中心2个,建成省级以上工程技术研究中心8个、企业技术中心8个,组建技术创新战略联盟4个,11家企业被认定为国家高新技术企业,9家企业列入国家制造业信息化工程试点企业,白银市被确定为国家火炬计划有色金属特色产业基地和新材料高新技术产业化基地。投入资金20多亿元,完成环境污染治理项目84个,城市生活污水处理率、生活垃圾无害化处理率分别达到50%和60.5%,黄河白银段水质达到国家地表水二级标准,中心城区空气优良天数由最差时的235天增加到2010年的300天以上。

2012年,白银已形成1249万吨煤炭、400万千瓦发电能力、58万吨有色金属、10万吨TDI、城市日供水46.8万立方米等生产能力。白银除享受诸多共性的政策支持外,还享受资源枯竭城市转型、棚户区改造、循环经济发展、国家级高新技术产业开发区和兰白核心经济区中心城市建设等特殊性政策支持。白银经济增长逐步摆脱了主导资源枯竭后低迷徘徊状态,连续数年主要经济指标保持两位数增长。

## 一、"六五"时期白银市的产业状况

1985年6月19日,甘肃省委、省政府公布了国务院关于恢复白银市的批复,并决定成立白银市筹备小组,开始着手各项筹备工作。8月1日,在白银市召开了白银市成立大会。同时,在对白银市工业农业、财政金融、商业粮食、交通运输、文教卫生、科学技术、城镇建设、人民生活等各方面的情况进行全面调查的基础上,制定了《白银市城市建设总体规划纲要》《白银市城市管理暂行办法》,编制了《白银市 1986 年国民经济和社会发展计划》。

从 1963 年白银市撤销到 1985 年恢复成立的 22 年里,特别是十一届三中全会以来,经济和社会各项事业都有了新的发展。"六五"期间,全市工农业总产值每年平均增长 9.39%,其中工业总产值平均增长 10.6%,农业总产值增长 8.44%。

(一)第一产业

农业生产条件有所改善,水利建设成绩显著,景电一期、靖会、刘川、兴堡子川等大中型水利工程开始发挥效益,建成万亩以上黄河自流灌溉渠 6 条,万亩以上高扬程提灌工程 17 处,全市有效灌溉面积达到 94 万亩。种草种树有了突破性的进展,植被破坏开始有效控制。农业内部结构也有了变化,林、牧、副、渔各业在农业总产值中的比重,由 1980 年的 29.3%上升到 1985 年的 30.7%。林牧副渔的总产值五年增长了 91%。大部分群众的温饱问题基本缓解,农民人均纯收入由1980 年的 47 元增长到 1985 年的 225 元。

(二)第二产业

全市已有中央部属和省属大中型企业 20 个,市属和县属中小企业 217 个,1985 年工业总产值达到 10 亿多元。全市有乡镇企业 225 个,产值超过 1 亿元。白银已经发展成为国家重要的有色金属工业基地和甘肃省煤炭工业基地,形成了一个以有色金属工业为主,煤炭、化工、建材、机械、纺织、运输、科研等基本配套的工业结构。全市有全民、集体企业 245 户,固定资产原值 16.78 亿元,主要工业产品 129 种,其中 49 种获部优、省优称号。一大批新的国家重点工业项目开始兴建,主要是白银铝厂、西北铅锌厂、银光 TDI 生产线、靖远热电厂、大峡水电站、白银磷肥厂磷铵生产线等。

(三)第三产业

城市建设初具规模,形成了一定的凝聚力和带动力。市区已建成商业网点255 个,住宅建筑面积 164 万平方米,居住面积 100 万平方米,城市居民人均 5平方米,城市绿化面积 377 公顷,绿地覆盖率 8.2%,科技、文教、卫生、体育事业都有相应发展。

恢复建市初,白银不仅具有一定的经济发展基础,而且是一块有待于进一步开发的"宝地"。矿产资源比较丰富,品种多、分布广;农副土特产品加工增值的潜力很大;能源充足,交通便利;国家"七五"计划在白银布局了白银铝厂、西北铅锌冶炼厂、靖远火电厂、银光厂 TDI 生产线等,投资 20 多亿元。由于历史的原因和自然条件的限制,白银同全国和省内其他城市相比,还有很大距离。经济发展很不平衡,轻重工业很不协调。虽然,农业步子较大,群众温饱问题基本缓解,但部分干旱山区还在靠天吃饭,人畜饮水也有困难;全市有一批中央部属和省属骨干企业,而市、县经济薄弱,在骨干企业的周围没有形成相互依存的经济网,中央企业和地方企业相互脱节;一些大中企业设备、资金、技术、人才相对宽裕,部分生产力闲置,而许多地方小企业缺设备、缺资金、缺技术、缺人才,甚至难以生存和发展;科技教育、商业贸易、生活服务等行业还不适应经济发展的需要;城市建设欠账较多,第三产业发展缓慢;资源优势没有得到充分发挥。

### 二、"七五"时期白银市的产业发展

1986 年,白银市制定了《国民经济和社会发展第七个五年计划》,确定了经济和社会发展的指导思想:坚持四项基本原则,坚持经济体制和政治体制改革,开放开发、搞活企业、搞活流通、依靠科技进步、依靠大中型企业,加工增值,促进地方工业发展,加快农村脱贫步伐,提前一年实现工农业总产值第一个翻番。

(一)"七五"计划的重要内容

1.基本方针。一是坚持把改革放在首位,使改革与建设互相适应,互相促进,转变职能,简政放权,搞好配套服务,建立城乡一体、充满生机与活力的新的经济体制。二是坚持绝不放松粮食生产,实行分类指导,种草种树,发展畜牧,调整产业结构,大力发展多种经营。三是坚持综合平衡,正确处理工业与农业、城市与农村、当前与长远、生产与生活等重大关系,集中财力、物力,进行城乡综合开发,加快重点项目建设。四坚持以经济效益为中心,走以内涵为主扩大再生产的道路。充分发挥现有固定资产的作用,大搞技术改造,加强经营管理,提高产品质量,降低物质消耗,不断增强中小企业自我改造和自我发展的能力。五是坚持大力发展横向经济联系,发挥优势、取长补短,吸引进来、辐射出去,依托大中企业,逐步形成全方位的横向经济格局,形成一批有白银特色的大中小结合、多形式、多层次、多渠道企业联合群体。六是坚持把乡镇企业作为振兴农村经济的突破口,紧紧围绕加工增值这个关键环节,五个轮子一起转,小字起步,综合开发,分类指导,重点突破。七是坚持把科技、教育作为振兴白银经济的关键,加速科学技术的发展,重视软科学的开发应用,加快人才培养。八是坚持搞活交通和流通,以交通促流通,以流通促生产,开辟各类市场,健全流通体系。九是坚持"三同时"原则,搞好

环境综合治理,实现社会效益、经济效益、环境效益的三统一。十是坚持两个文明一起抓,把精神文明建设渗透到物质文明建设之中,用共同理想团结和动员全市人民艰苦创业,为完成"七五"计划而奋斗。

2.主要目标。到 1990 年,全市工农业总产值,不包括中央、省属企业,达到 6 亿元,在 1985 年的基础上平均每年递增 8.43%;包括中央、省属企业,每年递增 14%,达到 20.5 亿元。全市粮食总产量达到 3.5 亿公斤,在 1985 年的基础上每年递增 3.89%,农民人均纯收入达到 400 元,人口自然增长率控制在 11.9‰以下。全市国民经济年平均增长速度为 8.43%,高于全国和全省确定的 6.7%、8.4%的年平均速度。粮食总产量达 3.5 亿公斤,农民人均纯收入 400 元。

3.产业发展战略。工业上要形成"五大"经济支柱:一是有色金属加工业,产值比重要求达到全部工业产值的 49.36%;二是化工产品加工业方面重点开发延伸化肥、化工原料、精细化工等产品,总产值比重达到 15.84%;三是农副产品加工业,要求每年速度达到 37.66%;四是建材工业,重点调整产业结构,大力发展新型建材,使总产值比重达到 17.5%;五是地方煤炭和黄金开采业,到 1990 年年产标煤 50 万吨,年产黄金 200 公斤。

4.多渠道筹措发展资金。一是积极开拓银行业务,健全扩展银行储蓄等信用机构,开展短期资金融通、拆借业务,建立四通八达的资金调度网络,用活现有的资金。二是发挥银行信贷和信托投资公司的作用,以经济手段,广泛筹集社会资金,大力提倡农民集资办企业、搞建设,鼓励城镇个体工商业、手工业者投资建设居民公共设施,把城乡社会闲散资金挖掘出来。三是地方财政进一步增收节支,理顺物资流通渠道,改善企业经营管理,降低流动资金占用,杜绝经营性亏损。四是贸易生财,建立多种形式的商品市场,积极调动本地产品的外销,组织外地产品的输入和推销,扩大贸易,繁荣经济,增加收入。

(二)"七五"计划完成情况

1.国民经济主要指标

到 1990 年底,全市社会总产值达到 21.3 亿元,比 1985 年增长 51.7%,年平均递增 8.7%;国民生产总值达到 9.5 亿元,比 1985 年增长 60.4%,年平均递增 9.9%;工农业总产值(含中央、省属企业,不含村及村以下)完成 15.98 亿元,比 1985 年增长 39.4%,年平均递增 6.9%;市属工农业总产值(含村及村以下)完成 7.02 亿元,比 1985 年增长 70.1%,年平均递增 11.2%。其中:农业总产值完成

2.64 亿元,比 1985 年增长 20.7%;工业总产值完成 4.38 亿元,比 1985 年增长116.1%。财政收入完成 1.57 亿元(含 626.3 万元粮食补贴),同 1985 年相比,增长了 2.4 倍,年平均递增 27.75%。

2.基本经验

(1)在经济工作的指导上,始终坚持以经济建设为中心,以农业为基础,以工业为主导,城乡一体,工农并举的方针。在治理整顿中,提出了紧中求活,稳中求进,在治理整顿中求发展的指导思想。

(2)在大的经济关系上,提出正确处理城市与农村、工业与农业、富县与富民、条条与块块、当前建设与长远发展等几个方面的关系。

(3)在经济发展的战略上,确定了"三沿"(沿河、沿城、沿路)经济开发战略,并提出了在服从和服务于国家宏观布局的前提下,立足当地资源,发挥自身优势,城乡一体,依靠科技,加工增值,市场导向,重点开发,分层推进,放胆发展,振兴白银的指导思想。

(4)在工业发展上,坚持内涵与外延并举,以内涵为主扩大再生产,采取让利于企业,寓富于基层的"放水养鱼"政策,挖潜改造,滚动发展,不断提高企业的管理水平,加强企业基础工作,树立企业精神,千方百计增强企业的发展后劲和活力。

(5)在农业发展上,坚持科技兴农,坚持"三路"方针,按照因地制宜、分类指导的原则,提出了"抓水改土,稳粮扩油,综合开发,建设基地,发展商品农业"的指导思想,确立了以种、养、加为基础,坚持综合治理,进行区域经济开发的基本思路。在沿黄自流灌区,以粮为主,粮经结合,建立沿河商品经济走廊;在高扬程灌区,建立粮食丰产区;在干旱和半干旱山区,以粮为主,农牧结合,走综合开发的路子。建立黄河经济,发展商品农业,各打各的优势仗,各走各的致富路。

(6)在城市建设上,把现代化风格和民族风格结合起来,从强化城市的带动辐射功能入手,坚持综合开发、配套建设的方针,"积极改造老区,逐步开发新区",加快基础设施建设,增强城市的综合服务功能,建设以城市高原丘陵地貌为特色的,服务方便、文明整洁的新白银。

(7)在社会各项事业的发展上,坚持把教育和科技作为振兴白银经济的战略重点,优先发展。同时,注重繁荣文化、卫生、体育事业,控制人口增长,强化法制建设,坚持依法治市。

3.产业状态

(1)第一产业。粮食产量三次创历史最高水平,在1990年的多灾之年,仍达到3.32亿公斤,比1985年增长了15.5%。在农村人口五年净增13.06万人的情况下,全市农村人均占有粮食由1985年的273公斤上升到1990年的280公斤。水地亩产由1985年的190公斤提高到1990年的287公斤,以占全市粮播面积25%的水地,夺取了占70%的粮食总产量。初步打破了农村单一的经济格局,全市农村非农产业产值占农村社会总产值的比重由1986年的29.3%上升到1990年的40%。在农业总产值中,林业由6.62%下降到2.7%,牧业由17.98%增长到22%,副业由6%增长到11.1%,渔业由0.08%增长到0.3%。以十大基地建设为主,进行沿河商品农业经济走廊和城郊型立体农业开发,商品粮、油料、瓜果、蔬菜、滩羊、黑瓜子、渔业、小型肉蛋奶等基地建设已初具规模,进一步促进了商品农业的发展。乡镇企业总产值连续三年超过农业总产值,到1990年,全市乡镇企业发展到2915个,从业人员达6.71万人,总产值达到3.44亿元,是1985年的3倍,平均递增25.1%。扶贫工作按照"两西"提出的"三年停止植被破坏、五年解决温饱"的要求,坚持有水走水路,无水走旱路,水旱路都不通另找出路的方针,治穷与治愚结合,扶贫与开发结合,全市农村贫困面由1985年的42%下降到1990年的9.6%,农民人均纯收入由1985年的238元增加到1990年的352元,比1985年增加了114元,农民人均占有粮食接近300公斤。全市农村储蓄余额达到7620.6万元。

(2)第二产业。地方工业五年迈了五大步,实现了速度和效益同步增长。同1985年相比,工业企业由229个发展到339个,职工由20750人增加到45062人,固定资产原值由1.25亿元增加到3.23亿元,翻了一番多。工业总产值由1.94亿元增加到4.37亿元,年平均递增17.7%。利税由1985年的3039万元增加到9987万元,年均递增26.9%,占全市财政收入的66.2%,实现了速度和效益的同步增长。地方工业走出了一条内涵与外延并举,以内涵为主扩大再生产的路子,以创"名、优、新、特"产品为目标,不断调整产品结构,开发了电线电缆、磷盐、聚氨酯、化肥、石膏、陶瓷、毛纺、化学试剂、亚麻、淀粉等十大系列产品。新增产品40余种,新产品产值率由1985年的0.6%提高到1990年的6.3%,有2种产品填补了国内空白,有26种产品填补了省内空白,有8种产品打入国际市场。1990年,全市30户预算内工业企业完成工业总产值1.7亿元,完成销售收入2.48亿元,比 1986 年增长 96.65%;工业资金利税率达到 29.41%,比 1986 年提高 2.91 个百分点;全员劳动生产率达到 18209 元/人年,比 1986 年增长 25.51%;全市考核产品质量稳定提高率达到 92%;万元产值能耗为 6.19 吨标煤;工业可比成本升高 2.97%;优质产品产值率达到 20.6%。积极发展"一厂两制"企业,全市各类城市集体企业发展到 210 户,拥有固定资产 7930.22 万元,自有流动资金 1.24 亿元。1990 年完成社会总产值 2 亿元,实现利税 2641.5 万元,与 1985 年相比分别增长 3.8 倍和 3.1 倍。

(3)第三产业。新建了农贸商场、百货大楼、白银饭店、电视台、汽车站、邮电大楼、统办大楼,国营商业网点新增面积 3 万平方米。市内开通公共汽车五路,基本建成了实验中学、张家岭公园、幼儿园等一批文化公用设施。城市的商业流通、科技教育、交通邮电、金融信贷、经济信息网络都有了比较迅速的发展。全市社会商品零售总额由 1985 年的 2.63 亿元增加到 1990 年的 5.81 亿元, 年平均递增 17.2%,农副产品收购总额 1990 年达到 1.65 亿元,比 1985 年增长 2 倍。外贸收购总额 1990 年达到 3171 万元,比 1987 年增长 135.1%。

### 三、"八五"时期白银市的产业发展

1991 年开始,国民经济和社会发展进入了第八个五年计划时期,白银市面临着加快二次创业和推进城乡一体化区域经济的历史任务。中共白银市委二届十次全委会议通过了《关于制定经济和社会发展十年规划和"八五"计划建议(草案)》,提出了今后十年和"八五"时期全市经济发展的主要任务、奋斗目标和措施。

(一)"八五"时期国民经济和社会发展的奋斗目标和主要任务

在已实现第一步战略目标的基础上, 全面实现现代化建设的第二步战略目标,力争有较多的人生活基本达到小康水平,国民经济的整体素质有较大提高,各项社会事业协调发展,为实现现代化建设第三步战略目标和 21 世纪的全面振兴创造条件,积蓄后劲。

1.经济和社会发展的指导思想。坚定不移地贯彻中央的路线、方针、政策与省委的决定和要求;坚定不移地从白银实际出发,以发展社会生产力为根本任务,以坚持四项基本原则、加强思想政治工作为生命线,以改革开放为动力,以科技进步为先导,不断完善市管县体制,推进城乡一体化区域经济发展,坚持"两个

文明"建设一起抓,使城市和农村,经济和社会持续、稳定、协调发展。

2.经济和社会发展的主要奋斗目标。在大力提高经济效益和优化结构的基础上,实现国民生产总值到 20 世纪末比 1980 年翻两番。具体要求是今后十年国民生产总值平均每年增长 8.5%左右,"八五"时期平均每年增长 8%。工农业总产值十年平均每年增长 8%,"八五"平均每年增长 7.7%。市及市以下工农业总产值十年平均每年增长 8%,"八五"平均每年增长 7.5%。农业总产值十年平均每年增长 4.7%,"八五"平均每年增长 4.5%。工农业总产值十年平均每年增长 9.5%,"八五"平均每年增长 9%。乡镇企业总产值十年平均每年增长 12%,"八五"平均每年增长 11.5%。粮食总产量"八五"末达到 4.25 亿~4.5 亿公斤,2000 年达到 5 亿~6 亿公斤。财政收入十年平均每年增长 7.5%,"八五"增长 7%。农民人均纯收入"八五"末达到 500 元,2000 年达到 700 元。人口自然增长率"八五"控制在14.8‰,2000 年控制在 13‰。

3.经济发展的产业重点和地区布局。经济和社会发展的总体思路是:坚持"一个中心,两个基本点",发挥资源优势,以农业为基础,科技进步为先导,以原材料、能源、化工工业为重点,健全宏观调控和管理体系为保证,积极调整经济结构,依托和发挥大中型企业的主导和骨干作用,大力发展地方工业,实现加工增值,搞活商品流通,以大带小,以重带轻,以城带乡,工农并举,城乡互补,实现全市经济的持续稳定协调发展。

经济社会发展的重点:一是加强和发展农业,稳定完善家庭联产承包责任制,建立健全农村社会化服务体系,壮大集体经济,不断改善农业生产基本条件。二是加强基础工业,改组改造和发展加工工业,加快发展地方工业,不断促进产业结构的合理化。三是加强城市基础设施建设,积极发展第三产业,增强城市功能。四是大力发展科技和教育,协调发展各项社会事业。

4.产业发展目标。

第一产业:农业发展的基本思路是实施一个战略,突出两项工程,健全三个体系,打好四个硬仗。一个战略是"一沿二道三川"的农业发展战略("一沿":沿黄农经富饶带;"二道":北沿昌林山、寿鹿山、哈思山、屈吴山、景泰灌区防护林带一道绿色屏障,南以华家岭为主一道绿色屏障;"三川":景泰川、兴堡川、靖会川粮食高产开发区)。两项工程是:组织实施"7221"工程(7 个农业开发小区,水地发展到 200 万亩,"三田"发展到 200 万亩,兴建一个化肥厂),组织实施"三扩大两调整一提高"的科技开发工程(扩大玉米、水稻等高产作物面积,扩大地膜粮食面积,扩大间作套种面积;调整粮食与经济作物比例,调整夏秋粮食比例;提高粮食单产)。三个体系是:农业科技服务体系,双层经营体系,基层组织体系。四个硬仗是:农田水利基本建设、科技兴农、扶贫攻坚、计划生育。

第二产业:工业发展坚持以原材料、化工和能源工业为重点,以高新技术产业开发建设为主攻方向,以有色金属深加工、聚氨酯应用开发、精细化工和稀土分离应用为龙头,带动地方工业发展。基本途径是组织企业集团,接受大中型企业的扩散;改造提高现有企业,调整产品结构,开发名、优、新、特产品,形成规模经营;增加投入,选准项目,分期分批兴建一批能够成为地方财政收入支柱的工业企业;选择一批乡镇企业进行提高性改造,使之成为县级工业的骨干;强化企业管理,提高技术素质,提高产品质量,提高经济效益。"八五"期间力争安排碱厂、氨纶厂、尿素厂、程控电话、城市上水工程等一批重点项目。交通运输业发展要以公路建设为主,重点发展县乡、乡村、村社公路,积极争取铁路立项建设,大力开发黄河水运,为发展外向型经济创造条件。

第三产业:以发展为生产和生活服务行业为重点,充分调动各种经济成分和各个方面的积极性,搞活流通,繁荣市场,促进生产为目标,缓解就业压力,增加资金积累,活跃城乡经济。进一步完善市场体系,拓宽生活资料市场和生产资料市场的覆盖面,努力调整第三产业的内部结构,加快发展那些目前比较落后而又急需发展的行业,逐步形成布局合理、服务配套的第三产业发展体系。第三产业的发展速度要高于第一、二产业,到2000年,第三产业与一、二产业的比重由"七五"末的19.3%提高到33.2%,基本改变第三产业与第一、二产业发展不相适应的被动局面。

5.地区发展布局。按照"两沿一区"经济发展战略的总体部署,立足原有基础,坚持从实际出发,各打各的优势仗,各走各的致富路,把立足点放在当地资源的开发和利用上,采取"优区位"开发建设的策略,逐步形成各具特色的经济格局。农业上继续按"七五"已划分的自流灌区、高扬程灌区、干旱半干旱农业区,进行分类指导。工业上继续采用培养增长极的办法,重点建立白银现代工业区,平川能源工业区,景泰建材工业区,会宁、靖远农副产品加工工业区,逐步形成以白银市区为中心,以黄河沿岸和铁路沿线为主轴线的经济发展总体框架,通过"点线式"的开发建设带动经济全面发展。

（二）"八五"时期国民经济和社会发展目标任务实际完成情况

1.综合经济实力明显提高。1995年，全市国内生产总值达到30.02亿元，比1990年增长75.5%，年均增长11.9%，人均国内生产总值由1990年的1204元提高到1888元；工农业总产值达到63.8亿元（含中央省属企业），比1990年增长102.2%，年均增长15.1%，其中，市及市以下工农业总产值达到27.8亿元，比1990年增长124.5%，年均增长17.6%；城镇集体企业产值达到5.87亿元，比1990年增长3.8倍，年均增长36.92%；财政收入达到1.87亿元，同口径比1990年增长122%，年均增长17.28%；社会消费品零售总额达到12.3亿元，比1990年增长150.75%，年均递增20.18%。除粮食产量等少数指标外，主要经济指标都提前一年完成了"八五"计划。

2.产业结构发生了较大变化。全市国内生产总值中一、二、三产业的比重由"七五"末的21:57:22转变为1995年的15:59:26。乡镇企业的迅速发展，使农村产业结构发生了深刻的变化，非农产业占农村经济总量的比重由"七五"末的43.2%上升到77.6%。农业内部，种植业的比重由66.3%下降到61.5%，而林、牧、渔业比重由33.7%上升到38.5%，农村支柱产业初具规模。工业正在摆脱单一发展的格局，以有色金属、机械、煤炭、化工、轻纺、建材为主的地方工业体系初步形成，在市及市以下工农业总产值中，工业产值的比重由"七五"末的56.9%上升到73.2%。特别是第三产业发展迅速，平均每年以16.4%的速度增长，在国内生产总值中的比重由"七五"末的21.4%上升为26%。

3.发展后劲进一步增强。"八五"时期全市基础设施和基本生产条件进一步得到改善。先后完成了景电二期、旱平川一期等水利工程，新增有效灌溉面积10.89万亩，累计达到122.98万亩；净增"三田"20万亩，累计达到184.43万亩；农机总动力达到84.71万千瓦。区域内新建的有色金属、电力、化工、煤炭等重点工程相继投产，新增有色金属生产能力14.3万吨，电厂装机容量80万千瓦，TDI 2万吨，煤炭生产能力达到521万吨。地方工业完成了较大技术改造项目104项，累计投入资金2.27亿元，新增产值1.87亿元，新增利税4300多万元，开发新产品198种。新修改建二级公路208.3公里，新建县乡公路742公里，全市公路交通网络基本形成。邮电通讯事业迅速发展，市话交换机总量达到4.5万门，比1990年增长10.4倍，长途业务电路由1990年的89条增加到1995年的990条，开通了移动通信和无线寻呼系统，改变了通讯的落后面貌。城乡集贸市场、专业市场和要素市场有了很大发展,各类市场总数由 1990 年的 56 个增加到 100 个。

4.城市建设有了新的发展。建成了火车站立交桥,拓开了纺织路,建成了西区南北干道。利用张家岭水库向西区供水,完成了两条城市下水改造,煤制气工程部分投入使用,开工建设了西区 110 千伏变电所。城市绿化覆盖面积达到 948 公顷,园林绿地面积达到 502 公顷,城市绿化覆盖率由 11.6%提高到 12.2%。改造了文化路、园林路农贸市场,新开了南部市场,建成了铜城商厦、华银商城等一批大型的商业服务设施,使城市商业服务提高了一个档次。城市住宅建设有了新的进展,五年新增住房 96.5 万平方米。人均达到 8.1 平方米,比 1990 年提高了 0.6 平方米。城市非农业人口达到 24 万人,比 1990 年增加 3.5 万人。三县县城相继建成了一批基础设施,面貌发生了新的变化。

5.改革开放向纵深推进。农村改革以家庭联产承包为主的生产责任制和统分结合的双层经营体制进一步巩固和完善,产供销一体化、种养加一条龙、农科教相结合的新型生产经营体制正在逐步形成, 农民参与市场竞争的能力不断提高。企业改革以转换经营机制为重点,进一步落实了企业经营自主权,积极推进产权制度改革,开展了建立现代企业制度试点工作,狠抓了企业组织结构调整,企业生产经营的市场化进程逐步加快。财政、税收、金融和物价等重大改革措施得到了落实,市场体系建设和社会保障制度、机构改革取得了一定成效,尤其是住房制度改革先走一步, 成效显著, 市场机制在资源配置中的基础作用日益突出,城乡集体经济、个体私营经济、股份制经济等多种所有制成分发展迅速。城乡关系、地企关系进一步改善。对外开放工作在基础十分薄弱的条件下也迈出了较大步伐,在争取外援、创办"三资"企业和对外贸易等方面取得了一定的成绩。

6.社会各项事业全面发展。全市共组织实施科技攻关、星火计划、成果推广计划等科技项目 530 多项,有 120 项科技成果获得国家和省(部)级科技奖,一大批新技术、新项目、新产品、新品种在工农业生产中得到了广泛应用和推广,科技对经济增长的贡献率由"七五"的 15%提高到"八五"的 35.4%。教育优先发展的战略得到了逐步落实,基础教育、成人教育、职业技术教育都有了较大发展。全市普及了初等义务教育,学龄儿童入学率达到 98.3%,比 1990 年提高 0.2 个百分点,青壮年文盲率由"七五"末的 14.2%下降到 7%。办学条件和教师住房条件都有了较大改善。人民生活水平提高较快,生活条件改善较大,群众得到实惠较多。1995 年, 城镇居民年人均生活费收入达到 3020 元, 农民人均纯收入达到 833

元,分别比 1990 年增长 98%和 136.7%;农村大部分群众的温饱问题基本得到解决,灌区部分群众开始向小康迈进;城市就业渠道拓宽,就业压力得到缓解;城乡居民储蓄存款余额达到 24.63 亿元,人均存款余额由 448 元增加到 1549 元;消费结构发生了显著变化,城乡居民居住条件大有改善,生活质量不断提高。

(三)1995 年的 60 年不遇大旱

1995 年,白银遭遇了 60 年不遇的特大干旱。围绕抗旱减灾、保粮增收,白银市委、市政府集中精力抓了六件事。一是以水补旱、以秋补夏。全市总计完成粮食播种面积 334.97 万亩,比上年增加 1.85%,其中夏粮 204.61 万亩,秋粮 130.36 万亩。在旱地夏粮大幅度减产的情况下,水地单产比上年增加 25.1 公斤,水地夏粮比上年增产 715.4 万公斤,秋粮比上年增产 3108 万公斤,弥补了旱灾带来的损失,使全市粮食总产量达到 40271 万公斤,比上年略有增长。二是以经补粮,以工补农。全市蔬菜总产量达到 25606.4 万公斤,比上年增长 12.71%;果品总产量达到 2743.1 万公斤,比上年增长 9.56%;肉类总产量达到 3698.9 万公斤,比上年增长 13.4%。乡镇企业完成总产值 25.95 亿元,比上年增长 47.49%,从业人员达到 11.3 万人,比上年增加 1.6 万人。实现营业收入 22.74 亿元,比上年增长 60%。三是狠抓了科技兴农措施的落实。组织实施了大面积的农业科技承包,重点推广了地膜覆盖、洋芋整薯窝种、中低产田改造、节水灌溉技术,引进、示范、推广了一批农牧渔业新品种,对抗旱保粮增收起到了良好的作用。四是增加农业投入,大搞农田基本建设。全年向农户发放农业生产贷款 1.31 亿元,比上年增长 21.2%,市县(区)财政用于农业生产、农业综合开发和农林水利事业费支出 3706 万元,比上年增长 29.76%,化肥、农膜、籽种等物资供应好于往年。全面完成了靖丰渠的改扩建工程,靖会工程的除险加固改造得到了省上的支持,落实了部分资金。同时,广泛发动群众打机井、挖土井、兴建小水工程。全年新增有效灌溉面积 1.26 万亩,净增"三田"4 万亩。五是组织实施了"121"雨水集流工程。建成雨水集流场 29110 个,新建水窖 25652 眼,建成庭院经济 29110 处,缓解了干旱地区人畜饮水的困难。六是狠抓了小康建设和扶贫攻坚。小康建设突出抓了城郊及沿黄灌区 17 个乡、153 个村的规划实施工作,白银区进行了考核验收,有 20 个村实现小康目标;落实了"六个一"的扶贫措施,有 25500 人稳定解决了温饱。

工业生产在克服困难中实现了较高增长水平。

(四)主要经验和面临的困难问题

在宏观指导上,确立了改革强市、科教兴市、依法治市、勤俭建市的"四项基本市策",实施了"以城带乡,以大带小,整体推动经济发展"的"双带整推"战略,有效地推动了经济和社会的全面发展。在处理地方和大中型企业的关系上,提出和坚持了"三不三互"原则,理顺了地企关系,形成了互促互带、共同发展的良好局面。在指导农业和农村经济发展中,确立了"新三路"方针,推动了农村经济的战略性转变。在工业经济发展中,狠抓了改革、改造和加强管理的"双改一管"工作,促进了企业整体素质和综合经济效益的提高。在精神文明建设中坚持开展了"三项活动",即在农村开展了"三刹两创一建活动",在城市开展了"三文明一满意"活动,在服务性"窗口"行业开展了"优质服务杯"竞赛活动。在改革和建设取得较大成绩的同时,一些长期困扰经济发展的制约因素仍然存在。一是农业基础还比较脆弱,抗御自然灾害的能力不强,干旱依然是困扰白银市经济发展的关键问题,农村经济整体水平不高,小康建设和扶贫攻坚的任务艰巨。二是地方工业规模偏小,结构不尽合理,产品档次不高,在激烈的市场竞争中处于被动状态,资金、电力等要素紧缺的现状难以在短期内得到缓解。三是财政收支平衡的难度很大,特别是县乡级财政拮据,拖欠职工工资的问题比较突出,赤字积累越来越重。四是控制人口增长的难度进一步增长,人口自然增长率仍然较高,保护环境、保护耕地的工作还需进一步加强。五是物价涨幅仍然偏高,社会丑恶现象和腐败问题在一些地方还比较突出。

## 四、"九五"时期白银市的产业发展

1995年末至1996年初,白银市制定了国民经济和社会发展"九五"计划和2010年远景规划的目标、任务及措施,提出"九五"及未来15年,是白银市国民经济和社会发展承前启后、继往开来的重要时期,也是白银在完成二次创业的基础上,进入全面开发和加速发展的关键时期。要抓住国家发展重点向中西部转移的机遇,以坚定的信心、饱满的热情和高昂的斗志,推进全市现代化建设的进程。

(一)"九五"时期的奋斗目标和指导思想

1.主要奋斗目标。到2000年国内生产总值比1980年翻两番的任务要于1997年提前3年完成;"九五"国内生产总值以11%的速度增长,考虑新增人口因素的情况,到2000年实现人均国内生产总值比1980年翻两番;到2010年国内生产总值在 2000 年的基础上再翻一番。财政收入要和国内生产总值同步增长，"九五"实现全市平衡；后 10 年财政状况要有大的转变。基本消除贫困现象，人民生活水平分阶段实现小康，城市、沿黄灌区、城市郊区率先实现小康，高扬程灌区在稳定解决温饱的基础上，20 世纪末达到小康水平，干旱半干旱地区稳定解决温饱，力争 2010 年实现小康。经过 15 年努力，使白银经济实力显著增强，经济结构更趋合理，逐步成为我国重要的有色金属工业基地，甘肃的能源工业基地、化学工业和建材工业基地。

2.指导思想。以邓小平同志建设有中国特色的社会主义理论和党的基本路线为指针，以发展和稳定为主题，以提高经济增长的质量和效益为核心，正确处理改革、发展和稳定的关系，认真实施改革强市、科教兴市、依法治市、勤俭建市的四项基本市策，着力解决经济社会发展中的突出矛盾，促进经济体制从传统计划经济体制向社会主义市场经济体制转变，促进经济增长方式从粗放经营向集约经营转变，力争把我市建设成为以现代农业为基础，先进工业为主导，第三产业比较发达，经济社会协调发展的多功能、综合性的区域中心城市。

3.必须坚持的八条方针。第一，以改革总揽全局，加快建立社会主义市场经济体制步伐；第二，坚持科教兴市，千方百计提高经济增长的质量和效益；第三，始终把农业放在国民经济的首位，夯实国民经济基础；第四，充分发挥优势，积极培植新的经济增长点；第五，正确处理城乡关系、地企关系，发挥区域经济的整体效应；第六，全方位扩大对外开放，以开放促开发、促发展；第七，坚持因地制宜、分类指导的原则，促进地区经济合理分工和共同发展；第八，坚持物质文明和精神文明共同进步，经济和社会协调发展。

4.国民经济和社会发展的产业重点。一是强化农业基础，促进农村经济全面发展。围绕粮食增产、农民增收的目标，继续坚持农村"三大块"的发展战略，把发展农业、稳固农业基础的立足点放在深度开发和合理利用全部农业资源上，加快脱贫致富奔小康的步伐。到"九五"末粮食总产量达到 5 亿公斤，力争 6 亿公斤。实现全市粮食基本自给，农业总产值达到 9.55 亿元，乡镇企业产值达到 52~64.5 亿元，农民人均纯收入达到 1500 元。到 2010 年，农业综合生产能力、农村经济和农民收入水平再上一个大台阶。二是培育和发展支柱产业，建设具有白银特色的工业体系。充分利用白银市资源条件和现有基础，大力发展有色金属工业、能源工业、化学工业、机械电子工业、建材工业和轻纺工业等支柱产业。到"九五"末,全市工业总产值达到 90.5 亿元,其中市及市以下达到 35.9 亿元;到 2010 年工业总产值达到 222 亿元,其中市及市以下达到 93 亿元。三是适应现代社会发展的需求,大力发展第三产业。充分调动各种经济成分和各方面的积极性,打破封闭、单一的产业发展格局,培育和完善市场体系、城乡社会化综合服务体系和社会保障体系,提高服务的社会化、专业化水平,促进我市第三产业的全面兴起和健康发展。重点发展商品流通业、社会服务业、信息咨询业、旅游业、技术服务、法律服务、会计服务、市场中介等行业。规范和发展金融保险业,引导房地产业健康发展。到 2000 年,第三产业的增加值占国内生产总值的比重提高到 30%左右,就业人数占社会劳动者人数的 20%左右,2010 年,分别达到 35%和 30%左右。

5.区域发展战略。把生产力布局的区域化和城市化结合起来,把先进地区和落后地区的发展结合起来,把点、线、面的发展结合起来,促进地区经济的合理分工和经济结构的改善。坚持城乡一体化,以中心城区发展为龙头,以县城发展为支点,众多小城镇为基础,逐步形成以白银为中心,县城、建制镇、工业区和集镇相结合的网络化城镇体系。把西区开发作为城市发展的重点,加快基础设施建设,强化规划管理,改善投资环境,扩大招商引资,加速城市现代化步伐,到 2010 年,全市非农业人口达到 70 万以上,其中白银发展成为拥有 30 万~40 万人口的中心城市,全市城市化率达到 35%以上。以中心城市为依托,以沿城、沿河、沿路为重点。推动区域经济合理布局。大力发展黄河经济,把沿河地区建成我市繁荣富庶的经济走廊;依靠交通大动脉,建设"沿路"工业经济带;实行综合开发,把高扬程灌区建成农牧业综合丰产区;依托城市,服务城市,进一步壮大城郊经济;打好扶贫攻坚战,促进贫困地区的经济发展。县域经济发展要以富民富县为目标,强化农业和教育两个基础,突出市场和效益两个关键,抓住技改和投资环境两个重点,发挥各自优势,搞好各类小区开发,积极培育新的经济增长点,促进区域经济协调发展。把白银区建成以有色金属工业为主的现代化工业区,把平川区建成能源、陶瓷工业区,把景泰县建成建材工业区,把会宁、靖远建成农副产品加工工业区。

(二)"九五"计划的实际完成情况

1.经济实力进一步增强。2000 年,全市国内生产总值达到 77 亿元,五年平均增长 10.1%,人均国内生产总值达到 4500 元,比"八五"末增加 1433 元;地方财政收入达到 3.27 亿元,年均增长 11.9%,大口径财政收入达到 8.82 亿元,年均增长 11.4%;粮食总产量达到 5 亿公斤,年均增长 4.4%;五年累计完成全社会固定资产投资 98.3 亿元,比"八五"增长 35.5%。

2.结构调整取得较大进展。三次产业结构发生了重要变化,第三产业在整个经济构成中的比例明显上升,一、二、三次产业由 1995 年的 24:55.4:20.6 调整为 2000 年的 15.9:51.8:32.3,粮经结构由 1995 年的 84:16 调整为 2000 年的 76.5:23.5。农业和农村经济初步形成了以日光温室为主的蔬菜种植业、以猪羊鸡牛为主的畜禽养殖业和以名优特为主的瓜果业等支柱产业。通过产业开发和推广地膜覆盖、水稻旱育稀植、模式化栽培、节水灌溉等重点农业适用技术,农产品的品种品质结构进一步优化,农业的整体效益显著提高,并有四个农产品获得了全国绿色食品证书。工业经济通过抓大放小,加大技术改造力度,实施名牌战略,组建了电缆、地毯、石膏等企业集团,工业产品的技术含量明显提高,16 种产品被评为甘肃省名牌产品,5 种产品进入陇货精品行列。城市集体经济在改革中发展,其工业增加值占市及市以下工业增加值的 18.6%。非公有制经济快速增长,其工业增加值占市及市以下工业增加值的 47%。

3.基础设施建设步伐加快。"九五"时期累计完成基础设施建设投资 26.6 亿元,占总投资的 27.1%。重点加强了农林水利、生态环境、交通通信、电力能源、城市基础设施等建设。全市净增"三田"41.9 万亩,衬砌渠道 4330 公里,发展集雨节灌面积 18.4 万亩,造林 36.5 万亩。新增二级公路 126 公里,完成了 109 国道和唐红公路的改建任务,白兰高速公路开工建设;建成了白银西客站调向工程。新增电话装机容量 8.7 万门,先后建成开通了无线寻呼、数字通信工程。白银城区上水、城市道路改造、图书馆、会展中心等一批城市基础设施相继完成并投入使用。

4.改革开放稳步推进。农村家庭承包责任制和统分结合的双层经营体制继续得到巩固和完善。粮食流通体制改革稳步实施。国有企业改革取得新的进展,开展了优化资本结构试点工作;白银公司等 4 户企业与金融资产管理公司签订了债转股协议;长通电缆集团公司、甘肃寿鹿山水泥有限责任公司等大中型企业初步建立了现代企业制度;90.6%的国有中小企业进行了多种形式的改组改制。社会保障、医疗、住房制度改革稳步推进。对外开放步伐加快,投资的软硬环境进一步改善,新开工建设国内外投资企业 27 户,到位资金 2.7 亿元。实现出口创汇 2.2 亿美元。

5.西部大开发起步良好。坚持重点突破,开始全面实施西部大开发战略。在全市组织开展了"西部大开发,白银怎么办"的大讨论,统一了思想认识;通过深入调查研究和分析论证,编制了西部大开发总体规划和分项规划,建立了项目库,制定了有关优惠政策;在全市上下的共同努力下,招商引资、退耕还林还草、基础设施建设等重点工作都取得了阶段性成果。

6.人民生活水平不断提高。2000年,城乡居民储蓄达到47.8亿元,年均增长14.2%。城镇居民人均可支配收入达到5300元,年均增长9.5%。城市居民人均居住面积达到10.23平方米,比1995年提高了2.13平方米。建立了国有企业下岗职工基本生活保障、失业保障和城市居民最低生活保障制度,国有企业下岗职工基本生活费和离退休人员养老金基本做到了按时足额发放,实现了"两个确保"。农民人均纯收入达到1520元,年均增长12.8%。全市农村贫困面由1995年的21%下降到2.1%,整体基本解决温饱,白银区农村达到了初级小康水平。

(三)面临的主要问题

经济结构调整的任务仍然十分艰巨,非公有制经济的总量在国民经济中的比重偏低;农业产业化程度不高,农民收入增长缓慢;工业经济由资源主导型向多元主导型转变的进度滞后,传统产业改造提升的任务较重;社会保障体系还不健全,劳动力就业压力大;城市基础设施欠账较多,功能不够完善;能够拉动经济增长的项目偏少,后续财源不足,财政收支矛盾进一步加剧;政府职能转变、机关工作效率、投资软硬环境等还不能适应新形势的要求;影响社会政治稳定和社会安定的问题还比较多。

## 五、"十五"时期白银市的产业发展

"十五"时期,国家实施西部大开发战略,对地处西陇海兰新经济带上的白银市无疑是加快经济和社会发展的重大历史机遇。面对机遇与挑战并存的错综复杂形势,白银市"十五"计划《纲要》提出经济发展的总体战略是:坚持以工业经济的发展带动农业经济的发展,以城市经济的发展带动农村经济的发展,实施持续加赶超、渐进加跨越的可持续发展赶超战略。

(一)"十五"时期白银市经济社会发展的目标和任务

1.总体思路。紧紧抓住扩大对外开放、西部大开发和西陇海兰新经济带大发展的历史机遇,发挥区域比较优势,发展特色经济,强化农业基础地位,优先发展基础设施,优先发展科技教育,加快改革开放步伐,加快经济结构的调整优化,加快国民经济和社会信息化进程,加快工业传统产业和新兴产业、高新技术产业的改造提高和培育发展,加快发展服务业,不断提高城乡居民的物质和文化生活水平。

2.主要目标。国民经济保持较快发展速度,国内生产总值年均增长8.5%,力争突破10%。财政收入和国内生产总值同步增长。经济结构调整取得明显成效,经济增长的质量和效益显著提高,为到2010年国内生产总值比2000年翻一番奠定坚实的基础。国有企业建立现代企业制度取得重大进展,社会保障制度逐步健全,体制创新步伐加快,社会主义市场经济体制进一步完善,对外开放迈上新台阶。工业化、城镇化水平明显提高,信息化进程加快。基础设施基本适应经济社会发展的需要,生态建设和环境保护得到加强。就业渠道进一步拓宽,城乡居民收入稳定增加。科技、教育等各项社会事业全面发展,社会主义精神文明建设和民主法制建设取得明显进展。

3.产业结构。

(1)第一产业。在保护和提高粮食生产能力、确保粮食安全的基础上,立足资源优势,大力发展蔬菜和羔羊两大产业,扩大瓜类、啤酒大麦、油料等经济作物种植面积。根据市场需求,积极调整和优化农产品品种和品质结构,促进粮食生产向专用化、营养化和优质化发展,不断增强市场竞争力,在继续发展反季节蔬菜的同时,着重发展有优势、有规模的大路菜,做到均衡上市;瓜果业要向名优特新品种发展;畜牧业要发展杂种优势滩羊、良种肉乳牛和瘦肉型猪。要根据不同的区域特点,发展具有当地特色和优势的农业。就全市来讲,在南部地区要着力抓好草产业开发和草食畜牧业,发展以小杂粮、洋芋和杏系列及其深加工为主的绿色产业,中部地区突出发展羔羊产业、以日光温室为主的蔬菜产业和种子产业;北部地区重点发展种草养畜、沙漠洋芋和枸杞种植;城郊区重点发展蔬菜业、林果业和奶产业。

(2)第二产业。坚持以市场为导向,以改造提高传统产业为重点,以企业为主体,以技术进步为支撑,突出重点,有进有退,从产品结构调整入手,加快工业结构的优化升级、主导产业的深度开发和企业组织结构调整步伐。因地制宜,下大力气发展接续和替代产业,推进资源型产业向多元主导型产业转变,努力提高全市工业的整体素质和市场竞争力。继续发挥我市国有大中型企业相对集中的优势,牢固树立区域经济一体发展和地企协作的思想,通过建立地企互访等各种形式,创造良好的环境,提供优质的服务,帮助企业发展,以大企业、大项目的发展带动中小企业的发展,以工业的发展带动农业的发展,全面推进工业化进程。按照培植先导、壮大支柱、规模经济、名牌突破、项目带动的思路,以创新为动力,以提高企业的市场竞争力为目标,抓好产品结构、企业组织结构、企业技术结构三个调整,壮大有色、化工、能源、机械、建材、轻纺六大产业。依靠科技进步,加快开发新产品,发展深加工,延长产业链条,调整企业产品结构,运用高新技术和先进适用技术提升改造传统产业,加快铜、铝、铅、锌和稀土工业新项目的达产达标和老系统的改造,提高原材料成材、成型产品的比重;积极开发高分子聚合物和精细化工及化学药品,发展新型电线电缆及电子专用设备、材料和零部件工业,加快机电一体化步伐;努力提高水泥、陶瓷、石膏等产品的档次;积极发展以农副产品加工增值为主的地毯、毛纺、皮革、食品、饮料、饲料工业,研究开发新型保健食品、方便食品等各类特色产品和出口创汇产品;加强棉纺和针织产品的综合系列开发。逐步把白银建设成为全国有影响的有色金属产品深加工基地和能源、化工基地。同时,力求在电子信息、新材料、生物工程、节能节水、环境保护等高新技术领域有所突破。

(3)第三产业。推进信息技术和信息产品在有色、化工、能源、机械及农业等传统产业中的应用,使信息技术与现代管理技术、制造技术紧密结合起来,服务于企业的开发、生产、销售和服务的全过程。积极推进固定和移动通信网络、数据和多媒体网络以及宽带信息传输网建设。继续完善"政府上网工程",努力提高计算机和网络技术的普及应用程度。逐步建设和充实各类基础性资源数据库、数据库管理系统等支持软件。积极发展电子商务、远程教育和各种信息服务。

大力发展旅游和服务业,提高其在国民生产总值中的比重和从业人员占全社会从业人员的比重。根据甘肃建设旅游大省的整体思路,按照总体规划、分步实施、政策引导、项目引资、多元投入的基本构想,加大工作力度,开发旅游资源,加快旅游业发展。运用现代经营方式和服务技术对传统服务业进行改造,推动传统商贸流通业向现代物流业转变。加快发展金融、会计、咨询、法律服务等行业,带动服务业整体水平提高。重视经济适用房建设,开放和规范房地产市场,推动住房消费。鼓励多种所有制经济兴办社区服务,实现社区服务的产业化和社会化。

4.基础设施建设。

(1)水利建设。在巩固、完善、提高现有水利工程的基础上,配合做好引洮生态农业综合开发工程准备工作。加大景电一期、靖会、兴电工程的续建改造力度,积极争取一批中小型工程建设项目。坚持把节水作为一项革命性措施来抓,以节水灌溉为重点,发展节水型农业、工业和服务业,建立节水型社会。

(2)能源建设。积极支持靖远电厂三期扩建工程筹建,配合做好黑山峡(小观音)、乌金峡水电工程前期工作。建设涩宁兰天然气管道输送白银段工程。加快城乡电网改造和建设步伐。进一步做好村村通电工作。

(3)交通建设。搞好白兰高速公路、刘寨柯至白银高速公路等一批高等级公路和县乡村公路建设,开发黄河四龙—龙湾—五佛段旅游航线。通信方面以干线网络为重点,加快本地传输网、农话传输网和数据通信网建设。

(4)城镇建设。通过完善城镇体系,积极推动城镇化,不断提高城市经济发展带动农村经济发展的能力。城镇化体系建设的重点是加强白银、平川城区建设。进一步拓宽思路,坚持用市场经济的方式,多渠道筹措建设资金,加强城市道路网改造及配套设施、平川城区供水工程等城市基础设施建设。积极创造条件,争取城市集中供热、白银城区生活水武川水源工程开工建设。加强城市管理,加大对污水和垃圾的治理力度,依法加强土地、水、矿产等自然资源的保护和可持续利用,综合治理城市污染,抓好工业污染源的治理达标,进一步搞好城市净化、绿化、美化工作,创建城乡绿化一体化城市,改善城市环境面貌。通过进一步完善城市功能,壮大中心城区的经济实力,促进工矿基地型城市向区域中心城市转变,不断增强其辐射带动能力。以会宁的会师镇、靖远的城关镇、景泰的条山镇为重点,建设各具特色的县域中心城市。沿黄河、国道、包兰铁路有计划地发展郭城驿、东湾、上沙沃、水川、王家山等小城镇。积极引导乡镇企业向小城镇适当集中,培育小城镇的经济基础。改革小城镇户籍管理制度,逐步实现城乡户口的一体化管理。完善城镇建设投资体制,从政策引导、资金投入、管理体制等多方面加大工作力度,促进小城镇的快速发展。

(二)"十五"计划实际完成情况

"十五"时期,白银市抓住西部大开发的历史机遇,大力推动资源型城市经济转型,一手抓传统产业改造提升,一手抓替代产业培育发展,着力促进"六个转变",经济社会全面发展,超额完成了"十五"计划的目标任务,是建市以来发展最好的时期之一。

1.经济快速发展。2005年,生产总值达到147亿元,年均增长11.5%,人均8400元,比"九五"末增加3900元。大口径财政收入17.5亿元,年均增长19.67%,一般预算收入4.71亿元,同口径年均增长17.07%,财政一般预算支出17.67亿元,比"九五"末翻了一番多。

2.经济结构优化。工业增加值年均增长12.2%,有色金属、煤炭、化工、电力、建材、农畜产品加工业发展较快。高新技术产业有了重大突破,完成技术改造投资39亿元,比"九五"增加14.7亿元,新增规模以上工业企业41户。农业增加值年均增长5.65%,粮食总产量稳定在50万吨以上,蔬菜产量突破100万吨,羊只饲养量301万只,龙头企业达到106户,农业产业化进程加快。第三产业年均增长10.6%,房地产、通讯、旅游业快速发展。非公有制经济增加值48.7亿元,年均增长16.25%,实现税收2.32亿元,年均增长14.2%。

3.投资大幅增长。坚持实施项目带动战略,争取国家投资,扩大招商引资,启动民间资本,累计完成固定资产投资215.31亿元,年均增长28.31%。实施50万元以上的项目2333个,其中建成1782个。特别是招商引资取得了重大突破,签约招商引资项目539个,投资规模155.64亿元,完成投资53.6亿元。

4.产业平台崛起。中科院与地方政府合作建设的第一个高技术产业园落户白银,引进项目51项,开工建设29项,建成投产19项,完成投资11.5亿元。白银西区引进项目73个,完成投资17.25亿元,入驻党政机关和企事业单位93家。平川中区引进项目18个,完成投资4.77亿元。

5.城乡面貌大变。城市建成区面积由38.36平方公里扩展到51.89平方公里。先后投资60多亿元,新修、改造城区道路60.5公里,建成了一批城市公用设施。三县县城改造和重点小城镇建设取得明显成效,城镇化率由"九五"末的26.33%提高到30.2%。城乡电网改造基本完成。新增高速公路134.9公里,新增等级公路249.4公里、农村公路1594.5公里。解决了42.14万人的饮水困难。

6.生活水平提高。农民人均纯收入由1520元提高到2023元,年均增长5.9%,贫困面由12.39%下降到10.79%。城镇居民人均可支配收入由5300元提高到7928元,年均增长10.2%。城乡居民储蓄存款余额93.85亿元,年均增长14.46%。城乡居民的衣食住行用条件得到明显改善,生活质量不断提高。

(三)"十五"时期的主要经验

进一步理清了发展思路,坚持科学发展观,深入分析比较优势和不利因素,深化市情认识,选择确定了重点培育发展的八大支柱产业,出台了《关于进一步夯实经济基础培育发展多元支柱产业的意见》,精心编制"十一五"规划和有关专项规划,为更好地发展园区经济、促进老企业改造、加快经济转型打下了基础。资源型城市经济转型工作取得新突破,成功举办了第七届中国矿业城市发展论坛,在北京举办了"产学研项目对接研讨会"和"白银厂矿区外围找矿前景院士论坛",经过多方努力,白银经济转型问题引起了国务院领导的高度重视,国家将对白银经济转型给予重点支持,并选择上报了41个经济转型重大项目。主要经验是:

1.正确处理政府推动和市场拉动的关系。政府推动是加快发展的重要力量和有效手段,市场是有效配置资源的基础和途径。市场发育程度较低,必须把政府推动和市场拉动有机结合起来,把"看得见的手"和"看不见的手"很好地协调起来,把政府的推动作用更多地体现在培育投资主体、引进投资主体、服务投资主体上。

2.正确处理自我发展和借助外力的关系。自我发展是激发自身活力、凝聚全市力量、推动发展的先决条件,借助外力是扩大开放、实现快速发展的必然选择。必须增强自主创新能力,充分发掘自身优势和潜力,同时,把引资和引智结合起来,广泛吸引发达地区的资本、技术、人才,积极争取国家和省上的重视支持,借助外力求发展。

3.正确处理经济转型和培育多元支柱产业的关系。经济转型是白银加快发展的紧迫任务,培育发展多元支柱产业是加快经济转型的有效途径。必须集中力量,发展精深加工,延长产业链条,突破重点产业、重点区域的发展,发挥优势,突出特色,强化支柱,加快转型,带动各项工作,实现整体发展。

4.正确处理扩大经济总量和转变经济增长方式的关系。扩大总量是经济发展的基础,转变增长方式是有效扩大总量的必然途径。白银经济总量较小,加快发展必须依靠投资推动,必须以自主创新促进经济增长方式的转变,不断扩大经济总量,真正做到速度和效益、结构和质量相统一,提升我市的综合实力和区域竞争力。

5.正确处理经济增长和人民生活改善的关系。发展经济、增加物质财富,是社会发展的基础;改善人民生活是经济发展的出发点和落脚点。发展依靠人民,发展为了人民，发展的成果由人民共享。我们必须坚持以经济建设为中心不动摇，切实解决人民群众最关心、最直接、最现实的利益问题。

6.正确处理改革、发展、稳定的关系。改革是经济社会发展的强大动力，发展是解决白银一切问题的关键，稳定是发展和改革的前提。我市加快发展、深化改革、维护稳定的任务十分繁重。必须坚持发展抓项目，改革抓企业，在社会稳定中推进改革与发展，通过改革与发展促进社会稳定。

(四)面临的主要问题

白银市仍处于工业化初期，城乡二元经济特征明显，农业生产基础条件薄弱，农民增收难度较大，城镇化水平不高，经济结构单一，支柱产业优势不明显，经济总量偏小；已探明优势矿产资源濒临枯竭，新兴产业还未形成，发展的基础还没有夯实；能够带动经济社会发展的重大项目偏少，投资总量保障能力较弱，确保投资有较高增幅难度较大；国有企业改革仍处于攻坚阶段，改革成本较大，企业衍生的问题将会逐渐显现；就业和再就业压力增大；自主创新不足，自我发展能力不强，经济增长的内生机制尚未形成；所有制结构不合理，非公有制经济比重不高，发展的动力和活力不强；人才总量不足，结构性矛盾突出，难以支撑发展的需要。

## 六、"十一五"时期白银市的产业发展

"十一五"时期，我国处于重要战略机遇期和黄金发展期，国际产业的梯度转移，西部大开发战略的实施和西陇海兰新线经济带的发展，为白银市增强区域经济活力、争取在陇中崛起提供了良好机遇；白银已有的工业基础，为推进工业化和城镇化进程提供了条件；中科院白银高技术产业园、白银西区、平川中区和各县重点开发区域，为发展接续产业、推进技术创新、促进经济转型提供了平台；农村大量富余劳动力，为发展劳务经济、承接发达地区产业转移提供了最重要的生产要素。

(一)"十一五"时期发展的目标任务和工作重点

1.经济社会发展的指导思想

以邓小平理论和"三个代表"重要思想为指导，以科学发展观统领经济社会发展全局，以构建社会主义和谐社会为目标，以强化基础、培育产业、加快改革、提速发展为主题，坚持项目支撑、工业主导、科技推动、党建保证的工作方针，继

续推进"六个转变",着力培育八大支柱产业,全力推进工业化、农业产业化、城镇化和信息化,实现综合实力增强、城乡居民增收和社会协调发展,努力建设创新型白银和社会主义新农村,加快全面建设小康社会的进程。

2.主要奋斗目标

围绕把白银建设成为国家有色金属新材料基地、大型能源化工基地、西部科技新城,在提高质量、降低消耗、增强自主创新能力的基础上,确保地区生产总值和人均生产总值年均增长12%以上,力争五年翻一番,财政收入增幅高于生产总值增幅;资源利用效率显著提高,单位生产总值能源消耗比"十五"末降低20%左右;全社会固定资产投资总额、招商引资到位资金力争比"十五"总量翻一番。结构调整取得重大进展,高新技术产业、第三产业和非公有制经济比重继续提高;基础设施和生态环境明显改善;资源型城市经济转型取得重大成效;各项改革取得新进展,企业制度、政府管理和社会发展更加符合市场经济要求;对外开放取得新突破,开放型和外向型经济迅速发展;社会保障体系进一步健全,就业结构有明显变化,就业持续增加,城镇登记失业率控制在5%左右;各项社会事业全面发展,居住、交通、教育、卫生、文化等条件显著改善;城镇居民人均可支配收入年均增长10%以上,农民人均纯收入年均增长6%以上;人口自然增长率控制在7‰左右;民主法制和精神文明建设继续加强,构建和谐社会取得新进展。

3.产业发展重点

(1)第一产业。从发展战略性主导产业、区域性优势产业、地方性特色产品三个层次上推进农业结构调整。粮食产量保持在50万吨以上。大力发展瓜菜和草畜两大战略主导产业,力争产值分别达到农业生产总值的40%和30%以上。发展林果、马铃薯、小杂粮等区域优势产业,开发黑瓜子、枸杞、中药材等地方特色产品。会宁县重点发展优质小杂粮、淀粉和变性淀粉加工,靖远县重点发展无公害蔬菜和羔羊产业,景泰县重点发展羊产业、草产业和特色林果业,白银区重点发展城郊型观光农业,平川区重点发展瓜菜、养牛和制种业,引进建设一批重点项目,力争全市新增5~10个销售过亿元的龙头企业。

(2)第二产业。把培育接续产业和发展高新技术产业融为一体,一手抓矿产业,一手抓非矿产业;一手抓高新技术产业,一手抓产业链延伸,培育和发展多元支柱产业,带动和支撑企业及园区经济发展,积极推进城市经济转型。重点培育八大支柱产业:一是有色金属及稀土新材料产业。在做强做大有色冶金、稀土分离产业的前提下,延伸产业链,大力开发有色金属合金材料、功能材料和粉体材料,发展新型高精度铜板带材、管材和高档电解铜箔等材料;开发稀土磁性材料、能源材料、发光材料、研磨材料、环保材料,并形成相应产业链。二是精细化工一体化产业。以建设10万吨TDI和10万吨氯碱为核心,向两头延伸,发展精细化工;整合资源,培育氟化工龙头企业,开发氟材料系列产品,逐步建设氟材料产业化基地;深度开发煤炭资源,大力发展煤基产业。三是矿产业和资源再生利用产业。切实加强矿产资源勘察,力求寻求接续替代资源取得新突破。稳定煤炭产量。利用新技术、新工艺,开展尾矿、冶炼渣、粉煤灰、煤矸石的资源化和再利用。大力开展废、杂、旧物料回收和综合利用,建设西部资源回收和再生产业基地。四是能源和新能源产业。建设西部电力基地,新上一批重大水、火电项目。大力推进风能、太阳能和核能等清洁能源建设。加快形成锂离子电池为主,锌空气动力电池和镍氢电池共同发展的电池产业群体。五是机械和专用设备制造业。积极培育以安全型自毁式注射器为主的医疗器械制造业,以叶片为核心的风力发电成套设备,以特种汽车为主的交通运输设备制造业,以新型电线电缆为主的电气机械及器材制造业,逐步发展高度信息化的装备制造业。六是非金属矿物制品业。依托非金属矿产资源,高起点规划,高层次开发,高效能利用,发展非金属矿物制品业。重点搞好凹凸棒深加工,发展高档陶瓷制品,开发陶瓷功能材料、结构材料等无机非金属材料。七是特色农畜产品深加工产业。依托特色优势农畜产品资源,发展壮大一批肉制品、蔬菜、变性淀粉、优质小杂粮、休闲方便食品、果蔬饮料、饲草料、番茄酱、中药、酿酒原料、生物酶等农畜产品加工龙头企业。八是黄河文化旅游产业。加大黄河沿线文化旅游资源开发力度,从时间和空间上浓缩黄河文化,重点发展以黄河石林开发为龙头的旅游业,大力发展生态农业、观光农业和高效农业,逐步打造258公里沿黄旅游精品线。

(3)第三产业。坚持市场化、产业化、社会化方向,大力发展金融、保险、信息等现代服务业,推进连锁经营、物流配送、电子商务发展。充分发挥毗邻兰州的区位优势,建设现代物流仓储基地。积极发展房地产业、会展业、娱乐业和物业管理、社区服务、旅游、文化体育等需求潜力较大的产业。加快以"数字白银"为目标的信息技术应用、支撑保障和基础设施三大体系建设,逐步构筑公共服务与对外开放平台,重点搭建政务信息化、农业信息化、企业信息化、城市管理信息化和电子商务等平台,建设以公用网和有线电视网为主干、与专用网互联互通的区域信息化基础设施体系,基本建成能够满足政府、企业、社会需求的信息应用体系。有重点、有计划地发展培育本土化的信息服务业和信息产品制造业。

4.主要工作任务

(1)发展高新技术产业。以中科院白银高技术产业园为载体,注重先进技术的引进消化吸收再创新。围绕培育发展八大支柱产业,建设"园中园""园外园",重点发展新材料、新能源、精细化工及化工材料、生物制药、医疗器械等,形成产业优势。加强专利申报和标准制订。着力发展科技型中小企业,高新技术产业增加值达到25亿元以上。

(2)加快园区建设。注重引资与引智相结合,加快推进中科院白银高技术产业园服务环境、孵化体系、企业自主创新和技术服务体系建设,促进产业集群。白银西区开发区重点发展文化、教育、商住、会展业、大型娱乐业,完善城市服务功能。平川中区以煤基产业、陶瓷和特色农产品加工业为方向,加快开发步伐。推进会宁西城区、靖远北城区、景泰南城区等重点区域开发建设。着眼长远发展,规划建设刘川工业集中区。搞好农业科技示范园区建设。

(3)推进城乡一体化。科学定位城市功能,改造旧城区,发展新城区,充分发挥中心城市的带动辐射作用。强化三县县城基础设施建设,发展新的工业聚集区。大力发展小城镇,以沿河、沿路为重点,建设各具特色的小城镇。改革户籍制度,完善流动人口管理办法。力争城镇化水平达到38%。建设沿路沿黄经济带。依托黄河两岸发展农业经济带,依托刘白高速公路建设工业经济带,统筹规划建设沿路沿黄小城镇、旅游景点、农产品加工区、工业集中区,形成农产品集散加工基地和新农村建设示范区。优先建设沿黄道路,构筑"鱼骨状"道路网络,壮大黄河经济。

(4)加强污染治理。着力抓好有色、化工、煤炭、电力和建材等重点行业污染治理,整治重点污染源,空气质量指数二级以上天数达到75%以上。加快城市和县城环保基础设施建设,推进垃圾无害化、资源化处理。加大黄河白银段水污染防治力度。健全环境监管体系,不断增强城市污染防治能力。

(5)改善生态环境。实施各类生态建设重点工程,搞好寿鹿山、屈吴山、哈思山、铁木山等天然林保护区封禁造林,加强水资源涵养区保护和湿地建设。加快大环境生态绿化,搞好以白兰、刘白高速公路两侧为主的绿色通道建设。重视农村生态环境治理与建设,做好沙漠治理、小流域治理和盐碱化治理。

(二)"十一五"计划实际完成情况和产业状态

1.主要经济指标

2010年,白银市实现生产总值311.18亿元,比上年增长13.9%。其中,第一产业增加值37.64亿元,同比增长6.0%;第二产业增加值171.12亿元,同比增长17.7%;第三产业增加值102.42亿元,同比增长10.1%,顺利完成了"十一五"规划的主要目标任务。三次产业结构比例由上年的12.39:55.26:32.35调整为12.10:54.99:32.91。

完成全社会固定资产投资189.11亿元,增长31.69%。其中:中央、省属单位完成投资68.75亿元,增长1.74%;市及市以下完成投资120.36亿元,增长58.32%。按城乡分,城镇固定资产投资完成174.55亿元,同比增长28.41%;农村固定资产投资14.56亿元,增长89.92%。按产业分,第一产业完成投资21.27亿元,增长109.79%;第二产业完成投资110.39亿元,增长17.58%;第三产业投资57.45亿元,增长45.19%。

大口径财政收入完成33.81亿元,比上年增长20.69%。一般预算收入完成11.84亿元,增长19.32%。其中市级收入4.47亿元,增长9.96%;县区收入7.37亿元,增长25.82%。一般预算支出72.15亿元,增长22.34%。其中医疗卫生支出6.71亿元,增长13.34%;社会保障与就业9.98亿元,增长8.57%;农林水事务支出8.84亿元,增长24.26%;教育支出15.32亿元,增长16.16%;环境保护支出3.48亿元,增长43.9%。

居民消费价格总水平上涨4.4%,其中服务项目价格比上年同期上涨3.1%,消费品价格上涨4.7%。构成居民消费品价格的八大类中,食品类、烟酒及用品、衣着、家庭设备用品及维修服务、医疗保健和个人用品、娱乐教育文化服务、居住分别上涨8.8%、0.2%、0.3%、0.3%、3.3%、1.8%、8.9%;交通和通信下降0.4%。

城镇居民人均可支配收入14213元,比上年增长8.21%;城镇居民人均消费支出10628元,比上年增长10.51%。农民人均纯收入3386元,比上年增长13.47%,农村居民人均生活消费支出3226元,比上年增长13.19%。居民家庭恩格尔系数城镇为33.53%,比上年下降0.86个百分点;农村为42.16%,比上年下降1.59个百分点。

年末全市金融机构各项存款余额348.44亿元,比上年增长11.4%。其中:居民储蓄存款余额191.65亿元，比上年增长15.9%。金融机构各项贷款余额186.64亿元，比上年增长34.33%。其中：短期贷款余额108.85亿元，比上年增长38.52%。

2.产业结构状态

(1)第一产业。完成农作物播种面积445.56万亩，比上年增加13.69万亩，增长3.17%；其中粮食种植面积359.94万亩，同比增长5.87%。粮食总产量达到66.72万吨，增长9.83%；其中夏粮18.14万吨，增长1.80%，秋粮48.58万吨，增长13.16%。粮食亩产达到185.36公斤。蔬菜产量116.62万吨。肉类总产量7.8万吨，增长8.58%；鲜蛋产量1.52万吨，增长4.15%；牛奶产量2.19万吨，增长34.88%。年末大牲畜存栏24.31万头；年末牛存栏7.04万头，猪存栏59.61万头，羊存栏165.79万只，鸡存栏462.14万只。猪出栏66.54万头，牛出栏3.86万头，羊出栏120.64只。水产品产量1810吨。

(2)第二产业。全市实现工业增加值144.09亿元，比上年增长18.6%，其中规模以上工业企业完成增加值128.31亿元，比上年增长22.3%。在规模以上工业中，中央企业完成增加值36.93亿元，同比增长18.26%；省属企业完成增加值63.19亿元，增长20.22%；市及市以下工业完成增加值28.19亿元，增长34.38%。有色行业完成增加值29.50亿元，同比增长21.07%；煤炭行业完成增加值31.36亿元，同比增长20.38%；化工行业完成增加值12.71亿元，同比增长17.76%；电力行业完成增加值24.07亿元，同比增长16.68%。这四大行业占全市规模以上工业增加值的比重达到76.10%。

规模以上工业企业累计生产原煤1284.83万吨，增长15.3%；发电量131.52亿千瓦时，增长17.7%，其中：火电增长14.4%，水电增长7.6%；十种有色金属45.21万吨，增长19.5%，其中：铜增长79.5%，铅增长22.6%，铝增长5.3%，锌增长13.3%；水泥340.89万吨，增长39.8%；烧碱9.94万吨，增长75.7%。

规模以上工业企业实现销售产值407.64亿元，同比增长30.9%，产销率为96.47%。规模以上工业企业实现主营业务收入387.13亿元，同比增长42.98%；实现利润14.36亿元。全市规模以上企业共亏损44户，同比减少8户，亏损额为3.82亿元。

完成建筑业增加值27.03亿元，比上年增长12.0%。全市具有建筑业资质等级建筑业企业54家，年末从业人数2.78万人，完成建筑业总产值37.21亿元，增长 22.66%。

(3)第三产业。交通运输和邮电通信业实现增加值 19.40 亿元,比上年增长 8.6%。全年完成公路客运量 3821 万人,客运周转量 15.33 亿人公里;公路货运量 4900 万吨,货运周转量 85.01 亿吨公里。

邮电业务总量 7.69 亿元(2000 年不变价),比上年增长 13.97%。本地电话用户年末达到 25.68 万户;农话用户年末达到 7.86 万户;移动电话用户年末达到 85.18 万户,增加 9.36 万户,增长 12.35%;电话普及率达到 63 部/百人,每百人增加 3.9 部。

社会消费品零售总额 85.97 亿元,增长 19.25%。市、县零售额增长较快。城镇零售额 71.12 亿元,增长 19.84%;乡村零售额 14.85 亿元,增长 16.52%。住宿餐饮业、零售业保持较快增长。住宿和餐饮业零售额 13.50 亿元,增长 21.82%;批发业 7.36 亿元,增长 10.06%;零售业 65.11 亿元,增长 19.86%。批发零售及住宿餐饮企业规模进一步提升,其中限额以上批发零售业和住宿餐饮业实现零售额同比分别增长 32.48% 和 12.39%。

(三)白银市资源枯竭城市转型

1.白银资源型城市转型的历史背景。白银市是我国典型的资源型城市和新中国成立后较早开发建设的老工业基地。20 世纪 80 年代,白银公司露天矿一、二号采场相继闭坑,铜资源开采量大幅减少,铅、锌等矿藏资源产量也日益缩减。2001 年,靖煤公司宝积山和红会三矿关闭,王家山煤矿一号井资源趋于枯竭,地质勘探、矿山基建等辅助生产系统纷纷陷入困境。白银公司、有色二十一冶公司、西北铜加工厂等 20 多户大中型企业先后破产,依附于大中型企业的厂办集体企业绝大部分也停产关闭。白银的可持续发展由于主导资源的枯竭面临严峻挑战,资源性、体制性、结构性、社会性矛盾日益突出,一系列经济社会问题开始凸现,突出表现在以下几个方面:一是产业结构不合理,发展后劲严重不足。工业产出 80% 以上为能源、原材料和初级加工产品,产业链条短,产品附加值低。二是环境污染严重,资源循环利用水平较低。部分资源型企业投入不足、装备落后,产生大量工业"三废",每年二氧化硫排放量达 10 万吨,污水排放量达 3900 多万吨,产生有色金属冶炼废渣、尾矿等固体废弃物 300 万吨。三是社会事业发展滞后,城市基础设施欠账过多。城市物流、金融、教育、文化等服务功能不强,全市有 11 万人居住在棚户区。四是就业再就业压力大,部分群众生活十分困难。2008 年,全市有各类失业人员 3 万多人,农村富余劳动力 24 万多人。白银公司 8000 多名家属工及其他从业人员不能享受国家政策性破产有关待遇,生活困难,贫困代际传递现象非常严重,社会矛盾突出。

2.白银资源型城市转型的起步实施。2007 年 12 月 18 日,国务院出台了《关于促进资源型城市可持续发展的若干意见》(以下简称《若干意见》)(国发〔2000〕38 呈),明确指出,国家将在政策、资金、项目等方面予以资源枯竭城市重点支持。2008 年 3 月 17 日,国家确定白银市为全国首批资源枯竭经济转型城市。为此,白银市委制定了《中共白银市委关于抢抓机遇全力推进转型工作的指导意见》,对初选的转型项目进行认真讨论,明确了转型工作的指导思想、目标任务、工作重点和主要措施。市委、市政府制定了《白银市资源枯竭城市转型实施方案》,积极与国家发改委、财政部、国土资源部、国务院东北办等部委沟通联系,多方获取信息,主动接受指导。

《白银市资源枯竭城市转型实施方案》的主要内容由 9 个部分组成,在概括白银市经济社会发展现状、分析比较优势与劣势的基础上,对照国家《若干意见》精神,结合白银实际,全面安排了白银市的转型工作。

第一部分:对优势资源枯竭造成的主导产业衰退、职工下岗失业、环境污染加剧、地方财政困难、部分企业人心涣散、社会矛盾增加等问题进行了系统分析,阐明了加快推进城市转型的紧迫性。

第二部分:从交通区位、能源水源、发展空间、工业基础、资源优势、发展环境等六个方面,分析了白银转型的优势和潜力,指出白银既有资源型城市的共性,也有自身的特殊性,具备加快转型的要素条件。

第三部分:提出了城市转型的总体思路,阐述了转型工作的指导思想、主要任务、基本原则、目标步骤,是《方案》的核心内容。

(1)指导思想。以邓小平理论和"三个代表"重要思想为指导,全面落实科学发展观,以强化基础、培育产业、改善民生、加快转型为主题,以改革开放和自主创新为动力,以经济转型为根本,带动社会、生态、文化全面转型,培育"八大支柱产业",解决"民生七件事",实施"四大民心工程",转变发展方式,优化经济结构,完善城市功能,统筹城乡发展,加快工业化、农业产业化、城镇化、信息化、市场化进程,实现经济社会的全面协调可持续发展,努力把白银建设成为发展循环经济的示范城市、资源枯竭转型的示范城市和落实科学发展观的示范城市。

(2)主要任务。以经济转型为根本,带动社会、生态、文化全面转型。经济转型方面,突出培育"八大支柱产业",建立"五大产业基地"。社会转型方面,突出解决"民生七件事",解决好就业、就医、就学、收入、社会保障、物价、住房等问题。生态转型方面,突出实施"四大民心工程",并不断扩大覆盖面。文化转型方面,突出凝练特色文化,打造城市精神,提升文化软实力。

转型工作是一项综合性系统工程,经济转型是根本,社会、生态、文化转型是保证。加快经济转型,建立强有力的经济支撑,才能带动社会、生态、文化转型;同步推进社会、生态、文化转型,又可以对经济转型起到积极促进作用。两者相辅相成,互促互补。

(3)基本原则。一是继续实施工业强市、科教兴市、项目带动和开放开发战略。二是全力推进"四个结合",就是产学研相结合、政府推动和市场拉动相结合、自力更生和借助外力相结合、改造提升传统产业和培育发展接续产业相结合。三是努力实现"六个转变",就是在发展思路上,由过去的一般化推进,向强化党委政府推动、投资拉动、以项目求发展转变;在产业发展上,由主要依靠传统产业和初级产品增长,向发展高新技术产业、资源原材料精深加工转变;在开发方式上,由相对单一的自我开发,向借助外力求发展、全方位开放开发转变;在生产力布局上,由相对分散开发,向强化园区建设转变;在资金投入上,由相对单一依靠国家投资,向大范围招商引资、积极争取国家投资、启动民间资金等多渠道转变;在环境建设上,由单纯提供优惠政策,向注重改善基础设施、提高服务质量转变。四是始终坚持以政府为主导,以企业为主体,以项目为载体,以园区为平台,以政策为依托,以创新为动力,以环境为保障。

(4)阶段性奋斗目标。到2012年,全市生产总值达到600亿元,年均增长20%以上;工业增加值达到300亿元以上,年均增长25%以上;全社会固定资产投资五年完成1000亿元,年均增长25%以上;地方财政收入达到30亿元,年均增长30%以上;城镇人均可支配收入达到2万元以上,年均增长15%以上;农民人均纯收入达到4000元以上,年均增长12%以上。城镇失业率控制在6%以内;城镇化水平达到40%以上;城乡社会保障基本实现全覆盖;各级各类教育均衡发展,职业教育规模进一步扩大;城乡医疗卫生水平显著提高;文化体育设施明显改善;人口自然增长率控制在7‰左右。

(5)转型的阶段步骤。近期:到2008年底,主要围绕衔接国家转型政策,做好全面启动实施工作。重点抓好已确定项目和财力性转移支付的落实。在11月底之前上报明年的转型项目。中期:从2009年到2012年,是转型最为关键的阶段,利用4年时间,完成八大支柱产业链核心企业和重点企业布点和延伸、拓展,产业结构进一步优化,经济增长质量和效益明显提高,全市经济步入快速发展时期,主要经济指标在全省领先。重点解决资源型城市存在的突出矛盾和历史遗留问题。远期:从2013年到2020年。再经过8年时间的努力,全面实现资源型城市转型的各项预期目标,八大支柱产业形成完整的产业链,形成多个产业集群,成为经济发展的新支撑。主要经济指标达到全面建设小康社会的要求。

第四部分:从四个层面,明确了培育接续替代产业、转变发展方式、优化产业结构、促进经济转型的方向和重点。

(1)继续培育发展八大支柱产业。按照"大项目—产业链—产业集群—产业基地"的模式,做强产业,做大基地。一是有色金属及稀土新材料产业。重点实施资源扩张、技术提升、产业集群"三大战略",做大有色金属原材料基地。开发铜基、铝基、铅基、锌基、贵金属、稀土磁性材料、稀土能源材料、发光材料、研磨材料、环保材料"十大产业链",改变以初级原材料加工为主的发展格局。二是精细化工一体化产业。主要是做大做强精细化工园,建设异氰酸酯、氯碱、煤化工、氟化工、有机硅、硼化工和石油化工等七条产业链。TDI生产规模进一步扩大,关联产业形成较大规模。三是能源及新能源产业。按照适度超前、优化结构、多能并举原则,做强火电板块,做大水电板块,做好新能源板块,开发电池新材料系列,提升一个网络。建成大唐景泰电厂一期工程和乌金峡水电站,开工建设热电联产、煤矸石发电厂和靖南峡水电站,力争靖远电厂一期扩建、大唐景泰电厂二期2010年达到开工条件,促成黑山峡水电三级开发方案落实,风电总装机达到100万千瓦,开发锂离子电池、铅酸电池和镍氢电池。建设以330千伏为骨干的输配电网。四是矿产业及资源再生利用产业。主要鼓励各类投资者参与风险勘查,提升有色金属、煤炭等传统资源开发技术、装备和规模,保持有色金属和煤炭资源开发在全省的优势地位;争取在煤层气及优势非金属资源的开发利用上有大突破;矿产资源综合利用率、矿产业对经济增长的贡献率和资源开发环境效益均有大幅提高。五是机械及专用设备制造产业。以风力发电成套设备制造、医疗器械制造、交通运输设备制造、电气机械及器材制造为重点,实施兆瓦级风力发电叶片、风电设备、特种车、针布纺织配件、电磁线和电气装备线等重大项目,培育壮大一批龙头企业。六是非金属矿物制品产业。主要是围绕陶土、凹凸棒石、石膏等资源，开发应用先进技术，建设西北陶瓷生产基地、凹凸棒石研发生产中心、西北新型石膏制品加工区、甘肃重要的水泥生产区。七是特色农畜产品深加工产业。主要是壮大草畜、瓜菜两大战略性主导产业，培育发展马铃薯、枸杞、小杂粮、啤酒大麦四大区域优势产品，建设粮油淀粉加工、畜禽产品精细加工、蔬菜瓜果加工、饲料草业加工四大龙头企业群体。八是黄河文化旅游产业。主要是建设258公里沿黄旅游精品线，发展黄河风情游、红色旅游、农业生态游、丝路文化游、工业文化游，争取"黄河奇观、红色圣地"两大品牌纳入国家精品旅游线路。

(2)做大做强五大产业基地。以改造提升传统产业、扩大经济总量为目标，建基地，兴产业。一是建设国家有色金属基地。培育有色金属和贵金属饰品交易市场，发展产业集群，到2012年有色金属产量实现翻两番，由目前的40万吨增加到200万吨，加工转化率由6%提高到30%。二是建设西北新型化工基地。力争异氰酸酯生产企业进入国内行业500强，氯碱、氟化工企业进入化工行业100强，2020年，化工基地工业增加值占西北化工工业增加值的比重达到30%。三是建设西北复合型能源基地。实施八大超十亿工程，力争投资300亿元，新增工业产值150亿元，能源产业增加值占GDP的比重由2007年的14.5%提高到2012年的30%，形成煤炭、火电、水电、风电、光伏发电、核电并举的能源产业体系，电厂总装机容量由250万千瓦增加到1000万千瓦。四是建设西部特色农畜产品生产基地。到2012年，肉羊、生猪、牛饲养量分别达到500万、150万和5万头(只)；牧草、蔬菜、瓜类、马铃薯面积分别达到100万亩、50万亩、80万亩、100万亩，小杂粮、枸杞、啤酒大麦形成一定规模。五是建设西部现代化区域物流基地。加快物流基础设施和重点功能区建设，争取用10年左右的时间，把白银建设成为兰白都市经济圈综合性物流中心、兰州(白银)—西宁(海东)经济区物流中心、西北地区中转物流和东西铁路物流的重要枢纽，到2012年，物流增加值占全市GDP的5%左右。

(3)发展循环经济，推进资源综合利用。重点实施燃煤工业锅炉(炉窑)改造、电机系统节能、绿色照明、能量系统优化、余热余压利用、节能建材等六大节能改造工程。促进粉煤灰、煤矸石、废渣等大宗工业废弃物综合利用，重点实施铜冶炼渣利用、发电锅炉脱硫除尘、粉煤灰制砖、氟石膏利用等项目。对重点企业，实施强制性清洁生产审核，加快淘汰落后产能，关闭淘汰落后产能企业87户。

(4)优化产业布局,强化园区建设。主要是以中科院白银高技术产业园、白银西区开发区、平川经济开发区、刘川工业集中区和白银区中小企业创业基地为平台,整合资源、扩大面积、完善功能,按照工业集中园区、园区突出特色、实现分工协作、相互错位发展的产业布局原则,以点串线,连片成带,打造国家级高新技术产业开发区,加速建设"刘白高速工业经济带"。力争把中科院白银高技术产业园建设成为承接东南沿海产业转移、辐射带动中国西部发展的中心园区、兰白都市经济圈率先发展的重点园区,发展高新技术接续产业,促进资源型城市经济转型的模范园区。同时,对打造城市中心商务区、建设生态园林城市做了部署。

第五部分:切实关注民生,促进社会转型。提出把改善民生作为转型的落脚点,围绕人民群众最关心、最直接、最现实的利益问题,着力解决"民生七件事"。

(1)实施就业再就业工程。落实职业介绍和职业培训补贴经费,为4.56万名下岗失业职工提供社会保险补贴,建立市级就业服务基地1个、县区就业服务基地5个,实施就业技能培训工程和创业能力培训,每年培训5万人,完善面向困难群众的就业援助制度,每年开发公益性岗位1.5万个,解决"零就业家庭"就业问题。

(2)提高医疗保障水平。改造新建一批医疗机构,建立覆盖城乡居民的公共卫生服务体系、医疗服务体系、医疗保障体系、药品供应保障体系。加强环境和食品卫生安全整治,建设白银市职业病防治中心、生活饮用水水质检测站、熟食品定点加工基地。

(3)加快发展职业技术教育。加强各级职业教育基地建设,筹建白银市高等职业教育学院,重点建设市工业学校、甘肃有色金属高级技工学校和甘肃煤炭工业学校等28个专业实训基地,年培养技能人才力争达到3000人以上。每个县区重点建设好一所示范性职业学校。加强棚户区教育基础设施建设。落实中等职业教育家庭经济困难学生和城市低保家庭义务教育阶段学生资助政策,对享受低保家庭学生、中等职业教育家庭经济困难学生进行资助。

(4)多渠道增加城乡居民收入。逐步提高扶贫标准和最低工资标准,完善企业工资正常增长和支付保障机制,建立农民工工资保证金制度。建立帮困救助机制,努力消除贫困代际传递现象。到2012年,城市贫困面由目前的35%下降到10%,2020年下降到5%。

(5)建立健全社会保障体系。加大街道(镇)社区服务中心、儿童福利院、社会福利院、中心敬老院、老年福利公寓等基础设施建设。城乡低保、五保供养等社会救助标准实行自然增长机制,推进廉租住房和经济适用住房建设,实施农村困难群众危房改造工程。对符合条件的城镇困难群众和失地农民,尽可能纳入低保范畴,努力把农村特困群众全部纳入最低生活保障。强化社会保险基金征缴和监管,着力解决困难企业 5.5 亿元社会保险费历史拖欠问题。

(6)严格控制物价。加强市场价格的监督管理,规范行政事业单位收费行为。维持人民群众生活必需品的价格基本稳定,依法打击哄抬物价的行为,整顿和规范市场秩序。探索建立价格调节基金制度,增强政府调控市场价格的能力。

(7)加大棚户区改造力度。以小户型、廉租房为重点,坚持统一规划、分步解决、政府主导、市场运作,利用 8 年时间,分两个阶段,建设安置用房 450 多万平方米,安置居民 6 万户左右。

第六部分:加强环境整治和生态建设,促进生态转型。主要包括五个方面的任务。

(1)继续实施"四大民心工程"。一是城市大气环境治理工程。主要是实施白银公司三大冶炼厂污染治理、银光公司硫酸雾治理工程,全面完成燃煤电厂脱硫工程。建设热电联产项目,逐步淘汰市区 250 台污染严重的小锅炉。二是城乡安全饮用水工程。主要是开工建设"引大入银"白银城市生活水源工程,改善三县县城和平川城区供水条件。解决好干旱地区群众饮水困难。三是城乡清洁能源工程。主要是加快白银城区天然气入户改造和利用工程进度,到 2010 年,城市天然气普及率达到 98%。建成景泰天然气供气工程。大力发展农村沼气用户,积极开发利用太阳能资源。四是城市人居环境工程。主要是实施西大沟、金大沟综合治理和东大沟污水治理,完成文化广场、全民健身广场建设及金鱼公园改造,建成光彩生态园,强化城市大环境绿化,推进防护林带建设,综合实施城市道路、供排水、污水处理、供暖供气工程。

(2)实施矿山环境治理,加大土地复垦力度。主要是加快 23 平方公里靖远矿区采空区和沉陷区综合治理,实施好景泰县、平川区、靖远县土地整理和平川区红会矿区塌陷区土地复垦、矿山环境恢复治理等项目,推进白银火焰山国家矿山公园及国道 109 线至矿山公园道路建设。到 2012 年,初步解决矿产资源开发利用造成的生态环境突出问题。

(3)实施林业生态建设,提高森林覆盖率。重点实施退耕还林、"三北"四期防护林体系、天然林资源保护、野生动物及自然保护区建设、国家重点公益林生态效益补偿制度建设、城区大环境绿化及风沙源综合治理生态造林、城乡村镇绿化一体化及灌区农田防护林更新改造、名优特新林果产业基地及产品加工龙头企业建设、森林旅游观光产业体系建设和退耕还林工程草畜一体化建设等 10 大工程。

(4)实施水土保持综合治理,改善生态环境。重点实施工矿区水土保持生态环境建设、靖远县白茨沟小流域坝系工程、会宁县深河沟小流域坝系工程等项目;完成水土保持综合治理 800 平方公里,争取实施祖厉河流域综合治理等工程。

(5)实施盐碱地治理,建设高产稳产田。

第七部分:塑造白银精神,促进文化转型。主要包括五方面内容。

(1)凝练特色文化,打造城市精神,以艰苦奋斗、自强不息、创新求变、和谐奋进为主题,提炼城市精神。

(2)创新文化体制,发展文化产业,通过结构调整、资源重组,逐步形成一批骨干文化企业。

(3)建设创新型白银,激发创造活力,实施"六个十"科技创新创业工程,打造中科院白银高技术产业园、国家火炬计划白银有色金属新材料及制品产业化基地、全国科技进步先进市三个品牌,力争在"白银制造"、白银品牌上实现大的突破。

(4)推进信息化建设,打造"数字白银",以地理空间基础信息、人口、法人、宏观经济信息数据库建设为基础,构建信息化应用体系主体框架,加强信息管理体系建设,促进信息基础设施、应用系统和信息资源的兼容共享。

(5)加强文化基础设施建设,市区重点建设文化馆、博物馆、科技馆、图书馆和体育中心、广电中心等文化体育设施;县区普遍建成文化馆、图书馆、博物馆和文化广场;加快实施农村广播电视村村通、文化信息资源共享、乡镇综合文化站建设等工程。

第八部分:加强基础设施建设,夯实转型基础。从五个方面做了部署。

(1)加快公路建设,新建营盘水至古浪双塔、白银至中川机场、景泰至中川机场三条高速公路。完成靖远黄河大桥建设及省道 207 线、省道 308 线海古路白银段二级公路改造。新建改建农村公路 6000 公里。搞好沿黄公路规划建设。

（2）加快城区道路网建设，实施城区道路网改扩建工程，拓宽改造国道109线白银城区东段。建设完善新城区道路及各类管线设施。加快县城道路及管网改造建设。

（3）加快铁路建设，争取国家调整中长期铁路网规划，将王家山至同心铁路先期纳入2010年国家规划优先安排，早日开工建设。

（4）加快黄河水运建设，实施四龙至龙湾航运二期工程，航道达到五级标准。

（5）加强农田水利建设，实施靖会、兴电等大中型灌区续建配套与节水改造和农村饮水安全项目，争取实施靖远双永人畜饮水及生态供水、平川西格拉滩采空塌陷区土地复垦与节水灌溉、引洮会宁受水区等工程。

第九部分：重点就强化组织领导，加快转型步伐，提出了六方面的保障措施：一是不断解放思想，促进观念创新；二是继续深化改革，推进体制机制创新；三是优化投资环境，扩大招商引资；四是实施项目带动，加大投资力度；五是加大科技创新，建立人才保障；六是建立推进机制，全力抓好落实。

3.白银资源型城市转型的初步成效。从2008年到2012年，白银市资源型城市转型工作经历了一个认识、实施、推进、调整的过程，推动了白银经济社会加快发展。虽然没有达到转型的预期目标，但主要经济指标实现了较大幅度的提升，特别是从产业培育发展、经济结构调整、民生条件改善、城市精神再造等方面讲，意义重大且效果显著。2008—2012五年间，全市地区生产总值年均增长13.11%，分别高于全国、全省4.11%、1.72%；规模以上工业增加值年均增长18.38%，分别高于全国、全省5.7%、4.9%；固定资产投资年均增长31.4%，比全国高6.78%，比全省低7.65%；公共财政预算收入年均增长27.9%，分别高于全国、全省5.11%、2.02%；城镇居民人均可支配收入年均增长11.28%，比全国高0.77%，比全省低0.08%；农民人均纯收入年均增长14.12%，高于全国2.46%，与全省持平。这五年是白银发展历史上最好最快的时期之一。全市呈现出经济快速发展、文化繁荣进步、社会和谐稳定、生态逐步改善的良好发展局面。

（四）2012年白银市的经济规模和产业状态

全市实现生产总值433.77亿元，比上年增长14.68%，三次产业结构比例为11.2:57.31:31.49。大口径财政收入完成55.86亿元，比上年增长22.85%。公共财政预算收入完成24.09亿元，增长40.75%。其中：市级收入7.07亿元，增长7.01%；县区收入17.02亿元，增长61.95%。公共财政预算支出113.54亿元，增长

34.5%。完成全社会固定资产投资 320.88 亿元,增长 44.95%。按产业分,第一产业完成投资 18.55 亿元,同比增长 150.97%;第二产业完成投资 204.35 亿元,增长 41.7%,其中完成工业投资 160.14 亿元,增长 26.26%;第三产业完成投资 97.98 亿元,增长 40.43%。社会消费品零售总额 120.39 亿元,增长 18.1%。城镇居民人均可支配收入 18532 元,比上年增长 16.12%;全年城镇居民人均消费支出 13906 元,比上年增长 11.04%。农民人均纯收入 4497 元,比上年增长 17.9%;农村居民人均生活消费支出 4083 元,比上年增长 6.36%。居民家庭恩格尔系数城镇为 35.95%,比上年提升 1.31 个百分点;农村为 45.18%,比上年下降 1.94 个百分点。金融机构各项存款余额 466.45 亿元,比上年增长 18.56%。其中:居民储蓄存款余额 260.15 亿元,比上年增长 17.62%。金融机构各项贷款余额 279.01 亿元,比上年增长 23.86%。

1.第一产业。全市第一产业增加值 48.58 亿元,同比增长 7.33%。

农作物播种面积 455.77 万亩,其中:粮食种植面积 359.25 万亩。粮食总产量达到 72.13 万吨,增长 2.46%。粮食亩产达到 200.78 公斤。蔬菜产量 128.82 万吨。油料、瓜类、水果产量分别为 2.28 万吨、13.2 万吨、16.29 万吨,黑瓜子产量 1.23 万吨。

年末大牲畜存栏 24.73 万头,其中:牛存栏 7.4 万头,猪存栏 63.32 万头,羊存栏 171.74 万只,鸡(鸭、鹅)年末存栏 490.93 万只。肉类总产量 8.07 万吨,增长 1.51%;鲜蛋产量 1.61 万吨,增长 1.9%;牛奶产量 2.34 万吨,增长 5.41%;水产品产量 1825 吨,增长 6.04%。

2.第二产业。全市第二产业增加值 248.6 亿元,同比增长 16.6%。

实现工业增加值 212.59 亿元,比上年增长 17.2%,其中:规模以上工业企业完成增加值 192.6 亿元,比上年增长 19.6%。在规模以上工业中,中央企业完成增加值 47.83 亿元,同比增长 2.6%;省属企业完成增加值 104.47 亿元,增长 26.9%;市及市以下工业完成增加值 40.3 亿元,增长 22.4%。有色行业完成增加值 64.46 亿元,同比增长 46.4%;煤炭行业完成增加值 44.07 亿元,同比增长 5.6%;化工行业完成增加值 21.87 亿元,同比增长 5%;电力行业完成增加值 23.3 亿元,同比下降 3.7%。这四大行业占全市规模以上工业增加值的比重达 79.81%。

规模以上工业企业累计生产原煤 1249.52 万吨;发电量 172.02 亿千瓦时;十

种有色金属 58.33 万吨,增长 16%,其中:铜下降 16.5%,铅增长 12.6%,锌增长 32.3%,铝增长 24%;水泥 535.17 万吨,增长 29.8%;硫酸 95.15 万吨,增长 72.3%;烧碱 11.04 万吨,增长 5.5%;黄金 8972 千克,增长 348.6%;白银 216.87 吨,增长 20.5%。

规模以上工业实现销售产值 604.45 亿元,同比增长 11.9%,产销率为 93.3%。规模以上工业实现主营业务收入 684.01 亿元,同比增长 20.5%;实现利润 17.86 亿元,增长 10.6%。全市规模以上企业共亏损 52 户,同比增加 20 户,亏损额为 6.9 亿元。

建筑业增加值 36.01 亿元,比上年增长 13.5%。具有建筑业资质等级建筑业企业 67 家,年末从业人数 3.42 万人,完成建筑业总产值 63.19 亿元,增长 40.8%。

工业品出厂价格指数下降 0.8%。其中:轻工业下降 11.83%,重工业下降 0.6%;生产资料出厂价格下降 0.51%,生活资料出厂价格下降 15.45%;化学原料和化学制品制造业上涨 10.8%,电力、热力生产和供应业上涨 6.79%,煤炭开采和洗选业与 2011 年持平,有色金属冶炼和压延加工业下降 9.11%。

3.第三产业。全市第三产业增加值 136.59 亿元,同比增长 14.04%。

交通运输和邮电通信业实现增加值 25.6 亿元,比上年增长 17%。全年完成公路客运量 4900 万人,客运周转量 275100 万人公里;公路货运量 6070 万吨,货运周转量 1464941 万吨公里。

邮电业务总量 10.98 亿元,比上年增长 30.87%。本地电话用户年末达到 29.97 万户;农话用户年末达到 10.57 万户;移动电话用户年末达到 147.65 万户,增加 23.44 万户;电话普及率达到 109 部/百人,每百人增加 24 部。

接待旅游人数 370.02 万人次,比上年增长 40.29%;实现旅游综合收入 19.89 亿元,增长 42.62%;旅游业新增直接就业人数 10808 人,增长 36%。

**七、"十二五"时期白银市的产业发展**

十二五,是白银市工业化、城镇化的加速期,也是加快转型和富民强市的关键期。白银市第七次党代会以"融入中心,跨越发展,建设繁荣文明幸福白银"为主题,明确了未来五年发展的奋斗目标、指导思想和工作措施。

（一）奋斗目标

力求发展速度快于全省、发展效益高于全省、发展质量优于全省，努力实现"四翻番、三提升"，即生产总值、工业增加值、固定资产投资、财政收入实现翻番，城乡居民收入水平、城镇化水平、第三产业发展水平大幅提升，兰白核心经济区建设取得阶段性成效，力争在经济发展、城乡建设、社会进步、文化建设、生态文明五个方面实现新跨越。

（二）指导思想

深入实施省委区域发展战略，坚持率先、创新、绿色、和谐发展，全力建设兰白核心经济区，精心打造国家高新开发区，加快构建白银工业集中区，努力把白银建成区域经济增长中心、循环经济发展示范区、产业转移重要承接基地、甘肃中部生态屏障和繁荣文明幸福城市。

（三）重点工作

1.紧紧围绕"一个目标"。即兰白核心经济区建设，按照"发挥各自优势，明确功能定位，互惠互利，携手并进"的总体思路，在融合联动中推动跨越发展，在跨越发展中强化中心功能。

2.着力打造"白银工业集中区"。即以白银国家高新技术产业开发区为龙头，按照轴线延伸、板块聚集、增容扩区的总体思路，构建包括银东、银西、刘川、平川、正路，总规划面积近300平方公里的"一区六园"白银工业集中区空间格局，在这个框架内形成和兰州新区各具特色、优势互补的良性互动局面。争取到"十二五"末，"一区六园"年销售额达到1500亿元，"十三五"末达到3000亿元，实现总量的快速扩张。

3.突出建设"四条优势经济带"。即依托产业基础和资源条件，打造刘白高速经济带、沿黄经济带、景泰至兰州新区经济带和景泰—白银—靖远—会宁经济带，形成生产力布局优势区域。

4.重点完善"四项规划"。即生产力布局规划、白银工业集中区规划、城镇体系规划、文化旅游产业发展规划。特别要注重相关规划的衔接，形成科学的规划体系。在广泛调研、深入论证的基础上，先后完成了《资源型城市转型规划》《生产力布局规划》《工业集中区（开发区）发展规划》《城镇体系规划》以及一系列专项规划，并且注重规划之间的相互衔接，形成科学的规划体系。2012年，全市确定编制的各类规划64项，已编制完成47项，正在编制17项，配合编制兰西格经济区、六盘山片区区域发展与扶贫攻坚等规划,甘宁中部扶贫供水工程等 18 个重大项目纳入国家和省级战略规划。通过规划编制,明确了转型跨越发展的指导思想、目标任务和主要措施,形成了以中心城市为龙头、以园区和城镇为基点、以四条优势产业带为轴线的生产力布局,解决了城市发展和产业发展定性、定位、定量、定时的问题,有效指导了白银转型跨越的各项实践。

5.突出抓好"六类项目"。一是以交通、水利和城市基础设施为重点的基础建设项目;二是以企业技术创新和产业升级改造为重点的循环经济项目;三是以承接产业转移为重点的工业经济项目;四是以现代服务业和文化旅游业为重点的第三产业项目;五是以统筹城乡发展、增加农民收入为重点的农业产业化项目;六是以完善公共服务、提高保障水平为重点的民生项目。

(四)发展支撑

谋划建设了"一区六园"300 平方公里白银工业集中区,着力打造"有色金属及深加工、化工、能源和先进高载能"三个千亿元循环经济产业链,努力把白银建设成西部承接产业转移的示范区和黄河上游重要的循环经济示范区。

1.平台。认真贯彻国办 29 号文件关于"大力支持兰白核心经济区率先发展,积极推进兰州新区、白银工业集中区发展,做大做强石油化工、有色冶金、装备制造、新材料、生物制药等主导产业"的精神要求,充分发挥白银地理区位优越、水土资源丰富、要素组合良好的比较优势,规划了以白银国家高新技术产业开发区为龙头,包括银东、银西、刘川、平川、正路、会宁工业园在内的总面积 300 多平方公里的"一区六园"白银工业集中区,编制《白银市工业集中区规划》,努力将白银工业集中区的发展上升到国家战略,打造引领转型跨越发展的战略平台,构筑兰州主城区、兰州新区和白银工业集中区发展的"金三角"。在这个框架内形成和兰州各具特色、优势互补的良性互动局面,争取到"十二五"末,"一区六园"年销售额达到 1500 亿元,"十三五"末达到 3000 亿元,实现总量的快速扩张。白银工业集中区的定位是:

(1)率先发展的引领区。坚持把工业作为引领经济发展的主导力量,把工业集中区作为项目建设和产业延伸的平台和载体,以工业的快速发展引领白银率先发展,为建设兰白都市经济圈提供坚实的基础。

(2)优势产业的聚集区。按照发展壮大石油化工、有色冶金、装备制造、新材料、生物制药等主导产业的定位,发挥现有产业基础和资源优势,打造国家重要的有色金属基地,西部化工、能源基地和农产品加工基地。

(3)产业转移的承接区。抓住沿海发达地区生产要素成本上升、电力供应紧张,部分产业向内地转移的趋势,加大招商引资力度,吸引发达地区生产要素向白银工业集中区聚集,把白银工业集中区建设成我国向西开放的前沿窗口,努力成为新一轮国际和国内发达地区生产要素重组和产业转移的重要承接地,成为扩大对外开放和吸引外资的主要平台。

(4)高新技术的转化区。充分利用国家级高新技术产业开发区的金字招牌,积极实施创新驱动战略,营造良好的发展环境,将白银工业集中区打造成促进技术进步和增强自主创新能力的重要载体,成为带动区域经济结构调整和经济增长方式转变的强大引擎,成为高新技术企业参与国际国内竞争的服务平台。

(5)循环经济的示范区。推动白银工业集中区走生态化道路,引导企业向工业园区集中,实现集聚生产、集中治污、集约发展,提高能源、水资源和废弃物的循环利用率,形成循环经济产业体系,推动循环经济快速发展。

(6)城市功能的拓展区。在白银工业集中区各个园区当中,高新区、银东、银西、刘川、平川等园区与中心城区连接,在城市规划区范围之内,我们将进一步完善配套设施,强化生活区建设,聚集城镇人口,形成工业化与城镇化协同发展的局面。

到2012年底,白银工业集中区已经完成固定资产投资350亿元,基础设施配套50平方公里、土地平整50平方公里,入驻各类企业680多家。

2.产业。以产业发展为突破口,一方面狠抓传统产业改造提升,延伸产业链条,为传统产业注入新的活力;另一方面,狠抓多元产业培育,着力优化经济结构。在这个过程中,谋划了三个千亿元循环经济产业链和四个百亿元产业。

(1)三个千亿元循环经济产业链。一是有色金属(稀土)及深加工千亿元产业链:主要依托白银公司、稀土公司、华鹭铝业等主体企业,实施资源扩张、技术提升、产业集群"三大战略"。力争"十二五"末有色金属生产能力扩大到200万吨以上,精深加工率达到40%以上,产值达到1140亿元,打造国家级有色金属新材料基地。二是化工千亿元产业链:重点开发煤化工、氟化工、钾锂硼、硫酸工业、氯碱工业和异氰酸酯产业链,形成20万吨TDI、54万吨氯碱、24万吨PC、36万吨双酚A、18万吨PVC、30万吨硝酸、20万吨钛白粉、100万吨复合肥、180万吨电石、1万吨锂盐等生产能力,产值达到1006亿元,着力构建化工循环产业基地。

三是能源和先进高载能千亿元产业链:白银能源资源丰富,具备建设千万千瓦级复合型能源基地的条件,这在我国的地级城市里面也是比较少的。目前各类电厂装机容量400多万千瓦,发电量200亿度左右。黄河流经白银258公里,拥有水能资源300万千瓦,目前已开发大峡、乌金峡电站,尚有靖南峡、黑山峡等电站可开发;风能资源丰富,约300万千瓦,目前仅开发80万千瓦。电力电网输送能力优势明显,地处负荷中心,形成了跨省互供、北电南送的网架结构。"十二五"期间规划全市电力总装机容量达到1050万千瓦,加快陇煤西运、疆煤东运,煤炭资源年利用量达到3070万吨,煤电冶化产值达到1050亿元。

(2)四个百亿元产业。将装备制造、陶瓷建材、农产品加工和生物医药作为大力发展的接续产业,积极培育壮大,成为新的经济增长点。

3.路径。白银作为全国重要的有色工业基地和甘肃能源化工基地,原材料基础工业发达,但结构单一;资源能源基础条件好,但开发利用不够充分;发展潜力大,但环境和生态压力亦大。因此,白银市委、市政府确定了以循环经济为导向的发展路径,努力建设资源节约型和环境友好型社会,走出了一条特色鲜明、优势突出、集约发展的资源型城市发展循环经济的新路子。近几年先后实施循环经济重点项目96个,完成投资99.53亿元。

(1)在城市,最大程度实现废物资源化和再生资源回收利用,实施铜冶炼制酸系统改造、粉煤灰综合利用、瓦斯发电、新型干法水泥等循环经济项目,年消化利用工业废渣800多万吨,新增产值28亿元,淘汰落后产能126.6万吨,使"城市矿产"变成了"城市宝藏"。

(2)在矿山,着力提高现有矿产资源的开采率和综合利用率,将全市56处煤矿联合重组为7家煤业集团公司,提升了协作配套和安全生产能力;另一方面加大找矿力度,白银市筛选的18个地质勘查找矿项目全部列入《甘肃省加强找矿三年突破行动方案(2012—2014)》项目库。部分矿区的找矿行动已经取得突破。例如在原白银矿田折腰山、火焰山矿床共探获铜矿石量880万吨,铜金属量8万多吨,价值50多亿元。

(3)在农村,发展百万亩全膜双垄沟播旱作农业、百万亩节水高效农业,加大废弃物、废旧薄膜综合利用,秸秆利用率达到52.6%,户用沼气发展到10万多户。

(4)在全社会,倡导绿色消费,优先购买循环经济企业产品,减少使用一次性制品,建设节约型社会。特别是注重发挥大中型企业的集聚和扩散作用,11户企业列入省级循环经济试点企业。

白银有色集团公司整合采、选、冶、化四大生产系统,形成了废物排放减量化的大型有色冶炼企业循环发展模式,入选国家循环经济典型案例。

白银公司是新中国成立后最早建设的大型铜硫联合企业,1960年铜硫生产系统建成投产,成为当时中国规模最大的有色金属生产企业。企业在鼎盛时期职工和家属达到12万人,占当时白银市区总人口的60%。可以说白银公司的繁荣支撑着白银这座城市的繁荣。20世纪80年代,随着主要矿山的枯竭,企业也进入转型阶段。在资源逐渐枯竭和环境污染的双重压力下,白银公司把循环经济作为企业摆脱困境的唯一有效途径,对主导产业进行循环化改造,在采矿、选矿、冶炼、化工等四大环节发展循环经济。一是在采矿和选矿环节,实行绿色开采,从多金属矿分选出铜精矿、铅精矿、锌精矿、铅锌精矿,将剥离的废石和选矿尾砂用于井下填充;二是在冶炼环节,加大技术创新,将冶炼废渣中的铜、锌、铅以及金、银、硒、镉等10多种稀贵金属全部回收利用,将尾砂作为水泥生产配料,从冶炼烟气中回收铅、锌、铜、锑、铋等有价元素。目前公司的铜铅锌回收率分别达到97%、96%和98%以上;三是在化工环节,对铅锌冶炼中的尾气高效回收利用,生产硫酸,硫利用率从70%提高到95%以上,有效改善了城区大气环境。2010年与2005年相比,总产值提高89%,资源产出率提高170%,能源产出率提高99.3%,同时,二氧化硫排放量下降63.1%,COD排放量下降48%,回收有价伴生金属的覆盖率提高84.7%。白银公司通过循环化改造,依托技术创新,实现资源的多层次转换利用、生态环境改善和产业升级,形成了资源枯竭型企业通过发展循环经济缓解资源和环境压力的新模式。

(五)发展保障

1.强化基础建设。抢抓国家加快西部大开发、支持甘肃经济社会发展、推进基础设施建设的重大历史机遇,切实做好重大基础设施项目的凝练、论证、争取和实施工作,努力构建相对完备、能够支撑经济社会跨越发展的基础设施体系。

(1)在交通建设方面,大力实施铁路建设"五大工程"(包兰铁路扩能改造、干武铁路增建二线、白银经会宁至平凉铁路、永登—兰州新区—白银铁路、包兰铁路红会支线延伸等铁路建设)和公路建设"六大工程"(白银至中川机场、景泰至中川机场、白银—黄河石林—景泰、兰白沿黄快速通道、白银城区经聂家窑至黄河、景泰—白银—靖远—会宁等公路建设),为转型跨越提供坚强的基础支撑。这些项目工程建成后,将有效改变白银市的交通面貌,形成优势互补、协调发展的综合交通网络,更好地发挥兰白核心经济区副中心的辐射带动作用。

(2)在水利建设方面,大力实施水利建设"五大工程"(引洮一期会宁北部供水、靖远双永供水、大中型灌区续建配套和大型泵站更新改造、农村安全饮水、甘宁中部生态移民扶贫开发供水等水利建设),着力改变白银市部分地区干旱缺水现状,优化水资源配置,切实提高水资源的保障能力。

会宁县是国家级贫困县,地处黄土高原丘陵沟壑区,气候恶劣,干旱少雨,年平均降水量仅 340 毫米,蒸发量达 1800 毫米,自然条件比较严酷,水资源极度匮乏成为制约当地经济社会发展的重要因素。为解决该地区和连片的兰州、定西、平凉、天水等地区人民群众的生存和发展问题,甘肃省在 20 世纪 50 年代就提出了引洮河水到甘肃中部地区的设想。2006 年 7 月,国务院常务会议审议通过了引洮项目可行性研究报告,8 月,引洮供水一期工程正式立项。白银市积极争取的引洮会宁供水工程也被纳入引洮供水工程的大盘子,一期工程于 2011 年 5 月开工建设。该工程建成后,将彻底解决会宁县 25.4 万城乡群众的生活用水问题,并为 1.7 万亩耕地提供灌溉用水。2013 年初,习近平总书记在甘肃省视察期间,专门考察了引洮供水工程工地,并指示说,民生为上、治水为要,要尊重科学、审慎决策、精心施工,把这项惠及甘肃几百万人民群众的圆梦工程、民生工程切实搞好,让老百姓早日喝上干净甘甜的洮河水。

2.加快城镇化进程。坚持把加快推进城镇化进程作为转变发展方式、推动转型跨越的重大举措,努力消除制约城镇化发展的思想观念障碍和体制机制障碍,全面提高城市的规划、建设、经营和管理水平,通过强力推进城镇化进程,带动劳动生产率水平和城市集聚效益提高,带动城镇公共服务和基础设施投资扩大,带动居民收入和消费增加,为转型跨越发展提供强大的动力源泉。"十一五"以来,白银市城镇化率年均提高 1.5 个百分点以上,2012 年达到 42%, 市区人口超过 40 万人;中心城区建成区面积由 42 平方公里扩大到 70 平方公里,规划面积由

70平方公里扩展到140平方公里。

　　白银市的老城区位于郝家川盆地东部，是20世纪50年代随白银公司开发而规划建设的工业城市，城市规划起点低、功能配套不完善。西部大开发以来，白银市从城市转型的迫切需要出发，适时调整了城市发展方向，把城市西区列为全市发展接续产业和城市扩张的重要空间，将市上四大班子办公机构全部搬迁至西区，通过政府带动，集中力量，精心打造，快速建设。目前，西区建成面积20平方公里，基础设施日臻完善，投资环境优势凸显，产业发展初具规模，聚集了加工制造、商贸物流、文化教育、休闲娱乐等主导产业，成为白银市政治、经济、文化中心，展示了崭新的城市形象。在城市南部，规划建设了白银国家高新技术产业开发区，2012年开发面积达到16平方公里，成为白银市高新技术产业的聚集地。2013年，进一步加快中心城区的南拓东进，规划建设了银西和银东两个工业园区，把沿黄城镇和刘川工业区纳入了城市规划范围，城市规划区面积达到了140平方公里，构建了大白银的城市格局。切实加大城市和园区基础设施建设投入力度，通过市城投公司融资21.03亿元，分两期争取亚行贷款1.8亿美元，投入城市道路、供水、排水、热力、供气、供电等设施建设，不断提高城市承载功能。

　　3.着力加大招商引资力度。坚持把招商引资作为推进老工业基地转型跨越的重要抓手，解放思想，转变观念，敢于让利，舍得投入，出台优惠政策，建立了招商引资工作考核办法、奖励办法、帮办评价办法、产业链点对点招商工作方案等工作制度，切实加强对招商引资工作的组织领导。紧盯大企业、大集团和品牌企业，主动走出去，引进来，积极寻求战略合作者，开展点对点、产业链招商，特别是围绕三个千亿元循环经济产业链建设，有计划、有组织地引进一批能够强力带动经济发展的重点项目，着力在承接产业转移方面实现突破。近年来，中信、中材、大唐、华电、华能、统一、盼盼、德正等一批知名企业纷纷入驻白银。

　　甘肃华鹭铝业有限公司建于20世纪80年代，是白银市有色行业重点骨干企业，电解铝生产能力23万吨，多年来，公司产品只能以铝锭的形式销售，产品附加值较低。2009年以来，以电解铝下游产业延伸为突破口，重点引进了宏达铝业、广泰铝业两个深加工项目，2013年已经建成投产，有色金属深加工能力达到

23万吨,具备了电解铝全部就地进行深加工的能力。华鹭铝业公司生产的电解铝通过管道直接供给两家铝型材加工企业,每吨可以节约融铸成本300元,有利于节能降耗,是典型的循环经济项目。同时,充分利用市域内水土资源、能源资源、电力资源比较充裕,交通区位优越的优势,引进山东德正集团在刘川工业园投资建设鸿泰铝业100万吨电解铝产业链项目。围绕电解铝积极发展多元产业,大力支持白银中天化工公司年产8万吨高性能无水氟化铝项目开工建设,加快白银有色长通电缆公司铜铝导体新型材料开发应用工程建设进程,努力向上下游延伸产业链条。

银光公司是国家"一五"期间建设的156个重点项目之一,隶属于中国兵器工业集团公司,是国家重点保军企业和军民结合的国防特种化工骨干企业,主要生产TDI、DNT、TDA等产品。白银市依托银光公司,切实加大产业链招商工作力度,延伸产业链条,全力做大做强化工产业。先后引进了甘肃北方三泰化工有限公司等企业,为银光聚银公司TDI装置配套建设年产烧碱10万吨、PVC12万吨项目,烧碱项目为TDI提供原料,同时,其下游产品氯气可用于生产PVC,形成了典型的循环经济产业链。充分利用白银市煤炭资源和煤质优势,引进甘肃省化肥生产骨干企业刘化集团在银东工业园开工建设年产25万吨硝基复合肥项目,谋划建设煤制气项目,实施洁净煤气化制氢,副产品合成氨,生产硝酸和硝基复合肥。该项目建成后,将为银光公司生产TDI提供优质氢气,同时为园区企业提供一氧化碳、氮气、硝酸等原料。

4.加强生态环境建设。白银市把生态建设作为城市转型的重要内容,实施了大气环境治理、清洁水源、洁净能源和人居环境建设"四大民心工程",先后投入环境污染治理资金20多亿元,完成污染治理项目80多项,有力地推动了重大污染源的治理,中心城区空气优良天数从2004年的161天增加到300天以上,水污染、重金属污染、固体污染物等得到了有效控制和治理。切实加大造林绿化的工作力度,实施了生态建设"八大工程"和城区大环境建设"六大工程",森林覆盖率每年净增1个百分点以上,城乡居民的生产生活环境不断改善。

白银市作为一座老工业城市,一度大气污染比较严重。2005年,全市废气年排放量高达647亿标立方米,废气污染物的年排放量超过20多万吨,其中,危害最大的有二氧化硫、硫酸雾、氟化物。市区空气中二氧化硫常年超标,年日均值在 0.18 毫克/立方米上下,超过国家二级标准的 2~4 倍。在事故状态下,二氧化硫的瞬时浓度高达 7.643 毫克/立方米,超过国家二级标准的 14 倍。仅 2006 年 7 月至 12 月,就发生了 7 次严重的大气污染事故。为此,白银市委、市政府把环境污染治理作为资源型城市转型的突破口,正视历史、面对现实,努力多还旧账、坚决不欠新账,从污染最为严重、治理难度最大的白银公司铜冶炼制酸系统入手,启动了全市历史上最大的环保工程——白银公司铜冶炼污染治理工程。市政府在财力十分困难的情况下,拿出 6000 万元,占当年本级财政收入的四分之一多,作为白银公司铜冶炼制酸系统改造的启动资金,带动了国家、省上和企业的投资,仅白银公司铜冶炼制酸系统改造项目总投资就达到 2.48 亿元。同时,坚持"抓大不放小",强化环境管理,深入开展重点污染源治理,加大环保工程建设力度,通过全市上下的共同努力,大气污染严重的状况得到了彻底改变。

5.着力保障和改善民生。实施全民创业工程,不断完善扶持政策和就业服务体系,着力解决下岗失业人员和零就业家庭等重点群体的就业问题,每年新增城镇就业 2 万人以上,城镇失业率由最高时的 24%降低到去年的 2.78%,白银市被评为首批 20 个"中国创业之城"之一。全力提高城乡居民收入,城镇居民人均可支配收入从 2006 年低于全省 11 个百分点提高到 2011 年高于全省 8 个百分点的水平,农民人均纯收入也实现了较大幅度的增长。加快企业办社会职能移交地方步伐,加大了"老工伤"人员、"家属工"、"五七工"参保工作力度,有针对性地解决了社会统筹和企业基本医疗保险的历史欠账问题。特别是 2009 年以来,市委、市政府把棚户区改造作为最大的民生工程、民心工程,切实加大工作力度,有效改善了群众的居住条件。

在矿山开发初期和企业建设过程中,按照"先生产、后生活"的思路,白银公司、甘肃稀土公司、二十一冶公司等中央驻银企业纷纷在矿区集中连片地建起了供工人居住的土坯房、旧砖房等简易平房,形成了大面积的棚户区,共占地 172 万平方米,建筑面积 315 万平方米,涉及 3.8 万户、11 万人,占市区城镇人口的 23%。原有平房"超期服役",破损严重,居住环境恶劣,居民住房难、行路难、用水难、用电难、如厕难等问题十分突出。对此,有人形容它是城市里的"农村"和"贫民区"。棚户区弱势群体人口多,大部分居民为退休和下岗职工,其中,企业退休人员平均退休工资每人每月只有900多元,90%以上的职工家属没有工作,无收入来源;棚户区老职工子女就业率仅为26%,有的属于"零就业"家庭。棚户区居民平均每10户家庭仅有1.34人有稳定的就业岗位,每月人均收入218元,自身没有能力改变居住条件。

白银市把棚户区改造作为最大的民生工程,充分利用各项政策机遇,多方向上汇报反映情况,争取国家支持。2009年,全国人大常委会副委员长陈昌智、中央深入学习实践科学发展观第四巡视组组长张维庆、国务院赴甘联合调研组,先后亲临白银市棚户区现场调研,向国家有关领导递交了《甘肃省白银市棚户区改造的请示》,温家宝、习近平、李克强等三位国家领导人分别做出重要批示。国家发改委、住房和城乡建设部、财政部领导也对白银市的棚户区改造给予了大力支持。结合城市转型,按照"统一规划、配套建设、突出重点、成片改造"的方针,采取政府主导、企业主体市场化运作的思路,把棚户区改造与"城中村"改造、采煤沉陷区治理、保障性住房建设相结合,投入大量资金,着力改善群众生活条件。在政策扶持方面,通过无偿供地、税费减免、基础设施配套等方式,为群众每平方米让利750元左右,仅土地一项每平方米让利600元,有效减轻了居民的经济负担。截至2012年底,全市完成棚户区改造112万平方米,建成各类保障房3.2万套,改善了8万多人的居住条件,一大批城市和工矿"老棚户"告别低矮破旧的土坯房,搬进了敞亮舒适的新楼房,居住水平和生活环境得到了显著改善。

6.推进改革创新。全面深化各项改革,积极支持国有大中型企业进行股份制改革,将企业办社会职能大部分移交地方管理,为企业加快上市创造有利条件;全面推进中小企业改制重组,有效盘活了存量资产。大力支持非公有制经济发展,非公有制经济增加值占生产总值的比重达到50%以上。不断深化农村综合改革,农村发展活力进一步释放。深化行政管理体制改革,努力精简行政审批事项,发展软环境持续改善。稳步推进投融资体制改革,银政企合作进一步加强,组建了市商业银行、城投公司以及25家村镇银行和小型贷款公司,融资渠道不断拓宽,努力建设全省金融创新发展的示范区。

在加快推进体制机制创新的同时,白银市高度重视科技创新工作,实施创新驱动战略,加快"人才特区"建设,围绕产业转型升级,大力推进科技创新步伐,先后与 210 多家科研院所和高等院校建立了科技合作关系，先后实施科技合作项目 260 多项，承担国家"863""973"等高科技计划项目 12 项，共取得省级以上科技创新成果 80 多项，科技对经济增长的贡献率达到 45%。

白银国家高新技术产业开发区是中科院与地方政府合作共建的第一个高技术产业园，也是甘肃省继兰州高新技术开发区之后的第二个国家级高新区。2012 年以来，白银市开工建设了白银科技企业孵化器项目，规划建设生物医药中间体、机械装备制造、电子与信息、新材料新能源四个专业功能区，共 20 万平方米的孵化场地，入驻企业近百家。如果每年孵化项目 100 个，三年一个周期，有三分之二孵化成功，可孵化中小企业 200 多个，对于转变发展方式、提高科技创新能力、提升地区经济竞争力具有重大的现实意义。

# 第十二章

## 甘肃省会宁县产业经济
## 现状与发展分析

■ 会宁县产业发展现状
■ 会宁县农业发展
■ 会宁县工业发展
■ 会宁县旅游产业发展

# 第十二章　甘肃省会宁县产业经济现状与发展分析

会宁县位于甘肃省中部、白银市南端,总流域面积6439平方公里,耕地面积460万亩,辖28个乡镇,284个行政村,9个社区,总人口58.45万人,其中农业人口53.49万人,占总人口的92%。平均海拔2025米,县城海拔1723米。年平均气温7.9℃,最高37.5℃,最低零下26.5℃。年平均降水量370mm,年平均蒸发量1800mm。

"十一五"末,全县生产总值33.1亿元,五年内翻了一番,净增18.1亿元,按可比价格计算,年均递增12.1%,其中第一产业达到10.6亿元,年均递增5.5%;第二产业达到10亿元,年均递增18.5%;第三产业达到12.5亿元,年均递增11.5%。人均GDP拥有量达到6120元,同比净增3527元。完成县乡级财政收入3813万元,同比净增2469万元。城镇居民人均可支配收入达到8251元,同比净增3643元。农民人均纯收入达到2655元,同比净增1081元。三次产业结构由"十五"末的37:23:40调整到32.1:30.1:37.8。农业和农村经济稳步发展,粮食作物播种面积达到208.66万亩,粮食总产量达到2.76亿公斤,比"十五"末净增9396.7万公斤;主要农作物良种覆盖率达到95%以上,畜禽良种覆盖率达到60%以上,农业机械化水平达到14.1%。工业化水平明显提升,全县工业增加值达到5.47亿元,年均递增18%。第三产业保持稳定增长,红色旅游持续快速发展,发展各类集贸市场40多个,专业市场8个,基本建成以县城为中心、乡镇为骨干、村组为基础的商品流通网络体系。

## 一、会宁县产业发展现状

### (一)"十一五"时期产业发展的主要问题

1.经济整体发展水平较低。人均GDP、县级财政收入、固定资产投资水平低,经济实力处于全省、全市后列。资源、环境和人口矛盾突出,人均资源占有量居全省末位。城乡二元结构突出,城镇化水平低,城镇化率仅为21%。人口大县、产业小县、财政弱县的局面尚未得到改变。

2.结构性矛盾仍然突出。一产不优,二产不大,三产不活。农业产业化程度低,整体竞争力不强;工业化处于初始阶段,工业经济比重偏小,竞争力弱,增长方式粗放;第三产业发展活力不足,带动经济发展能力弱,结构调整的压力仍然很大。

3.产业间关联度依然很低。三次产业及各产业内部基本孤立,主导产业和配套产业之间、农业和农产品加工之间、工业和服务业之间尚未形成联动发展的格局,产业体系的整体效益低下。

4.基础设施欠账严重。水利工程设施老化,55个老泵站急需改造,水浇地增加难度大,保灌面积仅为22.8万亩。水源建设项目少,全县仍有32.67万人存在着饮水困难和饮水不安全问题,县城供水严重紧缺。农村公路密度小,里程短,等级低,通达能力有限。农网改造到户率低,用电成本高,可靠性低,全县仍有24%、3万多农户未改造。

5.园区建设亟待加强。产业园区基础设施建设相对滞后,不能很好满足产业集聚发展的需要,严重影响了招商引资和承接产业转移。从产业链上看,大部分产业定位不明晰,产业链体系薄弱,企业间关联度不强,造成特色不鲜明,主业不突出,园区集聚、产业集约发展和循环发展效应不显著。工业集中区建设刚刚起步,面临着高强度投入和失地农民搬迁安置等系列问题。

6.经济发展的内生动力不足。区域经济发展主要是依靠财政转移支付、扶贫开发等外力推动,基本依靠政府输血。第一产业没有做精做优,第二产业没有做大做强,第三产业尚待大力发展,尚未形成自我发展的造血机制,经济发展内生动力明显不足。

(二)"十二五"时期会宁产业发展的重大机遇和条件

1.外部机遇。"十二五"时期是会宁发展的重要机遇期、优势凸显期和发展提速期。一是全球经济在后危机的重大调整中走向复苏,中国经济站在新起点上,整体回升向好的势头进一步巩固,全省、全市经济呈现工业保持较快增长、投资保持高位运行、消费增幅全面提高的良好局面,为全县经济快速发展创造宽松的环境。二是中央实施新一轮西部大开发战略,将陆续出台扶持力度更大的一揽子新政策,为进一步加强生态保护、基础设施建设、调整经济结构、转变发展方式和改善民计民生,逐步缩小会宁与中西部地区及全国的发展差距提供了难得的政策机遇。三是国务院出台《关于进一步支持甘肃经济社会发展若干意见》,国务院各部委将制定具体的支持措施,为会宁谋划重大基础设施项目、发展特色优势产业、加快扶贫开发进程提出了明确的政策支持。四是《陕甘宁革命老区振兴规划》的编制实施,为会宁加大与三省(区)八市三县(市)之间的交流搭建了平台,为区域经济合作提供了载体,为老区加快建设,争取更多的项目和政策赢得了先机。五是国务院批准实施《甘肃循环经济发展总体规划》,会宁产业园区被批准为省级循环经济示范园区,郭城工业集中区建设起步良好,有利于会宁加快农业产业化步伐,推动工业化进程,进一步提高资源综合利用率,实现园区快速发展。六是"兰白都市经济圈"建设将白银提升到"中心"地位,为会宁抢抓"中心带动""科学转型",参与区域分工协作,调整空间布局,优化资源配置,紧跟白银率先发展步伐,争取跨越式发展,提供了更加广阔的空间。

2.内部条件。经过"十一五"的努力,全县基本形成加快发展的条件体系:一是全县经济持续快速增长,交通区位优势更加突出,对外影响力进一步提升,红色旅游、金色教育、绿色产业的基础和优势逐步凸显,为全县新一轮发展夯实了一定的物质基础条件。二是通过不断地解放思想,找准了发展定位,明确了发展方向,达成了发展共识,全县发展思路更加清晰,发展措施更加完善,发展愿望更加强烈,发展信心更加坚定,发展环境更加优化,激发了全县干部群众干事创业的活力,为加快经济社会发展创造了科学的思想条件。三是通过深化改革,不断创新,体制更加健全,机制更加灵活,为加快发展提供了动力条件。

(三)"十二五"会宁产业发展的思路

紧紧围绕"四县两城"(产粮大县、草畜强县、梯田化县、西北教育名县和全国红色旅游名城、国家历史文化名城)建设,以富民强县、扶贫攻坚、全面小康和转型跨越为目标,全力培育和提升产业承载能力。产业发展战略从三个层次推进:一是县域支柱产业。特指能够整体覆盖县域,对全县经济起支柱作用的产业,重点建设全膜种植增收、草畜产业富民、工业经济强县、红色旅游兴业等"四大产业体系"。二是片带优势产业。重点是覆盖两个以上乡镇,集中连片和形成带状分布的产业,主要有小杂粮、马铃薯、林果、蔬菜、瓜类、中药材等产业。三是富民特色产业。能够体现"一乡一业、一村一品、一家一特"的增收致富产业,主要有蓖麻、油用牡丹、菊竽、文冠果等种植,乌鸡、大雁、獭兔等特种养殖,剪纸、刺绣等民间手工艺术品加工。

### 二、会宁县农业发展

#### (一)农业发展的基础

"十一五"时期,会宁县紧紧围绕农业增效、粮食增产、农民增收的总体目标,解放思想,转变观念,强化基础,依靠科技,确保农业各项工作又好又快发展。2009年,全县农业总产值达到15.22亿元,较"十五末"增长46.5%;农业增加值达到9.06亿元,较"十五"末增长64.1%。

1.粮食生产能力显著提高。2009年,全县粮食作物播种面积达到193.15万亩,较"十五末"增长19.1%;马铃薯、玉米高产稳产田达到140多万亩,粮食总产量达到22.77万吨,较"十五末"增长25.1%,实现了丰年有余的历史性转变。油料、蔬菜等农产品也有较大幅度的增长。

2.畜牧业发展速度加快。2009年,紫花苜蓿留床面积达到100万亩,建成养殖小区(场)21家,发展规模养殖户1.94万户,牛、羊饲养量分别达到9.24万头、105.1万只,分别较"十五末"增长15.4%、14.9%;奶牛养殖从无到有,猪、鸡养殖稳定增长;肉羊出栏居全省第1位,肉类总产量达到3.32万吨,较"十五末"增长12.9%,居全省第3位,畜牧业增加值达到5.13亿元,较"十五末"增长72.1%。

3.农业内部结构不断优化调整。全县农业内部结构突破了以粮为主的格局,逐步向粮、经、饲"三元"结构转变。夏秋种植比例由"十五末"的37.3:62.7调整为2009年的23.9:76.1;粮经饲种植比例由"十五末"的60.5:10.9:28.6调整为2009年的59.5:9.7:30.8。

4.农业产业化经营稳步提升。突出发展马铃薯、草畜、小杂粮、籽瓜等特色产业,无公害产地认定12万亩、2万头(只);引进建成农业产业化企业52家,其中省级7家,市级22家;引导组建农民专业合作组织159家,其中行业协会4家,专业合作社128家,协会27家,现有会员2.07万人,培育出"西北磨坊""发滋瑞"等绿色认证品牌产品8个,被中国特产之乡委员会命名为"中国肉羊之乡"和"中国小杂粮之乡",农业产业化总产值占农业总产值的80%以上。

5.农业基础设施建设得到加强。2006年以来,先后争取实施了一批覆盖面广、带动力强的农业项目,争取资金5亿多元。累计兴修梯田160万亩、铺压砂田

15.7 万亩、有效灌溉面积达到 22.9 万亩,修建水窖 23.8 万眼,建成农村户用沼气池 2.93 万座、沼气服务网点 102 处。

6.农业科技推广迈上新台阶。实施农业科技推广项目 30 多个,完成试验示范 200 多项,筛选新品种 40 多个,推广新技术 30 多项,全县主要农作物良种覆盖率达到 95% 以上,畜禽良种覆盖率达到 60% 以上;每年接受实用技术培训的农民达到 5 万人,农技人员接受再教育培训 330 人;农业科技贡献率达到 42.5%。特别是从 2006 年以来,试验示范推广全膜双垄沟种植 74.81 万亩,全膜玉米平均亩产量为 468.2 公斤,较半膜亩增产 111 公斤,累计增产粮食 8150 万公斤(按平均价 1.5 元/公斤计算),农民从这项技术中增收 12225 万元,人均 221.5 元;2010 年推广面积达到 100.45 万亩。

7.农民收入持续增长。全县通过乡村转移支付、粮食直补等 10 多项惠农政策,落实资金 8 亿多元,极大地调动了农民的生产积极性。2009 年,输转劳动力 9.2 万人,创劳务收入 7.3 亿元,农民人均纯收入达到 2351 元,较"十五末"增长 49.3%。

(二)农业发展的制约因素

主要表现在:一是农业发展基础薄弱,水资源奇缺,靠天吃饭的局面没有得到根本性改变;农业投入不足,机械化程度不高,农民素质和组织化程度低,发展现代农业后劲不足。二是农业产业化程度低,农业标准化生产水平低,农产品绿色生产基地规模小,龙头企业辐射带动能力弱,农产品缺乏市场竞争力,在产业基地建设上,粗放型生产的农产品多,标准化、设施化、高值高效产品少。三是动植物疫病防控形势严峻,农业发展有一定隐患。四是农村劳动力整体素质偏低,小农意识根深蒂固,一些先进实用的农业新技术推广受劳动者素质的影响,得不到大面积推广,农业科技含量低。

(三)"十二五"农业发展思路和重点

坚持"因地制宜、突出优势、强化基础、壮大产业"的总体思路,以建设"产粮大县""马铃薯大县""草畜强县""小杂粮名县""梯田化县"为目标,做精做优特色农业。着力提升两个水平,切实优化三类结构,尽力做强四大特色产业,努力构建五大服务体系,确保农业显著增效、粮食大幅增产、农民高效增收。

1.优化三类结构。遵循自然规律和经济规律,切实优化农业布局结构、农业内部结构和农业种植结构,促进农业多元化、集约化、高效化发展。一是优化农业布局结构。依托自然资源条件、产业基础及发展潜力,将全县农业划分为三个片区,不断优化农业空间布局,因地制宜,准确定位,分类指导,实现多元化、特色化发展。第一,207线优势产业集中区。打造207线高效规模养殖长廊,使该区域成为新技术应用、新产品开发的现代高效农业示范推广区。第二,以"引洮"工程覆盖区为主的节水农业区。大力推广旱作节水农业,稳定马铃薯、玉米种植,抓好砂田地膜籽瓜、温室蔬菜等作物种植,推广蓖麻等特种作物种植。第三,以南部半干旱山区为主的生态农业区。依托东南部海拔较高、雨水相对较多的自然条件,进一步优化林、草、粮种植结构,在抓好冬小麦、小杂粮、油料作物种植的基础上,加大以林(草)业建设为主的生态环境建设,逐步实现生态产业化和产业生态化。二是优化农业内部结构。以种养基地建设促进加工业发展,以加工带动生产基地标准化,形成种养殖业与加工业循环化、联动化发展,不断提高农产品附加值。三是优化农业种植结构。按照"高产、优质、高效、生态、安全"的要求,压夏扩秋、压低扩高、压单扩复"三压三扩"及坡地全部退耕还草的思路,优化种植业结构,提高生产效益。压缩夏粮面积,扩大秋粮种植;压缩小麦、豆类等低产作物,扩大马铃薯、玉米等高产作物种植;压缩单种作物种植,扩大间作套种面积;在保证粮食生产的前提下,对坡地全部实施退耕还草,扩大紫花苜蓿种植,形成粮食作物、经济作物、饲草料 "三元"种植结构。到2015年,通过集成应用新品种、新技术,全县农作物播种面积达到340万亩,其中粮食作物270万亩,籽瓜、油料(胡麻、蓖麻等)、蔬菜等经济作物70万亩,粮食总产量达到6亿多公斤,夏秋种植比例由现在的24:76调整为20:80;粮、经、饲(草)种植比例由现在的60:10:30调整为50:20:30。

2.提升两个水平。一是提升农业产业化经营水平。按照基地建设标准化、龙头企业集群化、生产经营规模化的要求,大力推进特色农产品生产,提升农业产业经营水平。第一,围绕马铃薯、玉米、紫花苜蓿、小杂粮种植及牛、羊、猪、鸡养殖,进一步调整品种结构,推行标准化生产技术,建立标准化生产基地;第二,依托农畜产品资源优势,加快农畜产品快速发展,通过"壮大龙、育新龙、扶小龙",大力培育龙头企业。引导龙头企业发展订单农业,与农民建立稳定的产销关系,完善企业与农民的利益联结机制,注重拳头产品、优势产品、原产地产品的品牌培育和保护,注重生产、流通环节的技术服务与指导,提高农产品附加值,拉长农业产业链,加快推进农业产业化经营,使农民从产业化经营中得到更多的实惠。

第三,积极引导和支持农民发展各类专业合作经济组织,鼓励农民围绕产前、产中、产后等环节开展多元化、多形式的合作,充分发挥农民专业合作经济组织在政策传递、科技服务、信息沟通、产品流通等方面的作用,提高农业的组织化程度。二是提升农业科技推广水平。加快推进农业科技水平,着力实施“五大工程”,优化品种结构,提高单产水平。抗旱增收工程:把全膜双垄沟播技术推广作为全县科技抗旱增收“1号工程”,每年完成全膜双垄沟播面积100万亩以上,突出发展玉米、马铃薯两大高产作物,实现旱山塬区种植业全膜化,打造全省旱作农业示范区。良种工程:建立健全主导品种、接替品种、后备品种三个层次分明的良种培育、扩繁和引进机制,主要农作物良种覆盖率达到98%以上,畜禽良种改良率达到100%。沃土工程:建立测土配方施肥数据库,抓好田间试验和技术推广,引导群众科学合理施肥,全县98%以上的耕地实施测土配方施肥。植保工程:以小麦条锈病、马铃薯晚疫病、玉米红蜘蛛等病虫害防治为重点,全面提升农作物病虫害的综合治理与应急控制能力。高产创建工程:以规模规范化高效套种和全膜双垄沟播为主,大力推广保护性耕作、节水灌溉等增产技术,创建水浇地高产高效田,发展旱地高产田。

3.做强四大产业。做大做强马铃薯和草畜两大战略主导产业,做精做细以小杂粮、籽瓜、油料等为主的地方特色优势产业,构建现代农业产业体系。着力把会宁建成陇中绿色产业基地,全国小杂粮基地。一是马铃薯产业。加快建立脱毒种薯快繁中心和种薯质量检验监督中心,以原原种生产温棚、原种生产网棚建设为重点,在会师镇以土地流转方式建立菜用、淀粉加工型原种生产基地500亩;在郭城驿镇以县良种场为中心,建立早熟菜用型原种生产基地300亩;在白草塬乡以喷灌站为中心,建立菜用、专用型原种生产基地400亩,辐射带动具有自然隔离条件的白草塬、草滩、新塬、大沟、平头及大山顶流域建立原种、一级脱毒种薯扩繁基地,配套完成脱毒种薯贮藏库建设,逐步实现全县马铃薯用种统一标准、统一生产、统一检验、统一收购、统一贮藏、统一供给。到2015年,全县建成原原种生产日光温室100亩、原种生产网棚1100亩、高山隔离扩繁基地4100亩,一级脱毒种薯扩繁基地7万亩,建成种薯贮藏库15万m²,贮藏能力达到13万吨,脱毒种薯覆盖率达到90%以上。推行标准化生产,建立沿黄灌溉区早熟菜用和加工专用型、中北部旱山塬区晚熟兼用型、东南部二阴山区淀粉加工型三大类标准化生产基地,加快绿色农产品产地认证工作,全县马铃薯种植面积稳定在100

万亩以上。建立健全马铃薯市场营销体系,在城区建设多功能马铃薯商贸中心1处,在5个建制镇分别建设商品薯集散市场各1处,组建马铃薯运销公司3~5家、专业合作社200家,加大马铃薯贮藏保鲜设施建设,形成集批发、贮藏、保鲜为一体,联购联销、代购代销、连锁经营为补充的马铃薯市场营销网络。二是草畜产业。充分发挥"中国肉羊之乡"的品牌优势,按照建设"草畜强县"的总体目标和"扩张总量、转变方式、完善体系、提高质量、健康发展"的要求,突出发展以紫花苜蓿、玉米种植和牛羊养殖为主的草畜产业,稳定生猪、禽蛋生产,适度发展特种养殖,打造沿207线高效规模养殖示范长廊,中北部肉羊规模养殖区、东南部肉牛规模养殖区,努力由数量增长向质量效益、由传统养殖向现代集约化养殖方式转变。通过建立县级苜蓿草市场和草产品加工企业,组建专业化割草队伍和农民专业合作社,在各乡镇及有条件的村组设立苜蓿草收购网点,建成贮草棚等,充分提高苜蓿草的经济价值,带动农户大力实施坡地退耕还草工程。以大型养殖企业、养殖场(小区)、规模养殖户建设为重点,着力实施"十百万"工程,加快畜禽良种场、人工授精站点、饲草料加工、重大动物疫病防控、畜产品质量安全监管等工程建设,形成从养殖散户向养殖小区集中、养殖小区向养殖公司升级的良性发展模式。转变生产方式,着力提高草畜产业良种化、标准化、规模化、集约化和产业化发展水平,实现家家有草地、户户有畜禽、村村有小区、乡乡有企业和粮草协调、种养协调、草畜协调、产业协调"四有四协调"的目标。通过给予青贮池、青贮机具补贴等方式,引导和扶持大型养殖企业、养殖场(小区)、规模养殖户兴建青贮池,鼓励和支持企业或合作社建设"青贮银行",补贴投放铡草机、秸秆揉丝机、粉碎机等设备,组建秸秆青贮服务队,大力推广秸秆全贮、青贮、黄贮技术。到2015年,新增苜蓿红豆草等人工草地50万亩,达到150万亩;建成草畜市级以上龙头企业30家,规模养殖场(小区)200个,种畜禽场3个,种畜禽扩繁场5个,发展种畜禽扩繁户2.5万户、人工授精服务站点88处、规模养殖户3.2万户,牛、奶牛、羊、猪、鸡饲养量分别达到20万头、1万头、200万只、100万头、400万只;建成5000m³青贮池10个、1000m³青贮池1500个,配套铡草机1500台、揉丝机500台,秸秆转化利用率达到60%以上;规模化养殖比重达到50%以上,畜牧业总产值占农业总产值的比重达到60%以上。三是玉米产业。按照优先确保粮食需求,切实保证畜牧业发展的饲料需求,适当作为效益较高的轻化工原料予以加工转化的原则,按照专业化、标准化、规程化、基地化的要求,集成应用全膜双垄沟播、测土配方施肥及秋季轧钢施肥、专用良种选用、集雨补灌、保护性耕作、土壤深松、病虫草害综合防治等技术,建立食用、饲用和加工型专用玉米种植基地 100 万亩,其中旱地全膜双垄沟播玉米 80 万亩,水地规模规范化高效套种玉米 20 万亩,总产量达到 4 亿公斤;引进玉米方便营养食品加工企业 1 家,年加工能力达到 5 万吨;饲料加工企业 3 家,利用玉米、玉米秸秆等年加工饲料 50 万吨;精深加工企业 1 家,开展淀粉、食用酒精、赖氨酸制造等高附加值轻化工原料加工。四是特色产业。实施特色优势产业增产增收计划,培育一批特色鲜明、类型多样、竞争力强的特色村镇,建设陇中绿色产业基地。杂粮方面:以荞麦、豌扁豆、莜麦、糜谷、良谷、大豆为重点,集成推广新品种应用、膜侧沟播、测土配方施肥等技术,建立优质杂粮新品种推广基地 3 万亩,全县杂粮杂豆种植面积达到 40 万亩。籽瓜方面:以砂田和地膜覆盖相结合为主,集成推广新品种应用、砂田地膜双覆盖穴播、全膜双垄沟播、测土配方施肥、药剂拌种、病虫害综合防治等技术,壮大中北部籽瓜生产基地,种植面积达到 20 万亩。油料方面:以胡麻等种植为主,集成推广新品种应用、测土配方施肥等技术,利用全膜一膜两年用推广胡麻等30 万亩;引进蓖麻等新型工业油用作物,种植面积达到 20 万亩。同时,引进建成 1 万吨杂粮营养均衡粉、2 万吨杂粮休闲食品、1 万吨黑瓜子深加工、1 万吨杏仁露及杏仁粉(油)加工、1 万吨胡麻油加工、蓖麻油加工生产线。加大与高等院校和科研院所合作,研发新产品,开拓新市场,培育知名品牌。

4.构建五大服务体系。以公共服务机构为依托,合作经济组织为基础,龙头企业为骨干,公益性服务和经营性服务相结合,努力构建五大服务体系,推进农业信息服务社会化。一是构建农业科技推广服务体系。按照强化公益性、放活营利性、引导非营利性的原则,加快完善农业科技推广服务体系,建成土肥、植保、种子、农产品安全检测、动物疫病防控等检测实验室,加强乡镇农业服务中心、区域站基础设施建设,并逐步建立村级服务站点,不断强化服务功能。建立健全良种繁育体系,形成主导品种、接替品种、后备品种三个层次分明的良种培育、扩繁和引进机制,加强主导品种和主推技术集成创新,加快产业核心技术中试、熟化和转化。深入实施农业科技入户工程,实现科技人员直接到户、良种良法直接到田、技术要领直接到人。加大良种良法推广力度,重点推广深耕深松、保护性耕作、精量半精量播种、秸秆养畜等重大增产增收技术。二是构建农业信息服务体系。争取实施"农村信息公共服务网络工程""金农工程"等项目,积极推广电话、电视、电脑"三电合一"的信息服务模式,建立和完善农产品预警、市场监管和科技信息服务三个应用系统,积极探索信息服务进村入户的有效途径和办法,健全农业信息收集和发布制度,及时采集和发布农业重大政策、招商推介、农资及农产品市场行情等信息,办好会宁绿色网站,为农民和企业提供及时有效的信息服务。三是构建农产品质量安全保障服务体系。大力推进农产品质量安全认证工作,加强农产品品牌建设,把资源优势转化为品牌优势,把品牌优势转化为市场优势。四是构建农业行政综合执法体系。加快建设一支政治合格、业务精通、作风优良、反应快速的专职农业行政综合执法队伍,建立权责明确、行为规范、监督有效、保障有力的农业行政执法体制,为农业和农村经济发展保驾护航。逐步建立农业执法信息网络,实现执法信息共享。五是构建动植物疫病防控服务体系。建立健全县、乡、村三级防疫网络,积极推进统防统治和绿色防治;强化农民专业合作组织,以龙头企业、农业生产基地和科技示范户为主体,组建草畜、马铃薯、小杂粮专业合作经济组织 150 家,提高农民的组织化程度。

### 三、会宁县工业发展

#### (一)工业经济状态

2010 年,全县工业企业及个体户完成工业总产值 187440 万元,比上年增长 46.8%,完成工业增加值 54740 万元,比上年增长 18.2%。其中,规模以上工业企业完成总产值 76850 万元,增加值 22488 万元,增长 39.8%。

1.工业产品产量有增有减。生产原煤 30.6 万吨,比上年下降 16.62%;供电量 9566 万千瓦时,增长 4.13%;水泥 5.9 万吨,增长 84.4%;机制砖 44500 万块,增长 36.7%;地毯 16320 平方米,增长 15.75%;小麦粉 125600 吨,增长 13.19%;食用植物油 4250 吨,增长 28.79%;杏仁露 4283 吨,增长 1.46 倍;洋芋淀粉 36100 吨,增长 56.4%;印刷品 27540 令,增长 33.3%;荞麦挂面 1402 吨,增长 1.66 倍;水晶粉丝 165 吨,下降 30.08%。

2. 建筑业健康发展。全社会建筑业实现增加值 45010 万元,比上年增长 19.9%。2010 年具有建筑业资质等级的总承包和专业承包建筑企业 8 户,实现总产值 34623 万元,利润总额 4697 万元,房屋建筑施工面积 26.17 万平方米,房屋建筑竣工面积 10.27 万平方米,竣工房屋价值 13123.5 万元。

3.特色品牌亮点纷呈。培育"状元楼""发滋端"2 个省级名牌产品,"状元楼""陇郁香""精王""西北磨坊""祁连雪""香泰乐"6个省级著名商标。

(二)"十二五"会宁工业发展思路和重点

依托优势资源和现有产业基础,积极对接有利政策,以扩大工业经济总量和提升整体效益为核心,以市场为导向,以科技进步和体制机制创新为动力,以产业园区为载体,以重点项目为抓手,以培育产值1亿元以上"小巨人"企业为目标,紧紧围绕农产品加工、农业生产资料装备、轻纺服装、电子电器、能源新能源、新型建材和矿产品开发等"工业六大产业",做强"一个主体",突出"三个重点",实现"四个突破"。打造特色鲜明,梯度有序的工业体系,构筑工业主导型经济结构。一个主体指农产品深加工业;三个重点指农业生产资料装备、轻纺服装工业和电子电器制造工业;四个突破指在建材、能源、中药材加工和矿产品加工四个产业有所突破。

1.农产品加工业。立足区域农产品资源优势和农产品加工龙头企业,按照基地规模化、生产集约化、产品标准化、加工精深化的发展方向,不断提升加工技术水平,扩大生产能力,以规模求发展,以特色争效益,着力提高农产品加工精深度和产品档次,促进产业内部专业化分工,形成良性循环、错位发展的农产品精深加工产业,将特色资源优势转化为现实经济优势,努力把会宁建设成为全省特色农产品加工基地。

一是整合提升马铃薯淀粉加工业。以规模化、集约化发展为目标,整合现有淀粉加工企业,淘汰设计能力低、工艺设备落后、成本高、污染高、效益低的小型淀粉加工企业,重点扶持年产万吨以上淀粉加工企业,新上休闲食品等精深加工生产线,依托马铃薯加工核心企业组建马铃薯淀粉集团,实现集约化发展。到2015年,建成4~5家工艺设备先进、生产能力2万吨以上的大中型精淀粉、变性淀粉龙头企业,新建2~3家马铃薯休闲食品精深加工企业。(见图12-1)

二是做精做优杂粮食品加工业。实施中国食品营养学会、中国特别膳食标准委员会杂粮研发实验项目,依托科研院所,成立小杂粮研发机构,加大新产品研发力度,增强企业技术创新能力,提高科技含量和附加值,实现由初级加工向精深加工转变。申报小杂粮原产地认证,培育国家和省级知名品牌,争取使会宁小杂粮走向全国,走出国门。引进和扩大杂粮高端食品生产线,到2015年,建成1万吨杂粮营养均衡粉、2万吨杂粮休闲食品、1000吨苦荞保健醋、5万吨玉米淀粉、3万吨亚麻油生产线,组建5个以上小杂粮专业合作社,建设农产品藏储物流中心,依托小杂粮核心企业组建企业集团,争取在创业板、中小板、新三板上市。大力支持小杂粮出口创汇,到 2015 年全县小杂粮年出口创汇达到 2000 万美元。(见图 12-2)

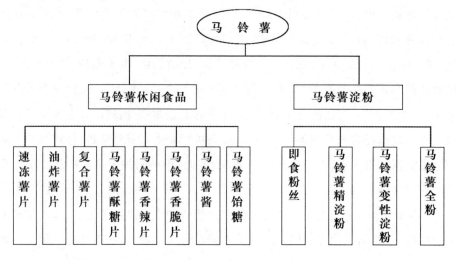

图 12-1 马铃薯加工产业链

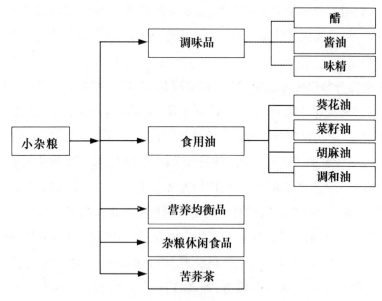

图 12-2 小杂粮加工产业链

三是做大做强草畜产品加工业。围绕打造"草畜强县"的目标,依托优势资源,引进战略投资者,着力开发饲草料、肉制品、乳制品,延伸产业链,提高附加值。一是充分挖掘较为丰富的玉米秸秆和紫花苜蓿资源优势,引进草颗粒、浓缩饲料、全价饲料加工企业,建设 30 万吨紫花苜蓿草颗粒生产线和 10 万吨浓缩饲料、全价饲料生产线。依托草产品加工核心企业,组建草产业集团。二是引进冷冻肉、冰鲜肉、传统肉制品加工技术,建立完善肉制品加工全程质量控制体系;新建肉羊、肉牛、肉驴、生猪、肉鸡和獭兔屠宰加工生产线;新建气体调节库,构建肉制品冷链物流系统。三是依托奶牛养殖企业,引进原料奶、营养奶加工技术,建设鲜原奶配送中心和乳制品生产线。(见图 12-3、12-4、12-5)

　　四是加快发展瓜果产品加工业。依托全县籽瓜、苹果、杏和香水梨等特色优势资源,寻求战略投资者,深度开发杏、籽瓜汁、苹果饮料、香水梨罐头等公众营养产品。依托会宁菊芋种植的地域优势,扩大规模,着力开发特色榨菜、泡菜和调血糖、抗癌等系列保健品。新建年加工 1000 吨黑瓜子加工厂 1 家、建立购销加工点 28 个;新建 20000 吨杏仁露、1000 吨杏干杏脯、2000 吨杏仁油、5000 吨杏仁粉生产线;新建年产 2 万吨苹果汁、籽瓜汁加工企业各 1 家。(见图 12-6)

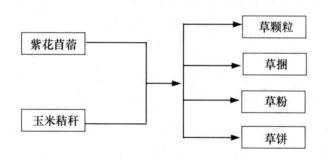

图 12-3　饲草加工产业链 A

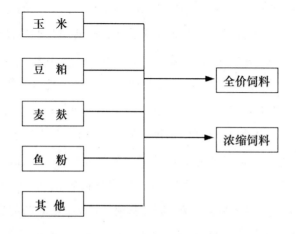

图 12-4　饲草加工产业链 B

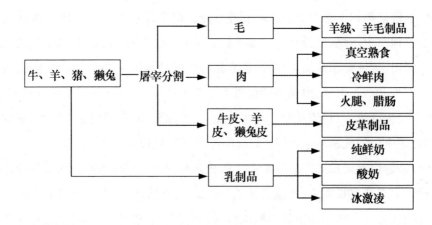

图 12-5　畜产品加工产业链

五是迅速壮大中药材加工业。积极对接陇西中药材加工基地,依托其技术优势,以优良品种的引进、试验、推广和基地建设为重点,在南部二阴地带建成中药材种植基地 3.5 万亩;以深加工为手段,在园区新建中药材深加工基地,加大技术改造力度,提高加工能力,在做精饮片加工的基础上,大力发展中药浸膏和中药材有效成分的提取,开发中药制剂等产品。加强与科研院校、大型医药企业之间的联系,以新、特药品为主要特色,大力推广新技术、新工艺,引进年加工处理中药材 6000 吨加工设备一套,建成一批中药材深加工企业和制药企业。

2.农业生产资料装备工业。以服务现代农业为目标,以技术引进创新为重点,加快农业机械、农业生产资料和农业装备的开发、生产和制造。加大农业机械生产企业的整合力度,进一步开拓播种机、点播机、铺膜机等农机具市场,提高产品市场占有率。拓宽农业装备制造领域,提升 PE 管等农业灌溉设施的生产能力,积极引进新上一批旱作农业生产、草产业开发等农业装备制造企业,促进生产品种向多元化发展。新建集播种机、点播机、铺膜机、打草机生产、配套维修企业 1 家。

扩大农业生产资料的生产规模,加快地膜、化肥、生物有机肥等企业技术改造和新产品研发,提升产品竞争力,打造农业生产资料集团。充分利用区域丰富的秸秆资源,积极引进战略投资者,深度开发生物有机肥、生物农药等系列产品。大力扶持和引进年产 200 吨生物有机肥生产企业 1 家,建立"有机肥和有机无机复混肥"加工基地,通过"增""提""改""防"等主导措施,争取到"十二五"末建立 5 个左右"有机肥和有机无机复混肥"加工基地。加大生物农药的生产和使用,争取"十二五"末实现生物农药 100 吨的生产能力。建立废旧农膜回收再加工企业

1家,年加工新膜2万吨,建立废旧农膜回收站10个。

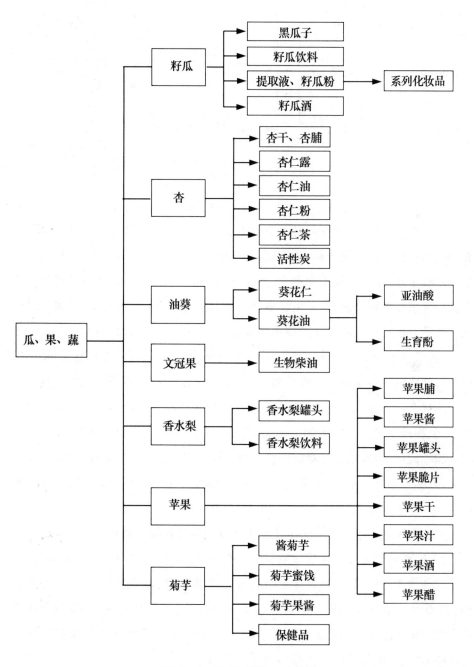

图 12-6  瓜、果、蔬加工产业链

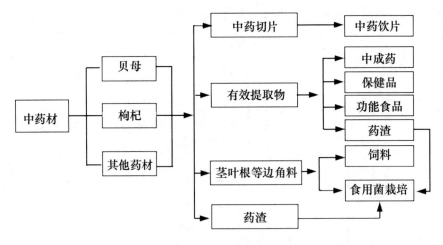

图 12-7  中药材加工产业链

3.轻纺服装工业。依托全县牛羊养殖业资源优势,引进先进技术和战略合作者,深度开发羊毛、羊绒产品、皮革制品,延伸养殖业产业链,提高附加值。引进羊毛生产线 1 条,新建年加工牛皮 10 万张、羊皮 30 万张生产线各 1 条。依托全县丰富的种植业秸秆资源,积极引进战略合作者,开发麻板、包装箱、包装袋等绿色包装产品。依托原地毯厂生产技术和装备,整合民间手工作坊,鼓励民间资本注入,积极承接东部沿海产业转移,以会宁红色文化为内涵,开发普通地毯、轿车坐垫和高档次壁毯等系列劳动密集型产品,拉动劳动力就业,促进农民增收。

依托会宁丰富的劳动力资源、土地资源和轻纺原料,规划建设 1500 亩服装产业园,积极引进名牌服装加工企业,在其上游产业链相应配套建设纸箱厂、纽扣厂和拉链厂,为服装加工提供原辅材料。围绕服装加工核心企业,组建服装产业集团,实现集群化发展,到 2015 年,引进服装加工及其关联企业 10 家,就地解决劳动力就业 1 万人以上。(见图 12-8、12-9)

4.电子电器制造工业。依托甘肃飞扬电子科技有限公司和甘肃中泽电子公司,在会宁西城产业开发区建设电子电器产业园,迅速扩大家用电器、电脑手机、电子软件的生产规模,提高产业聚集能力。到 2015 年,基本形成年产 10 万台空调、10 万台电冰箱、10 万台洗衣机、10 万台微波炉、10 万台电磁炉、30 万台各类小家电、10 万台电脑、30 万部手机、50 万辆电动自行车和电子原件批量达标的生产能力,电子电器销售产值达到 50 亿元以上。

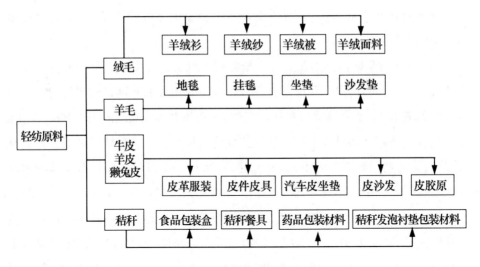

图 12-8　轻纺工业产业链

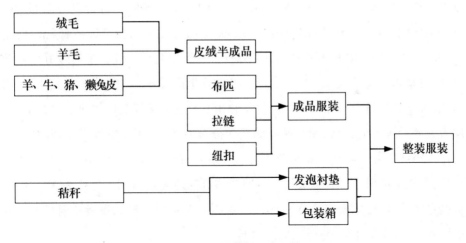

图 12-9　服装加工产业链

　　5.能源及新能源工业。坚持适度超前、优化结构、多能并举原则,改造一个网络,开发两大板块,提高能源保障。加大建设力度,加快农网改造步伐,优化35千伏、10千伏网架结构,农网改造率达到98%以上,实现同网同价。以白银至平凉铁路建设、靖天公路(靖远—会宁段—通渭)改建为契机,依托靖远、平庆地区的煤炭资源,加快开发火电板块;依托区域内较为丰富的光热、风力资源和县内充裕的秸秆优势,加快开发太阳能光伏、风电、生物质能等新能源板

块。加大对接和争取力度,争取建设定西至会宁天然气管道工程,努力形成多能并举的能源利用格局。

6.新型建材和矿产品加工工业。抢抓国务院支持甘肃经济社会发展和陕甘宁革命老区振兴的机遇,积极对接区域城镇空间拓展和基础设施建设对建筑材料的强劲需求,立足资源节约和环境保护,改造提升多孔砖、空心砖、PVC管、PE管、机制瓦、涂料、保温板、市政用品等传统建筑材料工业。积极引进最新建筑材料技术,充分利用矿产品开发的矿渣、建筑垃圾、粉煤灰、煤矸石、石粉等固体废弃物,着力开发烧结多孔砖 (GB13544–2000)、烧结空心砖和空心砌块(GB13545–92)、烧结普通砖(GB/T5101–1998)、蒸压灰砂砖(GB11945–1999)、蒸压粉煤灰砖(JC239–91)、蒸压加气混凝土砌块(GB/T11968–1997)、普通混凝土小型空心砌块(GB8239–1997)、轻集料混凝土小型空心砌块(GB15229–94)、粉煤灰砌块(JC238–91)、装饰混凝土砌块(JC/T641–1996)、住宅内隔墙轻质条板(JG/T3029–1995)、蒸压加气混凝土板 (GB15762–1995)、石膏空心条板(JC/T829–1999)、纸面石膏板(GB/T9775–1999)等绿色环保的新型墙体材料。新建1000万块多孔砖、1000万块空心砖、1000万片机制瓦生产线,规模隧道型自动码坯、自动烘干作业流水线一条;建设PVC管生产线6条,PE管生产线4条;新建30万立方米新型环保墙体保温材料和100万立方米轻型固体建筑材料项目。加大资源勘查力度,尽快探明矿藏储量和分布地域,加快开发步伐,将资源优势转化为经济优势。启动实施凹凸棒、芒硝、煤炭、石油天然气、磁铁矿等勘察开发项目,设立土高山、大沟、平头川一带凹凸棒资源勘查区,太平、老君、杨集一带煤炭勘查区,定西盆地会宁县境内石油天然气资源远景勘查区,翟所乡铜及多金属矿勘查区。(见图12–10、12–11、12–12)

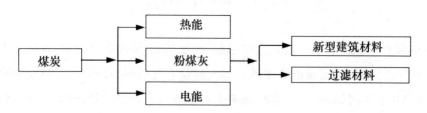

图 12–10　传统能源产业链

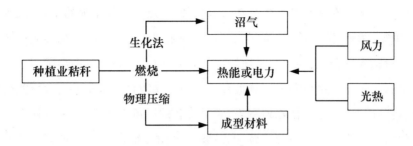

图 12-11　清洁能源产业链

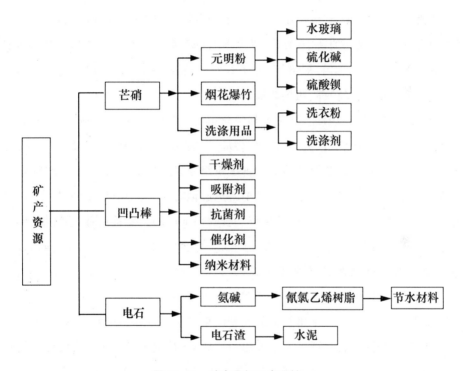

图 12-12　矿产品加工产业链

## 四、会宁县旅游产业发展

### (一)会宁县旅游资源

会宁县城建置已有两千多年的历史,境内文物遗址密布。据牛门洞出土文物考证,早在五千年前的新石器时代,这里就有人类生息繁衍,开创了会宁文明历史的先河。会宁因"地控三边,县居四塞",是古丝绸之路重镇,素有"秦陇锁钥"之称。秦皇汉武、林则徐、左宗棠、谭嗣同都在会宁留下了戍边足迹、翰墨诗赋。1936

年10月,中国工农红军三大主力在会宁会师,奠定了会师圣地的基石。红军会师期间,朱德、彭德怀、刘伯承、贺龙、徐向前、聂荣臻、任弼时、李先念等老一辈无产阶级革命家到过会宁,为革命圣地增添了光彩的历史篇章。现在会师旧址已成为国家重点文物保护单位和全国首批百家爱国主义教育示范基地。会师楼、会师纪念塔、将帅碑林、革命文物陈列室等,成了著名的红色旅游景点。境内还有三军会师期间六次战斗遗址,即:会宁城、范家坡、红堡子、大墩梁、慢牛坡等。现已修成慢牛坡、大墩梁烈士陵园。

1.红色旅游资源。红色旅游资源包涵了精神和物质两个层面的内容,物质层面指中国共产党成立到新中国成立期间所有的革命纪念地、纪念物,如革命遗址、文物、博物馆、纪念馆、展览馆、烈士陵园等;精神层面指革命精神,如井冈山精神、长征精神、延安精神、西柏坡精神。

(1)红军会宁会师旧址。红军会师纪念馆位于县城西隅,由会师楼、会师纪念塔、红军长征胜利纪念馆、会师联欢会会址(文庙大成殿)、革命文物陈列馆、将帅碑林、纪念亭、牌楼、纪念馆正门等仿古建筑组成。馆内林木葱郁,花草繁盛,是人们缅怀革命先烈,接受爱国主义教育的游览胜地。红军会师旧址1996年11月被国务院公布为全国重点文物保护单位。会师旧址中的主要景点有:会师楼、会师纪念塔、红军长征胜利纪念馆、红军会师联欢会会址、红军会师革命文物陈列馆、将帅碑林、长征胜利牌楼、会师纪念馆大门、纪念亭。

(2)红军长征胜利景园。1936年10月,中国工农红军第一、二、四方面军在会宁会师,标志着二万五千里长征的胜利结束。三大主力红军会宁会师是中国革命走向成功的转折点,是革命力量大团结的典范,是抗日民族统一战线形成的基础,是中国革命史上的一座丰碑,谱写了一曲惊天地、泣鬼神的历史乐章。从此,中国革命走向了胜利,走向了辉煌。为了缅怀先烈的丰功伟绩,弘扬红军长征精神,对广大人民群众特别是青少年进行革命传统和爱国主义教育,在三大主力红军会宁会师也就是长征胜利60周年之际,修建了"红军长征胜利景园"。红军长征胜利景园位于国道312线南侧,省级森林公园桃花山北麓、桃花山新区东面,占地36公顷,与会宁城内"会师园"遥相呼应,形成了一个有机整体,是瞻仰凭吊、旅游观光之胜地。

红军长征胜利景园由清华大学建筑学院规划设计,原中央军委副主席刘华清题写园名。景园巧妙地利用桃花山的山形地貌、自然风景,采用摹拟与微缩相结合的手法,修建了长征路上具有代表性和历史意义的22处景点。景园主要由入口剑形标志、毛泽东《长征》诗碑、景园大门、瑞金塔、红军长征门、遵义会址、强渡嘉陵江、赤水河、泸定桥、懋功会师桥、草地宿营、甘孜会师、岷山栈道、俄界会议会址、天险腊子口、哈达铺纪念馆、榜罗镇会议会址、六盘山长征纪念亭、延安宝塔、红军会师广场等22个景点组成。突出以万分之一时间走完万分之一长征路为主题。微缩景点形象、逼真、生动地再现了红军二万五千里征程的千难万险,雄奇壮观,以景观反映史实,使参观者既可满足瞻仰革命遗迹之渴望,又可享受登山览胜之乐趣,达到寓教于乐、励志育人之目的。

(3)慢牛坡战斗遗址。慢牛坡战斗遗址位于会宁县白草塬乡四百户村,距县城70公里。1936年10月下旬,红四方面军第31军91师、93师和红四军1个师在河畔镇慢牛坡设伏,阻击关麟征部,掩护红四方面军主力北渡黄河。28日,关部进至车家川一线,其部73旅145团进入慢牛坡红军伏击圈,双方展开激烈战斗。关部146团随后赶来增援,关麟征率师部亲自督战,激战至午夜,红军北撤,双方伤亡均重,红31军93师师长柴洪宇及100多名红军指战员牺牲。警卫员王树堂委托当地农民姜启荣置棺埋葬柴洪宇。1958年柴洪宇亲属将其遗骨迁至河北省邯郸市冀鲁豫烈士陵园安葬。

(4)大墩梁战斗遗址。大墩梁战斗遗址位于会宁县中川乡,距县城40公里。 1936年10月下旬,红四方面军后卫部队红五军由通渭向会宁北进。22日,军长董振堂命令部队在华家岭一带阻击国民党毛炳文37军9个团,双方激烈战斗。23日,红五军37、39、43、45团从华家岭退到会宁县中川乡大墩梁地带,毛炳文部占据大墩梁南山向红军进攻,红军先后打退毛部5次冲锋后,突遭7架敌机狂轰滥炸,迫使红军沿杜家梁、毛牛川向会宁县城方向撤退,这次战斗红军伤亡887人,副军长罗南辉壮烈牺牲,在当地埋葬。

2.文化旅游资源

(1)牛门洞新石器遗址。牛门洞新石器遗址位于会宁县城西北头寨子镇牛门洞村,面积20平方公里。牛门洞遗址早在1920年就已被发现,当时农民犁地时犁出许多彩陶、灰陶和磨制石器,一部分为甘肃仰韶文化马家窑类型、半山类型和齐家文化,是新石器时代文物。其他灰陶缸、陶罐、陶灶、陶井、瓷碗均为汉、宋、明、清代文物,其数量之多,制作精细,实为罕见。1982年,牛门洞新石器遗址被甘肃省人民政府列为省级文物保护单位。

(2)马明心教堂。马明心教堂位于头寨子镇马家堡村,省道郭崾公路和国道309线交汇于此。马明心教堂又名关川道堂,始建于清朝乾隆年间,距今二百多年的历史,是全国各地哲赫忍耶信徒进行宗教活动的主要圣地之一,也是哲赫忍耶门宦创始人马明心讲经传教的圣地,集道堂、拱拜于一地的少有教堂之一,属省级文物保护单位。近年来,经穆斯林信徒的资助、捐款对马明心教堂进行了大规模的修缮,发展成为比较理想的旅游胜地。对穆斯林信徒而言,马明心教堂又有"小麦加"之称,凡是到过马明心教堂的信徒就好比已经到过"麦加"朝圣一样。因此,在穆斯林信徒中享有很高信誉。

(3)郭蛤蟆城遗址。郭蛤蟆,金代会州(会宁县郭城驿)人,生于1192年,汉名叫郭斌,因战功显赫,金以皇室姓"颜盏"赐之,故又叫"颜盏蛤蟆"。郭蛤蟆世代为金保甲射生手,为金代兵民形式的务农户。他武艺超群,擅长弓箭,凭着善射的本领参军入伍。金宣宗元光二年四月,郭蛤蟆被赤盏合喜授予通远军节度使的高级职位;六月,金宣宗正式授其为靖难军节度使,并加授山东西路斡可必剌谋克;金哀宗二年,郭蛤蟆因功遥授知凤翔府事、本路兵马都总管、左都监兼行兰会洮河元帅府事。1236年冬战于会州,因城破而举家自焚殉国,时年45岁。

郭蛤蟆城遗址位于会宁县郭城驿新堡子西面,北宋元符二年(1099年)建,称会州城,金代贞祐初年,迁会州州于此,称新会州。金哀宗天兴三年(1234年),金元帅郭蛤蟆孤城抗元三年,城破举家自焚,死节于此。后人念其忠烈,称其城为"郭蛤蟆城"。城垣内一外二,壕堑三道,夯土筑成,内城南墙残长360米,北城墙残长172米,东城墙残长44米,并有瓮城,西半部已被祖厉河冲毁。

(4)桃花山。桃花山耸立于县城东侧,为省级森林公园,国道312线从山下通过。桃花山山势突兀挺拔,苍翠秀丽,峰顶高1944米,两翼呈北南、西南走向。其势为鹘鹏展翅,待冲云霄;其色艳似桃花绽红,烟霞流丹,故名桃花山。前人以"桃花艳岭"列为会宁八景之首,山上原有建成"罗罗王塔"和60多处庙宇,为宋元古刹,至"文革"中全部毁坏。

(5)"旱塬秀峰"铁木山。铁木山位于会宁县城西北70公里汉家岔乡与头寨子镇交界处,国道309线绕山腰通过,交通便利。主峰海拔二千四百零四米,是会宁境内最高山峰。其山脉南接定西青岚山,北接郭城清凉山,主峰位于头寨子镇香林村,总面积502.8平方公里。登临山顶,东瞻屈山,西眺马啣山,无限风光,尽收眼底。

铁木山之所以闻名遐迩,被誉为"旱塬秀峰",除了独特的地貌以及葱郁的林木、古朴的寺庙之外,还有那汩汩奔涌的九眼泉水。昔以"九泉春水"为"会宁八景"之一。该泉水中含有人体所需的多种微量元素,长期饮用对治疗慢性肠炎、神经衰弱、皮肤病、眼疾等疾病有明显疗效,被当地老百姓称之为"神水"。现经国家鉴定为天然优质矿泉水,畅销省内外。在铁木山主峰东南,牛门洞一带,密布早期人类活动遗址,出土彩陶、灰陶及磨制石器等,据考证,距今四千多年前,我们的祖先就在此繁衍生息。1982年铁木山被甘肃省政府列为省级文物保护单位。

(6)清凉山。清凉山地处甘肃省会宁县郭城驿镇境内,位于北纬36°13′,东经104°52′。其山脉属华家岭余脉,呈南北走向。东有祖厉河,西有关川河,双河在山脚下交汇后流入黄河。主山总面积1300余亩。山下海拔1552米,绝对高程118米。山上植物品类较多,并有丰富的中药材分布。动物有狐、兔、野鸡、锦鸡、野鸭、鸳鸯、蛇、鼠等。清凉山由凤岭、香炉峰、玉皇岭、笔架山、馒头山五座主峰组成。呈苍龙回首、凤展单翅山形。

清凉山峰峦毓秀,风景幽雅,历代不乏名人登临,汉武帝登山览胜而留汉武台、郭蛤蟆守城尽节命名郭城驿。刘一明结庵讲道,王言伦筑台读书。范振绪登山叹彩画绝伦,徐向前挥师经此北上抗日。由于帝王名流的登临驻足,更使清凉山名垂史志,光耀千秋。

(7)二十铺汉墓群。位于柴家门乡二十里铺村,3处古墓28冢(多有盗洞)。一在二十铺村南400米处,墓9冢,皆为半球形封土堆,墓群东依重阳山,西临祖厉河,四周为耕地。曾出土陶灶、陶瓶、陶鸡等随葬品,系东汉墓葬。1982年被列为县级文物保护单位。一为二十铺村寨子社东山坡处,墓12冢,封土高2米,底径4米左右。1988年被列为县级文物保护单位。一为二十铺村何家崖边社东山坡处,墓7冢,东山梁一冢最大,土堆高3米许,墓道被盗开,出土汉砖。

(二)"十二五"旅游业发展的思路与重点

1.打造红色品牌,注重资源整合。目前,我国的红色旅游引人入胜的经典景区还比较少,游客的参与性不强,体验不够。会宁要提升红色旅游的效果,必须把红色旅游同历史文化以及其他人文景观结合起来统筹规划,综合开发,突出特色,打造品牌,这样才能使红色旅游真正发挥出好的经济效益和社会效益,使红色旅游真正能够引人入胜,融入到"和而不同"的地域文化中,保证其旅游产业的持续发展。根据现代旅游者的审美观念和消费心理,积极引导红色旅游开发运用高科技手段,变单一的平面展示为平面、立体、动态、表演等各种形式相结合的方式来体现,使游客身临其境,见物、见人、见精神,达到全方位的旅游效果。要准确把握红色与旅游的结合。红色旅游,"红色"是其内涵,"旅游"是其承载形式。既然是旅游活动,就不应仅局限于传统教育,而是要对红色旅游产品进行科学规划,合理包装,根据旅游者的兴趣进行精心设计,使红色旅游的发展顺应旅游产业的发展规律。在组织开发旅游线路和项目建设上,要注重做好"红色旅游"开发与其他旅游产品开发的组合,将发展红色旅游与经济建设紧密结合起来,将红色旅游、绿色旅游、古色旅游紧密结合起来,形成旅游"三色"互动、各具特色、个性鲜明的特征,将瞻仰学习与观光游览、休闲度假、商务会展紧密结合起来,使旅游业尽快成为区域国民经济的重要支柱产业,推进开放型经济快速发展。

以红色旅游为牵引,放大亮点、延长短板、三色互动、整体提升,丰富会师旧址内涵,改造提升长征胜利景园,完善产业链条,提升红色文化,拓展历史文化。以长征为背景,突出会师主题,打造红色旅游品牌;以崇文重教的历史为背景,突出会宁优势,打造教育名县品牌;以丝绸之路为背景,突出文化优势,打造古道名城品牌;以西部大开发为背景,突出地域特色,打造绿色食品品牌。努力用"红色"吸引市场,用"绿色"拓展市场,用"金色"感召市场,努力把会宁建设成为甘肃省乃至全国有较大影响的"红色旅游名城"和"历史文化名城"。力争到"十二五"末,会宁红色旅游在甘肃的龙头地位得到进一步巩固和提升,年接待游客达到200万人以上,旅游收入达到5.14亿元,旅游业成为县域经济支柱之一。

(1)建设红色旅游名城。紧扣红色主题,瞄准国内一流,大力实施"21235"红色旅游提升工程,做大做强红色旅游。一是建成"两大改造提升项目"。规划实施会师旧址保护拓展工程,恢复当年红军会师时西关街道风貌,再现当年会师情景,扩大会师旧址保护范围,完成会师旧址纪念馆布展设施改造提升项目,进一步充实、提升、完善会师旧址内涵;完成长征胜利景园改造提升项目,建成集红色旅游与休闲娱乐为一体的长征胜利景园,力争把红军会宁会师旧址与长征胜利景园打造成全省一流、全国有重要影响的著名红色景区。二是打造"一台常规红色演出"。通过市场运作的模式,组建"会宁红色热土演艺有限责任公司",打造一台具有会宁特色和较高艺术水准的常规性演出。三是对接"两条精品红色旅游线路"。包括成都—松潘—若尔盖—迭部—宕昌—会宁—临夏—兰州,兰州—定西—会宁—静宁—六盘山—银川。四是培育形成"三条区域红色旅游线路"。包括会师旧址景区—红军长征胜利景园；会师旧址景区—红军长征胜利景园—张城堡战斗遗址—大墩梁战斗遗址—西岩山战斗遗址—范家坡战斗遗址—慢牛坡战斗遗址；会师旧址景区—红军长征胜利景园—老君坡会师遗址—青江驿会师遗址—侯家川会师遗址。五是开发"五大系列红色旅游产品"。围绕具有会宁标志性的建筑物，开发以红军会宁会师为主题的红色纪念章、会师楼、会师塔等系列旅游产品；开发红色剪纸系列旅游产品；开发红色刺绣系列旅游产品；开发红色故事皮影戏系列旅游产品；开发红色图书系列旅游产品。

(2)打造历史文化名城。突出文化名城的历史内涵，在新一轮城市建设中，强化历史文化名城的承载，建设"一园一区三街"。一是建设状元历史文化园。规划面积66700平方米，实施明清建筑、景观建设、环境治理工程，挖掘会宁历史上苏、万、柳、杨、秦等五大书香门第的文化内涵，以及林则徐、左宗棠、谭嗣同等历史名人遗迹，建设"会宁驿馆"。二是建设汉唐二十四节气文化休闲商业区。结合祖厉河城区段综合治理工程，沿滨河路建设2~3层的汉唐风情建筑，总长度为3.6千米，将农耕文明融入商业文化之中。三是建设钟鼓楼文化商业街、将相台文化商业街和西雁文化商业街。

加大对西宁城遗址、郭蛤蟆城遗址、牛门洞新石器遗址、汉墓群、铁木山将军祠、古烽火台、寺院等历史遗迹开发保护力度，增加新的旅游景点，开发桃花山-河桥山-清凉山-铁木山-马明心教堂等旅游线路。鼓励各种经济成分特别是民营经济从事特色文化产品和旅游商品的研制、开发、生产和销售，促进绿色食品、农副土特产品、传统手工艺品和旅游工艺品、纪念品等文化旅游商品的开发销售和景区旅游商品的连锁经营，进一步增强城市旅游购物功能。包装一批经典的民间曲艺、民俗工艺、民间文学等文化艺术作品，挖掘一批特色文化演艺节目，推出一批地方名优小吃，使会宁特色文化贯穿于"吃、住、行、游、购、娱"等旅游要素的各个环节。

(3)凸现旅游资源优势。一是培育红色旅游龙头。以红色文化为牵引，把红色革命特色与地方传统特色有机结合起来，突出红色主题，推动红色文化资源、绿色资源和金色教育资源有效互动，集群发展。二是丰富金色教育内涵。充分挖掘金色教育资源，发挥"西北教育名县"的品牌优势，积极搭建会宁教育考察旅游平台，以"金色教育"映衬"红色旅游"、以"红色旅游"带动"金色教育"，达到教育事业的发展，促进旅游业的发展。三是增强绿色产业活力。充分挖掘绿色生态资源，发挥"中国肉羊之乡"和"中国小杂粮之乡"的绿色生态资源优势,积极发展以"住农家屋、吃农家饭、干农家活、享农家乐"为内容的"农家乐"特色旅游,让游客真切感受浓郁的农家风情,体验勤劳朴实的农家生活。通过整合旅游资源,将红色与金色、绿色融为一体,形成会宁独有的"三色"旅游格局,打造县内"一日游""多日游"精品线路,逐步实现由单一的"红色"向立体的"多色"组合。

(4)丰富旅游产业内涵。以红军会宁会师旧址为中心,建立七大旅游功能区:一是以长征胜利景园微缩景观和"旅游接待、红色体验、岩洞观光、运动竞技、宗教文化、民俗休闲、山野游憩、生态保护"为主的休闲度假旅游功能区;二是以会宁教育展览馆为中心,依托城区各级各类学校,建成集革命传统教育、教育考察为主的教育旅游功能区;三是以鸡儿嘴村农家乐发展为基础,依托县城丰富红色旅游资源和基础设施,开展参与性、体验性为主的乡村旅游体验功能区;四是以铁木山为主,依托马明心教堂、牛门洞新石器时代遗址等景区,形成以自然风光、宗教旅游、文物古迹为一体的生态休闲旅游功能区;五是依托百万亩全膜双垄沟播种植等绿色产业基地建设,创立新型农村现代旱作农业示范旅游区和乡村旅游体验功能区;六是以张城堡、西岩山等6处战斗遗址为主,恢复大墩梁、慢牛坡战斗遗址当年战斗场景等为主的战斗遗址旅游功能区;七是以西宁城遗址、郭蛤蟆城遗址、牛门洞新石器遗址等文物古迹为主的历史遗迹旅游功能区。积极融入四大区域性旅游网:兰州—定西—会宁—静宁—平凉—庆阳—庆城—华池—吴旗—定边—银川—兰州旅游线,兰州—定西—会宁—静宁—平凉—庆阳—庆城—华池—富县—甘泉—延安—吴旗—定边—银川—兰州旅游线,兰州—景泰—黄河石林—中卫—银川—延安—华池—会宁—兰州旅游线,西安—泾川—平凉—静宁—会宁—定西—兰州—银川—天水—兰州旅游线。

2.扶持相关产业,拓展旅游市场。一是找准市场定位,掌握红色旅游文化产品开发的重要环节。红色旅游文化产品爱好者的基本消费倾向是针对不同地区、不同类型文化产品来讲的,基于此,会宁县红色旅游文化产品市场定位以及开发必须在进行充分的市场调研和对资源科学评估的基础上来进行。依托已有的红色旅游文化资源,可以设计组成红色文化内涵极其深厚的"会宁历史红色旅游文化线路"。在进行红色旅游文化产品市场定位时必须充分考虑以上问题,把握好自身的特点,做到使游客身心能够充分感受到旅游地的生活,从而改变其原有的生活节奏,使游客有种身临其境的感觉。只有这样,才能使游客能够得到不同的文化感受,减少游客对于类似景点的乏味感。除此之外,在市场定位过程中,要考虑到客源地的问题,因为客源地包含国内与国外两个市场,相对于国内市场来说,国际市场的文化背景差异更为明显,所以,市场定位过程中要充分发挥会宁县作为革命老区的魅力,并结合其悠久的历史,独特的人文风情,来向八方游客展示其独特的魅力。红色旅游文化产品开发的市场调研是市场定位的基础。要想成功设计一项市场开发和营销计划,首先必须要做的是深刻了解市场结构,掌握生产竞争的性质,而且用于理解和应付当前及今后市场上竞争环境的信息,只有通过进行旅游市场战略性调研才可以提供。红色旅游文化产品开发的市场调研的出发点是对旅游者进行研究,通过与旅游者建立积极主动的联系,适应市场竞争,超前地开发一些旅游者意想不到的红色旅游产品供其选择。现阶段,会宁县红色旅游文化产品的市场调研需要解决的问题还不少。首先,要明确消费者,有需求才有市场,因此首先必须明确的是红色旅游文化产品的消费群体。其次,要找出自身的特色,以便满足消费者需求,减少消费者的消费障碍。最后,调查消费者的文化背景,做到最大程度的文化差异,而且这种差异能最大限度地激起其消费欲,以便更好地开展产品促销活动,来吸引更多的消费者。只有做到上述工作,市场调研才能发挥其最大功效,使市场定位更加准确,产品开发更加合理,最大限度地获得产品的效益。二是灵活的价格策略。青少年是会宁红色旅游的主要人群之一,然而他们没有收入来源,因此对于价格波动具有较大的敏感性。为此,景区应当严格执行有关规定,对红色公共文化景点,尤其是会宁会师博物馆、会师塔等应当实现全免费制度。对于中年人的宣传则要强调其文物价值和革命精神内涵。这个细分市场中的人群一般具有较稳定的收入,因此,对他们的宣传除了国家明确要求免费开放的景点外,没有必要过分强调红色景区的价格优惠措施,而更应该突出景区的资源质量和服务质量等。对于以离退休为主体的老年市场来说,可采取"定制式营销策略",也就是为这一团体专门制定一套营销方案。这部分人出生在新中国成立前后,或经历或耳濡目染革命历史,普遍对革命传统文化有特殊的感情,对会宁红色旅游产品有浓厚的兴趣。"走中国特色的革命道路、走中国特色的建设道路"是开发这一市场的契合点。景区的基础设施配置要考虑到老年人的身体特点并提供基本的急救设施。对这一特殊群体,在红色公共文化景点应当严格执行免票制度。目前,红色旅游的组织方式多为单位团队,在价格上要继续保持价格优惠策略,稳定此类目标市场。同时,为发展旅行社团队,应对旅行社组团的游客给予套票、折扣等优惠价，以扩大此类客源，提高回头客率，刺激旅游团队的发展。近年来，会宁红色旅游一直存在游客出游的时间过于集中于假期的问题。针对这一问题，应利用季节折扣价格策略使游客购买时间分散。在旅游淡旺季采取不同的市场价格，旺季正常定价，淡季降价，适当引导游客消费。

3.加大宣传推广，提升旅游形象。旅游是典型的注意力经济、形象产业。旅游形象就是财富。在现代市场经济条件下，旅游形象的提升又少不了宣传促销。没有宣传促销的大手笔，就没有旅游景区形象的大提升，就没有客源市场的大开拓，也就没有旅游业的大发展。为此，会宁红色旅游景区要提供详细、充分的宣传资料，既要体现动人的人物故事、惊险的战斗历程和崇高的革命精神等红色内容，又要体现迷人的绿色生态风光和独具魅力的会宁文化资源，使"绿色""古色"更好地衬托"红色"。其次，充分利用媒体、网络、外宣品、重大纪念活动、专题展览、文艺演出等方式进行红色旅游宣传。再次，景区也可联合各旅行社组织专门的营销队伍，进入各种消费团体，尤其是学校、机关、老年协会和企业，利用宣传画册、年历赠送、学习赞助、友谊活动、体育交流和文化沙龙等进行广泛促销。

4.发挥政府功能，推动产业集聚。发挥政府功能，积极推动旅游产业集聚要在以市场为主配置资源的基础上，充分发挥政府的主导作用，使政府推动成为会宁旅游产业集聚的有力保障。

(1)强化领导。把旅游产业作为会宁主导产业之一来推动集聚，进一步营造全县上下一盘棋的旅游发展大环境，县委、县政府每月研究一次以上旅游产业集聚问题，形成党政班子同心协力抓旅游，各有关部门共同关心和支持旅游发展，齐抓共管新合力格局。首先，要充分发挥政府的指导、引导和倡导作用，制定区域旅游产业发展规划，确立旅游业在会宁国民经济与社会发展中的重点产业地位，将其培育成新兴主导产业，搞好政府基础性和引导性投资，制定促进旅游业发展的各项政策，为旅游产业的发展创造良好的社会、经济、文化和自然生态环境。其次，促进会宁各级地方党委、政府树立全局观念，结合经济结构调整和扩大内需方针的实施，切实把旅游业的发展摆上重要议事日程，纳入工作责任目标常抓不懈。协调联合各级、各部门拿出举措，整合相应资源与资金优势，为旅游业的发展发挥各自应有作用。旅游产业是新兴的朝阳产业，财政、税收、工商、物价、建设、土地、环保等部门要为旅游发展创造良好条件，敞开大门，放低门槛，大力提倡发展旅游产业。凡是旅游项目要全力支持、鼓励发展，塑造好会宁县的旅游品牌。同时,利用各种生动活泼的形式,加大对旅游业的宣传力度,提高全民的旅游意识,形成整个社会、全体公众支持旅游、发展旅游和参与旅游的良好氛围。再次,健全和完善旅游行业管理体制,成立统筹管理协调旅游业的高层决策协调机构,实行旅游管理机构比其他政府职能机构高设半级、仅比县政府自身低半级的做法,并将全县旅游产业规划、审批、开发建设、管理、市场促销等职能全部集中到这个机构,提高它的权威性。

(2)大力扶持。一是采取激励措施,鼓励旅游企业发展,如各旅游区参加国家A级评定,旅游区(点)获国家AA级、AAA级、AAAA级和AAAAA级旅游区认定的,由县政府分别给予一次性奖励;对输送游客到会宁主要景点,按旅行社年接待人次分别给予不同档次的奖励;推广会宁风味小吃,鼓励建设旅游购物中心,设立会宁风味小吃旅游定点单位和旅游商品定点单位,并按企业地方税收贡献予以奖励;具有本地特色的旅游商品获市级、省级和部级认证的定点旅游商品,由县政府分别给予一次性奖励。二是减免相关税费,扶持旅游企业发展,如星级宾馆、饭店的用水、用气实行工业企业用水、用气价格;对旅游团队入住星级饭店免征副食品价格调节基金,减半征收电话中继线管理费和有线电视收视费;经批准新创办投资规模以上的旅游企业,从正式营业起达两年时按企业所得税地方实得部分予以奖励;凡征收涉及各类旅游企业的行政事业性收费(不含税务部门征收的费、金),按现行最低标准的一半征收,其中资产抵押贷款登记费(鉴证费)仅收工本费;鼓励组建旅游车队,对旅游企业符合标准的非线路营运旅游车辆,在一定年限内免交客运附加费;经旅游和交通部门认定的旅游车辆到会宁的景区免收过境费。

# 后　记

我从事文字工作二十余年,期间对国民经济和社会发展问题关注较多。在所有经济社会发展问题中,对产业经济兴趣浓厚,也积累了大量有关产业经济问题的书籍和资料。上世纪 90 年代初,我在县级政府工作时,就认真阅读了美国著名未来学家阿尔温·托夫勒的《第三次浪潮》(*The Third Wave*)。这本书是由朱志炎等人翻译,由生活·读书·新知三联书店 1983 年出版的,记得定价只有 1.65 元。当时,一位从天津塘沽到甘肃中部小县挂职的干部,年龄与我相仿,他每天都在拿着这本书看,看我对这本书新奇,就将书送给了我。后来,我几次搬家,这本书已经丢失了。所幸的是,我当时的读书笔记至今还在。近几年,我陆续读了《世界是平的》《经济学的思维方式》《产业经济学》《产业经济研究》《知识经济浪潮》《知识经济时代》《浙商是怎样炼成的》《蒙牛内幕》《货币战争》《产业链阴谋》《乔布斯传》《第三次科技革命》《第三次工业革命》《三 D 打印》等经济类著作,虽然有的读得并不是很仔细,但也算是及时了解了世界产业发展的新趋势。

要说对我的影响,阿尔温·托夫勒的《第三次浪潮》却要大一些。阿尔温·托夫勒的《第三次浪潮》1980 年 3 月出版后,在美国文化思想界中特别引起人们的注目。作者认为,人类社会正进入一个崭新的时期,作者将之定名为"第三次浪潮文明"。人类迄今已经历了两次浪潮文明:第一次是"农业革命",即人类从原始野蛮的渔猎时代进入以农业为基础的社会,历时几千年;第二次是"工业革命",历时300 年,它摧毁了古老的文明社会。工业革命在第二次世界大战后 10 年达到顶峰。在第二次浪潮时期,以使用不能再生产的化石燃料,作为能源基础;技术突飞猛进;出现大规模的销售系统。家庭不再是共同劳动的经济单位。小家庭、工厂式的学校加上大公司,三者形成第二次浪潮时期的社会结构。第三次浪潮时期,以电子工业、宇航工业、海洋工业、遗传工程组成工业群;社会进步不再以技术和物质生活标准来衡量,而以丰富多彩的文化来衡量。这个时代,鼓励个人人性发展,但不是创造某个理想的超人，而是培养一种新的社会性格。在第三次浪潮条件下发展新的民主，摈弃谬误和吓人的观念。"第三次浪潮文明"，是对未来社会设计的一种蓝图，其立足点是现代科技的发展，所阐述的内容反映了当代西方社会思潮的一些重要观点。

读阿尔温·托夫勒的《第三次浪潮》之前，我对农业革命、工业革命等概念一无所知，对英国等老牌资本主义国家的发展也一无所知，对世界工业发展、科技发展更是一无所知。虽然对巴黎公社、意大利文艺复兴、爱迪生发明电灯、瓦特发明蒸汽机等有一些概念，但并没有与工业革命和经济社会发展联系起来。读阿尔温·托夫勒的《第三次浪潮》之后，我对工业经济产生了很大的兴趣，同时也开始有产业经济的概念，对三次产业的划分也有了新的理解。当时，甘肃省在全省实施财政扭补项目，给县上的一些县办工业企业进行补贴，要求财政补贴县尽快实现扭补。由于看了这本书，使我对工业问题兴趣大增，以至于对全县所有的工业企业进行了一番研究，还核算了每个企业利润和税收。但这些企业都是计划经济的产物，没有过上几年，大多数亏损严重，资不抵债，财政扭补无从谈起。当时，对计划与市场、国有与民营、产权与体制等问题并没有思考过，不明白为什么这些企业经营效益不好，还认为是这些企业的厂长、经理们水平不行。后来，学习邓小平南方谈话，再后来，对社会主义市场经济也有了进一步认识，才逐渐理解，企业问题不单纯是人的问题，市场机制、管理体制、产权来源都是非常重要的事情，特别是体制和产权，是办好企业的根本问题。一直到上世纪90年代末，我从事经济体制改革工作有四年时间，主要任务是改制国有和集体企业，在实践的层面上解决体制与产权问题。此后，国有和集体企业改制基本完成，大量的民营企业诞生，产权和体制问题已经解决，接着就开始关注产业培育和发展问题。

2000年前后，我对甘肃的产业状况进行了一番了解和分析，主要资料是几个年度的国民经济统计公报和文件及领导讲话。结果发现，甘肃工业主导产业和支柱产业，在改革开放以来的发展，远远落后于东南沿海和中部地区，在中央划定的西部地区十二个省市区中也不靠前。而在改革开放初，甘肃工业经济总量在全国是处于中上水平的。改革开放以来的产业发展中，甘肃基本是依托中央、省属大企业发展的，但没有大的发展。甘肃的工业产业中，石油、化工、有色、冶金、煤炭、机械、电力、建材等八大门类，大多数企业是国家"一五"时期的布点企业，一直在甘肃国民经济中起支撑作用。2000年，全省实现国内生产总值983亿元，其中第二产业增加值 439.88 亿元,占 44.75%。在第二产业中,工业增加值 328 亿元,占 75%。在工业增加值中,国有及规模以上非国有工业企业完成增加值 263 亿元, 占 80%。在国有及规模以上非国有工业企业增加值中:轻工业完成 38.92 亿元,占 14.8%;重工业完成 224.08 亿元,占 85.2%。集体企业增加值 36.41 亿元,占 13.8%;外商及港澳台投资企业完成 9.10 亿元,占 3.46%。主要工业产品产量是:原煤 1632.71 万吨,原油(甘肃境内)250.15 万吨,发电量 280.27 亿千瓦小时,生铁 201.57 万吨,钢 227.22 万吨,钢材 197.99 万吨,十种有色金属 66.81 万吨,水泥 723.50 万吨,平板玻璃 401.26 万重量箱。当年完成全社会固定资产投资总额 443.35 亿元,其中第一产业投资 19.97 亿元,占 4.5%;第二产业 141.46 亿元,占 31.9%;第三产业 281.92 亿元,占 63.6%。在第二产业投资中,房地产开发 27.65 亿元。从以上数字中不难看出,一是工业的支撑地位不明显。工业增加值占国内生产总值的 33.36%,规模以上工业仅占国内生产总值的 26.75%。当时的情况是,甘肃境内的中央、省属大型企业普遍不景气,一部分企业处于举步维艰的境地。二是重工业比重较大。在规模以上工业的比重中占到 85% 以上,占全部工业的 68.3%。这说明,甘肃的工业结构调整缓慢,地方工业发展缓慢。三是国有工业主导地位明显。国有工业增加值占规模以上工业的 82.74%,而集体和外商及港澳台投资企业只占 17.26%。这说明所有制结构调整也不快,民营经济发展慢,工业经济缺乏活力。四是工业投资明显不足。在全社会固定资产投资中,工业投资只占到 25.67%。这说明支撑工业经济新发展的投资非常弱。五是工业经济创新能力较差。由于对中央和省属企业的依赖较为严重,又说明了一个共同问题,甘肃工业的发展完全依附在中央和省属企业上,中央和省属企业成为甘肃工业的母体,从全局来看,创新与发展速度不快。

这种情况到 12 年以后就有了很大改变。2012 年,甘肃实现生产总值 5650.2 亿元,其中,第一产业增加值 780.4 亿元,占 13.8%;第二产业增加值 2600.6 亿元, 占 46%;第三产业增加值 2269.2 亿元, 占 40.2%。当年完成工业增加值 2074.24 亿元, 占第二产业的 79.76%;规模以上工业企业完成工业增加值 1931.37 亿元,占全部工业的 93.11%,占全部生产总值的 34.12%。规模以上工业增加值中,国有及国有控股企业完成工业增加值 1488.36 亿元,占 77.06%;集体企业完成工业增加值 43.73 亿元, 占 2.25%;股份制企业完成工业增加值 1355.82 亿元,占 70.2%;外商及港澳台投资企业完成工业增加值 29.42 亿元,占

1.52%。轻工业完成增加值 278.75 亿元,占 14.43%;重工业完成增加值 1652.62 亿元,占 85.57%。主要工业产品产量是:全年发电量 1083.25 亿千瓦时,原油 629.52 万吨,原油加工量 1520.52 万吨,粗钢产量 810.16 万吨,钢材 883.04 万吨,水泥 3515.06 万吨,十种有色金属 294.10 万吨。石化、有色、电力、冶金、食品、煤炭和装备制造业等支柱产业完成工业增加值 1755.42 亿元,占规模以上工业的 90.89%。当年完成固定资产投资 6013.42 亿元,其中:第一产业投资 238.04 亿元,占 4%;第二产业投资 3211.64 亿元,占 53.41%;第三产业投资 2563.74 亿元,占 42.63%。在第二产业投资中,工业投资 2215.09 亿元,占 36.83%。我们将 2012 年的数字与 2000 年的数字比较,可以看出:一是工业经济的比重有所上升。在产业结构中的比重,无论是第二产业占全部生产总值的比重,工业占第二产业的比重,规模以上工业占全部工业的比重,都有了新的提高。二是工业经济的支撑有所加强。规模以上工业增加值占全部生产总值的比重由 26.75% 上升到了 34.12%,增长了将近 8 个百分点。三是工业内部结构在逐步优化。虽然重工业的比重仍然占全部工业的 85% 以上,但这是工业总量成倍增长以后,重工业比重基本稳定的情况,说明轻工业增长幅度较大。四是工业的所有制结构也得到优化。股份制企业增加值已经占到 70.2%,国有经济独大的状况已经改变,同时集体企业的比重也有所下降。五是工业投资显著增加。在全部固定资产投资中,工业投资的比重由 25.67% 上升到 36.83%,增加了 11 个百分点以上。六是主要工业产品产量大幅度增加。特别是发电量、原油加工量、钢材、水泥和十种有色金属,增幅较大。当然,甘肃与东南及中部地区相比,发展仍然不算快,但这并不能否定甘肃工业结构的优化和创新能力的提高。

研究产业结构问题,应始终放在经济结构的框架内。在经济结构中,产业结构问题、产品结构问题、所有制结构问题、投资结构问题,相互之间关系密切,都不可偏废。产业的培育和发展,关键是解决好以下几个方面的问题:一是要解决好所有制问题,也就是产权问题,再深入一点就是经济体制问题,更深入一些就涉及政治体制问题。二是要解决好产业结构问题,也就是要优化产业结构,包括一、二、三产业的协调发展,三次产业内部的协调发展,比如农业内部的种植业、养殖业、加工业,种植业内部的粮、经、饲等,工业内部的重工业、轻工业等。三是要解决好产业的配套问题,比如工业产业的培育,由核心企业成长为一个较大的产业,就要做好产业上下游延伸的文章,注重对产业进行科学合理的配套。四是要解决好产品结构问题,坚持以市场为导向,不断开发出新产品,是为了市场和需求开发新产品,而不是为了产业而开发新产品。五是要解决好投资结构问题,因为投资是产业培育的起点,没有投资就没有企业,也没有产业,更没有经济。总之,现代经济是产业经济,一切发展都必须承载到产业上,大产业、大经济,小产业、小经济,无产业、无经济。我们说金融是现代经济的核心,那么产业则是现代经济的本质。对于现代经济而言,产业既是形式,又是内容;既是经济社会发展的外延展示,更是经济社会发展的内涵所在。任何一个国家、一个地区的经济社会发展,只有坚持以产业经济为引领,才能紧跟时代步伐,才有可能走向世界前列。

本书的写作过程中,得到了许多人的支持。这其中,有我上中央党校研究生班时的老师,有我的领导,我的同事,也有我的学生,还有我的朋友,我将赠书为谢。特别是兰州大学的崔明教授,兰州理工大学的蔺全录教授,给予我很大的鼓励和帮助;兰州大学出版社的领导和编辑们,给予了更大的支持,他们付出了辛勤的劳动。在此,我一并表示诚挚的感谢!同时,由于书中引用资料较多,其中的一些资料未能注明出处,在此希望得到原文作者的理解。我深知,关于产业经济问题,各级领导、专家学者、社会各界人士,都有许多真知灼见,他们的研究有很多闪光之处,都是我要认真学习钻研的。限于我的学习能力、知识水平,以及掌握资料的程度,书中一些资料可能不很准确,其中的一些观点也可能与大家的认识有一定差距,还可能存在这样那样的一些问题,在此,请大家给予谅解。

王科健

2013.10.30